THIS IS
TOYOTA

| 도요타 이야기 |

THIS IS
TOYOTA

| 도요타 이야기 |

노지 츠네요시 저음 · 김정환 옮김
이지평(LG경제연구원 수석연구위원) 해제

청림출판

"즐기면서 하지 않으면
무엇 하나 몸에 배지 않습니다."

|

《말괄량이 길들이기》, 윌리엄 셰익스피어

도요타의 모든 순간에는 혁신이 있다

- 이지평 LG경제연구원 수석연구위원 -

혁신의 열쇠를 찾아서

2018년 3월, 도요타자동차는 순이익 2조 4,939억 엔을 기록해 사상 최고치를 갱신했다. 이는 전 세계적으로 경기 둔화가 점차 뚜렷해지는 가운데 미국과 중국의 자동차 시장이 부진한 상황에서 이룬 성과로, 많은 사람들이 놀라움을 금치 못했다. 이뿐만이 아니다. 도요타는 기존 생산방식을 혁신하고, 이제 자율주행, 친환경 자동차 등 차세대 자동차 기술의 혁신을 선도하고 있다. 더불어 조직 구조도 혁신을 거듭해 임원 수를 절반으로 줄이는 등 4차 산업혁명을 발빠르게 따라잡고자 노력하고 있다. 이렇게 도요타가 계속해서 성과를 올리고, 거대한 혁신을 이룰 수 있는 원동력은 어디에 있을까?

우리가 도요타 혁신의 의미를 정확하게 이해한다면, 분업 생태계 차원에서 어려움이 심화되고 있는 우리나라 자동차 산업뿐 아니라 이미 성장의 한계에 직면한 주요 제조업에 새로운 도약의 발판을 마련할 수 있을 것이다.

도요타는 어떻게 자동차를 만들었는가

도요타의 혁신은 자동차 산업을 넘어 제조업 전체의 혁신을 가져올 것이다. 그렇다면 목화씨를 활용해 무명베를 짜던 직기를 만들던 도요타가 어떻게 자동차를 만들게 되었을까? 도요타 생산방식은 전 세계를 제패했다고 해도 과언이 아닌 포드식의 대량생산방식을 대체하고, 이제는 세계 각국 자동차 회사뿐 아니라 수많은 제조업체, 서비스업체, 농림어업 사업체, 공공 부문 등이 모방하려는 대상이 됐다. 도요타 생산방식의 구성 요소인 '간판방식', '저스트 인 타임' 등은 우리나라에서도 이미 널리 알려졌다.

그런데 이런 몇몇 단어들로 도요타 생산방식의 모든 것을 이해했다고 할 수 있을까?

도요타 생산방식을 체계화한 오노 다이이치大野 耐一는 "내가 쓴 책이라도 서술된 것은 신용하지 마라"라고 했다. 이 책 서두에서 미국 켄터키의 도요타 공장에서 근무하는 간부는 "도요타 생산방식이란 생각하는 인간을 만드는 시스템"이라고 설명했다. 즉 도요타 생산방식의 본질은 좀 더 편안하게 작업하면서 효율적으로 생산성을 높이는 '가이젠(개선)'을 추구해온 역사에 있다. 이 책의 저자인 노지 츠네요시는 현장에 참여하지 않고서는 도요타 생산방식을 근본적으로 이해할 수 없다는 것을 깨닫고, 주요 인물을 중심으로 한 생산 현장의 역사를 통해 독자들이 간접적으로나마 현장을 체감할 수 있도록 했다.

아울러 시대 배경과 경제 상황을 함께 설명하고, 주요 인물과 이들의 고민을 생생하게 묘사함으로써 독자의 이해를 돕고 있다. 도요타의 역대 간부들 및 사장들이 젊은 시절부터 겪어온 고난과 극복의 역사를 읽다 보면 도요타 생산방식의 본질을 깨닫게 될 것이다. 그리고 더 나아가 지금 우리 회사가, 그리고 내가 어떤 상황이며, 도요타의 방식을 어떻게 적용해야 하는지를 고민하며, 마음가짐을 새롭게 할 수 있을 것이다.

문제 개선을 통해 시스템을 구축하다

도요타 생산방식은 도요타자동차 창업자인 도요다 기이치로豊田喜一郎가 각 생산 공정이 물 흐르듯이 원활하게 연결되고, 재고나 낭비가 없는 공장을 만들고자 하는 비전과 아이디어를 제시하고 이를 위한 현장의 문제점을 하나하나 개선하는 과정에서 시스템으로 구축됐다.

창업 초기의 도요타자동차는 보잘것없는 공장이었으며, 노사분규와 자금난에 시달려 도요다 기이치로 사장이 퇴진하는 고배를 맛보기도 했다. 일본 전국에서 노사분규가 심화된 가운데 도요타 생산방식을 정착시키려 했던 오노 다이이치는 노조로부터 '노동 강도를 강화하려는 것'이라는 강한 비판을 받았다. 신체적 위협을 느낄 정도였다고 하니 상황이 얼마나 심각했을지 짐작이 간다.

이 책은 이런 급박한 상황에서 도요타가 어떻게 노사화합을 이루어내고, 현장에서 발생한 문제들을 하나하나 개선해나갈 수 있었는지를 생생한 인물 묘사와 함께 밝히고 있다. 우리나라 산업에서도 요즘 비슷한 문제들이 발생하면서 사회적 문제로까지 확산되고 있는 가운데 해결책을 고심하는 목소리가 높아지고 있다. 똑같은 상황이 아니더라도 이 책에서 제시하는 다양한 방법과 과정들을 통해 우리는 리더가 갖춰야 할 의지와 합리적인 판단력, 혁신을 위한 전술적인 노력 등의 중요성을 알 수 있을 것이다.

현장에서만 알 수 있는 것들

어느 회사, 어느 작업장도 지금까지 해온 업무 방식을 바꾸라고 하면 반발할 수밖에 없다. 도요타의 현장에서도 숙련된 기술자일수록 기존 방식을 고집했다. 오노 다이이치는 이들을 설득하기 위해 현장 근로자와 일체가 돼 실제로 효과적인 작업 개선 방안을 보여주며 설득해나갔다.

일례로 현장 고참 기술자에게 "방직공장에서는 여공이 기계 20여 대를 혼자서 관리하는데, 전문가라고 하나의 기계만 담당해서 되겠는가"라고 말하는 등 작업 현장의 심리를 계산해 효율적으로 설득해나가며 여러 기계를 담당하는 다능공多能工 시스템을 도입했다.

이 현장 개선은 근로자의 건강과 편리함을 배려한 것이었기에 노조도 점차 수용하기 시작했다. 예를 들면 모든 근로자가 생산 라인을 형편에 따라 정지시킬 수 있는 장치 '안돈'의 도입 과정이 그것이다. 사실 안돈은 화장실에 가고 싶은데 대체 작업자를 찾지 못해 곤란해하는 근로자를 돕기 위해 도입됐다. 이것이 생산 라인에서 발생하는 다른 문제들까지 해결하는 데 도움을 줬고, 전방 공정에서 발생한 문제점을 후방 공정으로 전가해 불량한 중간생산품을 양산하는 문제를 없애는 가이젠으로 이어진 것이다.

미국에서는 현장 근로자가 생산 라인을 정지시키는 것이 엄격하게 금지돼 있다. 만약 정지시킬 경우 해고 사유가 된다. 그래서 도요타 생산방식을 미국에 도입했을 때 문제를 발견하면 안돈의 끈을 당겨서 생산 라인을 정지시키라고 설득하기가 어려웠다고 한다. 당시 일본인 공장장은 정지 신호를 보낸 미국인 근로자에게 직접 '감사하다'고 인사하면서 도요타 조직 문화를 정착시키는 데 주력했다고 한다. 이 책은 이렇게 도요타 생산방식을 실제로 도입하는 과정에서 발생한, 전문가들도 잘 알지 못했으나 매우 핵심적인 에피소드를 다양하게 소개하고 있다.

스스로 생각하는 사람을 키우기 위해

　　도요타 생산방식은 정립된 이론을 가지고 사장의 명령에 따라 현장에 강제적으로 도입할 수 있는 것이 아니다. 현장의 문제, 낭비를 없애기 위해 끊임없이 개선을 거듭하는 과정을 통해서만 정착시킬 수 있다. 근로자의 작업을 관찰해 불편한 동작, 힘든 부분을 고쳐 보다 편안하게 일할 수 있도록 작은 개선을 거듭하는 것이 중요하다. 비싼 기계를 도입하는 것이 아니라 아이디어로 돈 들지 않는 개선을 거듭하는 것이다.

　이러한 도요타의 개선 문화는 기계와 인간의 지혜를 결합해 성과를 내는 것이라고 할 수 있다. 늘 생각하는 혁신의 문화는 한편으로 노사화합의 기초가 되기도 한다. 저자는 '저스트 인 타임'이나 '가이젠'이 세계에서 통용되는 것은 도요타가 '스스로 생각하고 움직이는' 인간을 육성하기 때문이라고 강조한다. 세계 최강의 기업은 이와 같이 스스로 생각하는 인재를 키우고, 이들 인재들의 협업을 효율적으로 촉진하는 기업 문화가 만들어나가는 것이다.

생산, 판매, 서비스······ 모두가 함께하는 경영

　　도요타의 역대 경영진들은 생각하는 인재, 생각하는 공장을 도요타 자동차 생산에 관계된 모든 생태계 차원으로 확장시키는

데 주력해왔다. 모든 공정에서 재고를 없애고, 후방 공정 작업자가 전방 공정으로부터 부품을 조달하는 무재고 생산방식은 협력 공장에 재고를 전가시키는 것이 아니라 협력 공장도 도요타와 같이 무재고 경영으로 생산 흐름이 동기화同期化되도록 개선돼온 것이다.

이 과정에서 도요타 생산기술 개선 인력이 직접 협력 공장으로 파견돼 개선 방안을 같이 고민하고 있다. 대기업 사원이 중소 협력사 공장에서 일하는 사람들을 위에서 내려다보는 것이 아니다. 동등한 입장에서 무엇이 문제인지 고민하고, 현장 사람들이 스스로 이를 깨닫고 해결책을 찾아낼 수 있도록 도울 수 있어야 한다. 도요타에서는 이러한 인재들이 도요타의 생산 생태계 구축에 주력하고 있다는 점을 본서의 생생한 사례들에서 이해할 수 있다.

또한 도요타 생산방식은 공장에서만 적용되는 것이 아니다. 판매, 사무 등의 분야에도 확장될 수 있다. 도요다 아키오豊田章男 현 사장은 도요타 생산방식을 철저하게 훈련받고, 또 현장에서 지도 경험을 쌓고, 도요타 생산방식을 서비스 부문으로 확산시키는 과정에서 큰 성과를 거두고 사장의 자리에 앉을 수 있었다.

생각하면서 일하고, 개선을 거듭하는 방식은 어느 직종에서도 중요한 효과를 볼 수 있다. 그래서 도요타 생산방식은 의식 개혁이자, 기존 업무방식을 고치는 것이며, 상급자를 포함한 모든 인력이 그 자신의 업무 방식에서 발생하는 낭비를 다른 사람에게 지적받는 것이다. 회사 조직이나 업무 방식에는 항상 문제가 있다는 것을 전제로 개선을 거듭하는 것이 도요타 생산방식이기에 문제가 없다는 보고를 의심하는 풍토가 필요하다. 부하들이 문제점을 은폐하지 않고 적극적으로 드러내고 개선해나가는 조직 문화가 있어야 가이 젠, 즉 개선 활동이 힘을 받게 된다고도 할 수 있다.

위기의식이 혁신의 출발점이다

이 책은 주요 인물들의 분투 과정을 생동감 있게 묘사해 도요 타 생산방식의 기본 사고를 남다른 시각에서 조망하고 있다. 특히 눈에 띄는 것이 도요타의 위기의식이다. 2차 세계대전 직후, 미국 자동차 빅3는 너무나 거대한 존재였다. 이들이 일본 시장에 본격적으로 진출하면 도요타는 살아남기 어려울 것이란 위기의식이 도요 타 생산방식 구축의 밑거름이 됐다. 그리고 세계 최고의 자동차 회 사로 도약한 이후에도 도요타는 위기의식을 늘 강조하면서 한층 도약하고 있다.

이 책은 구체적이고 풍부한 사례들을 통해 글로 전달하기 어렵 다는 도요타 생산방식을 독자들이 체감할 수 있게 했다. 책을 통해 우리는 다양한 식견과 시사점을 충분히 얻을 수 있을 것이다. 또한 실제 업무를 해나가는 데 있어 도요타 생산방식을 구체적으로 적 용하고 가이젠을 거듭해나가는 데 큰 도움을 얻을 수 있을 것이다. 이 책이 변화하는 오늘날의 경제에 흔들리는 우리나라의 기업과 조직, 그리고 개인에게 큰 희망을 줄 수 있기를 바란다.

CONTENTS

제1장 · 도요타의 탄생

제2장 · 전쟁의 한가운데서

제3장 · 폐허 속에서 다시 일어나다

제4장 · 개혁의 시작

제5장 · 도산 직전, 돌파구를 찾아라

제6장 · 현장에서 답을 찾다

제7장 · 간판방식이란 무엇인가

제8장 · 크라운 발매

제9장 · 일곱 가지 낭비를 없애기 위해

제10장 · 코롤라의 해

제11장 · 규제와 파동, 그리고 도요타의 성장

제12장 · 오해와 평가

제13장 · 미국에 진출하다

제14장 · 현지 생산

제15장 · 잃어버린 20년과 도요타의 약진

제16장 · 현장에서 답을 찾다

제17장 · 세계 최고의 자동차가 되기까지

제18장 · 자동차의 미래는 어떻게 될 것인가

변화의 시작을 찾아서

루트 75

자동차는 도심을 벗어나 간선도로인 루트 75를 타고 북쪽으로 향했다. 목적지는 켄터키주 북부에 있는 도요타의 자동차 생산 공장이었다. 공장으로 향하는 동안 차창 밖으로 보이는 풍경은 온통 푸른 밭이었다. 1미터 정도 자란 담배가 잎사귀를 부채처럼 펼친 채 바람에 흔들렸다. 담배는 한때 "켄터키주의 토지는 전부 담배밭"이란 말이 있었을 만큼 켄터키주의 주요 작물이었다. 그러나 금연 운동이 고조되면서 재배 농가가 급감했다. 여전히 수출용으로 일정 수요가 있어서 이렇게 도로변에서 재배하고 있지만, 담배를 재배한다는 사실 자체로 환경 단체의 주목을 받는 까닭에 담배밭

면적은 점점 줄어들고 있다고 한다.

과거에 농업으로 유명한 주였음을 말해주듯이 담배 말고도 옥수수밭, 밀밭도 볼 수 있다. 소, 말을 위한 목초지도 펼쳐져 있다. 그러나 현재 켄터키주의 자랑거리는 바로 자동차이다. 도요타와 포드의 공장이 있는 켄터키주는 디트로이트가 있는 미시간주에 버금가는, 거대한 미국 자동차 생산 기지이다. 그리고 켄터키주에서 최대 규모를 자랑하는 도요타의 자동차 생산 공장은 가장 가까운 도시인 조지타운에서 자동차로 약 20분 거리에 있다.

공장으로 출발하기 전, 나는 도심에 있는 역사 깊은 레스토랑에서 점심을 먹었다. 마치 서부영화에서 튀어나온 것처럼 페인트칠이 된 목조건물 레스토랑으로, 물어보니 켄터키주의 명물 핫브라운이 맛있다고 했다. 핫브라운은 토스트에 베이컨과 칠면조, 토마토를 얹고 모네이소스를 뿌린 오픈샌드위치 같은 것이다. 모네이소스는 베샤멜소스에 곱게 간 치즈와 버터를 넣은 소스이다. 맛은 있지만 칼로리가 높아 중년 이상은 가급적 먹지 않는 편이 좋을 것 같았다. 그런데 주위를 둘러보니 켄터키 사람들은 핫브라운을 콜라나 스프라이트 라지 사이즈와 함께 먹고 있었다. 켄터키 공장에 부임한 도요타 사람들은 하나같이 몸무게가 늘어서 귀국한다는 이야기를 들은 적이 있는데, 그럴 만도 하겠다는 생각이 들었다.

포크를 손에 들고 핫브라운을 먹으려고 하니 50대 정도로 보이는 웨이트리스가 "이것도 먹어보슈"라며 접시 하나를 가지고 왔다.

"캣피시(메기) 프라이라오."

나는 내가 그것을 먹고 "맛있네요"라고 말해주길 기대하며 테이블 옆에 서 있는 웨이트리스에게 물었다.

"켄터키의 명물은 뭔가요?"

그러자 웨이트리스가 히쭉 웃으며 대답했다.

"프라이드치킨은 아니라오. 지금은 자동차가 명물이지. 당신, 도요타에 가려는 것 같은데, 거긴 정말 넓으니 든든하게 먹고 가는 게 좋다오. 안 그러면 금방 배가 고파질 테니. 아, 그렇지. 나고야로 돌아가면 미스터 조(조 후지오張富士夫, 전 명예 회장)에게 안부 전해주시오. 여기 프레지던트였을 때 우리 가게에 자주 왔다오."

나는 웨이트리스의 감시 아래 두 접시를 깔끔하게 비우고 자동차 생산 공장으로 향했다.

"정말 넓다"라는 웨이트리스의 말은 정말이었다. 도요타는 전 세계에 공장이 52곳 있는데, 켄터키 공장은 그중에서도 가장 규모가 크다. 도쿄 디즈니랜드의 10배가 넘는 160만 평 부지에서 7,000명에 이르는 직원이 연간 완성 차 50만 대, 엔진 60만 기를 만든다.

이 지역 사람들은 이 공장을 "King of Car Plant"라고 부른다. 'Plant'는 'factory'가 여러 개 모인 복합 공장을 뜻한다. 켄터키 공장에는 엔진 공장, 섀시 부품을 만드는 기계공장, 조립 공장 외에 프레스 공장과 용접 공장도 있어 전체적으로 일관생산을 하고 있다. 생산 차종은 캠리Camry, 아발론Avalon, 벤자Venza, 렉서스Lexus이다.

마중을 나온 홍보부 직원은 '릭'이라고 적힌 명찰을 가슴에 달고 있었다. 영화배우 마이클 더글러스를 닮은 중년 남자였다. 내 딴에는 칭찬이라고 생각해서 인사치레로 "닮았네요"라고 말을 꺼냈는데, 쓴웃음을 지으며 "그 사람이 훨씬 나이가 많죠"라고 말하는 것이 살짝 울컥한 것 같았다.

"자, 그러면 바로 견학을 시작하죠. EV에 타십시오."

매년 전 세계에서 4만 명이 넘는 사람이 찾아오는데, 디즈니랜드보다 넓다 보니 걸어서 견학하는 것은 시간도 너무 오래 걸리고 효율도 좋지 않다. 그래서 견학 온 사람은 골프 카트처럼 생긴 4인승 전기 자동차를 타고 공장을 둘러본다. 구내의 모습은 매우 다채로웠으며, 만나는 사람은 대부분 미국인이었다. 디즈니랜드에서 탈것을 타고 돌아다니는 기분이었다.

켄터키 공장을 견학하는 데는 2시간 정도가 걸렸다. 자동차의 프레스 공정, 용접 공정, 조립 공정을 둘러봤는데, 프레스와 용접 공정은 멀리 떨어져서 봐야 했다. 문외한이 가까이 가면 위험하기 때문이리라. 조립 공정은 아무리 봐도 질리지 않았다. 라인을 따라 이동하는 보데(차체. '보디'의 도요타식 호칭-옮긴이)에 엔진과 변속기 같은 부품을 끼워 넣고, 차내에 전기 계통을 관장하는 와이어링하네스를 둘러친다. 자동차 한 대에 부품이 약 3만 개 들어가는데, 이것을 단숨에 싸 맞추는 것이 조립 공정이다. 어떤 부품 하나만 부족해도 자동차는 움직이지 않거나 고장이 난다. 어떻게 조립하느냐에 따라 승차감이 좋아지기도 하고 나빠지기도 한다. 자동차 제작 노하우가 가장 많이 집결된 공정이 조립인 것이다.

가만히 보고 있으니 한 흑인 여성이 우아한 몸동작으로 도어를 끼워 넣고 파워윈도를 조절했다. 마치 춤을 추는 것 같았다. 나도 모르게 그런 생각을 하고 있는데, 내 마음을 꿰뚫어 본 듯 홍보 직원 릭이 말을 걸었다.

"어떻습니까? 저 여유롭게 움직이는 모습이 마치 춤을 추는 것 같지 않나요? 춤을 추듯 움직이는 팀 멤버(작업원. 일반적으로는 어소시에이트Associate라고 하지만, 도요타에서는 이렇게 부른다)는 숙련공입니다."

자동차 공장 내부는 어떤 회사든 거의 차이가 없다. 벨트컨베이어가 있고, 프레스기나 용접기가 있다. 천장에 설치된 모노레일에 체인을 걸어, 도어나 모듈 부품 등을 운반한다.

또 조립 공장은 소음이 그리 심하지 않다. 작업원이 임팩트렌치로 볼트를 조일 때 윙 소리가 나는 정도이다. 프레스 공장, 용접 공장은 다르다. 소음이 공장 전체에 울려 퍼진다. 프레스 공정은 거대한 자동차용 강판을 눌러서 찌그러뜨려 자동차 보데로 성형하는 것이다 보니 큰 소리가 난다. 그리고 용접 공정에서는 불꽃을 튀기면서 강판을 용접한다. 이 또한 큰 소리가 나며, 불똥까지 튄다. 두 공정 모두 문외한이 가까이 가서 볼 수 있는 것이 못 된다.

자동차 회사에서 사용하는 공작기계나 원재료인 철 등은 전 세계의 어느 회사든 거의 같다. 일본이든 미국이든 중국이든, 역사가 오래된 회사든 최근에 생긴 회사든 똑같은 질의 자동차용 강판을 사용하며, 부품도 별반 차이가 없다. 공작기계의 성능도 그다지 다르지 않다.

그런데 완성된 자동차의 성능은 완전히 다르다. 가격도 차이가 난다. 무엇이 제품의 차이를 낳는 것일까? 바로 생산방식이다.

포드는 대량생산, 흐름작업Line Operation 방식을 채용하고 있다. 포드 시스템이라 부르는 방식으로, 과거에는 전 세계의 자동차 회사가 이 시스템을 채용했다.

그런데 도요타는 독자적으로 개발한 도요타 생산방식Toyota Production System, TPS으로 자동차를 만든다. TPS로 가이젠(개선)을 실시, 결과적으로 다른 회사보다 생산성을 높였다. 생산성이 높아지면 제품 원가가 떨어진다. 그러면 판매가도 낮출 수 있다. 가격을 낮추지 않더라도, 도요타 제품은 같은 가격대의 타사 제품보다 성능이 약간 더 좋거나 다른 부가가치를 제공한다. 사람은 질이 같으면 조금이라도 싼 쪽을 산다. 도요타의 자동차가 잘 팔리는 이유는 타사 제품과 비교했을 때 경제적인 이점이 있어서일 것이다.

현재 도요타는 세계 1위의 자리를 착실히 굳혀나가고 있다. 하이브리드 자동차 프리우스Prius, 수소 자동차 미라이Mirai 같은 독자적인 제품을 보유하고 있고, 도요타 생산방식을 철저히 실천하고 있기 때문이다. 도요타 경쟁력의 원천은 생산방식이라고 할 수 있다.

지금까지 도요타 생산방식은 중간재고를 없애는 시스템, 낭비를 줄이는 시스템, 생산 라인에 필요한 부품을 필요한 때 필요한 만큼 전달하는 시스템으로 설명돼왔다. 이 설명이 틀렸다는 말은 아니다. 다만 부족한 부분이 있었다. 설명이 부족한 부분이 있었기 때문에 일반인들은 도요타 생산방식을 쉽게 이해하지 못했다. 그렇다면 어떤 부분이 부족했을까? 바로 도요타 생산방식에 대한 현장 노동자의 평가이다. 지금까지의 설명은 도요타 생산방식을 개발한 사람이 한 이야기, 담당자가 인터뷰에서 한 대답이 대부분이었다.

"우리는 이렇게 해서 도요타 생산방식을 만들고 체계화했다."

"그 결과 생산성이 이만큼 향상됐다."

"전 세계 공장이 이 방식을 채택하고 있다."

물론 모두 틀린 말은 아니다. 분명히 맞는 말이다. 다만 생산성 향상을 체감하는 쪽은 개발자들이 아니다. 매일 현장에서 일하는 작업원들이다. 그렇다면 현장 사람들에게 물어보자. 나는 이렇게 결심했다. 오랫동안 현장에서 일해온 사람이 도요타 생산방식을 도입하기 전과 후를 비교했을 때 무엇이 달라졌는지 이야기해준다면 금상첨화이다. 그러면 도요타 생산방식의 의의를 알 수 있다.

도요타 생산방식은 무엇을 바꿔놨을까? 어떻게 이리도 오랫동안 이어질 수 있을까? 나아가 그렇게 우수한 방식이라면 나도 써보고 싶다. 물론 원고를 쓰는 것과 자동차를 만드는 것은 다르지만, 뭔가를 만들어낸다는 측면에서는 같다. 그러므로 활용할 수 있는 부분이 있을 것이다.

도요타 생산방식에 대한 현장 노동자의 평가가 세상에 공개된 적은 거의 없다. 도요타 생산방식을 체계화한 전 부사장 오노 다이이치大野耐一가 라인에 이 방식을 도입한 때가 1940년대이다. 도입

전후를 아는 도요타의 작업원은 이미 오래전에 퇴직했다. 지금 현장에서 일하는 작업원은 도요타 생산방식 자체에 관해서는 이야기할 수 있겠지만, 도입 후 어떤 변화가 일어났는지는 말해주지 못한다. 게다가 현재 도요타에서 일하는 사람들은 도요타 생산방식에 대해 본심을 털어놓기가 어려울 것이다.

도요타 생산방식의 전모를 이해하기 어렵게 만드는 중요한 포인트가 하나 더 있다. 사실 도요타는 도요타 생산방식을 도입하고 10여 년 동안 이 방식을 외부에 누설하지 못하게 했다. 처음에 도요타 생산방식 대신 간판방식이라고 발표한 것도 실체를 짐작하기 어려운 이름을 사용하면 아무도 이 방식의 비밀을 알아내지 못할 것이라는 오노의 생각 때문이었다.

내용을 누설하지 않았던 것에 관해 오노는 이렇게 이야기했다.

> "(처음에는 동기화 방식이나 싱크로나이즈 방식이라고 부르려 했습니다.) 하지만 무슨 소리인지 알 수 없는 (명칭인) 편이 낫다고 해서 간판(방식)으로 결정했습니다."
> "다른 곳에서 따라 하면 곤란하기 때문입니까?"
> "그렇습니다. 당시에는 미국인이 이런 걸 모를 리가 없다, 미국이 따라 했다가는 금방 추월당할 것이다, 이렇게 생각했습니다."
> (〈닛케이산교신문日経産業新聞〉 1989년 11월 8일자)

오노는 '미국에서 따라 하면 도요타는 망할 것'이란 위기감을 품고 있었다. 그러나 사실 미국의 빅3(포드, 제네럴모터스GM, 크라이슬러ー옮긴이)는 당시 도요타를 비롯한 일본 자동차 회사는 신경도 쓰지 않았다. 자신들의 대량생산방식이 최고라고 생각했기 때문에 도요타 생산방식 따위는 안중에도 없었던 것이다.

그러나 지금은 다르다. 미국에 진출한 일본 자동차 회사뿐 아니라 전 세계 자동차 회사, 관련 제조사, 그 밖의 제조사가 도요타 생산방식을 채용하거나 변형해 사용하고 있다. 포드 시스템을 대신해 세계를 석권하고 있다. 도요타가 직접 이 방식을 이식한 기업만 해도 캐논, 소니, 롯데, 데이진帝人(일본 섬유 회사ー옮긴이), 다이킨공업ダイキン工業을 비롯해 100개 사가 넘는다. 중국 기업의 경우도 화웨이를 비롯해 수십 군데에 이른다. 도요타 생산방식을 지도하는 경영 컨설팅 회사만도 여러 곳이며, 그들이 지원한 기업을 포함하면 전 세계 수백 개 기업이 도요타 생산방식으로 제품을 생산하고 있다.

다시 본론으로 돌아가자. 취재를 시작한 지 4년이 지났을 무렵, 문득 이런 생각이 들었다.

'그래, 미국 켄터키 공장에 가보면 되겠군. 거기에는 생산방식 변화를 체험한 현역 팀 멤버가 있을 테니까.'

켄터키 공장이 만들어진 시기는 1988년이다. 그로부터 30년이 지났지만, 20대나 30대 초반에 입사한 팀 멤버라면 아직 근무하고 있을 것이다. 다른 자동차 공장에서 일한 적이 있는 사람이라면 더할 나위 없다. 다른 생산방식도 경험했을 테니까. 그런 사람을 만나서 이야기를 들어보면 된다.

　이야기가 길어졌는데, 내가 켄터키 공장에 간 것은 변화를 경험한 사람을 만나기 위해서였다. 켄터키의 명물 핫브라운이 목적이 아니었다.

'도장'에 가다

　　조립 공장을 대강 견학한 뒤 '지금부터 팀 멤버를 만나 인터뷰하면 되겠군' 하고 생각하는데, 홍보부의 릭이 "자, 그러면 도장 Dojo, 道場에 갑시다"라고 재촉했다.

　"도요타 생산방식을 이해하려고 이곳에 오시지 않았습니까? 그렇다면 반드시 도장을 보셔야 합니다."

　릭이 한 사내를 불렀다. 히피처럼 머리카락을 길게 기른 담당자였다. 그는 "저는 미스터 오노(오노 다이이치)의 신봉자입니다"라고 자신을 소개하더니, 앞장서서 부지에 있는 도장으로 나를 안내했다. 자동차 조립 공장보다도 작은, 대학 체육관 정도 규모의 건물이었다. 그러나 천장이 높았다. 안으로 들어가니 드릴프레스, 밀링머신, 선반 등 공작기계가 띄엄띄엄 놓여 있고, 각 기계 앞에서는 작업복 차림의 미국인이 열심히 이야기하고 있었다. 장발을 한 담당자의 이야기를 들으니, 도장은 도요타 생산방식의 현장 연수를 위한 시설로 NAPSC North American Production Support Center 안에 있다. 남북미에서 엄선한 현장 직원들이 찾아와서 도요타 생산방식을 심도 있게 공부하는 곳이다. 그렇게 배운 것을 각자의 자동차 공장으로 돌아가 현장의 부하 직원들에게 전파한다. 요컨대 공장 현장의 연수 센터인 것이다.

히피 담당자가 웅변했다.

"이곳에서는 생산방식 연수뿐 아니라 감독자도 육성합니다. 게다가 돈을 들여서 가이젠하는 것이 아니라 각자가 자신의 머리로 생각한 장치, 즉 '가라쿠리'를 사용합니다. 돈을 들이지 말라는 것이 미스터 오노의 철학입니다."

도장 한쪽에서는 도어의 완성 연마를 가르치고 있었다. 갓 현장에 온 신입 팀 멤버에게 어떻게 가르칠 것인가 하는 교육법을 전수하는 것이었다. 강사는 도장의 사범으로, 나이 지긋한 미국인 남성이었다. 나이와 국적, 성별이 각기 다른 학생들은 남아메리카 각지의 도요타 공장에서 온 현장 리더들이었다. 사범이 가정용 주방 저울을 책상에 올려놨다. 오른손에는 도어를 연마하는 자동연마기를 들고 있었다. 도어의 완성 연마를 가르치기 위해 사용하는 도구가 가정용 주방 저울인 것이다.

사범이 이야기를 시작했다.

"아시겠습니까? 신입에게 도어 연마 작업을 가르칠 때는 무엇보다 실습이 중요합니다. 본인이 직접 해보게 하십시오. 그런 다음 중요한 점을 지도해주십시오. 바로 도어에 연마기를 대고 누를 때의 압력 말입니다. 어느 정도의 압력으로 눌러야 하는지 알 수 있도록 가정용 주방 저울을 사용하는 것이죠."

신입이 연마기를 도어에 누르는 압력을 체험했으면, 그 감각을 잊지 않도록 연마기를 가정용 주방 저울에 올려놓는다. 그러면 손이 느낀 압력이 저울의 숫자가 된다.

"이렇게 자신의 눈으로 직접 보고 이해하도록 가르쳐야 합니다. 현장 기술을 수치화해서 언제라도 재현할 수 있게 합니다. 도요타에서는 이를 위해 전용 기계를 개발하거나 하지는 않습니다. 전 세계 어디에서나 저렴한 가격에 판매하는 가정용 주방 저울을 사용함으로써 돈을 절약하죠. 이것이 낭비의 추방이며 가이젠입니다."

사범은 여기까지 설명한 뒤 "미스터 오노는 새로운 기계를 도입하기만 하면 자동으로 효율이 향상될 것이라는 생각을 극도로 싫어했습니다"라고 덧붙이고 다시 설명을 이어나갔다.

"전용 기계를 사용하는 것은 다른 사람에게 판단을 맡기는 것과 같습니다. 그래서는 안 됩니다. 현장의 팀 멤버가 스스로 생각하는 것이 중요합니다. 그래서 가정용 주방 저울을 사용하는 것입니다. 전문 기계와 전문 인력만이 가이젠을 담당하는 것이 아닙니다. 우리 한 사람 한 사람이 자신의 머리로 생각해야 합니다. 미스터 오노는 이 점을 미스터 조에게 집요하게 가르쳤습니다."

미스터 조는 도요타자동차의 조 후지오 진 명예 회장을 의미한다. 조 후지오는 1988년에 켄터키 법인 사장으로 부임해 도요타의 모노즈쿠리(제조) 정신을 현지에 뿌리내리게 했다. 또한 팀 멤버들이나 현지인들과의 교류도 그가 맡은 임무 중 하나였다. 그는 매주 금요일에 자택을 개방해 가라오케 파티를 열었다. 해외 부임지에서 임기 동안 한두 번 정도 가라오케 파티를 연 일본인 사장은 많다. 그러나 부임해 있던 8년 동안 매주 금요일에 반드시 현지 사원들을 자택으로 초대한 사람은 그밖에 없을 것이다. 함께 사는 가족에게는 재난과도 같은 일이었을지 모르지만, 그는 그렇게까지 해서 교류에 힘썼다. 그래서 조지타운의 레스토랑에서 일하는 웨이트리스까지도 그를 기억하는 것이었다.

매주 금요일이 되면 수 명에서 10명 남짓한 팀 멤버가 조지타운에 있는 조 후지오의 집을 찾아왔다. 그가 출장 중일 때는 아내와 자녀가 접대했다. 팀 멤버들은 화목하게 프라이드치킨을 먹고, 버번위스키를 마시고, 비틀즈의 음악을 열창하다 돌아갔다. 조가 있을 때는 그도 노래를 불렀다. 다만 "미스터 조가 노래를 참 잘했지"라고 말하는 미국인 직원을 지금까지 단 한 명도 만나지 못한 것을 보면 아마도 노래 솜씨가 좋은 편은 아니었던 모양이다.

조 후지오 본인은 부임 당시의 상황을 이렇게 이야기했다.

"저는 1960년에 입사해 홍보부 등을 거쳐 8년 뒤에 오노 씨의 부하 직원이 됐습니다. 오노 씨와 스즈무라 기쿠오鈴村喜久男 씨라는, 마음씨 좋지만 무서울 때는 마귀 같은 분들에게 혼도 나면서 도요타 생산방식을 배웠죠. 그리고 훗날 켄터키에 부임했습니다.

당시 업계 사람들과 언론계 사람들은 미국의 작업자가 도요타 생산방식을 받아들일 리 없다고 말했습니다. 미국에는 포드 시스템이 있다, 미국 작업자가 일본 시스템을 따를 리가 없다……. 하지만 우리가 할 줄 아는 건 도요타 생산방식뿐이었습니다. 그것을 뿌리 내리게 하는 수밖에 없었죠.

켄터키에 와서 팀 멤버 3,000명을 모집하는 자리에 수만 명이 모여들었습니다. 대부분 자동차 공장에서 일한 경험이 없었죠. 학교 선생님, 햄버거 체인점 점원……. 그 사람들에게 도요타 생산방식을 설명했더니 다들 합리적인 생산방식이라며 고개를 끄덕였습니다. 그중에서도 특히 좋아한 것이 '가이젠'이었습니다.

'가이젠은 현장의 팀 멤버가 아이디어를 내고 모두가 함께 만들어나가는 것입니다.'

이렇게 말하니 다들 아이디어를 궁리해줬습니다. '미스터 조, 이 도구를 쓰면 어떻겠소? 작업이 편해진다오'라며 자기 집 차고에서 직접 만들었다는 도구를 들고 온 사람도 있었습니다. 아이디어를 궁리하는 것이 즐겁다더군요. 그런데 이 모든 생각은 제 머릿속에서 나온 것이 아닙니다. 전부 오노 씨가 가르쳐줬습니다."

그의 말처럼, 도장은 켄터키 공장 팀 멤버들이 궁리해낸 지혜를 모아 현장에서 활용하기 위한 곳이다. 그곳에 있는 것은 학자들이 생각해낸 아이디어도, 도요타 본사에서 지시받은 사례 연구도 아닌 현장에서 올라온 최신 지혜였다.

폴의 이야기

도장을 둘러보는데 뒤에서 누가 어깨를 두드렸다. 이번에는 키가 크고 안경을 쓴 은발의 미국인이었다.

"당신이 일본에서 온 저널리스트군요. 저는 폴 브리지라고 합니다."

예순이 됐다는 폴은 켄터키 공장이 조업을 시작한 1988년부터 이곳에서 일하고 있었다. 그 전에는 폭스바겐 공장의 현장 리더였다. 나는 공장 접수처로 돌아가 작은 회의실에서 그의 이야기를 들었다.

폴은 느긋하게 이야기를 시작했다.

"전에 일했던 회사에서는 현장 리더였습니다. 하지만 일상의 작업을 결정하는 주체는 현장이 아니었습니다. 사무관리직이었죠. 미국의 자동차 회사라면 어디든 마찬가지일 겁니다. 현장 사람들은 지시받은 일을 할 뿐이죠. 발언권도 없지만 책임도 질 필요도 없으니 편하다면 편했습니다. 다만 뭔가 문제가 있어서 라인을 멈추거나 하면 난리가 났습니다. 관리직들은 무시무시하게 화를 냈고, 라인을 멈춘 작업원은 그 자리에서 해고당했죠. 미국의 작업원들은 공장 라인을 멈춰 세워서는 안 됐습니다."

폴은 일단 내가 이해했는지 확인한 뒤 말을 이었다.

"도요타의 켄터키 공장으로 자리를 옮기고, 현장 리더에서 사무관리직이 됐습니다. '좋았어, 잘해보자'라고 생각했죠. 일본 자동차는 미국에서 잘 팔렸으니까요.

첫해에 어떤 부품에서 문제가 발견돼 제 담당 라인의 가동이 중단됐습니다. 벨트컨베이어가 멈추자 작업원들은 할 일이 없었죠. 다들 불안한 표정을 지었지만 기다리는 수밖에 없었습니다.

저는 당장 라인을 가동시키자고 말했지만, 일본에서 온 직속 상사는 원인을 파악하기 전까지는 안 된다면서 약 15시간이나 라인을 멈췄습니다. 그렇게 오랜 시간 현장의 라인이 멈춘 것은 제 인생에서 처음 있는 일이었죠. 하지만 일본에서 온 상사는 제게 화내는일 없이 웃으면서 '미스터 폴, 원인을 알기 전까지는 가만히 있는수밖에 없어요'라고 하더군요.

응급처치를 해서 어떻게 해서든 라인을 가동시키자고 수없이 말했지만, 상사는 묵묵히 고개를 가로저을 뿐이었습니다. 저는 이러다 해고당하지 않을까 겁이 나서 도저히 진정할 수가 없었습니다. 저뿐만이 아니었습니다. 작업원 모두가 해고당할 것을 각오했죠.

그러다 드디어 라인이 다시 움직이자 일본인 상사가 저를 불렀습니다.

'미스터 폴, 내일 아침 9시까지 미스터 조에게 가십시오. 할 말이있다고 합니다.'

이제 다 끝났구나, 기껏 회사를 옮기고 급여도 늘었는데 반년 만에 잘리는구나 싶어서 눈앞이 캄캄해졌습니다. 아이들도 아직 어렸는데 말입니다. 집에 돌아가서 잠자리에 들었지만 새벽까지 잠을이룰 수가 없었습니다. 아내에게도 말하지 못했죠.

다음 날 아침, 미스터 조의 사무실을 찾아갔습니다. 문간에 우두

커니 서 있는데 미스터 조가 '미스터 폴, 그렇게 서 있지 말고 소파에 앉으세요'라고 말하더군요. 그러고는 라인이 멈춘 일, 제가 한 조치에 관해 이런저런 질문을 했습니다.

'미스터 폴, 우리 공장은 이제 막 조업을 시작해서 상당히 힘든 시기입니다. 15시간 동안 정말 힘드셨겠네요. 덕분에 라인을 복구할 수 있었습니다. 정말 고맙습니다. 앞으로도 당신이 계속 도와주셔야 합니다.'

울컥 눈물이 솟았습니다.

도요타는 철저합니다. 미스터 오노가 정한 것입니다. 문제가 있는 동안에는 절대 라인을 가동하지 않습니다. 완성 차를 출고하지 않습니다. 고객에게 불량품을 보내지 않는 것이 도요타 생산방식입니다."

폴 브리지는 담담하게 이야기했다. 도요타 생산방식을 찬양해서 상부에 잘 보이고자 하는 의도는 보이지 않았다. 생각해보면 당연하다. 그는 이미 60세이다. 조금 있으면 정년이니, 이후에는 유유자적 살고 싶다고 했다. 그는 "도요타 생산방식은 생각하는 사람을 만드는 시스템입니다"라고 덧붙였다.

"생각하는 것을 즐거워하는 작업자에게는 적합합니다. 현장에서 가이젠하는 것은 미국의 작업원들이 겪어보지 못한 경험이니까요. 단 지시받은 대로만 일하는 작업원은 적응하지 못할 겁니다. 기존 생산방식은 사람이 생각할 필요 없이 손과 발을 움직이기만 하면 되는 시스템이었습니다. 하지만 미스터 오노는 생각하면서 일하라고 말했습니다. 그것이 이 시스템의 특징입니다.

마지막으로 한 가지만 더 이야기하겠습니다. 지금 저희 공장에서 출고되는 자동차는 다른 어느 곳보다도 품질이 우수합니다. 이곳에 렉서스 라인이 신설된 것도 세계에서 가장 좋은 제품을 만들고 있기 때문입니다. 켄터키 공장에서 만든 자동차 중에는 불량품이 한 대도 없습니다. 일본 본사 공장이나 모토마치 공장도 마찬가지입니다. 세계의 어느 공장에서도 불량품은 나오지 않습니다. 저희는 스스로 라인을 제어합니다. 라인에서 불량품을 시정합니다. 미스터 조는 그렇게 말했습니다.

'생각하는 작업원을 육성하는 것이 미스터 오노의 꿈이었을 겁니다. 그리고 켄터키에서는 제가 관리직으로서 그 꿈을 이뤘습니다. 미국에서 최초로 생각하는 작업원을 육성했다는 데 자부심을 느낍니다.'

도요타 생산방식을 처음 접한 폴은 이것을 '라인을 멈춰도 해고 당하지 않는 시스템'으로 받아들였다. 작업원이 권한을 갖는다. 그 대신 작업원은 생각해야 한다. 라인을 멈추고 해야 하는 일은 문제를 시정하는 것이다. 깜빡하고 볼트, 너트를 조이지 않는 일은 절대 일어나선 안 된다. 문제가 있는 부품을 다는 일도 있어서는 안 된다. 최종 목표는 검사 공정이 필요 없는 자동차를 만드는 것이리라.

나는 공장을 나와 조지타운의 호텔로 향했다. 호텔로 돌아가는 길, 루트 75를 달리면서 여러 가지 생각을 했다. 길 양옆에서는 크게 자란 담배가 바람에 흔들리고 있었다.

도요타 생산방식의 기본 개념은 2차 세계대전이 일어나기 전, 도요타자동차를 창업한 도요다 기이치로豊田喜一郎가 구상했다. 그는 미국에 뒤지지 않는 일본산 자동차를 만든다는 뜻을 세웠지만, 전쟁 때문에 중단할 수밖에 없었다. 그러나 좌절하지 않고 전쟁이 끝난 뒤 이사인 도요다 에이지豊田英二에게 "3년 안에 미국을 따라잡게"라고 명령했다. 그리고 에이지는 기계공장장인 오노 다이이치를 불러서 새로운 생산 시스템 개발에 몰두했다.

그들은 필사적이었다. 미국의 자동차 회사가 일본에 진출하면 상대적으로 구멍가게 수준인 도요타는 박살 날 것이라고 생각했다. 미국을 따라잡기 위해 생산성을 향상시켜야 했다. 그래서 포드 시스템이 아니라 도요타 생산방식을 만들어내고, 사내 현장과 협력사에 도입했다.

처음에 오노는 다른 자동차 회사들, 특히 미국의 자동차 회사를 두려워했다. '간판방식', '안돈' 같은 이름을 붙인 것은 그들이 명칭에서 내용을 유추해낼까 염려했기 때문이다. 그만큼 오노는 GM, 포드, 크라이슬러에 위기감을 품고 있었다. 2차 세계대전이 끝난 직후만 해도, 미국의 자동차 회사들이 하루에 1,000대를 생산하는 데 비해 도요타는 한 달 동안 죽어라 만들어야 간신히 그만큼을 생산할 수 있었으니 당연하다면 당연한 일이었다. 자동차 회사 간판을 달고는 있었지만 도저히 그들의 상대가 될 수 없었다.

그런 상황에서 출발한 도요타가 현재 세계 최대의 생산 실적을 자랑하기에 이르렀다. 그 배경에 있는 것이 도요타 생산방식으로, 지금은 전 세계의 공장과 협력 공장이 이 방식을 채용하고 있다. 앞에서 봤듯이 켄터키 공장에서는 도요타 생산방식을 신봉하는 사람들이 도장을 만들었을 정도이며, 그곳에는 도요다 기이치로와 오노 다이이치의 초상화가 걸려 있다.

자동차 자체는 그 어떤 신차라 해도 시간이 지나면 구식이 된다. 그러나 인간이 생각해낸 시스템은 시간과 국경까지도 초월한다.

모노즈쿠리(제조)의 원조

도요다 기이치로는 일본산 승용차를 생산하기로 결심하고 도요타자동차를 만들었다. 사실 좀 더 높게 평가받아도 될 텐데, 아버지이자 발명가인 도요다 사키치豐田佐吉에 비해 과소평가되고 있다. 만년에 노동쟁의의 책임을 지고 사장직을 사임한 것과 한창 일선에서 활약할 나이인 57세에 세상을 떠난 것이 그의 업적을 퇴색시켜버린 것이 아닐까 싶다. 그러나 그가 없었다면 도요타자동차도 없었으며, 일본의 자동차 산업이 여기까지 성장할 수도 없었다.

2차 세계대전이 일어나기 전, 도요다 기이치로는 주위의 반대를 무릅쓰고 미쓰이三井와 미쓰비시三菱라는 대재벌도 섣불리 뛰어들지 못했던 승용차 생산을 실행에 옮겼다. "직기織機 공장 집안의 애송이", "지방 재벌의 아들"이라며 비웃음당했던 그는 처음에는 어쩔 수 없이 미제 부품을 사용해 자동차를 조립했지만 엔진만은 자사에서 직접 개발했고, 강판을 만드는 제철소와 전기 부품, 섀시 부품을 제작하는 공장을 지었다.

창업 당시 요코하마, 훗날 도쿄에 본사를 둔 동종 업계의 닛산자동차日産自動車는 관공서와도 가까운 사이였고, 경영자이자 닛산콘체른日産コンツェルン의 총수인 아유카와 요시스케鮎川義介가 정부에 로비할 정도의 힘이 있었기에 정부로부터 원조를 끌어낼 수도 있었다. 한편 기이치로는 본체인 도요다자동직기豊田自動織機에서 자금을 끌어와서 자동차라는 돈 먹는 하마에 쏟아부었다.

현대 일본 모노즈쿠리의 원조는 도요다 기이치로이다.

또 한 명의 혁명가인 오노 다이이치 또한 세상에 잘 알려져 있지 않다. 도요다 기이치로가 고안한 '저스트 인 타임'과 도요다 사키치가 생각해낸 '자동화自働化'의 사상을 도요타 생산방식으로 체계화하고 사내뿐만 아니라 전 세계의 제조 현장에 영향을 끼친 인물이지만, 그 또한 사람들의 기억에서 잊힌 존재이다. 게다가 자동차 전문가와 저널리스트, 국회의원 등은 "도요타 생산 시스템은 노동자를 한계까지 일하게 하는 노동강화 시스템"이라며 도요타 생산방식을 매도하고 문제시했다. 다른 회사들도 "도요타 같은 시골 회사이니까 가능한 것"이라며 대놓고 무시했다.

이런 상황 속에서 마침내 오노 다이이치를 제대로 인식한 사람이 나왔는데, 일본인이 아닌 외국인 연구자였다. 세계적으로 1,000만 부가 팔린 경제경영서 《더 골The Goal》의 저자인 이스라엘 출신 물리학자 엘리 골드렛Eliyahu M. Goldratt은 오노 다이이치를 "마이 히어로"라고 부르며 이렇게 말했다.

"오노가 만든 도요타 생산방식은 20세기의 일대 발명이다."

그러나 일본에서는 한동안 대부분이 도요타 생산방식을 노동강화 시스템, 도급업자를 괴롭히는 시스템이라고 공격했다.

"표준작업을 정한답시고 노동자의 현장 작업을 초시계로 재다니, 대체 무슨 짓인가?"

"도요타는 저스트 인 타임이란 명목으로 재고를 보유하지 않는다. 이 때문에 도급업자들이 하루에도 몇 번씩 부품을 실어 나른다. 도요타는 공공 도로를 창고 대용으로 사용하는 셈이 아닌가?"

오노는 이런 비난에 아무런 반론도 하지 않고 무시로 일관했고, 상대는 이에 화가 나 더욱 비난의 강도를 높였다. 도요타자동차의 부사장이라면 어른스러운 태도로 대응하며 사실과 다른 비난에 대해서는 차분하게 설득해도 좋았을 텐데, 오노는 "알아들어먹지도 못할 놈들한테는 무슨 말을 해도 소용없어"라며 아예 상대조차 않았다. 그의 저서 《도요타 생산방식トヨタ生産方式》 머리말에 억울함과 분노가 느껴지는 구절이 있다.

또한 일부 사람들이 이 방식을 곡해하고 비판하는 것에는 일체 변명이나 해명을 할 생각이 없다. 세상 모든 일은 결국 역사가 증명해주리라 확신하기 때문이다.

공격하는 쪽은 이를 읽고 더욱 흥분했다. 이 책이 베스트셀러가 됐기 때문이다. 오노라는 인물이 세상에 알려지지 않은 이유는 본인이 자신을 향한 공격에 넌더리가 나서 몸을 숨겼기 때문이며, 또한 자신이 나서면 도요타가 욕을 먹는다는 것을 알아서 공적인 자리에 나서지 않았기 때문이다. 다만 도요타 생산방식이 노동강화 시스템이라는 비판에 대해서는 전문지나 강연에서 다음과 같이 반론했다.

> 나는 비효율적으로 쓰이는 시간이 아깝다. 하루 종일 공장에 있지 않아도 된다. 일할 때는 열심히 일하고, 일을 마쳤으면 귀가한다. 그러면 된다. 근면한 척할 필요 없다. 나는 일본인이 근면하다는 인식이 잘못됐다고 생각한다. 일본인의 현장 노동은 낭비로 가득하다. 일본인 작업원은 자신이 얼마나 근면한지를 과시한다. 그러나 기왕 일하는 척할 것이라면 즐겁게 일하면 되지 않는가?

040

또한 기술자 모임에서는 이런 말도 했다.

> 1956년경에 처음으로 미국을 구경했다. 역시 일본인과 미국인은 일하는 방식이 전혀 달랐다. 내가 공장에 가서 그곳에서 일하는 작업원과 시선이 마주치면 그 작업원은 반드시 "여어" 하며 손을 들어 주거나 담배에 불을 붙였다. 한편 일본의 공장에서 일하는 작업원은 시선이 마주치면 뭘 하기 시작한다. 심지어 오일 주입기를 들고

기계에 기름을 치기 시작하는 사람도 있고, 걸레로 이곳저곳을 닦는 사람도 있다. 일본인은 근면하다, 끊임없이 움직인다는 인식을 의식해서인지 시선이 마주치면 즉시 자신은 열심히 일하고 있다고 보여주고 싶어 한다.

오노는 '일하는 척'을 매우 싫어했기 때문에 그런 시간을 없애서 생산력을 높여야 한다고 주장했다. 작업원은 생각하며 일해서 작업을 빨리 끝마친다. 그리고 예정했던 작업을 마치면 관리직 따위 신경 쓰지 않고 빨리 귀가한다. 그러면 된다고 거듭 이야기했다.

그런데 그를 싫어하는 진보적인 학자나 저널리스트, 정치가 들은 그의 그런 모습을 보려 하지 않았다. 오노는 본심대로 사는 사내였지만 학자나 저널리스트, 정치가 들은 본심 감추기를 좋아한다. 그래서 본심을 감추지 않는 오노를 싫어한 것이다.

이런 일화도 전해진다. 1960년대 후반, 어떤 노동자가 담배를 입에 문 채 일하고 있었다.

"영감(오노)이 곧 보러 올 테니 얼른 끄게."

관리직이 이렇게 꾸짖는데 뒤에 오노가 서 있었다. 관리직은 깜짝 놀라서 아무 말도 하지 못하는데, 오노는 히쭉거리며 말했다.

"뭐 어떤가? 한 대 정도는 피우게 해주게. 불붙은 담배를 피우다 제품을 더럽혀선 안 되겠지. 하지만 담배를 피우면서 유유자적 일할 수 있는 직장이야말로 우리가 꿈꾸는 그런 직장이 아닌가. 내 말이 틀렸나? 아니지? 그렇다면 뭐 괜찮지 않은가."

저널리스트나 사내의 반대파가 오노를 싫어한 이유는 그가 이처럼 항상 본심을 있는 그대로 솔직하게 말했기 때문일 것이다. 그는 도요타 생산방식을 통해 진심으로, 즐겁게 일하는 현장을 추구했다. 노동이 괴롭기만 한 것은 아니라고 말하고 싶어 했다.

일부 사람들의 몰이해는 지금도 계속되고 있다. 그러나 도요다 기이치로가 만들고, 오노 다이이치가 발전시킨 도요타 생산방식 혹은 이를 변형시킨 린 생산방식Lean Manufacturing, Lean Production은 전 세계 공장에 채용되고 있다. 세계의 제조 현장이 포드 시스템에서 도요타 생산방식, 린 생산방식으로 전환하고 있다. 포드 시스템은 한 품종을 대량생산할 때는 위력을 발휘하지만, 다품종 소량생산에는 적합하지 않기 때문이다.

초등학교 5학년이 공부하는 사회 과목 교재를 보고 깜짝 놀란 적이 있다. 그 교재에는 이렇게 적혀 있었다.

> 자동차 공장에서는 사용하는 부품을 필요한 만큼 즉시 관련 공장에서 가져오는 시스템을 만들었습니다. 이것을 저스트 인 타임 방식(간판방식)이라고 하며, 이를 통해 부품 보관과 시간 낭비를 줄일 수 있습니다.

도요다 기이치로와 오노 다이이치가 시작한 시스템을 아이들이 시험에 나온다며 필사적으로 암기하는 것이다. 일부 전문가나 저널리스트보다 초등학생들이 더 도요타 생산방식을 이해하려 노력하고 있다.

유니클로로 유명한 패스트리테일링Fast Retailing 창업자 야나이 다다시柳井正는 "도요타 생산방식을 이해하는 것은 도요타의 본질을 이해하는 것"이라고 말했다.

도요타는 언제나 필사적입니다. 도요타 사람들은 자신들이 거둔 오늘의 성공이 내일의 실패로 이어짐을 잘 압니다. 그렇기에 더더욱 어제와 똑같이 해선 안 된다고 의식하며 일하는 것이겠죠. 기업의 미래를 만드는 것은 바로 철저한 인식과 실행입니다. 저는 도요다 기이치로 씨와 오노 다이이치 씨를 엄격한 경영자라고 생각합니다. 그 두 분에 비하면 저는 아직 부족하죠. 좀 더 노력해야겠다는 생각이 듭니다.

이와 같이 도요타 생산방식에 대한 견해는 양극단으로 나뉜다. 그러나 내가 이해한 바는 이렇다.

'오늘 일하고 있는 방식을 의심하고 내일을 위해 아이디어를 짜내는 시스템.'

일하는 사람은 스스로 생각하면서 작업의 군더더기를 없앤다. 그렇게 해서 다른 회사보다 품질이 좋고 값싼 제품을 만든다. 그러면 소비자가 구입해줘서 회사가 돈을 벌며, 그 결과 임금이 오른다.

'뭐야, 그건 다른 데서도 다 하는 거 아니야?'

정말 그럴까? 이 세상 대부분의 현장에서 일하는 노동자들은 아무 생각 없이 오늘도 어제와 똑같은 방식으로 일한다. 사무직 노동자도 공장 현장 노동자도 마찬가지이다. 매일 아침에 출근하면 '먼저 어제 했던 일을 분석하자. 낭비를 없애서 능률을 올리는 거야'라고 생각하고 실천하는 사람이 과연 얼마나 있을까? 이를 시스템으로 회사에 정착시키려면 엄청난 노력과 궁리가 필요하다. 오노 다이이치는 이를 해냈다.

섬유, 경공업, 조선, 가전, 자동차······. 지금까지 세계에 진출한 '메이드 인 저팬' 제품은 얼마든지 있다. 그러나 세계의 인정을 받은 생산방식은 도요타 생산방식뿐이다.

도요타의 탄생

도요타 생산방식은 전제 조건에 따라 달라진다.
그러므로 이 방식에 완성은 없다.

도요다 가문의 역사

도요타자동차를 창업한 도요다 기이치로는 엔슈(시즈오카현 서부에 해당-옮긴이) 지방에서 태어났다. 정확한 출생지는 시즈오카현 후치군 요시즈촌 야마구치로, 지금은 고사이시가 됐다. 고사이는 뱀장어로 유명한 하마나 호수의 서쪽이란 의미이며, 아이치현과 맞닿아 있다. 아버지는 자동직기를 발명한 도요다 사키치로, 2차 세계대전 전에는 '일본의 발명왕'으로 교과서에도 실렸던 메이지시대의 걸물이다.

도요다 부자가 큰 자산을 모을 수 있었던 것은 엔슈의 목화 산지에서 태어났기 때문일 것이다. 사키치는 무명베를 짜는 자동직기를 발명해 판매했으며, 본인도 이를 사용해 방직업에 진출했다. 사키치가 만든 회사는 목화라는 지역의 산물을 활용했다. 그리고 아들인 기이치로는 목화로 번 돈으로 자동차를 개발해 도요타자동차의 기초를 쌓았다. 만약 두 사람이 시즈오카나 아이치가 아닌 다른 지역에서 태어났다면, 만약 두 사람이 목화를 만나지 못했다면 일본에서 자동차 산업이 탄생하지 못했을지도 모른다. 도요다 부자와 목화가 자동차를 만들었다고 해도 과언이 아니다.

무명은 목화씨도 만드는 섬유이다. 폭신폭신한 섬유가 목화씨를 둘러싸고 있는데, 짧아서 실로 만들려면 합쳐서 꼬아 늘여야 한다. 일반적으로 '잣는다紡'라고 부르는 것이 합쳐서 꼬는 작업, '낳는다績'라고 부르는 것이 잡아 늘이는 작업으로, 이 둘을 합쳐 방적紡績이 된다. 요컨대 무명실을 만드는 작업이 방적이다. 한편 명주실을 만드는 작업은 제사製絲이다. 명주실은 누에고치에서 나온 한 가닥의 섬유이다. 잡아 늘이면 1킬로미터나 된다. 그리고 긴 섬유를 그대로 꼬아서 실로 만든다.

둘 다 실을 만드는 작업이지만 무명실의 경우는 방적이고, 명주실의 경우는 제사이다. 이 차이를 잘 모르는 사람이 의외로 많은데, 도요다 사키치와 직기 제조, 방직업을 이해하기 위해서는 알아둬야 할 기초 지식이다. 또한 도요다 사키치 등 도요다 가문의 성씨는 '도요다'라고 읽는다. 물론 자동차 회사의 명칭은 '도요타'이다.

목화 이야기로 돌아가자. 전국시대로 거슬러 올라가면, 오와리(아이치현 서부에 해당─옮긴이)에 거점을 두고 천하를 통일한 오다 노부나가가 목화를 활용한 것으로 알려져 있다. 인접국인 엔슈와 미카와(아이치현 동부에 해당─옮긴이)산 목화를 군자금, 군수물자로 사용한 것이다.

일본에서 목화를 널리 재배하기 시작한 시기는 덴분天文시대(1532~1555년) 후기이다. 그 전까지는 중국 명나라에서의 수입에 의존했으며, 그것도 대부분이 밀무역이었다. 그러다 엔슈와 미카와를 중심으로 재배가 시작된 것이다. 목화는 일상적인 의복에 사용되면서 순식간에 인기를 끌었다. 그때까지 서민들이 입는 옷의 소재였던 삼베, 수피(나무껍질), 동물 가죽에 비해 가공이 쉬울 뿐 아니라 따뜻하고 튼튼했기 때문에 모두가 무명베로 만든 옷을 원하게 됐다.

노부나가는 목화를 중요시했다. 미카와 상인이 산지에서 싣고 온 무명실, 무명베를 대량으로 사들여 사카이로 가져갔다. 그리고 자유도시였던 사카이에서 돈으로 바꿔 손에 넣은 막대한 이익을 군자금으로 삼았다. 또한 목화는 없어서는 안 되는 군수물자이기도 했다. 배의 돛으로 만들면 왕골이나 짚으로 만든 것보다 기동성이 높아지고, 화승총의 심지로 만들면 삼베로 만든 것보다 도중에 불이 꺼지는 일이 적었다. 전쟁에서 사용하는 군기軍旗나 장막, 군복을 만들 때도 사용됐다.

미카와 엔슈 지방은 계속해서 목화를 재배하고 무명실, 무명베를 생산한 덕분에 유복한 토지가 됐다. 에도시대를 지나 메이지시대가 되자 아이치현과 시즈오카현 서부에서 방적, 무명베 생산이 중요한 산업이 됐다. 합성섬유인 나일론이 탄생하는 1935년까지 목화와 목화 관련 사업은 일본을 지탱하는 가장 중요한 산업이었다. 요컨대 도요다 사키치는 지금으로 치면 자동차나 IT에 필적하는 중요 업계에서 활약한 것이다.

도요다 사키치는 에도시대가 끝나고 메이지시대가 시작되기 전해인 1867년에 태어나 1930년에 세상을 떠났다. 메이지(1868~1912년), 다이쇼(1912~1926년), 쇼와(1926~1989년) 시대를 산 발명가이자 기업가였다. 그의 부친은 목수 일을 도급받기도 했지만, 주로 밭을 경작하는 농가의 당주였다. 사키치는 초등학교를 나오자 아버지를 도와 목수 일과 밭일을 했다. 17세 무렵부터 수동직기 개량에 몰두하기 시작했다. 부업으로 할 만한 일이라고는 무명실이나 무명베를 만드는 것밖에 없었던 엔슈의 농가에서 직기는 매우 친근한 물건이었다. 그런 환경에서 자라며 어릴 때부터 '또래 여자아이보다 베를 짜는 할머니에게 더 관심이 많았던' 사키치가 커서 수동직기 개량에 나선 것이다.

또한 그가 자란 고사이에는 '가라쿠리'라는 기계장치에 해박한 사람이 있었다. 오와리 지방을 중심으로 주쿄권(아이치현 나고야시를 중심으로 한 도시권-옮긴이)에는 전국시대부터 가라쿠리 장인이 많았다. 그들은 축제가 있을 때마다 가라쿠리로 축제용 수레나 인형을 만들었다. 그래서 사키치가 가라쿠리장치를 보이면 의견을 말해주거니 지식을 가르쳐줄 선배가 얼마든지 있었다. 사키치는 주쿄권에서 나고 자란 덕분에 목화와 가라쿠리라는 자산을 얻을 수 있었다.

도요타의 5대 사장과 회장을 역임한 도요다 에이지는 사키치보다 여덟 살 어린 동생 헤이키치平吉의 둘째 아들이다. 즉 에이지에게 사키치는 큰아버지에 해당한다. 그런 에이지가 사키치와 도요다 가문에 관해 이렇게 적었다.

> 할아버지인 이키치伊吉(사키치의 부친)는 목수셨다. 목수는 일이 없을 때가 많아서 농사도 짓는다. 그러다 목수 일이 들어오면 그 일을 해서 현금 수입을 올리셨을 것이다.
> 큰아버지인 사키치도 할아버지를 흉내 내면서 목수 일을 하셨다. 처음에는 할아버지께서 가르쳐주셨겠지만, 아들에게 일을 가르치

는 것은 상당히 부담스럽다. 그래서 도요하시에 있는 도편수에게 제자로 보내셨다. 큰아버지께서 처음에 만드신 '실감개'도 결국은 목수 일의 연장선상이었던 것이다.

목수 일을 하면서 익힌 공작 기술과 가라쿠리를 추구하는 상상력을 바탕으로, 사키치는 24세에 직기 제조 특허를 취득했다. 당시 사키치가 만든 것은 동력직기가 아니라 사람이 직접 움직이는 직기였는데, 생산성이 기존에 사용되던 같은 종류의 기계보다 40~50퍼센트 높았다. 초등학교밖에 나오지 않았음에도 기계 구조를 파악하고 개량하는 능력이 남달랐던 것이다.

사키치는 직기를 '발명'해 특허를 받았지만, 제로에서 발명한 것은 아니었다. 개량을 거듭한 결과물이었다. 직접 기계를 움직이면서 문제점을 찾아낸 다음 궁리를 거듭해 그 문제점을 없앰으로써 능력을 향상시키거나 새로운 기능을 추가하는 것이 그의 방식이었다. 훗날 도요타 생산방식을 체계화한 오노 다이이치가 시스템을 확립한 방법이 사키치의 방식과 유사했다. 책상 위에서 계획을 짜는 것이 아니라 공장 현장에서 '이건 좀 문제가 있어 보이는데?' 싶은 부분을 조금씩 수정하며 가이젠을 꾀하는 것이 오노의 방식이었다. 현장이 신차 라인으로 바뀌면 가이젠 방식도 바뀐다. 신입이 배속되면 현장 시스템도 바뀐다. 오노는 "도요타 생산방식은 전제조건에 따라 달라진다. 그러므로 이 방식에 완성이란 없다"라고 단언했다. 영원히 가이젠을 계속하라는 것이다.

도요다 사키치는 사생활을 돌보지 않고 직기 개량에 몰두했다. 일도 하지 않고 직기에만 매달리는 그를 아버지는 한심하게 여겼고, 결국 사키치는 집을 뛰쳐나왔다. 첫 아내인 다미たみ도 질려서 그의 곁을 떠난다. 사키치는 남겨진 큰아들 기이치로를 친가의 어머니에게 맡기고 30세에 재혼하기 전까지 직기 개량에 그야말로 혼신의 힘을 쏟았다.

청일전쟁이 발발한 해인 1894년, 사키치는 나고야시 아사히정(현재의 나카구 니시키 부근)에 직기 제조 회사인 도요다상점豊田商店을 세우고 한 회사의 주인이 됐다. 그해 6월 11일에는 큰아들 기이치로가 태어났다. 그리고 이후 도요다상점 근처에 공장을 증설해나간다.

청일전쟁이 끝난 이듬해인 1896년 무렵부터 1차 세계대전이 일어나기까지 20년 동안 일본의 자본주의는 부국강병 정책과 맞물려 크게 발전한다. 인구가 증가하고, 무명베 의류의 수요도 꾸준히 성장했다. 물론 사키치의 도요다상점도 일본 경제가 성장하는 가운데 매출을 늘려나갔다.

1896년, 사키치는 일본 최초의 동력직기인 '도요다식 기력汽力 직기'를 완성했다. 동력원은 스팀엔진, 즉 증기기관이다. 그러나 스팀엔진만으로는 동력이 부족했기 때문에 석유가 원료인 전기식 발동기를 보조적으로 사용했다. 스팀엔진의 출력은 300킬로와트 발전용 한 대에 400마력이었고, 석유발동기 한 대의 출력은 3.5마력이었다. 1마력이면 기력 직기를 20대 돌릴 수 있었다. '증기기관'이라고 하면 대부분 사람들은 증기기관차를 떠올리겠지만, 그 무렵에는 아직 자욱한 수증기와 수증기가 배출되는 소리 속에서 작업하는 것이 공장의 일반적인 풍경이었다.

에이지는 어린 시절의 일이라고 전제하면서도 스팀엔진에 애착을 보였다.

공장이 완성된 당시(다이쇼시대 초기)는 아직 전기 인프라가 없어서 스팀엔진을 설치하고 석탄을 태워서 공장을 가동시켰지. 밤이 되면 이 엔진으로 발전기를 돌려서 전등을 켰어. 이른바 자가발전이지. 고사이에 있는 할아버지(사키치의 부친인 이키치) 집에 가도 전등은 집 전체에 하나밖에 없었던 시절이야. 물론 이웃에도 전등이 있는 집은 드물었지.

나는 그 스팀엔진을 만져보고 싶어서 견딜 수가 없었어. 아니, 사실은 그저 만져보는 정도가 아니라 실제로 엔진을 가동시켜보고 싶었지. 매일 옆에서 보다 보니 어떻게 가동시키는지 그 순서는 잘 알았거든. 그래서 한 번만 시켜달라고 졸라댔지만 상대해주는 어른이 아무도 없었어. 뭐, 초등학교 저학년 꼬맹이였으니 당연하지.

(스팀엔진) 보일러는 1년에 한 번 대청소를 하는데, 훈도시(일본의 전통 남성 속옷 — 옮긴이) 하나만 걸치고 아직 여열이 있는 가마 속으로 들어가서 물때를 벅벅 문질러 벗겨냈어. 어른들에게는 방해만 됐겠지만, 나도 몇 번 들어가봤지. 덕분에 보일러 내부가 어떤지 잘 알게 됐어.

메이지시대부터 다이쇼시대의 공장에서 사용된 동력은 대부분 스팀엔진이었음을 알 수 있다. 가정에서는 전기등이 아니라 램프에 의존했다. 사키치의 공장이 본격적으로 전기를 사용하기 시작한 때는 1914년경으로 여겨지며, 그 전까지는 스팀엔진을 동력으로 사용했다.

사키치가 직기를 발명했을 무렵, 무명실과 무명베 생산량 세계 1위를 자랑하던 나라는 영국이었다. 영국은 그때까지 목화의 대산지였던 인도에서 손으로 짠 무명베를 수입했는데, 산업혁명(18세기 중반~19세기 전반)을 계기로 방적, 방직 분야에서 세계의 공장이 됐다. 목화의 주요 산지도 미국으로 바뀌고, 인도는 점차 규모가 작아져 가내수공업으로 무명실과 무명베를 만들게 된다.

자동직기를 개량한 사키치의 철학

영국의 면업綿業은 1733년에 존 케이John Kay가 플라잉 셔틀을 발명하면서 발전하기 시작했다. 그 전까지는 수동직기로 무명베를 짰다. 실패가 든 북(셔틀)을 두 사람이 주고받듯이 하면서 씨실과 날실로 베를 짜는 방식이었는데, 플라잉 셔틀이 발명돼 한 사람이 직기를 조작할 수 있게 되자 생산량이 세 배로 늘어났다. 그러자 이번에는 실이 부족해졌고, 이에 새로운 방적기가 잇달아 개발됐다. 산업혁명의 한 축을 지탱한 것은 증기기관의 발명과 방적기계, 직기의 개량이었다.

1764년에는 제임스 하그리브스James Hargreaves가 제니 방적기를 발명했다. 실을 여러 가닥 뽑을 수 있는 방적기로, 노동자 한 명이 기계 여러 대를 담당할 수 있었다. 또한 1767년에는 리처드 아크라이트Richard Arkwright가 증기기관을 사용한 기력 직기(자동직기)를 발명했다. 생산성은 당연히 수동직기보다 높았지만 노동자 한 명이 직기 한 대를 담당해야 했다. 자동직기는 그 뒤에도 계속 개량됐으며, 발명자는 전부 영국인이었다.

사키치는 영국에 보급된 자동직기를 개량하고자 했다. 영국인들이 의도한 기계의 대형화나 출력 향상에서 더 나아가 기계의 사용 편의성을 높이고 불량품 발생률을 낮추려고 애썼다. 예를 들어 그가 자동직기에 도입한 장치는 불량품을 없애기 위한 것이었다. 수동직기의 경우, 비록 속도는 느리지만 인간이 자신의 눈으로 보면서 베를 짠다. 그래서 실 간격이 균일하지 않으면 그 시점에 작업을 멈추고 수정할 수 있다. 그런데 사키치 이전의 자동직기는 실 간격이 일정하지 않거나 실이 끊어지더라도 그대로 계속 작동했기 때문에 순식간에 불량품이 산더미처럼 생겨버렸다. 이 점이 불만이었던 사키치가 만든 것이 자동정지장치로, 그 목적은 기계를 멈추는 것이 아니라 불량품이 나오지 않게 하는 것이었다.

베는 날실 수백 가닥을 가지런히 늘어놓은 곳에 씨실을 한 가닥씩 통과시키고 씨실을 밀착시켜나가면서 만들어진다. 이때 씨실은 북이라는 방추형 통 속에 실패의 형태로 들어 있으며, 여기에서 날실 사이를 왕복한다.

인간이 기계 옆에 계속 붙어 있으면 문제가 발생했을 때 즉시 기계를 세울 수 있다. 그러나 그래서는 온전한 자동직기라고 할 수 없다. 한 명이 기계 한 대를 줄곧 감시해야 하니 효율이 수동직기와 다를 바 없다. 또한 사람이 계속 옆에서 지켜보더라도 실이 끊어진 뒤에 기계를 세워서는, 아주 조금이라고는 해도 실이 낭비된다. 그래서 사키치는 실이 끊어지거나 없어진 순간 기계를 세우는 방법을 궁리했다. 불량품이 만들어지기 직전에 기계가 멈춘다면 사람이 계속 기계를 감시하지 않아도 된다. 혼자서 여러 대를 담당할 수 있다. 생산성이 비약적으로 향상된다.

사키치는 기력 직기에 자동정지장치를 달았다. 처음에는 북에 든 씨실이 전부 쓰여 없어지거나 끊어지면 자동으로 운전을 멈추도록 만들었다. 다음에는 이 직기를 개량해 날실이 끊어져도 즉시 기계가 정지하도록 만들었고, 최종적으로는 날실이 끊어지지 않도록 실의 장력을 일정 수준으로 유지하는 장치도 추가했다. 전부 가라쿠리를 응용해 만든 장치였다.

사키치는 자동직기와 관련해 발명왕으로 불린다. 그러나 그의 진수는 직기의 속도를 높인 것이 아니라, 문제가 발생한 순간 기계 운전을 중지시키는 장치를 고안한 것이었다. 인간이 줄곧 감시하지 않아도 기계 자체가 문제를 감지하고 운전을 정지한다면 불량품은 생기지 않는다. 사키치는 성능을 향상시키기보다 불량품 발생을 막고 싶어 했다. 이런 관점에서 기계를 바라보는 발명가는 없다. 대부분은 속도와 출력을 높이는 것이 능력을 향상시키는 길이라고 믿어 의심치 않는다. 그런데 그는 결과적으로 생산량을 늘리는 것이 생산성을 높이는 길이라고 생각했다. 불량품이 나오면 폐기할 수밖에 없으며, 기껏 열심히 제품을 만든 노동자도 힘이 빠진다. 또한 실수로 불량품이 판매돼 시장에 나돈다면 소비자는 화날 것이며, 회사 신용은 떨어진다. 그래서 사키치는 능력을 향상시키기보다 기계가 인간 수준으로 불량품을 감지하도록 만들려 한 것이다.

도요타 생산방식도 발상은 마찬가지이다. 노동자에게 "손을 더 빠르게 움직이시오"라고 요구하지 않는다. 대신 라인을 멈추더라도 상관없으니 불량품을 내지 말라고 말한다. 사키치도, 기이치로도, 오노도, 기계에만 주목하지 않았다. 그들의 머릿속에는 항상 공장에 있는 노동자와 상품을 사는 소비자가 있었다. 고장 나지 않는 자동차야말로 소비자가 원하는 것임을 잘 알았다.

그리고 도요타 생산방식의 두 기둥 중 하나인 '자동화'가 사키치의 철학에서 유래했다. 실제로 오노는 사키치의 발명에서 불량품을 내지 않기 위해 기계를 멈추는 일의 중요성을 배웠다. 저서《도요타 생산방식》에서 오노는 이렇게 설명했다.

(동動에 사람인人이 붙은) 자働화自働化란 기계에 인간의 지혜를 부여하는 것이다. 자동화의 발상은 도요타의 시조인 도요다 사키치의 자동직기에서 태어났다. 도요다식 자동직기는 날실이 끊어지거나 씨실이 다 떨어지면 기계가 즉시 멈추도록 만들어졌다. 요컨대 좋

고 나쁨을 기계가 판단토록 하는 장치가 내장돼 있는 것이다. 도요타자동차에서는 이 발상을 기계뿐 아니라 작업원이 있는 라인으로까지 확대했다.

사키치의 발명은 자동직기의 개량이라는 측면에서 커다란 진전이었다. 직기의 성능을 향상시킨 사람은 거의 영국인 발명가들이었다. 그런데 사키치는 다른 관점에서 직기를 개량했으며, 이후 전 세계에서 그의 발상을 채용하는 방향으로 직기를 발전시켜나갔다.

사키치의 새로운 동력직기를 사용해 만든 무명베는 품질이 균일하고 불량품이 적어 인기 상품이 됐고, 대기업인 미쓰이물산三井物産과도 거래를 시작했다. 이후 사키치를 꾸준히 지원해준 미쓰이물산 오사카 지점장 후지노 가메노스케藤野亀之助와의 교우交友 관계도 상품의 질이 높았기에 싹틀 수 있었다.

또한 사키치는 일하는 사람의 건강을 지키기 위한 가이젠도 실시했다. 당시 일본뿐 아니라 전 세계의 직조 공장은 솜먼지가 날아다니고, 직기가 돌아가는 소리로 가득했다. 이런 환경에서 특히 문제가 된 것이 결핵이었다. 직조 공장에서 일하는 직공은 북에 든 씨실이 다 떨어지면 새것으로 교체해야 했다. 이때 북에 뚫린 작은 구멍으로 무명실을 통과시키기 위해 구멍 입구에 실을 밀어 넣은 다음 반대쪽 구멍에 입을 대고 들이마셔서 실을 뽑아냈는데, 이것이 큰 문제가 됐다. 공장에 결핵균 보균자가 한 명이라도 있으면 북에 입을 댈 때 결핵균에 감염될 수 있는 것이다. 그래서 사키치는 이

비위생적인 작업을 없애고자 북에 뚫은 구멍에 입을 대고 숨을 들이마시지 않아도 되도록 구멍에 톱니 모양의 홈을 팠다. 아주 작은 가이젠이었지만, 덕분에 직공들은 북에 입을 대지 않고 실을 구멍에 밀어 넣기만 해도 통과시킬 수 있게 됐다. 순식간에 전 세계의 직조 공장이 이 가이젠을 채용했다. 그는 직원의 노동환경을 가이젠한 것이다.

1907년, 사키치는 간사이와 주쿄권에 있는 방적 회사의 후원으로 도요다식직기豊田式織機 주식회사를 설립했다. 다만 사장이 아니라 기사장 겸 상무이사가 돼 3년 동안 직기 개량에 힘을 쏟았다. 그러나 머릿속에 직기 생각밖에 없는 사키치에 대한 회사의 평가는 그리 높지 않았고, 결국은 사장이 사키치를 불러 "도요다 군, 자네가 발명이나 시험만 하고 있으니 사원들의 사기가 오르지 않고 있네. 이제 그만 떠나주게나"라며 사직을 종용했다. 이에 사키치는 회사를 그만뒀지만 곧바로 다른 곳에 취직하거나 독립하지는 않았다. 미쓰이물산과 후지노 가메노스케의 호의로 미국과 유럽으로 시찰 여행을 떠났고, 귀국 후 미쓰이물산에서 융자를 받아 도요다자동방직豊田自動紡織 공장을 세웠다(설립 당시의 명칭은 '도요다자동직조豊田自動織布 공장'이었으며, 1914년에 도요다자동방직 공장으로 이름을 바꿨다─옮긴이).

그리고 1914년, 1차 세계대전이 발발했다. 영국, 프랑스, 독일 등 전쟁에 돌입한 국가들은 자국 산업을 군수품 생산에 집중시켰다.

군복을 만들었으니 면업도 군수산업임에는 틀림없었지만 철강이나 조선, 총기, 포탄 등의 분야에 비하면 등급은 떨어졌다. 특히 그때까지 세계 방직업을 짊어졌던 영국의 생산이 정체됐다. 또한 선박이 전부 전쟁에 동원된 탓에 기껏 면제품을 만들어도 수출할 수가 없었다. 그 결과 면업 왕국인 영국의 제품이 시장에서 동났고, 자연스럽게 일본의 방적업, 직포업이 높은 지위를 차지하게 됐다. 일본은 영국을 대신해 아시아 시장에 진출했으며, 무명베의 판로를 유럽과 미국으로 확대했다.

그 결과 일본의 방적업과 직포업, 직기 제조업은 공전의 호경기를 맞이했다. 이 모든 산업에 관련돼 있던 사키치에게는 이보다 좋을 수 없었다. 도요다자동방직 공장은 대전경기大戰景氣에 편승해 공장을 증설했다. 1917년에는 방적기계 3만 대와 직기 1,000대를 보유한 대기업이 됐으며, 직원도 1,000명으로 불어났다. 그리고 1차 세계대전이 끝난 1918년에는 공장을 주식회사로 만들어 도요다방직豊田紡織 주식회사를 설립했다. 사키치 본인이 사장으로 취임하고, 일족과 미쓰이물산의 후지노 가메노스케를 이사로 임명했다. 그 무렵의 도요다방직은 면업계에서는 모르는 사람이 없는 대기업이 돼 있었다.

이때까지 사키치에 대한 평가는 '초등학교밖에 나오지 않았으면서도 수많은 직기를 발명한 사내'였다. 사업 실적을 보면 그는 발명가라기보다 오히려 시류를 잘 탄 벤처 경영자라고 할 수 있다. 발명에만 열정을 쏟아부은 것도 아니며, 직기 제조 공장뿐 아니라 방적

사키치는 자동직기와 관련해 발명왕으로 불린다.

그러나 그의 진수는 직기의 속도를 높인 것이 아니라,

문제가 발생한 순간 기계 운전을 중지시키는

장치를 고안한 것이었다.

사키치는 성능을 향상시키기보다

불량품 발생을 막고 싶어 했다.

이런 관점에서 기계를 바라보는 발명가는 없다.

업과 직포업에도 진출했다. 게다가 상하이에 공장을 설립하고 그곳으로 이주해서 살기도 했다. 아들 기이치로가 "자동차를 만들고 싶습니다"라고 말을 꺼냈을 때도 면업이 성장했을 때와 같은 가능성을 자동차 산업에서 발견했을 것이다. 그는 벤처를 이해하는 경영자였다.

기이치로, 도요다방직에 입사하다

1894년, 도요다 기이치로는 아버지와 마찬가지로 시즈오카의 고사이에서 태어났다. 생모인 다미가 친정으로 돌아가버려 조부모 밑에서 어린 시절을 보낸 그는 고향에 있는 중학교를 졸업하고 센다이의 구제舊制 제2고등학교(구제고등학교는 1950년까지 존재했던 일본의 고등교육기관으로, 현재의 대학 교양 과정에 해당하는 교육을 실시했다－옮긴이)에 진학했으며, 도쿄제국대학 공학부 기계공학과를 졸업했다.

자동차 산업과 관련된 에피소드로는 대학 3학년 때 고베제철소 실습을 들 수 있다. 두 달 동안 실습하면서 공작기계와 선반旋盤을 직접 조작했다. 같은 시기에 다른 제철소와 조선 공장, 방적 공장도 견학했다. 그리고 군용 트럭을 만들던 오사카포병공장을 견학하면서 난생처음으로 자동차 공장을 보게 됐다. 다만 이것이 그가 자동차 제조업에 뛰어드는 직접적인 계기인지는 확실하지 않다.

1920년에 대학을 졸업한 기이치로는 이듬해에 아버지의 회사인 도요다방직에 입사했다. 1차 세계대전이 끝난 뒤였기 때문에 면업 호경기는 이미 지나간 상황이었다. 여기에 1923년의 간토대지진과 금융공황, 세계공황이 이어지며 일본 산업계 전체가 불황에 빠졌고, 도요다방직도 침체에 허덕였다.

사장의 아들인 기이치로는 출장이라는 명목으로 미국과 영국으로 시찰 여행을 떠날 수 있었다. 영국에서는 직기 제조 분야에서 세계 최고의 실력을 갖췄다고 평가받던 플랫브러더스Platt Brothers를 보름 동안 면밀하게 조사했다. 지금은 자동차 회사가 산업계의 넘버원 업종이지만, 당시는 직기 제조 회사가 바로 그런 이미지였다. 직기는 곧 공작기계이며, 직기로 짠 무명베는 전 세계 사람이 입는 옷의 소재가 된다. 그리고 플랫브러더스는 당시 그런 직기를 만드는 일류 제조사가 다수 있었던 영국에서도 정상에 군림했던 명실상부 최고의 회사였다.

플랫브러더스를 견학한 기이치로는 직기에 사용되는 부품의 형태와 정밀도를 조사하는 한편 노동자의 근무 실태도 살폈다. 사키치는 기이치로가 자신의 후계자가 돼주기를 기대했지만, 기이치로는 직기에 머무르지 않고 다른 새로운 일을 하고 싶어 했다.

귀국 후 기이치로는 자동직기의 연구 개발에 몰두했고, 사키치와 함께 자동으로 북을 교환하는 장치를 실용화하는 데 성공했다. 그 것이 바로 1924년에 완성하고 이듬해에 특허를 취득한 G형 자동 직기이다. 이 직기는 북 속의 실이 다 떨어지면 자동으로 북이 교환 되는 기구 등 자동화, 보호, 안전 장치 24가지가 장착돼 있어 운전

중에 속도를 떨어뜨리는 일 없이 씨실을 공급할 수 있었고, 그 결과 직공들은 혼자서 직기 여러 대를 담당할 수 있게 됐다.

G형 직기는 성능과 경제성에서 세계 최고라고 평가받은 우수한 직기였다. 기이치로를 가르친 플랫브러더스가 특허를 양도해달라고 요청했을 정도이다. 이에 교섭이 시작됐고, 1929년에 마침내 플랫브러더스에 G형 자동직기의 특허를 양도하는 계약이 체결됐다. 그 대가로 도요다자동직기제작소는 8만 5,000파운드의 양도료를 받았다. 1차 세계대전이 끝났을 당시, 1영국파운드의 가치가 약 2.4만 엔이었다고 알려져 있다. 그리고 2차 세계대전 이전의 1만 엔을 현재 가치로 환산하면 약 2,700만 엔이다. 이 점을 감안하면 대략적인 계산이기는 하지만, 8만 5,000파운드는 현재 가치로 약 5.5조 엔이 된다. 사키치와 기이치로가 개량한 G형 자동직기가 매우 가치 있는 기계이며, 세계적으로 인정받았음을 알 수 있다. 참고로 도요다자동직기제작소는 1926년에 도요다방직이 직기의 제조와 판매를 위해 설립한 회사였다. 기이치로는 도요다방직에서 이 회사로 옮겨 상무가 됐다.

특허권을 양도한 이듬해, 사키치가 뇌일혈에서 기인한 급성폐렴으로 세상을 떠났다. 향년 63세였다. 그 이듬해인 1931년에는 만주사변이 일어났다. 일본은 세계적인 불황에서 벗어나기 위해 식민지가 필요했고, 중국은 당연히 식민지가 되고 싶어 하지 않았다. 그 결과, 충돌이 일어났고 전쟁으로 발전했다. 15년에 걸친 중국과 일본의 전쟁이 시작된 것이다.

도요타자동차의 시작

사키치가 세상을 떠난 뒤, 기이치로는 도요다자동직기에 자동차 제작 부문을 설립하고, 가솔린엔진을 자신들의 손으로 개발하겠다고 선언한다. 그는 외국산 자동차의 생산장치나 부품에 의지하지 않고 처음부터 자신들의 자동차를 만들고자 했다. 이것이 도요타자동차의 시작이다.

지금은 전기 자동차나 연료전지 자동차 등 가솔린엔진을 싣지 않은 자동차도 있지만, 얼마 전까지만 해도 자동차의 역사는 곧 가솔린엔진의 역사였다. 1769년, 프랑스 육군 엔지니어인 니콜라 조제프 퀴뇨Nicolas-Joseph Cugnot가 최초로 자동차를 발명했다. 대포를 견인하기 위한 장치로, 증기기관을 동력원으로 사용했으며 앞바퀴는 한 개, 뒷바퀴는 두 개였다. 앞바퀴 앞쪽에 보일러가 있었는데, 물과 연료만으로도 무게가 1톤이나 나갔기 때문에 속도가 시속 3.6킬로미터에 불과했다. 차라리 병사들이 대포를 미는 편이 낫지 않겠냐는 생각이 들 텐데, 실제로 퀴뇨의 자동차가 그 후 군대에서 사용됐다는 기록은 없다. 또한 많은 자료에 최초의 자동차로 기록돼 있지만, 사람이 걷는 속도보다 느린 것을 자동차라고 부를 수 있는지는 아무리 생각해봐도 의문스럽다.

진정한 의미에서 현대 자동차의 모체는 사행정기관Four-stroke engine일 것이다. 이것을 만든 사람은 독일 발명가 니콜라우스 오토Nikolaus August Otto이다. 1876년, 그는 시행착오를 거듭한 끝에 4행정 내연기관을 만들어냈다. 4행정 내연기관의 구조는 현재 사용되는 가솔린 엔진과 같다. 자동차를 '가솔린엔진으로 달리는 기계'라고 생각할 경우, 오토의 엔진이 없었다면 자동차는 탄생할 수 없었다.

다만 오토가 발명한 내연기관은 너무나 거대했다. 높이만 2.1미터에 달했기 때문에 그대로는 차체에 실을 수 없었다. 이를 개량한 사람이 독일 기술자 고틀리프 다임러Gottlieb Daimler이다. 그는 오토의 내연기관을 작게 만들어 자전거에 장착했다. 모터사이클이 탄생한 순간이다. 나아가 그는 역마차와 보트에도 가솔린엔진을 달았다. 버스와 동력 보트의 탄생이라고도 할 수 있다.

1885년, 다임러는 자전거에 장착한 가솔린엔진의 특허를 취득했다. 그리고 세계의 자동차는 이를 기점으로 진보해나간다. 그러나 헨리 포드Henry Ford가 1908년에 T형 포드Ford Model T를 개발하기 전까지 승용차는 미국과 유럽의 일부 부유층만 살 수 있는 값비싼 장난감에 불과했다. 대부분 서민에게는 마차와 기차가 육상 운송 수단이었다. 그리고 T형 포드도 본격적으로 보급된 시기는 1차 세계대전 이후로 알려져 있다. 다임러 이후 T형 포드가 대중에게 보급되기까지 30년이 넘는 시간이 필요했던 것이다.

다만 T형 포드 발매가 자동차의 보급으로 이어진 것은 아니라는 설도 있다. 출시 당시에 T형 자동차란 '승용차'를 살 수 있었던 것은 부유층뿐이었다. 서민은 구입은 고사하고 타볼 수도 없었다. 그랬던 자동차가 널리 보급된 계기는 전쟁이었다. 1차 세계대전 당시 트럭이 필요하다고 판단한 미 육군이 트럭 생산자와 손을 잡고 대대적으로 홍보 활동을 펼쳤고, 그 결과 트럭의 필요성이 대중의 지지를 받았다. 나는 이 설이 좀 더 설득력이 있지 않나 생각한다.

기이치로가 자동차를 개발하기 시작한 1930년, 미국에서는 이미 자동차의 대중화Motorization가 시작돼 2,000만 대에 이르는 자동차가 미 전역의 도로를 달리고 있었다. 한편 일본 땅을 달리는 자동차는 약 8만 대(1923년)에 불과했다. 서민은 자동차를 소유하기는커녕 대다수가 그런 것이 존재하는지조차 몰랐을 것이다. 미국에서는 이미 자동차 산업이 일정한 지위에 올라섰지만, 일본에는 앞서 나가는 몇몇 사업가가 있을 뿐이었다.

일본의 자동차 개발 역사를 살펴보면 사키치가 직기 개량에 몰두했던 시기와 겹친다. 1907년, 도쿄자동차제작소東京自動車製作所 엔지니어인 우치야마 고마노스케內山駒之助가 제1호 일본산 자동차인 '다쿠리호タクリー号'를 완성했다. 1914년에는 아자부에 있었던 가이신샤快進社의 창업주 하시모토 마스지로橋本增治郎가 승용차 '닷토ダット'를 만들었다. 닷토는 그 후 '닷토산ダットサン'이 됐고, 닛산자동차가 제조를 이어받았다. 그 밖에도 도요카와 준야豊川順彌가 '아레스호アレス号'(1921년)와 '오토모호オートモ号'(1924년)를 개발했다. 그러나 닛산을 제외하고 크게 성장한 회사는 없다.

그 이유는 자동차 제조가 종합적인 산업이어서 부품, 전기, 유리, 연료, 타이어 등 각 산업이 성장하지 않고서는 제조가 불가능하기 때문이다. 아울러 포장도로가 없으면 자동차는 금방 고장 나며, 멀리까지 가려면 각지에 주유소가 있어야 한다. 각종 공업이 발달하고 인프라가 정비되지 않은 나라에서는 아무리 개인이 자동차를 만들고 싶어도 만들 수가 없는 것이다. 당시 이미 재벌로 산업계에 군림했던 미쓰이, 미쓰비시, 스미토모(住友)조차 자동차 산업에 뛰어들지 않은 이유는 일본에 자동차 제조를 뒷받침할 기업이 없었기 때문이다.

기이치로가 자동차 제조를 결심했을 무렵, 1차 세계대전 중이던 유럽과 미국에서는 군수산업에서 혁신 기술이 탄생했다. 그리고 전쟁이 끝난 뒤 그 기술들이 파급되면서 일본의 각종 공업도 발달하기 시작했다. 또한 미국에서는 이미 연간 200만 대가 넘는 자동차가 만들어지고 있었기 때문에 자금만 있으면 미국에서 기계 설비를 전부 도입하는 것도 가능했다. 그러나 기이치로는 그러지 않았다. 그는 엔진과 섀시 부품 전부를 자사가 직접 만들겠다는 단호한 의지를 품고 있었다.

지금이야 위대한 생각이었다고 말할 수 있지만, 당시 주변 사람들 눈에는 멍청하다고밖에 할 수 없는 행위였다. 자동차를 제로 상태에서 만들려면 일본에 철, 구리 등의 금속, 목제 부품, 수지 제품, 도료, 유리, 고무, 전기 제품 등을 만드는 회사가 있어야 한다. 당시에 이 모든 회사가 있었을 리 없고, 특수한 강재(鋼材)를 만들기 위해서는 제강소를 세울 필요가 있었다. 단순히 벤처기업을 세우면 그만인 것이 아니었다. 매부(여동생의 남편)이자 도요다자동직기제작소 사장인 도요다 리사부로(豊田利三郎)와 부하 직원들이 맹렬하게 반대한 것도 당연하다면 당연한 일이었다.

기이치로는 훗날 이렇게 말했다.

"자동차 공업을 완성하려면 무엇보다 막대한 자본이 필요하고, 지극히 어려운 각 부품의 제작 기술을 습득해야 하며, 조립 기술도 손에 익어야 합니다. 재료만 해도 강철, 주철, 고무, 유리, 도료 등 광범위하며, 이러한 공업품 전부가 일정 수준 이상으로 발달한 상태가 아니면 도저히 자동차 공업에 손을 댈 수 없죠."

이를 잘 알면서도 자동차 개발에 뛰어든 것이다.

기이치로는 직기 개량에서 손을 떼고 자동차 시험 제작에 착수했다. 그러나 이는 간단한 일이 아니었다. 사촌 에이지는 기이치로가 자동차 개발을 시작했을 당시 도쿄제국대학 공학부에 다니고 있었지만, 공장을 견학하면서 기술자들이 얼마나 악전고투하고 있는지 잘 알았다.

"기이치로는 이미 자동직기라는 주물을 만들어봤으니 주물 제작은 어렵지 않을 것이라고 생각했습니다. 하지만 막상 시작해보니 좀처럼 제대로 된 주물을 만들 수가 없었죠. 자동직기는 직접 디자인한 것이어서 처음부터 주물을 만들기 쉬운 형태로 설계할 수 있었지만, (자동차) 엔진은 그럴 수가 없습니다. 아무리 만들기 쉬운 형태로 설계하려 해도, 가령 엔진 실린더블록은 주물을 만들 때 코어 (주물 내부에 빈 공간을 만들기 위해 주형 속에 집어넣는 모래 틀. 중자라고도 한다-옮긴이)가 필요 없는 직기와 달랐기 때문에 좀처럼 제대로 된 주물을 만들어낼 수 없었죠. 일단 기포 없는 주물을 만드는 것부터 시작했는데, 이마저도 생각처럼 되지 않았습니다. 이렇게도 해보고 저렇게도 해봤지만 계속 불량품만 나왔죠. 이런 문제로 상당히 애를 먹었고, 당연히 돈도 많이 들어갔습니다."

비행기 제조 회사[후지중공업富士重工業(지금의 스바루Subaru−옮긴이)나 미쓰비시자동차三菱自動車]가 자동차를 만든다고 하면 금방 성공할 것 같은 느낌이 든다. 농사용 트랙터 제조 회사(람보르기니)가 자동차 산업에 뛰어든다고 해도 애초에 탈것을 만들던 회사이니 이상하게 느껴지지 않는다. 그러나 무명베를 짜는 기계를 만들던 회사가 자동차 산업에 뛰어든다고 하면 무모한 시도가 아니냐는 생각이 들 수밖에 없다. 움직이는 기계를 만들어본 적이 없을 뿐만 아니라 섬유분야 기술자밖에 없으면서 왜 자동차 산업에 진출했는지 의아할 것이다.

그런데 조사해보니 전신前身이 직기 제조 회사였던 곳은 도요타만이 아니었다. 경자동차업계의 강자인 스즈키スズキ도 원래는 직기 제조 회사였다. 또한 닛산자동차의 전신 중 하나인 후지정밀공업富士精密工業은 견직물 직기 제조로 유명했다. 직기 제조 회사들은 주물 기술을 갖고 있어 '엔진을 만들 기술은 있다'는 자신감에서 자동차 개발을 시작한 것이 아닐까 싶다.

그렇다면 기이치로는 왜 자동차 제조를 업으로 삼기로 결심했을까? 이에 대해서는 '유럽과 미국으로 출장(1929~1930년)을 갔을 때 자동차 시장의 장래성을 발견했다'는 것이 통설이다. 그때까지 그는 아버지 사키치를 뛰어넘기 위해 발명에 힘을 쏟는 엔지니어였다. 사키치는 고등교육을 받지 않은 데 비해 기이치로는 도쿄제국대학의 공학부와 법학부에서 공부했다. 당시 최고 수준의 교육을 받은 것이다. 게다가 그가 일한 도요다자동직기는 세계 최고 수준의 직기 회사였다. 머리도 좋고 자부심도 강했던 그는 '자동차를 양산하는 회사를 만든다면, 그건 미쓰이도 미쓰비시도 아니다. 나밖에 없다'고 확신했을 것이다. 당시의 도쿄제국대학을 나왔으므로 고급 관료가 되거나 재벌 회사에 들어가는 것도 불가능하지 않았을 그가 시골인 나고야로 돌아가 직기 회사의 엔지니어가 됐다. '직기만 만들다 인생을 마치고 싶지는 않다'는 자존심이 그를 자동차라는 새로운 시대의 기계로 이끌었으리라.

또한 그는 '자동차는 조립산업'이라고도 생각했다. 그래서 진출을 결심하자 쉐보레를 사 와서 분해한 다음 모든 부품을 실물 크기로 스케치했다. 책만 읽은 것이 아니라 현장에서 공부했다. 분해도, 스케치도 직접 했다. 자신의 손으로 분해하고 스케치하면서 자동차 부품의 성능과 기능을 암기했다.

누군가는 반드시 자동차를 만들기 시작할 것이다. 그 일을 엔지니어인 자신이 한다 해도 이상하지 않다. 미쓰이나 미쓰비시가 뛰어든다 해도 두려워할 필요는 없다. 기이치로는 그렇게 생각했다. 세상은 기이치로를 단순히 직기 제작 엔지니어로 여겼지만, 그는 자신이 조립산업의 엔지니어로서 풍부한 지식과 경험을 갖고 있다고 자부했다.

현재 도요타자동차의 명예 회장인 아들 도요다 쇼이치로豊田章一
郎는 아버지의 기업가로서의 착안점, 현장을 소중히 여기는 성품에
관해 이렇게 말했다.

> 양품염가良品廉價를 추구하셨다. 도요타자동차를 설립하기 전, 아버
> 지는 '가격은 시장에서 결정된다'는 철학 아래 원가절감 목표와 그
> 목표를 달성하기 위한 시책을 진행하셨다. GM이나 포드의 일본 판
> 매가에서 원가를 상세히 산출한 다음 시장에서 경쟁하기 위해 필
> 요한 생산 대수를 계산하셨다. 그러나 당시는 양산 효과 하나만 봐
> 도 서양 회사들과 큰 차이가 있었다. 그래서 '필요한 것을 필요한
> 때 필요한 만큼', 그러니까 '저스트 인 타임'이라는 발상을 새로 만
> 든 고로모 공장(현재의 본사 공장)에서 시험적으로 실시하셨다. 중간
> 재고를 두지 않는 새로운 생산방식으로, 비용 절감 차원의 발상에
> 서 나온 것이 아니다. 시장이 요구하는 가격이 될 때까지 모두가 지
> 혜를 짜내며 씨름하는 '원가와의 싸움'이었다.

비용 절감 차원의 발상이 아니란 말은 부품의 질을 낮추거나 관
련 회사를 쥐어짜서 가격을 낮추는 것이 아니란 의미이리라. 미국
자동차와 경쟁하려면 도요타자동차를 저렴하게 만드는 수밖에 없
다. 그러나 자동차를 사는 소비자의 수는 미국만큼 많지 않다. 많이
만드는 식으로 가격을 낮출 수는 없다. 그래서 적게 생산하면서도
원가를 낮출 수 있는 방식으로 저스트 인 타임을 고안한 것이다.

아버지는 자동차 산업을 시작했을 때부터 고객을 직접 찾아가서 고장 난 차를 수리하셨다. 이런 경험이 있었기에, 가리야 공장에 '감사개량부'라는 부서를 만들고 유일한 부원이었던 (도요다) 에이지 종숙부에게 클레임이 들어온 모든 차량의 문제점을 모조리 밝혀내 대책을 세우게 하셨다. 또 고로모 공장에서는 제조 담당 공장ㅈ톳 외에 검사 공장을 두고 불량품이 발견된 공정의 개선과 기능원 교육을 추진하셨다. (중략)

마지막은 현장 중시이다. '말보다 실행'이 모토였던 아버지는 "대졸은 이론만 잔뜩 늘어놓을 뿐 도움이 안 돼"라고 종종 말씀하셨다.

기이치로는 자신이 시작한 자동차 제조가 벤처 사업임을 잘 알았다. 벤처기업에 취직하려는 사람은 많지 않다. 현장 사람들을 소중히 대하지 않으면 회사가 오래가지 못한다. 2차 세계대전 이전을 배경으로 한 드라마나 영화를 보면 공장 노동자가 하루 종일 가혹한 노동에 시달린다. 물론 그런 직장도 있었겠지만, 당시는 지금과 사정이 달랐다. 2차 세계대전 이전의 공장 노동은 도제 수업에 가까웠다. 공장에 취직하면 평생 그곳에서 일하는 것이 아니라 기술을 익힌 다음 다른 곳으로 옮기거나 독립하는 것이 일반적이었다. 여성은 결혼하면 일을 그만뒀고, 남성도 공장 노동이 싫어지면 농촌으로 돌아가는 경우가 적지 않았다. 농촌은 언제나 일손이 모자랐다. 실제로 2차 세계대전 당시 군수공장에 동원됐던 사람들은 패전 후 하나둘 공장을 떠났는데, 그들이 돌아간 곳은 출신지인 농촌이었다. 1950년대까지 일본의 기간산업은 농업이었으며, 농촌은 도시에서 돌아온 사람들을 흡수할 힘이 있었다.

기이치로가 현장 사람들을 소중히 여긴 데는 자동차라는 탈것이나 도요타라는 회사를 사람들이 몰랐던 탓도 있다. 그러나 본래 사람들에게 다정한 성격이기도 했을 것이다.

쇼이치로의 이야기로 돌아가면 이런 술회도 있다. "(아버지는) 작업반장이 병에 걸리면 '반드시'라고 해도 좋을 만큼 문병을 가셨지. 나도 아버지를 따라가거나, 아버지께서 도저히 시간이 안 날 때는 아버지를 대신해서 문병을 갔어."

기이치로의 입버릇은 '더러운 작업복 정신'이었다.

"엔지니어나 공장장이라고 해서 작업복도 깨끗하고 손도 깨끗한 채로 있어서는 아무도 따르지 않아. 현장에서 손을 더럽혀야지."

기이치로는 다채로운 일화를 남기지 않았다. 고혈압 때문에 요양한 적도 많고, 술을 좋아했다는 증언은 있지만 몸이 좋지 않아서 술을 많이 마시지도 않았을 것이다. 57년 생애에서 그의 꿈은 단 하나, 일본제 승용차가 일본의 도로를 달리게 하는 것뿐이었다.

오일코어를 만들기 위한 시행착오

기이치로가 자동차 제작 부문을 만든 해는 1933년, 시험 제작차인 제1호 A1형 시작 승용차가 완성된 해는 1935년이다. 결국 주물 부품과 주철 부품 등만 자체 제작에 성공하고 나머지는 미국 쉐보레의 순정부품을 사용할 수밖에 없었지만, 그래도 엔진의 기간이 되는 부품을 만들어낸 것은 대단한 일이다.

1935년 11월에는 A1형을 바탕으로 한 G1형 트럭을 발표했으며, 그 해에 14대를 판매했다. 기이치로가 원하는 바는 아니었겠지만, 승용차보다 업무용 트럭을 사는 사람이 훨씬 많았기 때문에 2차 세계대전이 끝날 때까지 세상 사람들은 도요타자동차라고 하면 트럭을 먼저 떠올렸다.

기이치로가 자동차 제조에 나섰을 때, 도요다자동직기 임원들은 사실 내켜 하지 않았다. 그러나 이러니저러니 해도 창업자인 도요다 사키치의 아들이고, 게다가 직기의 개량과 발명 분야에서 충분한 실적을 남겼다. 플랫브러더스에서 받은 특허료도 있었다. 그래서 결국 용단을 내려 자동차 개발과 제조로 방향키를 돌렸지만, 기이치로가 "목표는 연간 생산량 20만 대"라고 말했을 때는 다들 어이가 없어서 아무 말도 못 했다고 한다.

"미국의 연평균 생산 대수가 236만 대이니까, 일본 시장이 그 10퍼센트밖에 안 된다고 해도 연간 20만 대를 팔 수 있다."

1933년 당시 일본에 있던 자동차는 약 13만 5,000대였다. 승용차는 그중 절반 정도였으며, 거의 전부가 GM과 포드의 일본 지사가 조립 생산한 차였다. 시장이 그 정도밖에 안 되는데 기이치로가 연간 20만 대를 만들겠다고 호언했으니, 임원들이 할 말을 잃은 것도 무리가 아니었다. 기이치로의 이런 성향은 자신만만한 벤처기업가와 다름없다.

개발을 위해 외국, 정확히는 주로 미국에서 자동차용 강재를 위한 제강, 주조, 단조 설비와 공작기계 등을 수입했지만 그래도 모든 부품을 제조하기는 불가능했다. 개발 과정에서 시간이 가장 많이 걸린 것은 주물로 이루어진 엔진 내부의 실린더블록과 실린더헤드 제조였다. 에이지도 말했듯 기이치로가 직기를 만들면서 주물을 다뤄보기는 했지만, 엔진 주물은 그 모양이 매우 복잡했으며 속이 빈 부분도 많았다. 이렇게 속이 빈 부분을 만들 때는 코어라는 것을 사용한다. 주형 속에 코어를 집어넣고 녹인 철을 흘려 넣으면 코어 부분만 빈 공간이 된다. 처음에는 직기를 만들 때도 사용하는 강모래로 만든 모래 틀을 코어로 사용했는데, 철 속에 기포가 들어가버리거나 모래가 부스러져서 성형에 실패하는 등 설계대로 모양이 나오지 않는 실패를 거듭했다. 그래서 결국 포드의 공장에서 실린더블록을 만들 때 사용하던 오일코어라는 소재로 바꿨고, 그 결과 간신히 성형에 성공했다.

오일코어란 천연 모래를 중심으로 아마인유, 들기름, 중국 동유桐油를 혼합한 것으로, 주형에 넣어도 모래가 부스러지지 않아서 설계대로 빈 공간을 만들기에 적합했다. 다만 배합을 그르치면 틀 속에 부은 섭씨 1천 수백 도의 녹은 철과 반응해 폭발할 수 있다. 다행히 폭발은 없었지만, 개발 과정에서 녹은 철이 뿜어져 나오는 사고가 몇 번이나 있었다.

결국 자동차를 만들어본 적 없는 사람이 직면한 문제는 자동차를 어떻게 만들어야 하는지 모르는 것이 아니었다. 어떻게 해야 자동차가 움직이는지는 알았다. 제조 공정도 잘 알았다. 기이치로를 비롯한 개발진을 어려움에 빠뜨린 것은 바로 원료, 재료였다. 이 원료, 재료가 무엇이며, 이를 어디에서 조달해야 하느냐가 문제였다. 지금처럼 정밀한 부품을 만드는 회사가 있었던 것도 아니어서, 구할 수 없는 부품은 직접 만들어야 했다.

대부분은 철제품이지만, 철이라고 해도 순수한 Fe란 없다. 회사마다 탄소를 섞는 등의 방법으로 자사의 자동차 부품에 맞는 철을 만든다. 오일코어의 경우도 결국은 철과의 싸움이었다. 철의 성분을 알고 엔진에는 어떤 철이 필요한지, 섀시 부품에는 어떤 성질의 철이 적합한지 시험하고 개발하고 다시 시험하기를 거듭하며 실용화하는 수밖에 없었다. 결국 자동차 보디용 강판은 직접 제작하지 못하고 미국의 US스틸United States Steel에서 수입했다. 그리고 두께 2밀리미터도 안 되는 강판을 장인이 해머로 두들겨서 자동차 모양으로 만들었다.

이렇게 해서 개발된 A1형 시작 승용차는 세 대를 끝으로 개발이 중지됐다. 기이치로는 분명히 팔릴 것이라고 예상한 G1형 트럭을 어떻게든 매달 150대씩 생산한다는 목표를 세웠지만, 현실은 아무리 열심히 만들어도 70대가 한계였다.

A1형 시작 승용차와 G1형 트럭이 완성되자, 기이치로는 일본에서 도로 주행 테스트를 하기로 했다. 아이치현 가리야를 출발해 도

요하시, 시미즈, 미시마 등 도카이도(도쿄와 오사카를 연결하는 에도시대의 육로—옮긴이)를 달린 뒤 하코네를 넘어 오다와라에서 도쿄로 갔다가 도코로자와, 구마가야, 다카사키를 거쳐 우스이 고개, 와다 고개, 시오지리 고개를 넘은 뒤 고후, 가고사카 고개, 고텐바를 거쳐 아타미로 갔다가 다시 가리야로 돌아오는 가혹한 코스였다. A1형 시작 승용차는 닷새 동안 1,433킬로미터, G1형 트럭은 엿새 동안 1,260킬로미터를 달렸다. 2차 세계대전 이후 도요타가 최초로 만든 본격적인 승용차 크라운Crown이 런던을 출발해 사막지대 등 가혹한 환경을 뚫고 도쿄에 도착해 신문으로부터 '쾌거'라는 찬사를 받았는데, 사실 도요타의 자동차는 그 전에 이미 중동 사막지대보다 가혹한 비포장 고갯길을 답파했던 것이다.

다만 이 주행 테스트에서 두 차량 모두 잦은 고장을 일으켰다. 고장을 일으킨 부분을 판매 전까지 전부 개량하기는 했지만, 그럼에도 G1형 트럭은 고장이 많았다. 그래서 때로는 기이치로가 직접 현장으로 달려가 수리를 도왔다. 고장과 수리가 필요했던 부분을 합치면 800건이 넘었다고 하니, 악로悪路에 강했다고는 하지만 완성된 차라고는 도저히 말할 수 없었다.

벨트컨베이어가 없는 자동차 제조

자동차 사업에 뛰어든 기이치로가 악전고투하며 한 달에 자동차 50대를 만들었던 곳은 도요다자동직기 가리야 공장의 한구석에 있었던 시험 제작 공장이다. 그곳에는 자동으로 움직이는 벨트컨베이어가 없었다. 대신 선로 같은 라인이 깔려 있어, 그 위에 섀시를 올려놓고 사람이 직접 밀어 옮겼다.

기이치로의 목표는 1936년까지 한 달에 승용차 200대, 트럭 300대를 생산하는 것이었는데, 그러려면 공장을 넓혀야 했다. 그래서 시험 제작 공장에서 1킬로미터 정도 떨어진 곳에 보디 조립 공장, 도장 공장, 프레임 조립 공장, 섀시 조립 공장, 내장 준비 공장, 부품 보관소 등이 있는 공장을 마련했다. 이 가리야 조립 공장에는 벨트컨베이어도 부설됐다. 그러나 모든 것이 유기적으로 연결됐다고는 말할 수 없었다. 공장 레이아웃도 미국의 공장을 흉내 낼 수밖에 없었던 것이다.

일단 제조 대수가 적었다. 엔진이나 변속기 같은 부품을 만들 때는 벨트컨베이어를 사용하는 의미가 있었지만, 차체에 도어, 엔진, 타이어, 부품 등을 다는 조립 공정은 벨트컨베이어 방식이라기보다 거치 조립에 가까웠다. 섀시 이동에는 대차臺車나 선로처럼 생긴 라인을 사용했다. 양산 체제가 일정 궤도에 오르기까지는 거치 조립을 변형시킨 방식을 사용한 것이다. 다만 소량생산에는 이쪽이 좀 더 효율적이었다고도 할 수 있다.

지금은 생산 공장이라고 하면 벨트컨베이어가 있는 것이 상식이다. 그렇다면 벨트컨베이어가 없는 조립 현장은 대체 어떤 모습일까? 지금도 벨트컨베이어를 사용하지 않고 수작업으로 자동차를 만드는 현장에 가보면 어떤지를 알 수 있다. 대표적인 예가 슈퍼카이다. 페라리나 람보르기니처럼 생산 대수가 극히 적은 초고급 자동차의 경우는 일반 시판용 승용차를 만들 때처럼 벨트컨베이어를 사용할 필요가 없다. 넓은 공간도 필요 없이 부품을 모아놓고 조립한다.

그러나 페라리나 람보르기니의 생산 현장이 공개될 리 없다. 그회사의 차를 몇 대씩 산 사람이 아니면 보여주지 않는다고 한다. 물론 나는 초고급 자동차를 몇 대씩 살 능력이 없기 때문에 간곡히부탁해, 연료전지를 채용한 최초의 시판 자동차 미라이의 제조 현장을 보러 갔다. 미라이는 아이치현 도요타시에 있는 도요타 모토마치 공장에서 거치 조립 방식으로 생산되고 있다.

미라이의 생산 대수는 2016년 2,000대, 2017년 3,000대이며, 2020년 이후에야 겨우 3만 대가 될 예정이다. 지금(2018년) 당장 주문해도 차를 받는 것은 아무리 빨라야 3년 뒤이다. 수소 충전소 수가 한정돼 있어 소량생산으로 출발한 것이지만, 소비자들은 '세계최초'의 매력에 저항하지 못했다. 일본뿐만 아니라 전 세계에서 주문이 날아들고 있다.

미라이의 제조 공장은 대학 체육관 정도 면적에 천장이 3층 건물정도로 높았다. 내가 지금까지 본 어떤 자동차 공장보다 조명이 밝았다. 안내해주는 사람에게 그 이유를 물어보니 "세밀한 작업이 많아서인지도 모르겠네요. 하지만 조도는 그다지 차이가 없습니다"

라는 대답이 돌아왔다. 일하는 사람 수가 적은 탓도 있어서 공장이라기보다 화가의 아틀리에 같았다. 그리고 알고는 있었지만, 정말로 벨트컨베이어가 없었다. 공장을 상징하는 이미지인 벨트컨베이어와 소음이 없는 넓은 공간을 공장이라고 부르는 것이 왠지 어색했다. 미라이 공장 현장에서 나는 소리라고는 이따금 임팩트렌치로 볼트, 너트를 조이는 윙 하는 회전음 정도였다. 아틀리에 혹은 연구소 같은 분위기의 공간이었다.

작업원의 근무시간은 8시간이며, 현재는 2교대로 하루에 아홉 대를 생산하고 있다. 즉 하루에 아홉 대밖에 만들지 못한다. 공장에는 샘플인 듯한 완성 차 한 대와 제조 중인 차 세 대가 있었다. 차체를 움직일 때는 튼튼한 수레에 올려놓고 사람이 직접 밀었다. 원시적이지만 온몸의 힘을 쏟아부을 필요는 없어, 작업자는 가볍게 밀었다.

무거운 부품은 천장에 매달린 체인블록으로 운반된다. 가벼운 부품은 근처 부품 상자에서 꺼내 차체에 단다. 이런 작업을 13명으로 구성된 팀이 분담해서 하고 있었다. 미라이는 전부 이 13명이 만들고 있는 것이다.

"조립 공정은 크게 세 가지로 나눕니다. 첫 번째인 트림 공정에서는 도어를 떼고 배터리, 와이어링하네스, 인스트루먼트패널(계기판) 등을 답니다. 두 번째는 섀시 공정으로, 섀시 부품과 수소 탱크 등을 설치하죠. 세 번째는 마무리 공정으로, 내장 등을 마무리한 다음 도어를 답니다."

자동차 한 대에 부품이 약 3만 개 들어간다. 다만 카 내비게이션이나 수소연료장치 같은 것은 모듈 부품이라고 해서, 부품 100개 이상이 모여 있다. 자동차 조립은 단순히 말하면 크고 작은 수많은 부품을 모아서 차체에 고정시키는 것이다. 접착할 때도 있지만, 대부분은 임팩트렌치로 볼트, 너트를 조여 고정시킨다.

보고 있자니 조립 공정만은 로봇으로 대체할 수 없을 것 같았다. 가령 자동차 내부를 지나가는 와이어링하네스라는 전선을 설치할 경우, 인간이 차 안으로 들어가 내부의 곡선에 맞춰 세심하게 전선을 깔고 고정시킨다. 만약 이 작업을 대체시키려면 매우 정밀한 로봇을 개발해야 한다. 와이어링하네스를 설치하는 로봇을 만드는 데 성공한다면 기계만으로 자동차를 생산할 수 있게 되지 않을까?

자동차 한 대에 13명 모두가 달라붙는 것은 아니다. 그렇게 많은 인원이 차 한 대에 모여 있으면 서로 방해돼 오히려 작업할 수가 없다.

조립 공정의 절정은 '연료전지 스택'이라는 발전장치를 차에 수납하는 작업이다. 연료전지 스택은 가솔린 자동차로 치면 엔진에 해당한다. 수소 탱크 등을 장착한 차체를 이동과 승강이 가능한 탑재기로 들어 올린 다음 연료전지 스택을 고정시킨다. 다만 중요한 작업임에도 어처구니가 없을 만큼 단순해서, 위치를 정한 다음 서서히 들어 올려서 끼우기만 하면 끝이었다. 작업에 걸린 시간은 불과 3분 정도였다.

3미터 정도 떨어진 위치에서 자동차 조립 과정을 지켜보고 있자니 작업원들의 움직임이 매우 느긋하게 느껴졌다. 부산하게 움직인다는 느낌은 들지 않았다. 벨트컨베이어 작업의 경우는 벨트컨베이어가 움직이는 속도에 맞춰서 재빨리 부품을 다는 것이 느껴진다. 그런데 수작업의 경우는 부품 하나하나를 생각하면서 다는 것처럼 보인다. 동작 하나하나에서 망설임이 느껴진다.

담당자는 말했다. "확실히 벨트컨베이어가 없으면 자신의 페이스를 파악하는 데 시간이 걸리는 모양입니다. 너무 빨라도 안 되고 너무 느려도 안 됩니다. 몸속에서 페이스가 만들어지기까지 시행착오가 계속됩니다."

마라톤에는 페이스메이커 역할을 하는 주자가 있다. 특정 선수를 이끄는 역할을 하는데, 이 페이스메이커가 있으면 다른 선수를 의식하지 않고 달리기에 전념할 수 있다. 벨트컨베이어는 말하자면 자동차 조립의 페이스메이커이다. 스스로 작업 페이스를 결정하기보다는 벨트컨베이어의 속도에 익숙해지는 편이 더 쉽고 편할 것이다.

나도 그랬지만, 일반적으로 사람들은 벨트컨베이어의 흐름에 맞춰 일하는 것을 괴로운 일로 인식한다. 물론 찰리 채플린의 영화 〈모던타임스〉에서처럼 벨트컨베이어가 터무니없이 빠르게 움직인다면 분명히 괴로울 것이다. 그러나 실제 자동차 공장 벨트컨베이어는 그렇지 않다. 현장 사람들이 벨트컨베이어의 속도를 따라가느라 전전긍긍하는 모습은 거의 볼 수 없다. 도요타 공장에서는 어떤 문제가 생기면 현장 작업자가 라인을 멈추고, 상사가 달려와서 해결을 돕는다. 문제가 해결되면 작업원의 판단에 따라 벨트컨베이어를 다시 움직인다. 현장 작업원이 벨트컨베이어의 속도를 따라가느라 필사적으로 손을 움직이는 일은 있을 수 없다.

숙련된 사람은 자신의 페이스를 확립했을 것이다. 현장 작업원은 벨트컨베이어의 속도가 빠를 때가 아니라 자신의 페이스를 확립하지 못했을 때 스트레스를 받는 것이다.

이런 생각을 하고 있는데 누가 "저기……"라며 말을 걸었다. 퍼뜩 정신을 차려보니 담당자였다.

"작업원이 수작업으로 차를 만들면서 가장 만족하는 점은 모든 조립 공정을 혼자서 해결했다는 자신감입니다. 벨트컨베이어의 흐름작업에서는 그런 자신감을 얻을 수 없죠."

그는 이렇게 말한 뒤 한마디 덧붙였다.

"가장 무서운 것은 밀접 접촉으로 감염되는 인플루엔자입니다. 만약 13명 중 누가 인플루엔자에 걸린다면 미라이의 생산에 지장이 올 겁니다. 한 명이 다섯 명 정도는 금방 전염시키니까요."

기이치로가 자동차 제조에 뛰어든 1933년으로 돌아가보자. 그해에 닛산콘체른의 창시자 아유카와 요시스케는 자동차제조自動車製造 주식회사(현재의 닛산자동차)를 설립했다. 닛산콘체른은 히다치제작소와 일본광업, 일본화학, 일본유지, 일본수산, 닛산화재해상 등 100개가 넘는 기업으로 이루어진 기업그룹으로, 2차 세계대전 이전 한때는 스미토모를 제치고 미쓰이와 미쓰비시에 육박했을 정도의 대재벌이었다.

아유카와도 기이치로와 마찬가지로 일본산 자동차 개발을 지향했지만, 그 방법은 달랐다. 기이치로는 최종적으로는 모든 부품을 독자적으로 만들고자 했지만 아유카와는 일본GM과 제휴, 협력하는 방법을 생각했다. 그러나 전쟁의 기운이 높아짐에 따라 아유카와가 구상했던 해외 자본과의 제휴가 어려워졌다. 당시 일본에 있었던 자동차 대부분이 포드와 GM이었으며, 일본 자동차 회사는 이제 막 걸음마를 뗀 상태였다. 그러나 군부는 상황이 그렇다 하더라도 가상적국인 미국의 자동차가 그 이상 일본에 보급되는 것을 원하지 않았다.

1936년, 군부와 당시 상공성(경제산업성의 전신-옮긴이) 공무국장이었던 기시 노부스케岸信介가 손을 잡고 발안한 자동차제조사업법이 공포됐다. 경제를 통제하는 법률 중 하나로 '국방 정비 및 산업 발달'을 위해 '자동차 제조 사업의 확립을 꾀하는 것'이 목적이었으며, 다음 두 가지가 핵심이었다. 첫째, 일본에서 연간 3,000대 이상을 제조할 경우 정부의 허가를 얻을 것. 둘째, 주주의 과반수가 제국 신민일 것. 요컨대 그때까지 자동차 시장을 차지하고 있었던 GM과 포드를 몰아내고 닛산, 도요다자동직기, 디젤자동차공업ヂーゼル自動車工業(현재의 이스즈자동차いすゞ自動車) 등 일본의 자동차 3사를 육성하기 위한 외자 규제 법률이었다.

그래도 이미 자동차를 녹다운 생산(전체 혹은 주요 부품을 본국에서 수입해 현지에서 조립하는 방식-옮긴이)하고 있었던 포드와 GM은 실적 범위 안에서 조업을 허락받았지만, 생산 대수를 늘릴 수는 없었다. 그래서 양사 모두 독일이 전쟁을 시작한 1939년에 생산을 중단했다.

자사를 우대해주는 법률이 시행됐지만, 기이치로는 그리 반갑지 않았다. 전쟁을 반대해서라기보다 공무원의 일 처리를 신용하지 않았던 듯하다. 도요다 에이지는 이렇게 말했다.

"정부가 이 두 사람(아유카와 요시스케와 도요다 기이치로)을 불러서 '도요타와 닛산은 자국산 차를 생산하고 있는데, 정부에서 어떤 지원책을 실시했으면 좋겠소?'라고 물어본 모양이야. 그러자 기이치로 형도 아유카와 씨도 '지금까지 정부가 실시했던 지원책은 아무짝에도 도움이 되지 못했소. 나는 지원 같은 것 필요 없소'라고 대답했다더군. 두 사람 모두 자신의 힘으로 알아서 하는 편이 낫다고 주장한 거지."

이 법률이 생기면서 군에 납품하는 트럭이 증가했다. 다만 전장의 병사들은 도요타와 닛산의 트럭보다 포드, GM의 트럭을 신뢰했다. 자국산 자동차에 타라는 명령을 받으면 실망하고, 미제 트럭에 타라는 명령을 받으면 좋아했다고 한다.

현실적으로 생각해보면 이 법률 덕분에 군수용 차량 생산은 증가했다. 그러나 한편으로 기술력 있고, 숙련공과 판매 네트워크를 갖고 있던 포드와 GM이 철수하는 결과를 낳았다. 문제는 포드와 GM이 사라지면 부품 산업이 육성될 수 없다는 점이었다. 도요타와 닛산은 암중모색으로 부품을 만드는 상태였지만, 미국의 자동차 회사들은 부품 제조를 지도하는 노하우가 있었으며 발주량도 많았다. 부품 회사의 육성을 생각하면, 외국 자본이 있는 편이 일본 자동차 산업 진보에 도움이 됐던 것이다. 자동차제조사업법은 일본 회사를 편애하는 법이었지만, 한편으로 품질 향상에는 부정적인 영향을 끼쳤다고 할 수 있다.

에이지는 당시를 이렇게 회상했다.

"부품업체의 실태는 그야말로 끔찍했지. 히타치시에 있는 회사에서 계기를 만들기 시작했다기에 보러 갔는데, 공장 건물만 있을 뿐 그 안에는 작업대만 달랑 놓여 있고 설비라고는 하나도 없더군. 사람도 없었어. 사장은 계기를 어떻게 만드는지도 제대로 몰랐고 말이야.

더 심한 이야기도 해줄까? 오카치마치에 계기 제조 회사가 있다는 소문을 듣고 찾아가봤더니 공장이 국철 선로 밑에 있어서 전철이 지나갈 때마다 덜컹덜컹 흔들리더군. 그런 곳에서 만든 계기가 제대로 작동할 가능성이 얼마나 되겠어? 그런데도 '계기를 만들고 있습니다'라고 당당하게 말할 수 있는 시대였지."

고로모 공장을 건설하다

도요타자동차는 자동차제조사업법이 공포된 직후인 1937년에 설립됐다. 기이치로는 부사장이었고, 사장은 매부인 리사부로였다.

시중에 출간된 도요타에 관한 책 중에는 리사부로를 도요다직기, 도요다방직을 지키기 위해 기이치로의 자동차 개발을 막으려 한 사람으로 묘사한 것이 많다. 그러나 도요타의 사사社史나 자동차 역사서를 보면 리사부로가 개발에 반대했다는 이야기는 있어도 개발을 막았다는 기술은 없다. 사장이자 도요다 가문의 대표였던 리사부로가 신중한 의견을 개진한 것은 사실일 것이다. 그러나 사키치의 장남인 기이치로가 "그래도 꼭 하고 싶다"라고 말하는데 반대할 수 있는 처지였다고는 생각되지 않는다. 기이치로의 직함은 도요타 자동차 부사장이었지만, 자동차를 잘 아는 사람이 그밖에 없었음을 생각하면 실질적으로는 그가 회사의 최고 결정권자였을 것이다.

같은 해, 기이치로는 아이치현 니시카모군 고로모정에 용지 58만 평을 얻어 자동차 전용 공장을 짓기 시작했다. 일본 최초의 본격적인 자동차 전용 공장이며, 현재는 본사 공장으로 이름을 바꿨다.

기이치로가 고로모에 공장을 세운 이유는 크게 세 가지이다. 가장 큰 이유는 농지가 아니었기 때문이다. 도요다 가문은 원래 농사를 짓는 집안이었으며, 사키치의 아버지인 이키치는 "공장을 지으려고 논밭을 갈아엎지는 마라"라고 입버릇처럼 말했다. 그래서 할아버지의 말을 어기지 않는 공장 용지를 물색한 것이다. 고로모 공장 용지는 원래 '론지가하라'라고 불리던 아무것도 자라지 않는 광활한 황무지였다.

두 번째 이유는 고로모정이 기업을 유치했기 때문이다. 아무 산업도 없었던 고로모정에게 고용 인원이 많은 자동차 공장 유치는 다시없는 기회였다.

세 번째 이유는 교통이 편리했기 때문이다. 다만 그렇다고 해서 바로 옆에 큰 도로가 있었던 것은 아니다. 인근 도로도 비포장도로였다. 그렇다면 대체 왜 교통이 편리했다는 것일까? 그것은 나고야 전기철도(현재의 나고야철도)가 공장까지 선로를 깔아줘서 완성 차를 공장 안에서 나고야 혹은 수도권으로 직접 운송할 수 있었기 때문이다. 공장 안으로 선로를 끌어온 까닭에 완성 차 운송이 편리했던 것이다.

고로모 공장을 세우기 전의 월간 생산 목표는 승용차 500대, 트럭 1,500대, 합계 2,000대였다. 당시 임원회에서 기이치로는 〈원가 계산과 향후의 예상原価計算と今後の予想〉이라는 논문을 읽었다. 요약하면 다음과 같은 숫자였다.

자동차 판매가는 포드, 쉐보레 트럭이 한 대 3,000엔(1936년 일반 회사원 급여가 70~100엔). 제조원가는 2,400엔.

도요타는 이 숫자를 참고해 2,400엔 이하로 트럭을 만들고, 외제 트럭보다 싸게 파는 것을 목표로 삼았다. 같은 해 10월, 11월, 12월 생산 실적은 150대, 200대, 250대, 제조원가는 2,948엔, 2,761엔, 3,088엔이었는데, 고로모 공장이 완공되면 생산량이 증가해 월간 1,500대(현실적인 숫자)에 이브므로 역량을 총동원해 조업하고 생산한 제품을 전량 판매한다면 원가는 1,850엔까지 내려가 이익이 난다. 기이치로는 이렇게 계산했다.

자동차 회사가 존속하려면 대량으로 만들어 대량으로 파는 수밖에 없다. 페라리나 람보르기니처럼 초고급 자동차를 손으로 만드는 길을 택한다면 소량생산으로도 살아남을 수 있을지 모르지만, 그런 초고급 브랜드를 확립하려면 시간과 돈이 들어간다. 대량생산으로 자동차 한 대의 원가를 낮추는 것이 자동차 회사의 실력이라고도 말할 수 있는 이유가 여기에 있다.

이 점을 잘 알았던 기이치로는 도요다자동직기의 기라야 공장에서 자동차를 손으로 조립하고 있어서는 수지가 맞지 않는다고 생각해 고로모에 대규모 공장을 건설한 것이다.

과부족 없는 상태, 저스트 인 타임

고로모 공장은 전례가 없는 규모였다. 주조, 단조 같은 철재 가공 공정, 기계 가공, 기계 조립, 프레스, 도장, 최종 조립 등 자동차를 일관생산하는 흐름을 고려해 설계한 이 공장은 일본에서 자동차 전용 공장의 모델이 됐다.

그리고 이때 기이치로는 저스트 인 타임을 생산 시스템의 기본 개념으로 도입했다. 그는 공장이 완공되기 전에 이루어진 잡지 취재에서 이렇게 말했다.

자동차 공장의 경우는 질뿐만 아니라 양의 측면에서도 재료가 매우 중요합니다. 부분품의 종류만 해도 2,000~3,000가지에 이르는

데, 이런 재료나 부분품의 준비와 재고를 잘 생각하지 않으면 불필요한 자본이 들어가서 완성 차의 수가 줄어들죠.

저는 이를 '과부족 없는 상태', 다시 말해 정해진 생산량에 대해 필요 이상의 노력과 시간을 들이지 않는 상태로 만드는 것을 제일 중요하게 생각하고 있습니다. 낭비와 과잉이 없는 것, 부분품이 이동하고 순환하는 과정에서 '기다리거나 하는' 일이 없는 것, 저스트 인 타임으로 각 부분품이 갖춰지는 것이 중요하다고 생각합니다.

그는 자동차를 시험 제작하는 단계 때부터 저스트 인 타임의 생산 시스템을 구상하고 있었다. 그리고 전용 공장이라는 무대가 마련되자 현장 도입을 결정했을 것이다. 가리야 공장을 포함해 당시 일본 자동차 공장들은 흐름생산에 적합한 레이아웃이 아니었다. 기이치로는 고로모 공장에 저스트 인 타임의 생산방식을 도입하고자 프레스, 용접, 가공, 기계 조립, 최종 조립이라는 공장 레이아웃을 만들었다.

훗날 에이지는 이렇게 말했다.

"대단한 배짱이었어. 고로모 공장에서는 로트 생산을 버리고 흐름생산을 도입하기로 했지. 현장 공장들은 그게 가능하겠냐고 말했지만, 기이치로 형은 아랑곳하지 않고 새로운 생산방식에 맞춰 공장 레이아웃을 만들어버렸어.

새로운 방식에서는 필요 이상으로 많이 만들어도 안 되고, 반대로 모자라게 만들어도 안 됐어. 예정한 분량을 전부 만들었으면 도중에 집에 가도 상관없는 유동성 있는 방식이었지. 이 방식을 1938년 가을에 시작해 2년 정도 계속했는데, 전쟁이 가까워지면서 통제경제가 돼버리는 바람에 엉망이 되고 말았어. 전쟁이 끝난 뒤에 다시 부활하기는 했지만, 그 과정에서 오노 다이이치 군과 그의 팀이 수많은 시행착오를 거쳐야 했지."

도요타 생산방식의 양대 기둥인 저스트 인 타임과 자동화의 개념은 2차 세계대전 이전, 고로모 공장이 완공된 시점에 이미 있었다. 오노 다이이치가 도요타 생산방식을 만든 사람이 아니라 체계화시킨 사람으로 평가받는 것은 바로 이 때문이다. 오노 자신도 "저스트 인 타임을 고안한 사람은 기이치로 씨"라고 공언했으며, "자동화는 사키치 씨의 생각"이라고 대답했다. 이는 두 사람의 생각을 양대 기둥으로 강조하는 편이 효과적이었기 때문일 것이다. '사조社祖인 사키치와 기이치로의 생각'이라는 대의명분이 있으면 오노가 체계화한 생산방식을 확산시킬 때 현장의 저항을 줄일 수 있다. 만약 "이건 내가 생각해낸 거야"라고 주장했다면 도요타 생산방식은 절대 이렇게까지 보급되지 못했을 것이다.

그렇다면 당시 도입된 저스트 인 타임 방식은 어떤 것이었을까? 예를 들어 고로모 공장이 완공되기 이전의 가리야 공장에서는 다음과 같은 방식으로 자동차를 생산했다.

주물로 만든 부품은 즉시 라인으로 보내지 않고 일단 중간창고에 넣어둔다. 수량이 어느 정도 돼야 다음 단계인 유닛 부품 조립을 시작할 수 있기 때문이다. 작업원이 열심히 재료를 가공해 부품을 만든다. 그리고 그것이 일정 수량 모이면 다음 공정으로 가져가서 유닛 부품으로 만든다. 유닛 부품이 완성되면 다시 창고 혹은 공장 내부에 놔둔다. 부품과 유닛 부품이 일정 수량 모이면 창고에서 꺼내 와서 최종 조립 라인으로 보내 자동차를 조립한다.

이렇게 하다 보니 부품과 유닛 부품이 창고에서 잠자는 시간이 생겼다. 창고 공간도 필요하고, 부품이 왔다 갔다 하는 시간도 낭비됐다. 또한 부품을 운반하는 사람의 시간 낭비도 무시할 수 없었다. 기이치로는 그런 모습을 보면서 '이대로는 안 돼'라고 생각했으리라.

사실 모회사의 직기 제조 현장은 훨씬 합리적이었다. 무조건 창고에 모아놓거나 하지 않았다. 기이치로는 자동차 제조 현장을 보고 '직기 제조보다 뒤떨어졌어'라는 씁쓸한 기분에 사로잡혔다. 무슨 일이 있어도 생산방식을 바꿔 원가를 낮추지 않으면……. 안 그러면 시장에서 받아주지 않을 거야…….

그가 만든 도요타자동차는 승용차도 트럭도, GM이나 포드 자동차보다 성능이 떨어졌다. 게다가 서비스센터도 적었다. 고장도 많았다. 그런데도 가격은 미국 자동차보다 비쌌다. 초기의 도요타자동차를 산 고객은 대부분 관계자였으며, 나머지는 군수품이었다. 도요타자동차를 더욱 확산시키고 싶다면 제조원가를 낮춰 값싼 자동차를 만드는 수밖에 없었다. 갓 탄생한 약소 자동차 회사로서는 살아남기 위해서라도 낭비를 없애고 작업 효율을 높여야 했다. 저스트 인 타임을 실현해야 했다.

그 모습을 옆에서 지켜봤던 에이지는 당시를 이렇게 회상했다.

"전부 흐름작업으로 만든다는 것이 기이치로의 생각이었다. 그러면 부품이 쌓이는 일도 없고, 창고도 필요 없다. 여기에 운전재고가 줄어들어서 불필요한 돈을 들이지 않아도 된다. 거꾸로 말하면 만든 물건이 돈을 지급하기 전에 팔리는 것이므로, 이 방식이 정착된다면 운전자금조차 필요 없어진다.

문제는 흐름작업을 어떻게 정착시킬까 하는 것이었는데, 먼저 직원, 특히 관리자와 감독자에 해당하는 사람들을 철저히 교육시켜야 했다. 획기적인 발상인 만큼 구식 생산방식에 익숙한 사람부터 세뇌시킬 필요가 있었다. 기이치로는 흐름작업의 내용을 아주 자세히 적은, 두께가 10센티미터나 되는 팸플릿을 만들었다. 우리는 그 팸플릿을 바탕으로 강의를 했다. 이것이 도요타 생산방식의 기원이다."

에이지의 이야기에 중요한 포인트가 숨어 있다. 도요타 생산방식을 보급하기 위해 무엇보다 필요한 것은 교육이며 연수였다. 그것도 단순히 지식을 전수하는 것이 아니라 사람의 사고방식을 바꾸는 데 시간을 들였다. 오래된 방식에 익숙해진 사람의 생각을 바꾸는 것은 쉬운 일이 아니다. 사람은 지금 자신이 하고 있는 일을 타인에게 부정당하면 고집스러워진다. 이때나 이후에나 숙련된 기술자일수록 저스트 인 타임을 부정했다.

기이치로는 팸플릿을 만들 때 책상 위에서 문장을 적지 않았다. 고로모 공장은 그에게 자식과도 같았다. 설치한 공작기계도 그가 고른 것들이었으며, 레이아웃도 큰 틀은 그가 정했다. 공장이 가동을 시작하자 작업복을 입고 손이 더러워지는 것도 아랑곳하지 않으며 모든 공정에서 작업해봤다.

그는 직기를 개량한 공로로 제국발명협회로부터 최고상인 '은사기념상'을 받았다. 기계 기술자로서는 일류였으며, 또한 자동차 개발에 관해서도 이미 일본 최고의 기술자였다. 사장의 아들이기는 했지만 현장에서 자란 사람이었다. 공장 현장을 구석구석 살펴보고, 현장 작업원들과 이야기를 나누며 '생산방식을 바꾸지 않으면 살아남을 수 없어'라고 다짐했을 것이다.

그러나 저스트 인 타임의 도입은 너무나도 시기상조였다. 이 방식을 실현하려면 공정뿐 아니라 창고에도 적용해야 한다. 그것도 최대한 많은 공정과 창고에서 실시하지 않으면 어딘가에서 균열이 생기고 만다. 당시 현장과 창고 사이에서는 누가 여분의 부품을 갖고 있어야 하는지를 두고 싸움이 벌어졌다고 한다. 기계공장 담당자였던 이와오카 지로岩岡次郎는 이렇게 말했다.

"(기이치로 씨의 이야기는) 모든 것이 초시계로 잰 듯 저스트 인 타임으로 흘러가면 낭비도 크게 줄어들고 계획대로 진행된다, 그러니 이것을 철저히 하라는 것이었죠. (중략)

재료를 놓을 곳까지 빈틈없이 규정해서, 가령 엔진블록의 경우 하루에 가공하는 것이 20개라면 20개만 놔두고 여분은 두지 말라는 겁니다. 그래서 창고도 관리했죠. 그렇다 보니 하루가 멀다 하고 싸움이 났습니다."

현장은 여분의 부품을 둘 곳이 없으므로 창고로 가져간다. 그러나 창고는 창고대로 기이치로에게 "현장에서 되돌아온 것은 두지 말게"라는 명령을 받았기 때문에 받아줄 수가 없다. 아무리 저스트 인 타임이다, 현장에 필요 이상의 부품을 둬서는 안 된다고 해도 공장 내 모든 공정에서 이 방식을 실현하지 않으면 반드시 어딘가에서 부품이 정체돼 갈 곳을 잃게 된다.

결국 고로모 공장에서는 일부 공정에서 저스트 인 타임을 실행해봤지만, 실질적으로 저스트 인 타임 생산을 확립하는 데는 실패했다. 다만 시간이 조금만 더 있었다면 상당한 수준까지 달성할 수 있었을지도 모른다. 달성에 실패한 것은 전쟁이 가까워졌기 때문이었다. 이것만은 기이치로의 책임이 아니었다.

공장에 미터법을 도입하다

기이치로가 저스트 인 타임과 같은 시기에 도입한 것이 있다. 바로 미터법이다. 일본에서 미터법이 채용된 시기는 1921년이지만, 제조업 현장에서는 여전히 야드와 파운드가 사용되고 있었다. 메이지유신 당시 도입된 기계 중에 영국제와 미제가 많았던 탓에 제조업에서는 야드와 파운드가 표준이었다. 특히 자동차 회사들은 미국 자동차를 모델로 삼았기 때문에 공작기계부터 부품에 이르기까지 전부 인치, 파운드 단위로 표시했다. 여기에 골치 아픈 문제가 또 있었는데, 현장 기술자들은 인치라는 단위에 친숙하지 않아 평소 생활에서 쓰는 척관법을 사용했다. 1인치를 1치, 8분의 1인치를 1푼 등으로 바꿔서 말했던 것이다. 이 때문에 완성된 부품의 치수에 오차 등이 발견되기도 했다.

그래서 고로모 공장이 완성된 것을 기회로 미터법 채용을 결정한 것이다. 주도한 사람은 기이치로였지만, 실제로 담당한 사람은 입사(도요다자동직기에서 자동차로 이적) 2년 차인 에이지였다.

"인치법에서 미터법으로 바꾸는 작업은 쉬울 것 같지만 의외로 어려운 일이었다. 먼저 그때까지 사용했던 인치로 표시된 공구를 전부 미터로 표시된 공구로 바꿔야 했다. 인치로 표시된 공구는 아직 쓸 수 있는 것도 전부 필요 없어졌다. 도면도 전부 다시 그려야 했다. 이를 위해서는 준비 시간도 필요했기 때문에 문자 그대로 시간과 돈이 들어가는 일이었다."

쓰지 못하게 된 것은 공구와 설계도만이 아니었다. 가장 손이 많이 간 것은 부품 중에서도 제일 작은 나사였다. 그때까지 사용했던 SAESociety of Automotive Engineers(미국 자동차기술자협회) 규격 제품을 쓸 수 없게 된 것이다. 그래서 미터법 규격의 나사를 사 왔지만, JESJapanese Engineering Standard(일본공업규격JIS의 전신) 규격이었기 때문에 도요타 현장에서는 치수가 맞지 않았다. 그래서 에이지는 새로 나사를 개발했는데, 방대한 수가 필요했기 때문에 나사의 규격을 정하고 제작하는 데 상당한 시간이 걸렸다. 그렇게 해서 결정한 규격이 현장 사정에 잘 맞았던 이유도 있어서 에이지가 만든 나사 규격이 2차 세계대전 이후 일본의 표준이 된다. 닛산도 혼다ホンダ도 에이지가 고안한 나사를 사용하고 있는 것이다.

에이지는 당시를 이렇게 되돌아봤다.

"닛산에서는 작업상 어쩔 수 없는 사정이라도 있었는지 전쟁이 끝날 때까지 미터가 아니라 인치를 그대로 사용했던 것 같다. 그래서 육군에게 꽤나 불평을 들었다고 한다. 도요타가 미터법을 채용했는데 한쪽이 야드를 사용해서는 부품이 호환되지 않기 때문이었다. 전쟁터에서 만나도 부품을 교환할 수 없다면 곤란할 수밖에 없다."

도요타라는 회사는 '아이치 먼로 주의(1823년에 당시 미국 대통령 제임스 먼로가 제창한 고립주의 외교 방침. 더는 유럽의 일에 간섭하지 않으며, 유럽의 간섭도 거부한다는 내용 – 옮긴이)'라는 말로 표현되듯이 완고, 고립, 보수의 이미지가 있다. 그러나 창업 초기의 역사를 유심히 살펴보면 계속 혁신적인 도전을 했음을 알 수 있다. 특히 미터법 도입은 이익을 낳는 결정이 아니었지만 장기적으로 봤을 때 필요한 선택이었기에 즉시 채용했다.

미터법을 도입할 때 가장 힘들었던 것은 현장 작업원 교육과 연수였다. 야드와 파운드를 기준으로 일을 배운 그들에게 미터를 사용하게 하는 것은 영어로 말하던 사람들에게 프랑스어로 대화하라고 하는 것과 같았다. 당연히 현장은 혼란에 빠졌지만, 에이지는 "좋은 훈련이 됐지"라고 말했다.

이와 같이 설령 도량형 변경이라 해도, 제조 현장에서 새로운 시도를 해보려면 에너지가 필요하며 혼란도 피할 수 없다. 도요타 생산방식을 공장 전체에 도입하는 것은 큰 혼란을 부르는 일이었던 것이다.

국가 총동원법과 통제경제

도요타자동차가 발족한 이듬해인 1938년, 국가 총동원법 공포와 함께 일본은 전면적인 경제통제에 들어갔다. 국가 총동원법은 전시에 국방을 위해 사람과 물자를 통제하는 법으로, 의회의 승인 없이도 정부가 여러 가지 물자와 사람을 동원할 수 있다. 요컨대 정부가 멋대로 민간 회사에 이것을 만들어라, 저것을 만들어라 하고 무리한 요구를 해도 거부할 수 없는 시대가 됐다. 국민 징용, 물자 배급제, 기업과 금융의 통제, 물가 통제, 그리고 물론 언론도 통제된다. 이 법률이 만들어져 배급 제도가 시작된 뒤로 사회는 어두운 분위기에 휩싸였다. 에이지는 당시의 분위기를 "풀솜으로 목을 졸리는 느낌"이라고 말했다. 국민 일부는 '전쟁을 할 거면 차라리 빨리 하라' 같은 자포자기 심정이었을 것이다.

같은 해 승용차 생산이 제한됐고, 1939년에는 모든 민수용 승용차 생산이 중지됐다. 자동차 부품을 자동차통제회에서 배급하기 시작함에 따라 언제 어떤 부품이 들어오는지도 파악할 수 없게 됐다.

에이지는 이렇게 생각했다고 한다.

"그때까지 자유경제였던 것이 갑자기 통제경제가 돼버렸으니 다들 어리둥절할 수밖에 없었다. 그래도 법률이 생긴 이상 위반하면 잡혀서 벌을 받아야 했다. 하지만 어제까지 자유롭게 할 수 있었던 일을 오늘부터 못 하게 됐기 때문에 법률을 위반할 가능성은 얼마든지 있었다. (중략)

    전쟁이 끝난 뒤 부사장이 된 오노 슈지大野修司(오노 다이이치와는 별개의 인물) 씨가 뭔가를 위반했다는 혐의로 체포돼 구치소에 들어갔는데, 잡아넣은 쪽도 잡혀 들어간 쪽도 이유를 알지 못했다. 그래서 대충 조사받은 다음 석방됐다.”

    통제, 배급의 목적은 물자를 공평하게 나누는 것이다. 그러나 배급이 시작된 순간, 눈치 빠른 사람은 물자를 숨긴다. 숨긴 물자는 암시장에서 비싸게 팔린다. 그래서 귀중품일수록 손에 넣기 어려워졌다. 자동차의 경우, 순정부품 등은 좀처럼 손에 넣을 수 없게 됐다.

    한편 원자재를 배급하게 된 공무원들도 당황스럽기는 마찬가지였다. 자동차 회사 자재 담당이 아닌 문외한이므로 자동차 회사에 뭘 얼마나 줘야 하는지 감을 잡을 수 없었다. 가령 자동차 회사가 “자동차의 원재료인 철이 필요합니다”라고 요청했다고 하자. 공무원은 철 전문가가 아니므로 철강 회사에 “재고가 있는 철을 가져오시오”라고 명령하고는 문제가 원만하게 해결됐다고 생각한다. 하지만 그것은 큰 착각이다. 어떤 철이냐가 문제인 것이다. 같은 철이라도 자동차를 만들려면 여러 종류가 필요하다. 엔진에는 주물, 차체에는 강판이 사용된다. 주물의 원료인 선철이 배급되면 엔진은 만들 수 있지만 강판은 바로 만들지 못한다. 그리고 강판이 없으면 자동차를 완성할 수 없다. 자동차는 모든 부품이 갖춰졌을 때 비로소 조립이 가능하기 때문이다. 공평한 분배를 위한 통제경제라고 외쳐도 실제로는 문외한들이 일하는 까닭에 낭비가 표면화되는 것이다.

1941년 12월 8일, 마침내 전쟁이 시작됐다. 이날 기이치로는 도쿄 아카사카에 위치한 자택에 있었다. 아침 임시뉴스를 통해 중대한 일이 일어났음은 알았지만, 표면적으로는 평소와 다른 기색을 보이지 않았다. 다만 함께 뉴스를 보던 아들 쇼이치로에게 "앞날이 험난하겠구나"라고 말했다.

"쇼이치로, 미국의 자동차 생산 대수는 447만 대란다. 그런데 일본은 고작 4만 6,000대밖에 안 돼. 100 대 1의 공업력 격차는 어찌어찌 극복할 수 있는 것이 아니란다."

이것이 기이치로의 예상이었다.

에이지는 직장에 있었다. 그리고 주변 사람들을 관찰했다.

대부분 "일본군이 하와이를 공격했어!"라며 들뜬 표정으로 좋아했지만, 에이지는 함께 기뻐할 수 없었다. 전쟁이 일어나기 반년 전에 미국에서 돌아온 노령의 촉탁 사원 마루야마 씨가 심각한 표정으로 했던 이야기가 머릿속에 남아 있었기 때문이다.

"에이지 씨, 큰일 났네요. 일본은 절대 이길 수 없어요."

마루야마 씨는 이렇게 단언했다.

그래서 에이지도 나름대로 생각해봤다. 기이치로처럼 자동차 생산 대수를 비교하는 대신 철강 생산량 자체를 조사해봤다. 전쟁이 일어난 해에 일본의 철 생산량은 연간 600만 톤 정도였다. 한편 미국은 600만 톤을 생산하는 데 고작 20일밖에 걸리지 않았다. 그런데도 일본은 미국에 선전포고를 했다. 죽었다 깨어나도 미국의 상대가 될 리 없는데 말이다.

자동차는 국력과 비례하는 종합 산업이다. 철, 유리, 고무, 석유가 없으면 자동차를 만들 수 없으며 달리게 할 수 없다. 매일 그런 일을 해왔다면, 기이치로나 에이지가 아니더라도 일본의 생산력이 미국을 이길 수 없다는 것 정도는 피부로 느낄 수 있다. 도요타의 경영 간부, 현장 관리직도 일본이 전쟁에서 승리할 수 있으리라고는 생각하지 않았을 것이다.

에이지는 '일본은 질 거야'라고 생각했지만 입 밖으로 내지는 않았다. 그랬다가는 헌병이나 경찰에게 잡혀갈 것이 분명했기 때문이다. 그러나 속으로는 절대 이길 수 없다고 생각했다.

일본이 항복한 해에 둘째 아들이 태어났다. 에이지는 철이 없었던 탓에 전쟁에서 패했다는 사실을 잊지 않기 위해 둘째 아들의 이름을 '데쓰로豊田鉄郎'라고 지었다. 데쓰로에게는 참으로 미안한 이야기이지만, 이 일화는 에이지가 유들유들한 성격의 사내이면서 독특한 유머 감각의 소유자였음을 말해준다.

제2장

THIS IS TOYOTA

전쟁의
한가운데서

오노는 대일본방적의 생산방식에서 많은 것을 배웠다.
전방 공정에서 확실한 물건을 만들 것.
베테랑의 기술에 의존하지 말고 신입도 할 수 있는 표준작업을 만들 것.
전부 도요타 생산방식에 채용된 것이다.

기다려도 오지 않는 부품

1941년, 공업 원료와 석유가 부족해졌다. 미국, 영국, 네덜란드가 대일 경제 단교를 선언해 원유, 철광석, 생고무, 원면原綿을 입수할 수 없게 된 것이다. 군부가 전쟁을 시작한 결과, 일본의 공업 생산력은 그해부터 감소 일로를 걷게 된다.

공업 생산의 정체는 곧 국민의 생활을 직격했다. 먼저 설탕과 성냥이 표 배급제가 됐다. 이어서 식용 소금이 통장 배급제가 됐고, 가스 사용량이 할당제가 됐다. 된장과 간장도 표 배급제가 됐다. 주식인 쌀을 받으려면 주요 식량 구입 통장이 있어야 했다. 식용유나 조미료는 가정용 유지油脂 구입 통장을 보여주고 배급을 기다리게 됐다.

1942년에는 섬유제품 배급 소비 통제 규칙이 공포돼 의류 표가 없으면 의류품을 살 수 없게 됐다. 1년에 한 명에게 할당되는 점수가 있어서, 도시에 사는 사람은 100점이고 군郡에 사는 사람은 80점이었다. 이 점수의 범위에서만 새로운 의류품을 살 수 있었다. 1943년 당시 팬티는 5점, 소매가 있는 앞치마는 8점, 여성용 투피스는 35점, 양복은 63점이었다. 누가 점수를 정했는지는 알 수 없지만, 속옷과 겉옷을 갖추면 너는 새로운 옷을 살 수 없는 것이다. 그래서 전쟁이 길어지면서 이곳저곳을 기운 누더기 옷을 입은 사람이 늘어났다. 여기저기를 기운 양복을 입고 다니는 사람을 거리에서 볼 수 있게 된 것이다. 군부와 관계가 있는 사람, 물건을 잘 숨겨놨던 사람은 새 옷으로 멋을 냈지만, 대부분은 낡은 옷을 입었다. 사람은 매일 낡은 옷만 걸치면 의욕을 잃고 표정에도 여유가 사라지기 마련이다. 전쟁 중의 사회를 묘사할 때 "사람들은 어두운 표정을 짓고 있었다"라는 표현이 자주 나오는데, 너덜너덜해진 옷을 입고 있으면 표정이 어두워질 수밖에 없을 것이다. 이렇게 물자 부족이 사람들의 마음을 짓눌렀다.

통제경제, 배급 경제는 요컨대 정부가 생산자와 시장을 통제하는 것이다. 물자가 자유롭게 시장에서 유통되는 것을 금지하고, 일단 정부가 사들인 다음 배급한다. 배급이라고 해도 공짜가 아니다. 국민에게 물건의 가치에 상응하는 돈을 내게 한다. 다만 모두가 정부 방침에 순종한 것은 아니었다. 쌀이든 채소든 금속 제품이든 의류든 감춰놓으면 비싸게 팔 수 있음을 알았기 때문이다. 전쟁 중과 후에 "물자가 없었다"라는 이야기를 자주 듣는데, 이는 단순히 생산력이 떨어졌기 때문이 아니다. 물자를 감추는 사람이 많았기 때문에 부족해진 것이다. 책상 위에서 계획을 짤 때는 통제경제가 모든 국민에게 식량과 의류를 골고루 분배하기에 더 적합한 방법이었지만 현실은 그렇지 않았던 이유는 정부의 명령에 따르지 않는 사람이 예상보다 훨씬 많았기 때문이다.

정리하면 전쟁이 시작된 해부터 의식주가 다음과 같이 변화했다.

1941년	
1월	쌀가게의 자유 영업 금지
4월	미곡 통장과 외식권이 제도화되다. 1인당 하루 쌀 배급량은 2홉 3작(약 330그램)
5월	위생 솜이 배급제가 되다. 15~45세 여성이 대상. 할당량은 1인당 50그램이며, 배급은 부정기
6월	식용유가 배급제가 되다. 이어서 향신료, 유제품, 달걀도 배급제가 되다. 즉 집에서 키운 채소, 강이나 바다에서 잡은 생선, 곤충류 등을 제외하면 식량은 배급으로만 손에 넣을 수 있게 됐다.

1942년	
1~2월	된장, 간장, 소금이 배급제가 되다. 된장은 1인당 1개월에 675그램, 간장은 670밀리리터, 소금은 200그램
8월	내무성이 각 집에 간이 지하 대피소를 만들도록 지도하다. 4월에 첫 본토 공습이 있었기 때문에 국민들은 공습에 대비하게 됐다. 단 공습이 본격화된 것은 이듬해(1943년)부터이다.

1943년	
1월	현미의 배급이 시작되다.
2월	가나가와현 목욕탕조합이 입욕 30분 이내, 남녀 모두 세발과 면도 금지, 온수 일곱 바가지 이하로 결의
4월	도쿄 긴자에서 가로등 철거식이 열리다. 군수를 위해 철과 금속을 공출하게 됐다. 긴자 이외의 지역에서도 가로등, 우체통, 공원 벤치, 재떨이, 화로, 사원의 법기, 범종, 동상 등이 공출 대상이 되다. 고치현 가쓰라하마에 있는 사카모토 료마 동상도 대상이 됐다가 '일본 해군의 창시자'라는 이유로 면제됐다. 다만 이렇게 공출된 철이나 금속이 자동차 엔진이나 차체에 이용되는 일은 없었다. 정밀한 기계에는 순수한 재료가 필요하다. 군수공장이 된 도요타 공장에는 제철소에서 철이 운송됐지만, 공습이 격렬해지자 그마저도 중단되기 일쑤였다. 미 공군의 최우선 공습 목표가 군사기지와 제철소였기 때문이다.

1944년	
2월	문부성이 식량 증산을 위해 학동 500만 명 동원을 결정하다. 초등학생도 밭으로 나가 채소를 키우게 됐다. 이해부터 전국 학교에서 통상적인 수업이 실시되지 않게 됐다.
5월	결전식決戰食으로 '똥딴지(돼지감자)'가 등장하다. 에도시대에 미국에서 수입된 감자로, 원래는 소 사료였다. 또 잡지에 '곤충을 먹자'라는 기획 기사가 실리게 된다.
6월	눈알을 빼낸 물고기가 유통되게 됐다. 물고기 눈알에 비타민 B1이 다량 들어 있음을 알자 눈알만 제거하게 된 것이다. 이 눈알로 비타민제를 만들어 항공병과 잠수함 승무원에게 공급했다.
8월	설탕의 가정 배급제 폐지. 암시장의 설탕 가격이 폭등하다.
12월	군수성과 후생성이 전국의 반려견을 강제 공출하기로 결정. 모피는 비행복, 고기는 식용으로 사용됐다. 공출 가격은 큰 개 3엔, 작은 개 1엔. 같은 해, 순사의 초임 급여가 45엔, 청주 2급이 한 되에 8엔이었으니 싼 가격이었다고 할 수 있다.

1945년은 일본이 항복한 해이다. 이해에는 정부의 지시도 줄어들었다. 도시가 매일같이 공습당해 도시에 사는 사람들의 생활이 이미 파탄에 이르렀기 때문이리라.

도요타, 그룹을 재편하다

전쟁이 시작된 1941년까지 도요타의 트럭은 날개 돋친 듯이 팔렸다. 12월에는 월간 생산 대수 2,000대를 달성하며 정점을 찍었다. 그러나 이듬해부터 원재료와 부품을 입수할 수 없게 돼 생산 대수가 계속 줄어들었다.

전쟁이 일어난 뒤에는 군에 납품할 트럭만 만들었다. 자동차를 사려고 하는 일반 기업은 없었다. 사업에 필요해 트럭을 산다 한들 어차피 군대에 징발될 것이 빤하기 때문에 아무도 살 생각을 하지 않은 것이다.

부품 부족을 해결하기 위해 도요타는 외부 기업에서 부품을 사 모았을 뿐 아니라 전장품과 타이어 등을 직접 생산하는 체제를 갖췄다. 이렇게 내제화內製化가 진행되면서, 전장품 공장은 확대를 거듭했고, 전쟁 뒤에는 독립해 계열 회사인 덴소デンソー가 됐다. 타이어 공장 역시 계열 회사인 도요다합성豊田合成이 됐다.

또한 "비행기를 만들어주지 않겠소?"라는 군부의 의뢰에 부응하기 위해 가와사키항공기川崎航空機와 함께 도카이비행기東海飛行機라는 회사를 만들었다. 하지만 비행기 생산에는 이르지 못했고, 도요타자동차공업トヨタ自エ 비행기 공장에서 연습기용 엔진 '하13갑2형' 등을 생산했다. 비행기용 엔진을 만들기 위해서는 공작기계가 필요하다. 그래서 이미 자동차용 공작기계를 만들던 도요다자동직기 내부의 공작기계공장을 독립시켜 도요다공기豊田工機라는 회사로 만들었다. 도요다공기는 비행기와 자동차용 부품을 만드는 공작기계 회사가 됐고, 현재는 도요타뿐 아니라 다른 자동차 회사에도 기계를 판매하고 있다. 이와 같이 도요타는 전쟁 중에 현재까지 남아 있는 관계회사의 원형을 설립했다.

한편 본래 도요타그룹의 기간 회사인 도요다방직은 전쟁의 영향으로 실적이 오르지 않았다. 원면이 할당제가 되면서 생산이 급격히 감소한 것이다. 그리고 "의류품보다 군수품 생산에 기여하시오"라는 상공성의 명령으로 군복과 군수품을 만들기 시작했다. 그러는 가운데 무명베는 결국 국내 소비가 감소해 스테이플파이버와 혼방하게 됐다. 스테이플파이버는 인조섬유로, 혼방한 제품은 기존 무명베에 비해 질이 떨어졌다.

방적 회사들은 하나같이 경영 위기에 몰렸고, 정부는 경영이 어려워진 회사를 재편하기로 했다. 도요다방직은 나이카이방직內海紡織, 주오방직中央紡織, 교와방적協和紡績, 도요다오시키리방직豊田押切紡織과 합쳐져 주오방적中央紡績이 됐다. 말미에 '방직', '방적'이 붙은 다섯 개 회사가 합병해 주오 '방적'이 된 것이다. 그런 까닭에 합병한 회사는 방적뿐 아니라 직포도 했다. 또한 합병했다고 해서 원료 부족 현상이 해결된 것은 아니어서, 주오방적은 목화 관련 사업을 일단 포기하기로 했다. 직원들은 무명실과 무명베를 생산하는 대신 비행기의 오일쿨러와 배기관을 만드느라 땀을 흘렸다.

주오방적의 나고야 공장은 이후 도요다자동직기에 양도됐고, 지금은 도요타산업기술기념관이 됐다.

1943년, 주오방적은 도요타자동차와 합병된다. 도요다 가문의 가업이 전쟁 중에 방직, 직기에서 자동차로 넘어간 것이다. 그리고 합병 전의 도요다방직에 입사했던 오노 다이이치는 이때 자동으로 도요타자동차의 사원이 됐다. 오노와 도요타 생산방식의 관계가 시작된 순간이다.

여담이지만, 남편이 도요타자동차로 가게 됐다는 이야기를 들은 아내 라쿠ŕ久는 직감적으로 '좌천됐구나'라고 생각했다고 한다. 회사가 바뀌면 주오방적의 공장이 있는 가리야에서 도요타의 공장이 있는 고로모정으로 이사해야 한다. 양쪽 모두 나고야의 중심지에서 멀리 떨어져 있지만, 그래도 바다와 가까운 가리야는 탁 트인 곳이라 라쿠로서는 좀 더 살기 편했다. 그러나 그녀는 잠자코 남편을 따라 고로모정으로 갔다. 그리고 고로모정에서 살기 시작했을 때 문득 이런 생각을 했다.

'그래도 자동차보다는 방적이 안정적이지 않으려나……'

지당한 생각이었다. 당시 자동차 회사는 신흥 기업이자 앞날이 보이지 않는 업종이었다.

111

오노 다이이치의 운명

오노 다이이치는 1912년에 중국 다롄에서 태어났다. 아버지는 만주에 있었던 국책 기업 남만주철도에 근무하며 내화벽돌을 개발, 제조했다. 귀국 후에는 아이치현 가리야의 지구장과 현의회 의원, 정장町長을 거쳐 중의원 의원이 된다. '다이이치耐一'라는 이름은 '인내를 잊지 말라'는 의미에서 지은 것이 아니라 아버지의 전문 분야였던 내화벽돌의 '내耐'에서 따온 것이었다.

오노는 가리야중학교에서 나고야고등공업학교(현재의 나고야공업

대학)에 진학했고, 졸업 후 1932년 20살에 가리아에 있었던 도요다 방직에 입사한다. 미국과의 전쟁이 시작되기 전까지 오노는 직포를 담당했다. 도요다방직 공장에 있었던 직기는 사키치와 기이치로가 개발한 G형의 개량형으로, 완성된 무명베의 질이 우수해서 통제경제가 되기 전까지는 날개 돋친 듯이 팔렸다.

당시 공장 직원의 90퍼센트 이상이 직물 여공이라 불리던 여성 작업원이었다. 그들은 한 명이 20대가 넘는 직기를 담당했다. 직기는 자동화돼 있었기 때문에 씨실이 다 떨어져서 기계가 멈추면 즉시 가서 보충하는 것이 주된 일이었다. 손이 많이 가는 것은 날실이 끊어졌을 때로, 직기 옆에 걸려 있는 무명실 묶음에서 한 가닥을 뽑아내 끊어진 날실을 이어야 했다. 실과 실을 이을 때 매듭을 최대한 작게 만들면서 빠르게 묶을수록 숙련된 작업원이었다.

당시 직물 여공의 인터뷰 기사를 읽어보면 모두가 "날실이 끊어졌을 때가 가장 골치 아파요"라고 이야기했다. 그들은 작은 가위와 직기의 날실을 가지런히 하기 위한 빗을 들고 솜먼지가 날리는 공장을 돌아다녔다. 직기와 직기 사이를 걸으며 20대나 되는 직기를 돌봤다. 사키치의 발명으로 한 명이 기계 여러 대를 담당할 수 있게 된 것이다.

오노는 직물 여공이 혼자서 기계를 몇 대씩 관리하는 것을 봤기 때문에 이후 도요타로 옮겼을 때 현장에서 한 명이 기계 한 대만 담당하는 것을 보고 깜짝 놀라며 '복수 기계 담당을 실현하기만 해도 생산성이 세 배는 오를 텐데……'라고 생각했다.

훗날 그는 도요다방직을 회상하며 이렇게 말했다.

"도요다방직도 생산성이 나쁘지 않았지만, 대일본방적大日本紡績은 도요다방직과는 전혀 다른 생산방식을 채용해 생산성을 더욱 높였다."

오노는 대일본방적이 생산성을 높일 수 있었던 이유를 나름대로 분석했다. 대일본방적의 높은 생산성은 숙련된 직물 여공만 모아놨기 때문이 아니었다. 또한 직기 성능이 도요다방직보다 우수한 것도 아니었다. 오히려 직기 성능은 도요다방직이 더 우수했지만, 그럼에도 대일본방적이 더 효율적으로 일해서 비용을 낮추고 있었다. 생산 시스템을 궁리하면 비용을 줄일 수 있음을 보여주는 좋은 예가 대일본방적의 현장이었다.

오노는 대일본방적의 생산 시스템을 분석해 그 결과를 도요타 생산방식에 응용했다. 과연 도요다방직과 대일본방적의 생산 시스템에는 어떤 차이점이 있었을까?

공장 레이아웃	· 도요다방직 : 공정별로 건물이 다르다. · 대일본방적 : 건물 하나에서 일관생산한다.
실 운반	· 도요다방직 : 대로트를 남성이 광차로 운반한다. · 대일본방적 : 소로트를 여성이 운반한다. 이쪽이 인건비가 적게 든다.
숙련자 기용	· 도요다방직 : 신입이 끊어진 실(날실)을 복구한다. 베테랑은 주로 기계를 감시한다. · 대일본방적 : 신입이 기계를 감시한다. 베테랑은 주로 끊어진 실을 복구한다.

품질관리	· 도요다방직 : 숙련자에게 의지한다. 후방 공정을 중시한다.
	· 대일본방적 : 전방 공정에서 튼튼한 실을 만들면 후방 공정에서 실이 끊어져 복구할 필요가 없어진다. 전방 공정에서부터 좋은 물건을 만들어나간다. 자공정완결自工程完結의 사상이다.

대일본방적에서는 숙련자가 끊어진 실을 빠르게 복구했다. 또한 전방 공정에서 튼튼한 실을 만든 덕분에 실이 끊어지는 일 자체가 적었다. 오노는 대일본방적의 생산방식에서 많은 것을 배웠다. 전방 공정에서 확실한 물건을 만들 것. 베테랑의 기술에 의존하지 말고 신입도 할 수 있는 표준작업을 만들 것. 전부 도요타 생산방식에 채용된 것이다.

오노가 일했던 도요다방직은 전쟁 중 주오방적이 됐고, 훗날 도요타와 합병한다. 그 결과 오노의 업무는 직포에서 자동차 생산으로 바뀌었다. 그가 자발적으로 자동차 공업에 뜻을 뒀던 것이 아니라 전쟁이 그의 운명을 바꿔놓은 것이다.

오노는 기이치로가 자동차를 개발하고 있었던 것은 잘 알았다. 그러나 자신이 직포의 길에서 벗어나 자동차 제조에 관여하게 되리라고는 꿈에도 생각하지 않았다. 동료 중에는 도요타로 옮긴 뒤에도 도요타자동차의 방직 부문에서 일한 사람 또한 있었기 때문이다.

나고야 공습과 미카와 지진 사이에서

1945년(전쟁이 끝난 해) 연초부터 도시와 공장 지대에 대한 공습이 격렬해졌다. 미군이 공습에 사용한 폭탄은 소이탄이었다. 목재와 종이로 만든 일본 가옥이 불에 잘 탄다는 사실을 알고 소이탄 세 종류를 개발해 그것을 비전투원이 거주하는 도시에 집중적으로 투하했다. 시골에는 폭탄을 떨어뜨려도 큰 피해를 줄 수 없기 때문에 도쿄에서 인가가 밀집된 지역을 노렸다.

소이탄 가운데 네이팜탄은 유지油脂에 수소를 첨가해 만든 팜유와 석유를 정제할 때 생기는 나프텐산 등을 섞어서 고형유固形油의 형태로 만든 것이다. 불을 붙이기 쉽고 장시간 연소하며 고온을 낸다. 폭발하는 순간 고형유가 파편이 돼서 사방으로 퍼져 달라붙는다.

일렉트론탄은 테르밋과 마그네슘의 합금제로, 금속이어서 관통력이 대단했다. 파열하는 순간 고열을 내서 철판을 녹이는 힘이 있다.

백린탄은 화재를 확산시키는 역할을 한다. 유독가스를 발생시키며, 인체를 뼈까지 태워버리는 힘이 있다. 소방대가 가까이 갈 수 없기 때문에 불이 계속 퍼져나간다. 미군은 이 세 가지 소이탄을 사용해 효율적으로 일본에 막대한 피해를 입혔다.

매일같이 하늘에서 소이탄이 떨어졌다. 어떻게든 목숨을 건졌지만 폭격에 집을 잃은 사람들은 도시를 떠나 친척이나 지인에게 의탁했고, 도시에 사는 사람의 수는 하루가 다르게 줄어들었다.

본래 주택지 공습, 무차별 폭격은 전시국제법 위반이다. 네덜란드 헤이그에서 열린 전시국제법위원회(1923년)에서 "폭격은 군사적 목표에 대해서만 적법으로 한다"라고 결정된 바 있다. 그러나 2차 세계대전에서는 전시국제법을 지키지 않는 나라가 있었다. 전쟁이 시작됐을 때 미국 대통령 루스벨트는 "비무장도시에 있는 일반 시민을 공중에서 폭격하는 비인도적 야만 행위는 피하자"라고 했다. 그러나 독일, 소련, 영국, 미국은 도시를 무차별 폭격했다. 루스벨트는 전쟁이 벌어진 순간 자신이 한 말을 잊어버린 것이 틀림없다.

일본 주택지 공습에 대해 미군은 "일본의 군수산업 중 70퍼센트가 도시의 소규모 공장이다. 그래서 그 공장들이 있는 도시 지역을 노리는 것"이라고 주장했다. 그러나 이는 핑계일 뿐이다. 실제로는 공장과 주택을 불태우고 국민의 전의를 상실시키기 위해 소이탄을 떨어뜨린 것이다.

1945년 3월 10일에 있었던 도쿄대공습은 그 피해가 특히 심했다. 9만 3,000명이 죽고 가옥 23만 채가 소실된 이 공습으로 간토 지역은 초토화됐다. 도쿄만이 아니다. 나고야도 공습으로 상당한 피해를 입었다. 미국의 B29 폭격기가 나고야에 처음으로 모습을 드러낸 때는 1944년 12월 13일로, 미쓰비시중공업三菱重工 나고야제작소가 파괴됐다.

그런데 그 일주일 전에 나고야 지구에 쇼와 도난카이 지진이 일어났다. 진도 6의 지진으로, 998명이 죽고 가옥 2만 6,130채가 완전히 파괴됐다. 덴류강을 지나가는 도카이도선 철교가 무너졌을 정도로 큰 지진이었다. 나고야 지역 주민들은 지진 피해를 복구하는 도중에 소이탄 공격을 받은 것이다.

이후 일본이 항복하기까지 나고야 지역은 38회나 폭격을 당했다. 날아온 B29의 수는 모두 합쳐 1,973기였으며, 피해 규모는 사망자 8,152명, 부상자 1만 950명, 이재민 51만 9,205명(미국의 전략폭격 조사단 조사)에 이르렀다. 여기에 1945년 1월 13일에는 진도 5의 미카와 지진이 일어나 1,961명이 죽고 896명이 중경상을 입었으며 가옥 5,539채가 전파, 1만 1,706채가 반파됐다.

나고야 지역은 거듭된 공습과 지진으로 철저히 파괴된 채 패전을 맞이했다. 도요타는 그런 곳에서 전후에 재출발한 것이다.

패전 이후의 사업 다각화

1945년 5월, 에이지는 도요타자동차공업 이사가 됐다. 기이치로는 임원이 되기에 너무 어리다고 반대했지만, 당시 기이치로를 대신해 경영을 지휘했던 부사장 아카이 히사요시赤井久義가 나이는 중요하지 않다며 밀어붙였다.

기이치로는 이미 패전을 각오한 듯 일에 열의를 보이지 않았다. 나고야를 떠나 도쿄 세타가야 오카모토에 있는 자택에 틀어박혀 책만 읽으며 하루하루를 보냈다. 도심지인 아카사카에도 집이 있었지만 그쪽은 공습으로 불타 없어진 상태였다.

고로모에 남은 에이지 등도 딱히 일을 했다고는 말하기 어렵다.

공장에 출근은 했지만 원재료도 부품도 소량밖에 없었다. 여기에 1945년에는 나고야 시내에 공습이 계속됐고, 나고야에서 멀리 떨어진 고로모에도 미군기가 날아오곤 했다. 다만 시골에 폭탄을 떨어뜨리기는 아까웠는지, 고로모 공장 공습은 기총소사 위주였다. 미군 비행기의 주요 목표는 고로모 공장 근처에 있는 육군의 고사포 진지와 나고야 해군 항공대였고, 공습 후 총알이 남으면 고로모 공장에도 기총소사를 하고 돌아가는 식이었다. 에이지가 외출했다 돌아와서 보니 사무실이 공격을 당해 그가 앉던 의자가 박살이 나 있었던 적도 있다. 에이지를 비롯한 직원들은 매일 기총소사에 파괴된 건물과 집기를 수리하거나 방공호로 대피할 뿐 제대로 일할 수 없었다.

패전 전날인 8월 14일 오후에는 고로모 공장을 노리고 B29 세대가 날아왔다. 각각 폭탄을 한 발씩 떨어뜨렸는데, 한 발은 사택 옆에 큰 구멍을 냈고, 다른 한 발은 야하기강에 떨어졌으며, 마지막 한 발은 철물 공장을 직격해 공장의 4분의 1을 파괴했다. 다만 일찌감치 대피한 덕분에 직원들은 모두 무사했다.

도요타 사내에서 '전설의 공장'으로 불린 단조 공장의 터줏대감 오타 히로시게太田普蕃는 전쟁 당시의 일을 잘 아는 증인이다. 그는 패전 전날의 공습도 겪었다.

"기숙사라고 불렀던 곳에서 살면서 기상나팔 소리에 일어나 군가를 부르면서 현장으로 행진하는 생활이 계속됐지. 양성소에는

1~6분대가 있었는데, 호칭도 다 군대식이었어. 1944년에는 도난카이 지진과 전황 악화가 겹쳤어. 전혀 일할 수 없을 정도는 아니었지만, 쌓아 올린 벽돌이 무너진 적도 있지. 반나절은 청년 학교에 가서 전시 훈련을 받게 됐어. 포복 전진도 하고, 지푸라기 인형을 총검으로 찌르기도 했지. 사람 죽이는 연습을 한 거야.

전쟁이 끝나기 전날 고로모 공장이 공습을 당했을 때 공장에 있었어. 구석으로 피하고 얼마 안 돼 총탄이 날아들고 폭탄이 떨어졌지. 안 죽은 게 다행이야.”

전쟁이 끝난 뒤, 미국에서 폭격조사단이 고로모 공장에 온 적이 있다. 에이지는 그들이 가지고 온 주변 사진을 볼 수 있었는데, 비행기에서 촬영했음에도 공장 전경이 흔들림 없이 선명하게 찍혀 있었다.

‘미군 폭격기는 무차별 공습을 한 게 아니었어. 노린 곳에 정확하게 폭탄을 떨어뜨린 거야.’

에이지는 이렇게 확신했다. 그리고 그의 생각은 옳았다. 전쟁이 막바지에 접어들자 미군은 폭격 목표를 정하고 그 목표에만 폭탄을 떨어뜨렸다. 가령 도쿄 공습 당시 긴자는 싹그리 불태워버렸지만, 유락초역을 사이에 두고 반대쪽에 있는 황궁과 해자는 일체 폭격하지 않았다. 또한 데이코쿠호텔과 도쿄회관, 다이이치생명 빌딩도 건드리지 않았다. 이미 전쟁에서 승리했음을 알았기 때문에 자신들이 주둔하면서 사용할 사무소와 숙소를 확보하기 위해 깨끗한 상태로 남겨둔 것이다.

8월 15일, 기이치로는 아들 쇼이치로와 함께 도쿄에서 아버지 사키치가 자란 시즈오카 고사이의 집으로 이사했다. 세 사람은 다다미에 정좌하고 옥음방송(쇼와 천황이 일본 항복을 알린 방송─옮긴이)을 들었다. 라디오를 켠 사람은 기이치로였다. 처음으로 들은 쇼와 천황의 목소리는 거만하지도 위압적이지도 않았다. 성실함이 느껴지는 목소리에 더듬거리는 말투였다. 그러나 잡음이 많고 표현이 너무나 예스러운 탓에 무슨 말인지 금방 의미를 파악하기 힘들었다. 방송 시간도 짧아서, 시작부터 끝나기까지 5분이 채 걸리지 않았다.

세 명 모두 말의 의미를 온전히 알아들을 수는 없었다. 그러나 전쟁에서 졌다는 것, 공습이 끝났다는 것은 알 수 있었다. 기이치로가 느낀 것은 '올 것이 왔다'라는 사실뿐이었다.

한편 에이지와 오노 등 도요타자동차공업 직원들은 오전부터 전날 공습으로 파손된 공장 지붕을 수리하고 있었다. 경영 간부들은 공장 사무실에 모여 조용히 옥음방송을 들었다. 에이지 옆에는 트럭 제조를 감독하러 온 육군 중위가 있었는데, 방송 내용을 잘 이해하지 못하는 듯했다.

"폐하께서 전쟁을 그만하겠다고 말씀하셨습니다."

이렇게 전하자 육군 중위는 화난 표정으로 자기 방으로 돌아갔다고 한다.

오노도 공장에서 옥음방송을 들었다. 당시는 방직에서 이곳으로 옮긴 지 2년 차가 되는 시점으로, 조립 공장의 과장 신분이었다. 오노가 본격적으로 생산성 향상에 몰두하게 되는 것은 기이치로가 공장으로 돌아온 8월 29일 이후였다.

8월 말, 고로모 공장에 출근한 기이치로가 간부들을 모아놓고 이렇게 말했다.

"적극적으로 트럭, 승용차를 생산하고 연구 개발할 걸세. 하지만 그것만으로는 공장에 있는 모두를 먹여 살릴 수 없어. 그래서 의식주와 관련된 새로운 사업을 시작할까 생각 중이야. 의식주는 인간의 기본이니 아무리 점령군이라 해도 하지 말라고는 못 하겠지. 그리고 마지막으로, 아무리 힘들더라도 원칙적으로 인원 삭감은 하고 싶지 않네."

기이치로는 즉시 방침을 실행에 옮겼다.

전쟁이 끝났을 때 도요타에는 9,500명이 일하고 있었다. 정규 직원은 3,000명밖에 없었지만 군수공장이었던 까닭에 근로 동원으로 인원수가 늘어난 것이었다. 근로 동원으로 온 직원은 학생과 선생님부터 여승, 게이샤 같은 여성까지 다양했다. 옥살이를 하던 죄수도 있었다. 다만 그런 사람들은 억지로 끌려온 것이기 때문에 전쟁이 끝나자 원래 있었던 곳으로 돌아갔다. 그래서 인원이 급속도로 줄어들기는 했지만, 그래도 3,000명은 됐다. 또한 징병돼 전쟁터로 떠났던 직원이 돌아오면 그들도 고용해야 한다. 전쟁이 끝난 직후의 회사 경영자들은 하나같이 '어떻게 해서 사원들을 먹여 살릴 것인가'를 고민해야 했다.

기이치로는 다각화를 추진했다. 에이지는 도자기를 연구하게 됐다. 쇼이치로는 홋카이도 왓카나이까지 가서 어묵 공장 일을 했다. 몇 달 뒤 겨우 나고야로 돌아왔다 싶었더니 이번에는 주택 일을 하라는 명령을 받고 프리캐스트 콘크리트로 집을 짓는 사업을 담당하게 됐다. 다른 간부들에게도 각각 과제가 주어졌다. 어떤 간부는 미꾸라지 양식을 시작했다. 냄비, 가마솥, 재봉틀 제조를 담당한 사람도 있었다. 그러나 성공을 거뒀다고 말할 수 있는 것은 없다. 쇼이치로가 담당한 주택 건설이 어느 정도 틀을 잡았을 뿐으로, 이것은 훗날 도요타홈トヨタホーム이라는 회사가 된다.

도요타가 손댄 사업 중 이익에 가장 많이 공헌한 것은 방직 사업이었다. 전쟁 말기가 되자 방적과 직포는 사실상 휴업 상태가 됐는데, 평화가 찾아오면서 의류품 수요가 폭발했다. 여기에 베이비붐으로 유아, 영아용 의류도 날개 돋친 듯 팔려나갔다. 이에 전쟁 당시 기이치로가 "소중히 보관해놓게"라고 명령했던 직기를 자동차 공장 한구석에 놓고 무명실과 무명베를 다시 만들기 시작한 것이다. 전쟁 중 주오방적(도요다방직의 후신)과 합병했기 때문에 상당한 수의 직기가 보관돼 있었다. 그리고 전후 찾아온 섬유 경기와 맞물리면서 방직 사업은 금방 안정됐다. 섬유 사업이 2차 세계대전 이후의 도요타를 되살렸다고 해도 과언이 아니다.

기이치로는 평생 이 사실을 잊지 않았고, 훗날 도요타방직トヨタ紡織(주오방적의 후신)에서 강연할 때 도요타를 구한 방직 사업에 감사의 뜻을 전했다.

"저는 오랫동안 기계 공업 경영에 몸담아왔습니다. 되돌아보면……, 특히 자동차 공업은 전시체제라는 특수한 환경 속에서 태어나 자동차제조사업법을 비롯해 국가의 두터운 보호 아래서 발전해왔으므로 자유경제 속에서의 치열한 경쟁이라는 세례를 받지 않았습니다. 그런 까닭에 전쟁이 끝나자 이것을 어떤 방향으로 이끌어야 할지 쉽게 결정할 수가 없었습니다. 일단 다양한 방향을 생각하고 여러 가지 노력해봤지만, 도를 넘은 인플레이션과 통제의 부활, 점령 정책 변화 등과 차례차례 맞닥뜨리면서 도저히 손을 쓸 수 없는 상황에 몰렸습니다. 어떻게 해도 먹고살 수가 없을 것 같은 상태였죠."

기이치로는 그때 "방직에 많은 신세를 졌습니다"라고 사람들 앞에서 말한 것이다.

다각화를 추진하던 기이치로가 간부들에게 이야기한 것이 한 가지 더 있었다.

"자동차 사업에 관해서는 그냥 하는 것만으로는 부족하네. 생산성을 높여야 해. 3년 안에 미국 자동차 산업을 따라잡지 못하면 도요타는 망한다는 각오로 일해야 하네."

오노가 이 이야기를 직접 들은 것은 아니다. 현장에서 일했던 까닭에 기이치로와 대면할 일이 없었다. 그러나 에이지에게 전해 들은 순간부터 이 말이 오노의 머릿속을 떠나지 않았다. 기이치로의 말에 사로잡혔다고 해도 과언이 아니었다.

'3년 안에 따라잡으라고? 과연 그게 가능할까? 하지만 실패하면 도요타는 망하고 말 거야. 하기 싫어도 해야 해. 그리고 남들처럼 해서는 절대 성공할 수 없어. 어차피 망할 거라면 지금까지의 상식에서 벗어난 시도를 해보자.'

전쟁이 일어나기 전, 오노는 어떤 사람에게 독일과 미국의 생산성에 관한 감상을 들은 적이 있었다.

"일본과 독일의 생산성은 3 대 1이야. 일본인 세 명이 하는 일을 독일 공장에서는 한 명이 하지. 그런데 미국은 더 효율이 좋아. 독일인 세 명이 하는 일을 혼자서 해낸다고."

즉 일본인 아홉 명이 하는 일을 미국인 한 명이 해낸다는 의미이다. 아니, 전쟁이 일어나기 전 이야기이니 지금은 더 차이가 날 것이다. 그렇다면 3년 안에 생산성을 10배로 끌어올려야 한다. 안 그러면 우리 회사는 망하고 만다.

오노는 진심으로 이렇게 생각했다. 그리고 이렇게 직감했다.

'아무리 그래도 3년 안에 따라잡으라는 건……. 기이치로 씨가 조금 서두르시는 것 같은데…….'

도요타의 재출발

1945년 9월, 일본을 점령한 GHQGeneral Headquarters(연합국 총사령부)는 제조 공장 조업에 관한 각서를 발표했다.

"일본 자동차 회사는 승용차를 생산해서는 안 된다. 트럭은 만들어도 된다."

물류를 담당하는 트럭은 일본 부흥에 꼭 필요하므로 GHQ도 생산을 금지할 수는 없었던 것이다.

다시 트럭을 생산할 수 있게 되자 기이치로는 미꾸라지 양식이나 냄비, 가마솥 생산 같은 다각화를 중단하려 했다. 그러나 전쟁이 끝났다고 해서 원재료나 부품을 금방 손에 넣을 수 있는 것은 아니었다. 당시 구매 담당이었던 하나이 마사야花井正八(훗날 부사장을 거쳐 회장이 된다)를 비롯한 사원들은 원재료를 구하기 위해 사방팔방으로 뛰어다녔다. 그러나 싸고 질 좋은 순정부품은 좀처럼 손에 넣을 수 없었다. 그런 까닭에 트럭 생산을 재개하기는 했지만 월간 생산량은 500대에도 미치지 못했다. 결국 1945년에는 3,275대, 이듬해에는 5,821대를 생산했을 뿐이다. 물론 전부 트럭이었다.

승용차의 경우, 생산은 금지됐지만 연구는 자유롭게 할 수 있었다. 점령 정책의 일환으로 도요타와 닛산 같은 자동차 회사는 점령군으로서 일본에 주둔하고 있는 미군의 차량 수리를 도급받게 됐는데, 덕분에 미국 자동차 구조를 알게 됐다. 수리 대상은 주로 지프와 트럭이었으며, 승용차의 경우는 크라이슬러에서 만든 플리머스Plymouth가 많았다. 도요타 사원들은 플리머스를 수리하면서 미국 자동차에서 우수한 부분을 적극적으로 흡수해 승용차 개발에 참고했다. 어디까지나 수리였으므로 자동차를 만들어 파는 것보다는 이익이 적었지만, 수리 대금을 떼어먹힐 우려가 없고 미국 자동차도 연구할 수 있었던 까닭에 사원들이 느끼는 보람은 미꾸라지 양식이나 냄비, 가마솥 생산보다 훨씬 컸다.

도요타는 트럭 생산, 미군 차량 수리와 함께 부업도 계속했다. 그러나 고난이 끊이지 않았다. 점령군은 도요타를 재벌로 지정했다. 그들은 일본을 군국주의로 이끈 원흉으로 미쓰이와 미쓰비시 등 2차 세계대전 이전부터 있었던 재벌들을 지목하고 그 힘을 약화시키려 했다. 구체적으로는 미쓰이, 미쓰비시, 스미토모, 야스다安田, 후지산업富士産業(과거의 나카지마비행기中島飛行機)을 해체한다고 선언했다. 지주회사를 금지해 그룹의 연결 고리를 없앰으로써 힘을 약화시키는 방법으로 해체시켰다. 처음에는 이 5대 재벌만 대상으로 삼았지만 점차 재벌 수를 늘려나갔고, 결국 나고야에서는 존재감이 있었던 도요타도 제5차(1947년 9월) 재벌 해체에서 재벌로 지정됐다.

기이치로는 도요타의 당주였다. 트럭 생산과 승용차 연구에 몰두하고 싶었지만 회사 존립이 위태로워진 이상, 현장에서 일하고 있을 때가 아니었다. 그는 간부들과 상의해 산하에 있는 기업의 이름을 바꾸고, 임원의 겸무를 줄이는 등 계열사의 독립을 추진했고, 그 결과 자동차 회사로서 존속할 수 있게 됐다. 그룹 회사의 주식을 보유하고 있었던 도요다산업豊田産業의 해체는 막을 수 없었지만, 이 정도로 끝나서 다행이라는 것이 도요타 간부들의 솔직한 심정이었다.

이렇게 해서 재벌 지정의 위기를 겨우 극복해내자 또 다른 난관이 닥쳤다. 독점금지법이 공포된 것이다. 점령군이 내놓은 민주화 정책 중 하나로, 강대한 회사 하나가 시장을 독점하면 자유경쟁이 왜곡된다는 생각에서 비롯됐다. 이어서 과도경제력 집중 배제법이 제정됐다. 이것도 입법 의도는 같았다. 큰 회사가 시장에서 존재감을 보여서는 안 된다는 것으로, 도요타는 독점금지법의 대상은 되지 않았지만 한때 과도경제력 집중 배재법의 대상으로 지정됐다. 다만 당시 트럭을 한 달에 500대도 만들지 못했던 도요타가 과연 '과도경제력'에 해당하는지는 상당히 의심스럽다. 에이지는 저서에 "로비해서 대상에서 제외시켰다"라고 썼지만, 실제로는 GHQ가 생각을 바꾼 것이 아닐까? 나고야에 있는 겨우 숨만 붙어 있는 자동차 회사가 과도경제력에 해당한다면 일본의 역사 깊은 기업은 전부 대상으로 지정돼야 하기 때문이다. 결국 도요타는 이 법의 대상 기업에서 제외됐고 독점금지법의 대상도 되지 않았다. 다만 그동안 기이치로와 간부들은 매일같이 도쿄의 GHQ 본부를 찾아가야 했다.

이것으로 잠시 한숨 돌리는가 싶었는데, 이번에는 제한회사령이라는 것이 공포됐다. 재벌 해체에서 제외된 회사에 대한 압박책으로, 회사를 분할하고 산하 기업을 독립시키라는 명령이었다. 이때 도요타의 전장품 공장은 일본전장日本電装(현재의 덴소)이, 방직공장은 민세이방적民成紡績(현재의 도요타방직)이 됐다. 법랑철기 공장은 아이치법랑愛知琺瑯(현재의 닛신법랑제작소日新琺瑯製作所)로 분리됐다.

생각해보면 GHQ의 민주화 정책은 2차 세계대전 이전부터 큰 힘을 갖고 있었던 재벌 기업에는 가혹한 조치였지만, 2차 세계대전 이후에 생긴 회사나 도요타 같은 벤처기업에는 일종의 규제 완화였다. 재벌 기업의 힘이 약해진 덕분에 벤처기업들이 새로운 시장에 당당하게 진출할 수 있었고, 그 결과 일본 경제가 활성화됐다.

판매 체제의 변화와 가미야 쇼타로의 활약

이와 같이 점령군의 민주화 정책에 대응하느라 부심했던 도요타이지만, 전쟁이 끝난 뒤의 혼란스러운 상황 속에서 자동차 판매망을 정비하는 것만은 다른 자동차 회사를 압도할 수 있었다. 가미야 쇼타로神谷正太郎가 도요타에 있었기 때문이다.

전시에는 국가가 자동차 판매를 관리했다. 제조사가 완성 차를 일본자동차배급日本自動車配給 주식회사에 보내면, 일본자동차배급이 그 차를 전국 각지에 있는 지역 배급 회사에 도매하는 방식이었다. 다만 대부분이 군수용으로 육군에 납품되거나 군수공장에서 수송용으로 이용됐기에 자동차를 공급하는 회사가 전국에 하나밖에 없어도 문제가 되지 않았다.

전쟁이 끝나자 GHQ는 일본자동차배급 제도를 폐지했다. "자유경쟁 원칙에 따라 판매"하라는 것이었다. 그렇게 일본자동차배급제는 폐지됐어도 각지에 있었던 하부 배급 회사는 여전히 존재했다. 전쟁이 시작되기 전에는 각각 도요타와 닛산, 이스즈 계열 판매회사였다가 전시체제가 되면서 지역별로 통합돼 만들어진 배급 회사들이었다. 그들은 그저 우왕좌왕할 뿐, 앞으로 어떻게 해야 먹고살 수 있을지 감을 잡지 못했다. 당장 어떤 회사의 자동차(트럭)를 취급해야 하는지도 알 수가 없었다. 대체 어느 자동차 회사가 살아남을지 알 수 없었기 때문이다. 자동차 회사들도 한 치 앞을 내다보지 못했는데 지방의 배급 회사가 미래를 전망할 수 있었을 턱이 없다.

그때 지방의 배급 회사들을 찾아간 인물이 바로 가미야였다. 전쟁이 일어나기 전에 도요타의 판매 책임자로 일하다가 전쟁이 일어난 뒤 일본자동차배급의 상무가 됐던 그는 전쟁이 끝나고 도요타로 복귀하자 즉시 행동을 개시했다. 전국적인 판매망을 구축하기 위해 지방 순회를 시작한 것이다.

훗날 '판매의 신'으로 불리는 가미야 쇼타로는 1898년에 아이치현 지타군에서 태어났다. 기이치로보다 네 살이 어리고, 오노보다 14살이 많다.

그는 나고야시립상업학교를 졸업하고 19세에 미쓰이물산에 입사했는데, 입사한 지 반년 만에 미국 시애틀에서, 이듬해에는 런던 지점에서 일했다. 상업학교 시절부터 야간학교에 다니며 영어를 공부해 영어가 유창했던 까닭이다. 런던 지점에서는 철강 등 금속의 무역을 담당했다. 그리고 27세에 미쓰이물산을 나와 금속 전문 상사인 가미야상사를 직접 차렸다. 한때는 서러브레드(영국 재래종과 아랍의 말을 교배시켜 개량한 경주용 말)의 마주가 돼 런던에 있

GHQ의 민주화 정책은 2차 세계대전 이전부터
큰 힘을 갖고 있었던 재벌 기업에는 가혹한
조치였지만, 2차 세계대전 이후에 생긴 회사나
도요타 같은 벤처기업에는 일종의 규제 완화였다.
재벌 기업의 힘이 약해진 덕분에 벤처기업들이
새로운 시장에 당당하게 진출할 수 있었고,
그 결과 일본 경제가 활성화됐다.

는 엡섬과 크로이던 같은 경마장의 VIP석에서 경마를 관전할 만큼 큰돈을 벌었지만, 1차 세계대전 이후 불황이 장기화된 탓에 2년 뒤에는 실적이 악화돼 결국 회사를 정리하고 귀국해야 했다.

사업 실패로 상심이 컸지만 생활비조차 부족했기에 당장 일자리를 구해야 했다. 이때 발견한 곳이 일본GM이었다. 미쓰이물산과 가미야상사에서 철강을 취급했던 까닭에 철강 상사의 단골인 자동차업계에 지인이 많아, 그 연줄로 일본GM에 입사한 것이다. 당시 일본 도로를 달리던 자동차의 90퍼센트 이상이 포드(1925년 진출) 아니면 일본GM(1927년)에서 만든 것이었다. 가미야는 일단 두 회사에 모두 지원해 양쪽 모두에서 채용 통지를 받았지만, 입사 시기가 빨랐던 일본GM을 선택했다. 그리고 그곳에서 자동차 판매 실무를 경험한다.

자동차는 고가인 데다 자동차 검사도 받아야 하고 수리도 필요하다. 단순히 소비자에게 팔아버리고 나면 끝인 상품이 아니다. 소비자와 항상 접촉할 필요가 있다. 그래서 선진국인 미국에서는 딜러 제도가 정착됐다. 즉 딜러라는 판매 특약점이 제조사에서 자동차를 매입해 판매하는 방식이었다. 일본GM은 미국에서 성공한 판매법을 그대로 도입해 각지에 딜러를 만들었다. 미국인 상사는 각 딜러에게 판매 목표를 부과하고, 그 목표를 달성하지 못하면 즉시 계약을 해지하는 냉정한 방법을 사용했다. 가미야는 그 이면에서 일본인을 대하는 미국인의 멸시를 느꼈다.

당시 일본인 사원을 대하는 미국인 사원의 태도에는 단순한 경제합리주의를 넘어선 냉철함이 있었으며, 명백한 차별의식이 느껴졌다. 특히 판매점에 대한 정책은 그야말로 인정사정없어서, 경영난에 허덕이는 판매점을 매몰차게 내치는 일이 다반사였다. 계약 사회로 일컬어지는 미국의 상관습에 비춰보면 당연한 일일지도 모른다. 그러나 로마에 가면 로마법을 따르라고 하지 않는가?

나는 판매 대표원으로 판매점(딜러)을 방문해 판매 지도를 하고 있었기 때문에 그런 사례를 목격하고 좀 더 친절하게 판매점 경영을 지도하도록 미국인 사원에게 요구했다. 그러나 내 의견이 반드시 받아들여지는 것은 아니었다. 나는 점차 미국인 사원과 함께 일하는 것에 한계를 느꼈다.

외자계 회사에서는 지금도 이런 모습을 볼 수 있지 않을까? 미국에서 온 사람에게는 숫자가 전부이다. 오래 머물 것도 아니므로 일본 판매점과 오랜 친분을 쌓을 생각이 없다. 독려하는 것이 임무이다. 그러나 일본인인 가미야는 그럴 수 없었다. 미국인 상사의 앞잡이가 돼 판매점을 괴롭히는 것은 그의 성미에 맞지 않았다. 그는 판매점 정책에 '일본적 정서와 인간적인 유대'를 도입하고 싶었다.

가미야는 일본GM 입사 2년 만에 판매광고부장으로 승진했고, 곧 부지배인이 됐다. 그러나 미국인 상사의 태도를 볼 때마다 '오래 있을 회사는 아니구나'라고 생각했다.

입사 8년 차였을 때 가미야에게 영입 제안이 들어왔다. 닛산자동차에서 "판매 담당 임원은 어떻겠소?"라고 제안한 것이다. 일본GM 퇴사를 생각 중이던 가미야에게는 나쁘지 않은 선택지였다. 그래서 어떤 사풍의 회사인지 알고자 도쿄의 어느 호텔에서 열린 닛산 판매점 대회 겸 친목회에 참석했다. 이윽고 대회가 끝나고 친목 파티가 열렸다.

사회자가 말했다. "여러분, 한 줄로 서십시오."

그곳에 닛산 사장인 아유카와 요시스케가 나타났다. 판매점 사장들이 한 명씩 앞으로 나와 인사했다. 임금님의 행차를 보는 것 같은 봉건적인 풍경이었다. 가미야는 이런 회사에서는 일하기 힘들겠다고 생각하고 다음 회사를 알아봤다. 그것이 바로 도요타였다.

기이치로와 가미야의 면담 자리를 마련한 사람은 도멘ﾄーﾒﾝ(일본의 종합상사. 2006년에 도요타통상과 합병─옮긴이) 출신으로 도요다방직 임원이었던 오카모토 도지로岡本藤次郎였다. 도멘 시절에 시애틀에서 일했기 때문에 미쓰이물산에서 일하던 가미야와 면식이 있었고, 가미야가 아이치현 출신이라는 사실도 알았다. 그래서 기이치로에게 다리를 놔준 것이다.

1935년, 가미야는 처음으로 기이치로와 만났다. 기이치로가 가리야 공장에서 근근이 자동차를 만들던 시절이다. "자동차는 만드는 것보다 파는 게 더 어려워"가 입버릇이었던 기이치로는 처음 대면한 자리에서 가미야에게 이렇게 말했다.

"아버지의 유업을 계승해 어떻게든 대중 자동차를 만들고 싶네.

나는 기술자라서 자동차 만드는 것은 아무리 고생하더라도 반드시 해낼 자신이 있지만, 문제는 자동차를 만드는 것만으로는 부족하냐는 걸세. 아무리 좋은 자동차를 만들어내더라도 그것을 팔 수 있는 강력한 판매 수단이 없으면 성공은 기대할 수 없지.

그런데 대중 자동차를 판매하게 되면 판매 수단 모델은 아무래도 미국에서 구하게 될 터인데, 이건 내가 할 수 있는 일이 아니네. 그래서 말인데, 제조 쪽은 내가 책임질 테니 자네는 판매 전체를 맡아주지 않겠나?"

기이치로의 진지함과 열정이 마음에 든 가미야는 그해에 도요타에 입사했다. 그리고 이후 도요타의 자동차 판매 전략을 구축하고 착실히 실행에 옮겨나간다. 방법은 한 가지였다. 도요타의 판매 담당이 된 가미야는 한때 일본GM 소속이었던 딜러를 찾아가 "우리 함께 일본의 자동차를 팝시다!"라고 열정적으로 이야기했다. 이렇게 한 곳 한 곳을 설득해 도요타의 자동차를 판매하는 딜러망을 만들어나간 것이다.

또한 가미야는 할부판매 제도 확립에도 힘을 쏟았다.

"자동차는 비싼 상품입니다. 할부가 아니면 대중은 자동차를 살 수가 없습니다."

1936년에는 가미야의 주도로 도요타금융トヨタ金融 주식회사가 탄생했다. 트럭 한 대를 12개월 할부로 팔기 위한 금융회사였다. 이와 같이 가미야는 도요타의 판매 전략과 시스템을 정비해나갔다. 그런데 어느 정도 정비를 마쳤다 싶은 순간 일본이 전쟁에 돌입했고, 기

껏 만들어낸 도요타의 판매망은 일본자동차배급에 흡수돼버렸다.

전쟁이 끝나자 한발 앞서 움직이다

전쟁 중 일본자동차배급에서 트럭 배급을 담당했던 가미야는 전쟁이 끝나자 다시 도요타의 딜러를 만들어나가는 데 열을 올렸다.

그는 패전 다음 날, 모두가 국민복과 전투모 차림으로 회의하는 자리에 마닐라삼으로 만든 양복과 나비넥타이 차림으로 나타난 사내이다. 멋쟁이기도 했고, 시류의 변화를 감지하는 능력이 있었다. 그래서 패전 직후 세상이 어수선한 가운데 선수를 쳐서 딜러를 확보하려 한 것이다.

훗날 에이지는 당시 가미야가 한 일을 떠올리며 이렇게 말했다.

"가미야 씨가 전국을 뛰어다니며 각 현에 있는 배급 회사를 전부 도요타의 딜러로 만들어버렸지. (중략) 닛산에 비해 이것만은 굉장히 빠르게 손을 썼어. 이 차이가 오늘날 도요타와 닛산의 일본 국내 판매 대수 차이를 만들어냈다고 해도 과언이 아니야."

앞에서 이야기했듯이 각 현에 있었던 자동차 배급 회사들은 도요타, 닛산, 이스즈의 딜러가 모여서 생긴 회사이다. 따라서 원래 계열로 돌아가면 그만이었는데, 가미야가 남들보다 먼저 찾아가 "도요타의 딜러가 되지 않겠습니까?"라고 맹렬하게 호소한 것이다.

그 결과, 대부분이 도요타를 선택하게 됐다.

다만 가미야에게는 그때까지 각 판매점 사장들과 쌓은 관계가 있었다. 이미 전쟁 중에 각지를 돌며 판매회사 사장들과 흉금을 털어놓으며 대화를 나눴다. 요컨대 가미야 본인에 대한 좋은 인상도 지방의 딜러가 그의 제안을 받아들이게 하는 데 일조한 것이다. '지금은 점령군이 금지하고 있지만, 언젠가는 승용차를 생산할 수 있을 것'이라고 내다본 가미야는 "도요타의 자동차를 함께 팝시다!"라고 열변을 토했다.

그런데 가장 큰 시장이었던 도쿄와 오사카만은 사정이 달랐다. 도쿄의 배급 회사 사장은 본래 도요타 계열 사람이었지만 의견이 맞지 않아 닛산의 딜러가 돼버렸다. 한편 오사카의 배급 회사는 애초에 닛산 사람이 사장이었기에 그대로 닛산의 딜러가 됐다. 그래서 어느 시기까지 도쿄와 오사카에서는 도요타자동차의 판매 실적이 좋지 않았고, 두 도시의 도요타자동차 점유율은 전국 평균을 밑돌았다.

다만 그렇다 하더라도 가미야의 역할은 매우 컸다. 도요타 관계자들이 그에게 '판매의 신'이라는 칭호를 선사한 것도 선구자로서의 역할, 그리고 전쟁이 끝난 직후에 딜러망을 구축한 실적을 높게 평가했기 때문이리라.

아울러 딜러의 직원 전원에게 양복을 입히고, 고객에게 인사하도록 지시한 사람도 가미야이다. 그때까지 자동차 딜러 직원은 주로 고장을 수리하는 기술자였기 때문에 당연하게 작업복을 입고 있었다.

제3장

THIS IS TOYOTA

폐허 속에서
다시 일어나다

기차나 배, 비행기, 로켓 같은 것들은 전부 전문가가 조종하거든.
그러니까 전문가에게 맞춰서 설계하면 그만이지.
그런데 자동차는 대중의 것이야.
어제 면허를 딴 아줌마가 몰고 가다가
도중에 기어를 후진에 놓는 경우도 있단 말이야.
그런 것까지 고려해 설계해야 해.
이러니 자동차 설계가 탈것 중에서 가장 어려울 수밖에.

혼신의 힘을 쏟아 만든 첫 승용차

패전 직후부터 GHQ의 점령이 끝나기까지 7년 동안, 일본 사회뿐 아니라 세계도 급격히 변했다. 냉전이 시작되고, 아시아와 아프리카의 국가들이 독립했다. 원자폭탄뿐 아니라 수소폭탄도 개발돼 핵전쟁이 현실감을 띠게 됐다. 전 세계가 휘말린 큰 전쟁이 끝나면서 인구는 계속 증가했다. 국가를 불문하고 새로운 소비자가 탄생한 것이다. 소비자가 증가하면서 수요가 다양화됐고, 이에 발맞춰 자동차도 발달했다. 양산도 진행됐다. 일본에서도 트럭이 주체이기는 했지만 생산이 서서히 증가했다. 도요타의 생산 대수는 1947년 3,922대에서 이듬해에 6,703대가 됐고, 그다음 해에는 1만 824대로 증가했다. 다만 이것은 전부 트럭의 생산량이다. 승용차 생산 대수는 1949년에도 전체 생산량의 2.2퍼센트에 불과했다.

도요타의 최고경영자인 도요다 기이치로는 패전 직후 재벌 해체와 과도경제력 집중 배제법 등에 대처하기 위해 바쁘게 움직이면서도 승용차 연구 개발에 힘을 쏟았다. GHQ나 정부와의 교섭은 다른 간부도 할 수 있었지만, 승용차와 트럭의 사양을 어떻게 할지 결정하려면 기이치로가 있어야 했다.

그리고 1947년 6월, GHQ는 1,500시시 이하 승용차 생산을 연간 300대까지 허용하기로 결정했다.

"드디어 승용차를 만들 수 있게 됐구나."

기이치로는 비로소 패전 후의 자유를 실감했다. 전쟁이 시작되기 전부터 6년이라는 시간 동안, 도요타는 실질적으로 승용차를 만든 적이 없었다. 승용차 전용 생산 공장을 고로모에 신설하기는 했지만, 국가가 전쟁 준비에 총력을 기울인 뒤로는 그 공장에서 군부에 납품할 트럭을 만들어야 했다. 도요타자동차 자체는 전쟁 전에 설립됐지만 본격적인 승용차 제조사가 된 것은 GHQ가 생산과 판매를 허용한 이날부터였다.

다만 기이치로는 이미 사전에 정보를 입수, 양산 가능한 승용차를 착실히 연구 개발하고 있었다. 그는 먼저 소형차에 탑재할 새로운 엔진 개발에 착수했는데, 자신보다 19살 어린 사촌 동생 에이지를 책임자로 삼았다. 이것은 제국대학 공학부를 나온 에이지가 자동차공학과 생산기술에 해박했기 때문이기도 하지만, 무엇보다 그가 자신을 이어서 도요타를 이끄는 존재가 돼주기를 바라는 마음에서였다. 기이치로는 때때로 에이지의 작업실을 찾아가 토론을 거듭했다.

완성된 전후 첫 신형 엔진은 1리터 4기통의 사이드밸브 식으로, S형이라는 이름이 붙었다. S형 엔진은 고장이 적고 마력도 우수해 승용차뿐 아니라 트럭에도 탑재된다. 그리고 GHQ가 승용차 생산을 허용한 지 불과 4개월 뒤인 1947년 10월에는 S형 엔진을 탑재한 승용차 SA형이 발매됐다. 이때 발매에 앞서 SA형의 애칭을 공모했다. 그렇게 해서 결정된 애칭이 '도요펫Toyopet'이다. 이 애칭은 대중의 지지를 받아 이후 도요펫 코로나Corona, 도요펫 크라운Crown처럼 승용차의 이름이 되기도 했다. 다만 기이치로는 그다지 마음에 들지 않았던 듯하다. 애칭이 결정된 날 자택으로 돌아가 아들 쇼이치로에게 "새 차의 애칭 말인데, 토일렛(화장실) 비슷한 것으로 결정됐단다"라고 말하며 곤혹스러운 표정을 지었다고 한다.

애칭이야 어쨌든 SA형 도요펫은 기이치로가 혼신의 힘을 쏟아 만든 자동차였으며, 당시 자동차업계에서 높은 평가를 받았다. 디자인은 유럽풍으로, 폭스바겐을 닮은 유선형이었다. 엔진은 995시시, 중량은 940킬로그램에 최고 속도는 시속 80킬로미터였다. 패전 후 일본이 처음으로 만들어낸 자국산 차치고는 우수했다. 우수한 기술자가 총력을 기울인 덕분이었다.

전쟁이 끝난 뒤 자동차업계에 좋은 일이 있었다면 그것은 비행기 개발 엔지니어의 유입이다. GHQ는 자동차 개발과 생산은 허용했지만 병기가 될 수 있는 비행기 개발은 허용하지 않았다. 그들이 비행기 개발을 허가한 것은 미국과 소련이 대립해 냉전 구도가 정착된 1952년 이후였다. 이 때문에 제로센과 하야부사 같은 전투기를 설계, 개발했던 엔지니어들은 일할 곳을 찾아서 자동차 회사에 들어가 자국산 차 개발에 관여했다.

사쿠라이 신이치로櫻井眞一郎는 현장에서 그 모습을 지켜본 사람 중 한 명이다. 2차 세계대전 이후 프린스자동차プリンス自動車(훗날 닛산과 합병)에 입사한 그는 명차 스카이라인Skyline의 개발자로 유명한데, 이런 말을 한 적이 있다.

"전쟁 전만 해도 제일 우수한 엔지니어들은 전부 비행기를 만들었어. 그러다 전쟁이 끝나고 비행기를 만들 수 없게 되자 다들 자동차 회사로 옮겨 갔는데, 막상 자동차를 설계해보니 이게 그 어떤 탈 것보다도 설계가 어렵다는 걸 깨달았지.

그도 그럴 것이 기차나 배, 비행기, 로켓 같은 것들은 전부 전문가가 조종하거든. 그러니까 전문가에게 맞춰서 설계하면 그만이지. 그런데 자동차는 대중의 것이야. 어제 면허를 딴 아줌마가 몰고 가다가 도중에 기어를 후진에 놓는 경우도 있단 말이야. 그런 것까지 고려해 설계해야 해. 이러니 자동차 설계가 탈것 중에서 가장 어려울 수밖에.

잠깐 이야기가 삼천포로 빠졌는데, 일본산 차가 발전한 것은 비행기 엔지니어가 자동차 회사에 들어온 뒤부터야. 스카이라인 엔진을 만든 사람은 예전에 제로센 엔지니어였고, 모노코크 보디를 자동차에 도입한 사람도 비행기 기술자였어. 생각해보라고. 영국, 독일, 미국, 프랑스, 스웨덴, 이탈리아, 일본 등등 비행기를 만들던 나라의 자동차하고 중국이나 한국처럼 비행기를 만든 적이 없는 나라의 자동차는 완전히 달라. 설계 사상이 다르다고. 하늘을 날려고 한 적이 없는 사람이 만든 자동차는 매력이 없어."

모노코크 보디란 섀시 위에 보디를 올리는 자동차 구조가 아니라 섀시 프레임과 보디가 일체화된 것을 말한다. 항공기 구조에서 유래한 것으로, 일본 자동차는 2차 세계대전 이후에 모노코크 구조를 채용했다. 도요타에서는 도요펫 코로나(1957년)가 처음 채용했다.

다시 SA형 도요펫 이야기로 돌아가자. 발매 이듬해, 〈마이니치신문毎日新聞〉이 도요타에 어떤 기획을 제안했다.

"성능이 안정적인 SA형 도요펫과 고쿠테쓰(일본 국유철도)의 급행 열차를 경주시켜보면 어떨까요?"

주행거리는 나고야에서 오사카까지 235킬로미터였다. 급행열차라고 해도 당시는 아직 전철화가 되기 전이므로, 석탄으로 달리는 증기기관차와 경주하는 것이었다. 그러나 도로 역시 요즘처럼 전부 포장도로인 것은 아니어서 누가 이길지 쉽게 판단할 수 없었다.

1948년 8월 7일 오전 4시 37분. 무더운 나고야 시내에서 급행 제 11 열차가 역을 출발했다. 그리고 이와 동시에 SA형 도요펫도 역에서 출발했다. 도요펫은 구 나카센도(도쿄와 교토를 연결하는 에도시대의 육로-옮긴이)를 포함한 악로를 달려 오전 8시 37분에 오사카역에 도착했는데, 이때 급행열차는 아직 선로 위에 있었다. 결국 급행열차는 도요펫보다 46분 늦게 오사카역에 도착했다.

기이치로를 필두로 SA형을 개발한 관계자들은 초조한 마음으로 경주 결과를 기다렸는데, 급행열차를 이긴 것보다 나고야에서 오사카까지 고장 한 번 나지 않고 달린 것에 안도했다고 한다.

이 경주 이벤트는 큰 화제가 됐지만, SA형 도요펫은 5년 동안 고작 197대밖에 팔리지 않았다. 개발자 탓이라기보다 아직 승용차를 살 정도의 소비자가 없었기 때문으로 봐야 할 것이다. 그 증거로 SA형 섀시를 빌려 쓴 SB형 트럭은 같은 시기에 1만 2,796대나 팔렸다. 서민이 드라이브를 위해 자동차를 사는 시대는 아직 아니었던 것이다.

오노 다이이치의 생각하는 시스템

   2차 세계대전이 끝나고 기이치로가 다시 승용차 개발에 나섰을 무렵, 오노 다이이치는 고로모 공장에 있었던 조립 공장의 과장이었다. 조립 공장은 구내에 있는 엔진 공장, 기계공장과 주변에 있는 각 부품 회사에서 모아 온 부품으로 자동차를 조립하는 곳이다. 자동차 회사에서는 가장 중요하며 공정이 많은 공장이라고 할 수 있다. 그러나 조립 공장은 부품을 만들지 않는다. 부품이 모이지 않으면 아무것도 할 수 없다. 특히 전쟁 중에는 할 일이 없었다. 그 시절에 오노가 한 일이라고는 고작해야 표준작업표 작성 정도였다.

   또한 고로모 공장의 라인에서 일하는 사람 수는 부족하지 않았지만 근로 동원으로 온 초보자가 많았다. 개중에는 자동차를 본 적이 없는 사람도 있어서, "기어를 가져오시오"라고 말해도 알아듣지 못하는 일조차 있었다. 그래서 현장이 혼란에 빠지지 않도록 초보자에게 표준 작업 순서를 가르치고 부품과 공구 이름을 기억시키는 것이 당시 오노가 맡은 일의 전부였다고 해도 과언이 아니다.

   전쟁이 끝난 뒤에도 즉시 본격적으로 자동차 생산을 시작한 것은 아니었다. 공습을 피해 각지에 옮겨놓은 기계 설비를 실어 와서 설치하는 것이 먼저였다. 기계 상태를 살피면서 라인을 가동시키고, 부품이 들어온 날에는 트럭을 생산했다.

   사무실에 책상도 있었지만 오노는 항상 현장의 라인에 있었다. 키가 180센티미터로 당시 사람치고는 상당한 장신이었기 때문에 구내에서나 현장에서나 모습을 드러내면 그인지 금방 알 수 있었다. 머리카락은 항상 단정했고, 작업복도 주름 하나 없었다. 깔끔한 성격이었으리라. 인상적인 것은 수염이었다. 코밑에 수염을 살짝 기르고 황새걸음으로 성큼성큼 현장을 돌아다녔다. 그래서 오노를 두려워하는 현장 작업자나 그를 싫어하는 상사, 동료는 그를 '콧수염' 또는 '콧수염 영감'이라고 불렀다.

자동차 공장으로 옮긴 오노는 '방직공장보다 생산성이 낮다'는 사실을 직감했다.

'직물 여공은 혼자서 직기 20대를 관리하는데, 자동차 공장에서는 한 명이 기계 옆에 계속 붙어서 한 가지 일만 하고 있어. 어떤 사람은 바쁘게 일하는데 그 옆 사람은 할 일이 없어서 선반에 사용하는 바이트를 갈고 있을 때도 있고 말이야. 과연 이대로 괜찮을까? 남은 부품은 라인 옆에 쌓여 있고……. 너무 허술해. 이래서는 안 돼. 하지만 대체 어디부터 손을 대야 할지…….'

어느 날, 오노가 조립 공장 라인에 있는데 작업이 정지됐다. 작업원에게 물어보니 "액슬하고 핸들의 재고가 없습니다"라는 대답이 돌아왔다.

'그렇다면 제3 기계군.'

제3 기계란 기계공장을 의미한다. 기계공장은 자동차 부품을 제조하는 공장으로, 고로모에서는 제1이 엔진, 제2가 기어(톱니바퀴), 제3이 섀시 관련, 프런트와 리어 액슬을 만들고 있었다. 오노는 "어이, 나하고 제3에 가자"라며 양성공 출신의 젊은 작업원을 몇 명 불렀다. 양성공이란 중학교를 나온 뒤 도요타공업학원(1962년까지 도요다공과청년학교, 이후 도요타기능자양성소)에서 직업훈련을 받은 작업원을 가리킨다. 양성공은 학원에서 공부했기 때문에 상사에게 순종적이고 실력도 우수했다. 다만 나이가 어려, 숙련 기술자가 많았던 당시의 현장에서는 가급적 튀지 않으려 노력했다.

오노는 양성공만 데리고 제3 기계공장으로 향했다. 그리고 제3 기계공장 담당에게 양해를 구한 다음 "좋아, 시작하자"라는 말과 함께 직접 하나하나 가르쳐주며 액슬과 핸들 등을 만들기 시작했다. 조립 공장 담당임에도 옆 공장까지 가서 작업한 것이다. 그렇게 해서 어느 정도를 만들면 그것을 조립 공장으로 가지고 돌아와 차체에 달기 시작했다. 제3 기계공장에서 일하는 사람 눈에는 월권행위이자 '건방진 놈'으로 비쳤을 것이다. 그러나 그는 부품이 떨어지면 기계공장에 가서 부품을 만들어 오기를 반복했다. 엔진을 만드는 제1 기계공장에는 발을 들여놓은 적이 없지만, 제2와 제3 기계공장에는 마치 원래부터 자신이 일하던 곳인 양 태연한 얼굴로 드나들었다.

당시는 어떤 자동차 공장에서나 후방 공정 사람은 전방 공정에서 부품이 오기를 하염없이 기다렸다. 그러나 오노는 부품이 오지 않으면 직접 전방 공정으로 가지러 갔다. 물론 전방 공정 담당에게 양해를 구했다. 상당히 거친 행동이기는 했지만, 그렇게라도 하지 않으면 부품이 오지 않았기 때문이다. 그리고 부품이 오지 않으면 조립 공장은 하루 종일 놀아야 했다. 도요타 생산방식은 '후방 공정이 전방 공정으로 부품을 가지러 간다'는 특징이 있는데, 처음에는 부품이 오지 않으니까 멋대로 가지러 간 것이었을 뿐이다. 그런데 이 기억이 오노의 머릿속에 강렬하게 남아 후방 공정이 가지러 가는 시스템이 탄생하게 된 것이다.

　오노는 부하 직원을 데리고 전방 공정으로 작업하러 갔다. 제3 기계 담당자에게 "오노, 또 왔냐?"라는 말을 들어도 "이게 없으면 자동차를 만들 수 없으니 어쩌겠나"라고 말하고는 오전에 부품을 만들어서 가져간 다음 오후에 조립 공장에서 트럭을 완성시켰다.

　1947년, 오노는 제2 기계공장과 제3 기계공장의 주임(과장에서 명칭이 변경)이 됐다. 전방 공정에 해당하는 기계공장에 대해 "작업 속도가 느립니다"라고 지적하는 것을 들은 상사가 '불평만 늘어놓는 오노에게 담당시키면 조금은 조용해지겠지'라고 생각한 것이다.

　조립 공장은 다양한 부품을 모아 자동차의 형태로 만드는 곳이다. 작업원은 벨트컨베이어를 따라서 배치된다. 와이어링하네스를 설치하고, 핸들과 시트, 도어를 부착한다. 렌치를 사용해 볼트와 너트로 부품을 장착한다. 물론 서서 일한다.

　한편 기계공장은 금속을 절삭하거나 구부려서 부품을 만든다. 세밀한 작업이 많은 까닭에 라인 옆에 의자를 놓고 앉아서 작업하는 곳도 있었다. 기계공장을 담당하게 된 오노는 먼저 모두가 일어서서 일하게 했다.

"내 말 들어봐. 앉아서 작업하면 허리를 비트는 동작이 추가되는데, 매일 그렇게 움직이면 반드시 허리나 어깨를 다치게 돼. 일은 서서 하는 거야. 농사꾼도, 청과물 가게나 생선 가게 주인도 다들 서서 일한다고. 서서 일하는 편이 몸에 좋아."

그러나 그때까지 앉아서 일했던 사람들은 서서 일하는 것에 저항감을 느꼈다.

"서서 일하게 하는 것은 노동강화입니다."

"우리는 지금까지 앉아서도 잘 일해왔습니다. 그런데 왜 갑자기 강제로 서서 일해야 하는 거죠?"

담판을 지으러 오는 조합원도 있었다. 오노로서는 그런 사람들을 잘 이해시키는 수밖에 없었다.

"나는 전쟁 중에 방직공장에 있었어. 그곳에서는 여공들이 매일 서서 일하면서 한 명이 20대나 되는 직기를 담당했지. 그런데 다 큰 사내가 서서 일하는 게 싫다는 거야? 내 말 잘 들어봐. 다시 한 번 말하지만, 앉아서 일하면 반드시 어깨나 허리를 다치게 된다고. 서서 일하는 것이 몸에 부담을 덜 준다는 말이야."

이 문제에 관해 오노는 한발도 물러서지 않았다. 작업 효율보다 오히려 작업원들의 몸을 생각한 가이젠이었다. 오노는 평생에 걸쳐 수많은 가이젠을 실시했고 그때마다 저항에 부딪혔는데, 그중에서도 서서 일하게 하는 가이젠은 직원들이 직접적으로 반발한 사례 중 하나이다. 그러나 오노는 몇 번이고 같은 주장을 한 끝에 결국 이를 정착시켰다.

그리고 이때 그는 뼈저리게 깨달았다.

'인간은 자신이 지금 하고 있는 방식이 가장 좋다고 굳게 믿는구나. 그렇다면 내가 할 일은 지금 방식을 의심하도록 만드는 것이겠지. 하지만 그건 간단한 일이 아니야. 그럴 수 있는 사람은 그리 많지 않아. 생각하는 사람을 만드는 것, 그것이 내가 할 일이야.'

작업원들이 일어서서 일하게 하는 가이젠을 실시한 뒤, 오노는 수년에 걸쳐 조금씩 새로운 시스템을 도입했다. 그러는 동안 도요타는 노동쟁의로 도산 직전에 몰릴 정도의 경영 위기를 겪기도 했다. 그러나 파업 중에도 그는 "생각하면서 일해야 해"라고 말하고 다녔다. 때로는 공장이 폐쇄돼 쫓겨나기도 했지만, 그래도 구내에서 붉은 깃발 앞에 있는 작업원을 붙잡고 "회사가 망해버리면 이러는 것도 다 의미가 없어져"라고 이야기했다.

다능공多能工을 육성하다

다음에 도입한 가이젠은 작업원 한 명이 여러 기계를 조작할 수 있도록 만드는 것이었다. 실질적으로는 이것이 가이젠의 첫걸음으로, 도요타 생산방식은 여기에서 출발했다.

상사에게는 이렇게 설명했다고 한다.

"예를 들면 선반 담당에게는 '선반뿐 아니라 밀링머신도 다뤄주게. 짬이 나면 드릴링머신도 부탁하네'라고 말해보겠습니다. 시간

인간은 자신이 지금 하고 있는 방식이
가장 좋다고 굳게 믿는구나.
그렇다면 내가 할 일은 지금 방식을
의심하도록 만드는 것이겠지.
하지만 그건 간단한 일이 아니야.
그럴 수 있는 사람은 그리 많지 않아.
생각하는 사람을 만드는 것,
그것이 내가 할 일이야.

을 들여서라도 반드시 설득하겠습니다."

기계공장에 있는 공작기계는 기본적으로 드릴링머신, 선반, 밀링머신, 이 세 종류였다. 이 세 가지는 자동차 회사뿐 아니라 금속을 가공해 부품을 만드는 공장이라면 반드시 있는 공작기계이며, 나머지는 복합적인 공작기계이다.

드릴링머신은 구멍을 뚫기 위한 공작기계로, 원반과 드릴로 이루어져 있다. 원반 위에 금속판을 올려놓고 고정시키면 위에서 회전하는 드릴이 내려와 구멍을 뚫는다. 또한 구멍에 태핑을 하면 나사를 끼울 수 있는 나선형 홈이 생긴다. 선반은 드릴링머신을 옆으로 눕혀놓은 것과 같은 공작기계이다. 가공할 금속을 고정한 다음 회전시키면 옆에서 절삭공구인 바이트가 나와서 회전하는 금속을 깎는다. 마지막으로 밀링머신은 금속의 거스러미를 없애 표면을 매끄럽게 만드는 공작기계이다. 이 세 가지 공작기계는 금속으로 금속을 깎기 때문에 날카로운 소리가 난다. 기계공장의 소음은 크지 않지만 굉장히 거슬린다.

오노가 오기 전까지 기계공장에서는 장인 기질이 있는 작업원들이 각자 자신의 담당 기계를 마치 자기 것처럼 다뤘다. 그들은 장인으로서의 자부심이 대단했기 때문에 다른 사람이 자신의 기계 만지는 것을 싫어했다. 선반 담당은 선반만 조작했고, 밀링머신 담당은 밀링머신만 다뤘다. 전통 깊은 요리점의 요리사가 "회를 뜨는 건 내 일이야", "다른 놈한테 조림을 맡길 수는 없어"라고 말하는 것과 비슷한 상황이었다. 다만 이것이 도요타만의 특이한 현상이었던 것은 아니다. 실력에 자신 있는 장인 기질의 사람으로 가득했던 당시 공장에서는 이런 분위기가 당연시됐다.

'어떻게든 해야 해.'

현장에 온 오노는 얼굴을 찌푸렸다. 일하고 있는 사람과 한가한 시간을 주체 못 하는 사람이 뚜렷하게 나뉘었다. 어떤 사람은 바쁘게 일하는데, 그 옆의 사내는 담배를 피우면서 절삭공구인 바이트를 숫돌로 갈고 있었다. 팀워크로 일하는 것이 아니라 각자 개인플레이를 하는 상태였다.

다만 여기에는 그럴 수밖에 없는 사정도 있었다. 재료가 매일 균등하게 들어온다면 모두가 일할 수 있다. 그러나 패전 직후였던 당시는 선반에서 가공할 재료는 왔는데 드릴링머신으로 구멍을 뚫어야 할 철판은 한 장도 오지 않는 식의 상황이 계속됐다. 일하고 싶어도 재료가 없으니 기계에 기름을 치거나 기름걸레로 닦는 것밖에 할 일이 없었던 것이다.

"이보게, 부탁이 있네."

오노는 선반 옆에서 담배를 피우는 사내에게 말을 걸었다. 숙련공으로, 그를 설득하면 다른 작업원도 여러 기계를 조작하게 되리라 생각했다. 이 시기의 작업원은 모두 전쟁 전에 입사한 숙련된 장인들로, 도요타에 뼈를 묻을 마음이 없었다. 실력에 자신이 있기에 여차하면 다른 공장으로 옮기고도 남을 사람들이었다. 따라서 오노로서는 이들이 수긍할 수 있도록 최대한 부드럽게 말해야 했다.

"선반뿐 아니라 드릴링머신과 밀링머신의 조작법도 익혀두면 좋을 것 같은데, 어떻게 생각하나?"

"드릴링머신을 다루라고요? 구멍밖에 뚫지 못하는 그딴 기계는 여자들이나 다루는 겁니다. 하지만 선반은 전문가의 기계, 장인의 기계라고요. 일단 선반을 다뤄본 사람은 두 번 다시 드릴링머신으로는 돌아가지 못합니다."

"글쎄, 정말 그럴까? 내 말 들어보게. 자네가 여자 이야기를 했으니 하는 말인데, 방직공장에서는 여공 한 명이 20대나 되는 기계를 당연하다는 듯이 담당한다네. 그런데 사나이인 자네가, 그것도 전문가인 자네가 고작 기계 한 대 앞에 하루 종일 붙어 있는 건 조금 한심하다는 생각이 들지 않나?"

이렇게 말하자 반발하던 장인도 달리 반박할 말을 찾지 못했다.

오노는 일부러 상대를 자극했다.

"여자도 혼자서 20대나 되는 기계를 조작한다네. 그렇다면 여자가 훨씬 전문가라고 할 수 있지 않은가?"

그러자 장인 기질의 선반공은 "그런 말씀 마십시오. 그 정도는 저도 할 수 있습니다"라며 밀링머신 앞에 섰다. 그러나 드릴링머신 근처에는 가지 않으려 했다. 이에 오노가 사내의 눈을 바라보며 "드릴링머신은 좀 어려운가?"라고 물어보자 "무슨 말씀이십니까? 당연히 할 수 있죠"라고 말하더니, 투덜대면서도 이번에는 드릴링머신을 조작하기 시작했다. 반나절을 들인 설득이었다.

오노는 관리직이다. 현장에서는 권력이 있다. 그러므로 다짜고짜 "선반뿐만 아니라 드릴링머신과 밀링머신도 다루게"라고 명령했더라도 작업원들은 시기의 차이가 있을 뿐 결국 여러 기계를 조작했을 것이다. 그러나 하기 싫은데 억지로 하는 것과 수긍하고 일에 몰두하는 것은 작업 능률에서 큰 차이가 난다. 여기까지 생각하고 먼저 우두머리 격 작업원부터 설득해 혼자서 두 종류 이상의 기계를 조작할 수 있는 사람을 조금씩 늘려나간 것이다. 결코 강압적으로 명령하지 않고 직접 설득하며 육성해나갔다.

훗날 오노는 이에 대해 다능공을 육성한다고 표현했다.

"예를 들어 용접 면허도 있고 실력도 좋지만 용접밖에 안 하는 사람은 일본에서는 먹고살기 힘들어. 특히 일의 양이 줄어들수록 그런 사람은 먹고살기 힘들어지지. 용접 면허를 딸 정도의 실력을 가진 사람이라면 조금만 더 공부하면 다른 일도 잘할 수 있을 텐데, '나는 용접 외길이야'라는 사고방식에 갇히면 그것밖에 하지 못하게 돼. (중략) 뭔가 한 가지 분야에 대해 우수한 실력을 지녔지만 그것밖에 안 하는 사람은 앞으로의 일본에서는, 특히 중소기업에서는 (일자리를 구하지 못해). 여러 가지를 하도록 만드는 것이 중요해지지 않을까?"

또한 도요타 생산방식의 구체적인 방법을 구축하면서 체계화하는 가운데, 사람이 하는 작업과 기계가 하는 작업을 분리하지 않고 이 두 작업을 조합하는 것이 가장 중요하다고 단언했다.

"가령 기계에 이송을 걸어놓는다고 생각해보자고. 이송에 20초라든가 30초가 걸리는데, 이때 만약 그 기계를 조작하는 사람이 용접할 줄 알아서 앞에서 작업한 품물을 용접한다면 그 사람은

20~30초 동안 나름대로 작업할 수 있어. 기계 가공이 끝나면 다음 품물을 고정시킨 다음 이송을 걸고, 그 기계가 작업하는 동안 사람은 다시 사람의 작업을 하는 거지. 이렇게 해서 사람의 작업을 실동實働 8시간으로 연결시키도록 궁리해야 해."

기계가 작업할 때 그저 지켜보기만 하는 '감독'은 작업의 범주에 들어가지 않는다는 것이다.

그러나 오노의 이런 생각을 일부 작업원은 "콧수염 영감의 잔소리가 시작됐다", "노동강화이다"라며 반발했다. 현장만이 아니었다. 상사 중에도 "오노가 하는 짓은 현장과의 마찰을 낳을 뿐이야"라고 비난하는 사람이 있었다. 그럴 때 오노가 상의할 수 있는 상대라고는 에이지밖에 없었다. 기이치로는 사장이다. 오노가 부를 수 있을 리 없다. 기술 계열을 총괄했던 에이지의 비호가 있었기에 현장에서 개혁을 추진할 수 있었던 것이다.

기계공장으로 옮긴 뒤 오노는 잇달아 개혁을 추진했다. 이렇게 차례차례 개혁에 착수할 수 있었던 이유는 당시의 도요타가 생산량이 적어 현장에서 생각할 시간이 있었기 때문이다. 아직 자동차의 대중화가 시작되기 전으로, 흐름작업이라고는 하지만 부품이 들어오지 않으면 할 일도 없었다. 시간 여유가 있었던 덕분에 명령을 받은 사람들은 오노의 말대로 할 수밖에 없었던 것이다.

당시 오노는 아직 30대 전반이었다. 주위에는 오노보다 나이가 많은 숙련 기술자가 많았다. 그런 사람들 속에서 꼿꼿한 자세로 '좋은 것은 좋다, 나쁜 것은 나쁘다'고 말하고 다녔다. 그리고 집으로 돌아오면 피로가 쏟아졌다.

아내인 라쿠가 듣는 말은 항상 똑같았다.

"아직 시간이 더 걸릴 거야."

그리고 잠자리에 들기 전까지 해야 할 일을 정리했다.

'기이치로 씨가 말한 저스트 인 타임을 실현하고 싶어. 하지만 그러려면 먼저 부품 제조사가 저스트 인 타임으로 부품을 납품해줘야 해. 불가능한 일은 아니야. 마음만 먹으면 당장이라도 할 수 있어. 하지만 운반비는 확실히 오르겠지. 그 운반비를 부담할 여력이 없으니 지금은 안 돼. 그렇다면 다음으로 할 일은 뭘까? 어떻게 하면 저스트 인 타임을 실현할 수 있을까?'

오노는 기이치로에게 직접 지시받은 것은 아니었지만, 에이지의 독려 속에서 위기감을 공유하며 즉시 여러 가지 개혁 수법을 고안해냈다. 생각하기에 따라서는 오지랖이 넓었다고도 할 수 있다.

'미국 자동차 회사가 일본에 오면 절대 상대가 되지 못해.'

기이치로나 오노뿐 아니라 패전 직후의 일본인이라면 누구나 이렇게 느꼈을 것이다. 모두의 공통 인식이었다고도 할 수 있다.

'어차피 망할 거라면 하고 싶은 걸 마음껏 해보고 망하자.'

처음에 오노는 이런 자포자기하는 심정으로 일에 몰두했던 것이다.

문제를 해결하려면 먼저 생각하라

　　오노는 일을 좋아하고 직접 일을 만들어서 하는 사람이었지만, 평생 일밖에 몰랐던 사내는 아니다. 궁도는 8단이었고, 훗날 시작한 골프는 금방 싱글에 도달했다. 밤샘 마작도 자주 했다.

　"정말 과묵한 사람이었죠."

　J리그를 만들고, 일본축구협회와 일본농구협회 수장이기도 했던 가와부치 사부로川淵三郎는 후루카와전기공업古河電工 영업 사원 시절에 나고야골프클럽 화합 코스에서 골프를 치는 오노의 모습을 종종 봤다. 특히 만년의 오노와 골프 대회에서 함께 플레이했을 때의 일을 똑똑히 기억하고 있었다.

　"오노 씨는 나고야의 유명인이었습니다. 간판방식의 오노라고 하면 모르는 사람이 없을 정도였죠. 그래서 뵐 때마다 항상 인사했습니다. 화합 코스 월례회에서 같은 조가 됐을 때의 일인데, 저는 벙커에서 3타 친 것을 깜빡하고 '이 홀의 스코어는 7입니다'라고 신고했습니다. 그랬더니 이상하다는 듯이 제 얼굴을 계속 바라보시더군요. 그 순간 갑자기 기억이 떠올라 다시 '죄송합니다. 8타입니다'라고 정정했더니 '아, 그렇군요'라고 말씀하셨습니다. 등에서 식은땀이 흘렀던 기억이 지금도 생생하네요. 아무 말씀 없이 가만히 바라보기만 하는데도 무서웠습니다. 키도 커서 박력이 넘쳐흘렀죠."

　틀림없이 현장에서도 그다지 목소리가 거칠어지는 일은 없었을 것이다. 가만히 노려보며 상대의 대답을 기다리는 사내였다.

현장 작업에서 수긍이 가지 않는 부분을 발견하면 일단 관찰한다. 관리직과 공장을 불러 함께 관찰시킨다. 자신이 먼저 "이렇게 해결하게"라고 말을 꺼내지 않는다. 관리직이나 공장이 "이렇게 하면 되지 않을까요?"라고 말을 꺼내기를 기다린다.

부하 직원 중 한 명은 "도망치지 마!"라는 호통을 들었던 것을 지금도 잊지 못한다고 말했다. "정말 무서웠습니다. 라인에서 문제가 있는 부분을 고치기 위해 공구를 가지러 가려고 했는데, 영감께서 '도망치지 마!'라고 호통을 치신 겁니다. 그 순간 발이 얼어붙어서 움직일 수가 없었죠. 문제를 해결하라고는 했지만 안일하게 해결하라는 말은 안 했다는 꾸지람도 들었습니다. 일단 생각해라, 생각하는 사람이 되라고 교육하셨죠."

제4장

THIS IS TOYOTA

개혁의
시작

헨리 포드와 도요다 기이치로, 오노 다이이치의 발상에
차이를 만들어낸 것은 현장 경험의 유무였다.
포드는 어디까지나 경영자였다.
그러나 기이치로와 오노는 줄곧 현장에 있었다.
현장의 실정, 현장의 지혜를 바탕으로 도요타 생산방식을 궁리한 것이다.

포드를 넘어서라

2차 세계대전이 끝난 직후에 도요타가 생산한 자동차는 SA형 도요펫(승용차)보다 오히려 SB형 트럭이 더 많았다. 고로모 공장에 벨트컨베이어를 설치한 라인이 있기는 했지만, 제대로 활용했다고 는 말하기 어렵다. 일단 부품을 원활히 입수할 수 있는 상황이 아니 었고, 무엇보다 생산 시스템이 확립되지 않았다. 각 공장에서는 공 장장이 포드 시스템을 모델 삼아 그 공장에서의 효율만 추구했고, 유기적인 연계에는 신경 쓰지 않았다.

가령 기계공장에서 액슬을 계획보다 많이 만들었다고 하자. 계획 보다 많이 만들었으므로 조립 공장에서는 이를 전부 소화하지 못 한다. 그러면 공장과 공장 사이에 남은 부품을 보관하기 위한 공간 이 필요해진다. 그 공간을 관리할 사람도 있어야 한다. 부품이 부족 하면 작업원이 놀게 될 뿐이지만, 부품이 너무 많으면 그것을 보관 하기 위한 공간과 사람이 필요해진다. 필요한 만큼 만들어서 다음 공정으로 보내는 것이 가장 낭비가 적다. 그러나 작업원들은 '우리 는 열심히 일하면 그만이야'라고 생각한다. 그리고 시킨 대로 일한 결과 중간재고가 쌓여버린다…….

오노는 계속 늘어나는 보관 공간에 위기감을 느꼈다. '도요타가 이대로 포드 시스템의 아류에 머물러도 될까?'라는 커다란 의문을 품은 것이다.

'대체 미국에서는 끝없이 늘어나는 중간재고를 어떻게 해결할까?'

월초에 목표량을 설정하고 그에 맞춰 생산하다 보면 반드시 필요 이상의 분량이 생기고 만다. 오노는 저스트 인 타임을 실현할 방법을 끊임없이 궁리했다. 이를 위해서는 먼저 중간재고가 생기는 구조 자체를 없애야 했다. 그래서 다시 한 번 포드 시스템을 철저히 이해해보자고 생각했다. 포드 시스템 혹은 그 아류를 채용한 곳은 당시의 도요타만이 아니었다. 닛산은 미국인 엔지니어에게 배운 포드 시스템을 토대로 한 생산 시스템을 사용했고, 이스즈도 마찬가지였다. 그리고 어느 공장에나 중간재고가 있었다. 같은 시스템을 기반으로 삼은 까닭에 같은 처지에 놓여 있었던 것이다.

포드 시스템은 대량생산에 적합한 방식이다. 게다가 소품종일수록 효율적이다. 같은 색, 같은 모양의 자동차를 벨트컨베이어를 사용한 흐름작업으로 조립한다. 미국뿐 아니라 당시 선진국에서 대량생산을 전제로 한 조립 공장은 당연하다는 듯이 포드 시스템을 채용했다.

그때까지 포드 시스템이 신격화됐던 이유는 뭐니 뭐니 해도 T형 포드라는 성공 사례가 있었기 때문일 것이다. T형 포드는 1908년에 발매돼 18년 동안 1,500만 대나 판매됐다. 미국을 대표하는 자동차로, 아메리카 대륙의 동부에서 서부에 이르기까지 어느 마을에서나 볼 수 있는 베스트셀러였다. 그리고 이렇게 많이 팔린 이유는 단도직입으로 말해 가격이 저렴했기 때문이다.

미국 국민의 평균 연 수입이 600달러로 추정되는 시대에 이 차의 가격은 850달러였다. 그때까지 2,000달러 미만 자동차가 없었다는 것을 생각하면 처음부터 파격적인 가격이었던 것이다. 게다가 T형 포드는 매년 가격을 인하해, 1925년에는 290달러가 됐다. 대량생산으로 가격을 낮춘 전형적인 예이다. 그래서 양산품을 만드는 제조 공장들이 앞다퉈 포드 시스템을 채용했던 것이다.

포드 시스템은 대체 어떤 것이었을까? 헨리 포드가 포드 시스템을 완성한 시기는 1915년이다. 그해에 디트로이트 교외에 있었던 하일랜드파크Highland Park 공장 바닥에 연속 구동되는 벨트컨베이어(슬랫컨베이어)가 부설됐다. 일하는 사람은 벨트컨베이어에 실려 오는 자동차의 섀시에 부품을 부착했다. 그 전까지는 인간이 섀시를 대차에 실어서 옮기고 나서 부품을 부착하는 방식이었다. 이때부터 본격적으로 제조업에 벨트컨베이어가 도입되기 시작했다.

흐름작업은 포드 자신이 시카고의 식육 가공장을 견학했을 때 힌트를 얻은 것이라고 한다. 당시 식육 가공장에서는 흐름작업으로 소를 해체했다. 도축된 소는 체인블록에 걸린 채 천장에 부설된 레일을 통해 조금씩 이동하면서 부위별로 해체돼갔다. 헨리 포드는 그 모습을 보고 '이 흐름을 역전시키면 어떨까?'라고 생각했으리라. 단 '식육 공장을 견학했다는 것은 속설일 뿐'이라는 말도 있다. 그러나 나는 포드 자신이 그 모습을 봤든 안 봤든 소의 해체 방식이 먼저였고, 이것이 흐름작업의 힌트가 됐다고 생각한다. 흐름작업이 되기 전에는 소의 해체도 거치식이었다. 소 한 마리를 테이블에 올려놓고 부위별로 조금씩 해체해나갔다. 요컨대 자동차를 조립하는 방식과 같았다. 이를 흐름작업으로 만든 곳이 시카고의 식육 가공장으로, 헨리 포드는 여기에서 힌트를 얻었다고 보는 편이 설득력 있지 않을까?

포드 시스템의 특징은 다음과 같다. 먼저 사람이 해야 할 작업을 요소별로 분해해 세분화한다. 그런 다음 각 작업별로 표준작업 시간을 정한다. 표준작업을 결정할 때는 헨리 포드 본인이 초시계를 들고 숙련공이 몇 초 만에 작업을 완성하는지 측정했다. 다만 오노는 '숙련공의' 작업 시간을 표준으로 삼은 포드의 방식에 의문을 느꼈기 때문에 도요타 생산방식에서는 숙련공을 기준으로 삼지 않았다.

"숙련공의 작업 시간을 표준으로 삼으면 전체적으로 컨베이어의 속도를 높여야 하는데, 그래서는 안 돼. 표준작업이란 누구나 할 수 있는 속도여야 해."

도요타 생산방식에서는 전체 생산량에 따라 작업 시간이 결정되는데, 새로 온 작업원이라도 소화해낼 수 있는 속도이다.

다시 포드 시스템 이야기로 돌아가자. 작업의 종류를 나누고 각각의 표준시간을 정했으면 여기에 맞춰 현장의 레이아웃을 정하고 요원을 배치한다.

간단히 말하면 포드 시스템은 다음 세 요소로 구성된다.

① 작업을 단순화, 세분화한다.

② 표준시간을 결정한다.

③ 벨트컨베이어에서 작업을 이어나간다.

다만 만드는 것은 단 한 차종, T형 포드뿐이었다. 그리고 라인에 배치된 작업원이 하는 일은 컨베이어 속도에 맞춰 단순 작업을 반복하는 것이었다. 모두가 숙련공일 필요는 없었다. 비숙련 작업원도 자동차를 조립할 수 있었다. 그때까지 자동차 조립은 숙련공이 자신의 기술을 구사해 한 대, 한 대 만들어나가는 방식이었다. 그것이 흐름작업으로 바뀐 결과, 자동차 한 대를 만드는 시간이 대폭 단축됐다. 거치식으로 한 대, 한 대 조립했을 때는 한 대를 완성하기까지 14시간 걸렸던 것이 포드 시스템의 흐름작업으로 바꾼 순간 1시간 33분까지 단축됐다. 당시 하일랜드파크 공장에는 7,000명이 넘는 조립공이 있었는데, 대부분이 이민자 또는 농촌 출신이었다. 디트로이트에 온 지 얼마 안 된 사람도 있어서 이들이 사용하는 언어의 수가 50종류를 넘기기도 했다. 그럼에도 작업이 순조로웠고, 불량품이 산더미처럼 쌓이지도 않았다.

'똑같은 것을 대량으로 만들면 저렴해진다.'

이것이 포드 시스템의 기본 콘셉트이다. 그리고 벨트컨베이어의 속도를 높일수록 한 대당 비용이 낮아진다. 제조업 경영자에게는 매력적인 시스템인 것이다.

다만 작업원의 처지에서는 상응하는 돈을 받기는 하지만, 스트레스도 쌓였다. 작업을 너무나 단순화, 세분화하면 '자동차를 만들었다'는 성취감이 생기지 않는다. 하루 작업이 자동차 나사를 15회 조이는 일의 반복이라면 오래 하지 못한다. 그래서 포드 시스템에서는 작업을 어떻게 나누냐가 노하우였다. 너무 단순화시켜버리면 작업원이 얼마 못 가 그만두고 만다. 의욕을 끌어내면서도 공정을 최대한 단순화하는 것이 매니저의 임무였다.

제조 공장의 효율화를 이끈 포드 시스템에 대해 기이치로와 오노는 어떤 의문을 품고 있었다. 기이치로는 '한 가지 차종만 대량생산하는 시스템은 일본의 자동차 시장에 맞지 않아'라고 생각했고, 오노는 '대량생산으로 비용을 줄이려면 전제 조건이 필요해'라고 생각했다.

오노는 포드 시스템을 조사한 끝에 어떤 가설을 세웠다.

'미국에서는 소품종을 대량생산하면 된다. 한편 일본은 소량생산이다. 그렇다면 포드 시스템을 그대로 이식해서는 제대로 기능을 못 하지 않을까?'

기이치로도 오노도 벨트컨베이어 도입 자체는 찬성이었다. 공장 현장에서 대차에 섀시를 싣고 밀어서 옮기는 것보다 훨씬 효율적이며, 작업원들도 편하게 일할 수 있다. 또 작업의 세분화에도 이론이 없었다. 그러나 한없이 단순한 노동으로 만들고 싶지는 않았다. 생산량을 향상시키려면 다른 아이디어가 필요하다고 직감했다.

헨리 포드와 도요다 기이치로, 오노 다이이치의 발상에 차이를 숙련공의 작업 시간을 표준으로 삼으면 전체적으로 컨베이어의 속도를 높여야 하는데, 그래서는 안 돼. 표준작업이란 누구나 할 수 있는 속도여야 해.

만들어낸 것은 현장 경험의 유무였다. 포드는 어디까지나 경영자였다. 그러나 기이치로와 오노는 줄곧 현장에 있었다. 현장의 실성, 현장의 지혜를 바탕으로 도요타 생산방식을 궁리한 것이다.

오노는 엔지니어를 대상으로 한 강연에서 포드 시스템 이식에 의문을 느꼈다고 말했다.

"미국처럼 '양산하면 원가가 싸진다'는 것은 착각이 아닐까요? 왜냐하면 미국과 일본은 급여 제도가 다릅니다. 미국은 대체로 시간급입니다. 이 일이라면 1시간에 얼마라고 정해져 있죠(직무급). 예를 들어 자동차에 타이어를 끼우는 작업이라고 합시다. 작업원에게 타이어를 많이 끼우게 하면 한 개당 원가가 싸집니다. 그 대신 라인이 30분 동안 멈췄더라도 작업원에게 지급하는 시간당 임금은 같습니다. 그렇게 되면 타이어 부착 원가는 두 배가 됩니다. 그래서 미국에서는 컨베이어 속도를 높이고, 또 컨베이어를 멈추는 것이 용납되지 않습니다.

한편 일본은 사람에 따라 급여가 정해집니다(직능급). 급여가 높은 사람이 타이어를 끼우면 부착 원가가 높아지지만, 급여가 낮은 사람이 하면 낮아지죠."

오노가 하고 싶었던 말은 이런 것이리라.

일본은 연공서열식 임금체계로, 근무 연수가 긴 사람들만 라인에 있으면 원가가 높아진다. 그러므로 가급적 시간당 임금이 낮은 사람을 고용한다. 그 대신 컨베이어 속도를 무작정 높이지 않는다.

미국과 일본의 임금체계가 다르므로 포드 시스템을 도입해 벨트컨베이어의 속도를 높인들 생산성은 높아지지 않음을 직감한 것이다. 또한 일본은 소량생산이므로 벨트컨베이어도 일본 나름의 활용법을 궁리해야 한다는 것을 깨달았다. 포드 시스템을 그대로 가져와도 그럭저럭 활용할 수는 있겠지만 그래서는 충분하지 않다고 느꼈다. 왜 충분하지 않을까? 미국에서 수입한 최신 공작기계를 사용하면 '물건을 너무 많이 만들어버리기' 때문이었다.

오노는 이것이 너무나 신기했다.

'미국의 생산 설비 기계는 많이 만들어야 하도록 만들어졌어. 지금까지 1시간에 10개를 만들던 기계 대신 최신 기계를 도입하면 15개를 만들 수 있지. 기계에는 한 사람이 붙어 있으니까 최신 기계를 사용해 많이 만드는 편이 한 개당 원가는 저렴해져. 그런데 이것이 일본에서도 통용될까? 미국에서는 자동차를 만들면 금방 팔리지. 하지만 전쟁에 져서 피폐해진 일본에서는 만드는 족족 다 팔리지는 않아. 그런데 많이 만들면 저렴해진다는 발상에 입각해 계속 만들면 창고를 지어서 보관할 수밖에 없게 돼. 그러면 창고 유지비는 유지비대로 들고, 보관해놓은 것은 언젠가 불량품이 되지.

애초에 미국 자동차 회사는 자본이 우리보다 100배는 더 많고 방대한 설비를 보유하고 있어. 그것도 최신 설비를 말이야. 불면 날아가버릴 것 같은 도요타가 그럼 빅3와 같은 방식으로 생산한들 이길 수 있을 리 없어. 중소기업에 맞는 생산방식을 채용해야 해.'

이렇게 미국의 대량생산방식을 흉내 내서는 안 된다고 생각했지만, 그렇다고 오노가 헨리 포드를 인정하지 않은 것은 아니다. 오히려 존경했다.

> 나는 현재 미국에서 이루어지는 대량생산방식, 그리고 일본을 포함해 세계에 뿌리를 내린 미국형 대량생산방식은 헨리 포드 1세의 본의가 아닌 것 같다는 의문을 오랫동안 품어왔다.

> 나는 포드 시스템의 '흐름작업'이 포드를 포함한 미국 자동차 기업에서 전개되는 과정에서 헨리 포드의 진의가 정확하게 이해되지 못한 것은 아닌가 생각한다.
> 그 이유는, 이것도 계속 말하는 것이지만, 자동차 공장에서 최종 조립 라인의 흐름은 원활한 데 비해 다른 공정의 흐름은 그렇지 못하며 오히려 로트를 최대한 크게 해서 만들어 흐름을 막아버리는 방식이 정착해버렸기 때문이다.

오노는 "설령 내가 쓴 책이라 해도 거기에 적힌 내용을 신용하지 마라"라고 말한 적이 있다. 아무리 우수한 생산방식이라 해도 후대 사람들이 잘못 해석하면 오히려 해악이 된다고 말하고 싶었으리라. 또한 도요타 생산방식을 자사 공장과 협력 공장에 확대할 때 도요타 생산방식을 잘 이해하고 있는 사람이 직접 설명하는 방법을 사용했는데, 이는 매뉴얼을 만들면 문장을 잘못 해석하는 사람이 나올지 모른다고 걱정했기 때문일 것이다.

오노에게 헨리 포드 1세는 기이치로와 어깨를 나란히 하는 도요타 생산방식의 선생님이었다. 그 증거로, 그는 "진짜 효율이란 무엇인가"라는 헨리 포드의 말에 전적으로 동의했다.

효율이란 간단하다. 좋지 않은 방법을 그만두고 우리가 아는 한 가장 좋은 방법으로 일하는 것이다. (헨리 포드)

생각해보면 기이치로도 오노도 현장에서 작업하는 모습을 지켜보며 때로는 효율화를 조언하기도 하고, 위험한 부분을 점검하기도 했다. 그리고 시끄러운 현장 속에서 새로운 아이디어를 궁리했다. 사무실 책상 앞에 앉아 있을 때보다 금속음을 듣고 벨트컨베이어가 규칙적으로 돌아가는 소리를 들을 때 뇌가 더 활성화됐기 때문일 것이다.

중간창고를 폐쇄하다

고로모 공장 내부는 어둑어둑했다. 건물 위쪽 부분에 빛을 확보하기 위한 유리창이 있을 뿐이었다. 창문 근처에 있는 사람은 바깥에서 들어오는 빛에 의지해 일할 수 있었지만, 중앙부에 있는 사람은 작업하는 손 근처도 어둡게 느껴졌다. 그래서 건물 중앙부에는 조명으로 알전구를 켜뒀다.

오노가 담당했던 제2, 제3 기계공장은 기어와 액셀러레이터 관련 부품을 만드는 곳이다. 선반, 밀링머신, 드릴링머신 등으로 금속을 절삭가공한다. 보디용 철판을 쿵 소리가 나도록 눌러서 찌그러뜨리는 프레스 공장 정도의 소음은 없지만, 금속이 깎일 때의 날카로운 소리가 가득한 작업장이었다.

기이치로는 그런 소음이 나는 공장을 홀로 걷다가 라인 작업원에게 말을 걸곤 했다.

"어떤가?"

"어둡지는 않은가? 좀 더 전구를 다는 편이 좋겠나?"

기이치로라는 사람의 캐릭터를 보여주는 자료는 많지 않다. 그러나 에이지와 쇼이치로가 남긴 감상을 통해 추측하면 기술자의 피가 흐르며 매우 냉정한 사람이었던 듯하다. 때때로 시니컬하다고도 할 수 있을 만큼 사물을 객관적으로 보는 사람이었던 모양이다. 유흥을 좋아하지는 않았지만 술을 즐겼으며 고혈압이 있었다. 그리고 그를 아는 사람들이 입을 모아 하는 말은 '현장을 좋아했다'는 것이다.

그런데 그런 사내가 자동직기 제조 회사에서 자동차 회사로의 변신을 지휘했다. 기이치로는 학자 같은 기술자가 아니라 그의 아버지인 사키치가 그러했듯이 확신에 찬 천재형 인물이 아니었을까? 그렇지 않고서야 당시에 재산을 쏟아부어 자동차 회사 같은 것을 만들었을 리 없다. 겉으로 보기에는 조용해도 격렬한 감정을 품고 있었으리라.

개혁을 시작했을 무렵, 오노는 기이치로와 현장에서 종종 만났다. 그러나 두 사람이 깊게 대화를 나눴던 것은 아니다. 기이치로는 오노가 일하는 모습을 지켜보며 판단했던 모양이다. 그 무렵의 오노는 어떻게 해서든 실적을 내려고 했다. 개혁은 했지만 다능공을 만드는 정도로는 생산성이 오르지 않았기 때문이다. 현장은 생물과도 같아서 끊임없이 움직인다. 그러므로 계속해서 여러 가지 조치를 취해야 했다.

먼저 단행한 개혁은 중간창고 폐쇄였다. 저스트 인 타임을 실현하려면 기계공장에서는 필요한 만큼만 부품을 만들어 조립 공장으로 가져가야 한다. 조립 공장에서 자동차를 몇 대 만드는지 전날 밤에 확인한다. 그리고 아침에 현장 작업원이 오면 "조립 공장에서 사용할 분량만큼만 만들게"라고 지시한다.

"다 만들었는데 시간이 남으면 어떡합니까?"라고 공장이나 조장이 물어보면 오노는 이렇게 대답했다.

"주변 청소라도 하게. 아니면 그냥 가만히 있어도 되고. 어쨌든 필요한 수량 이상은 만들지 말게."

물론 처음에는 혼란이 있었다. 부품을 만들 재료가 납입되지 않으면 부품을 만들고 싶어도 만들 수가 없다. 그럼에도 오노는 일단 창고에 부품을 가져다 놓는 방식을 중단시키기로 결심한 것이다.

"조립 라인은 부품이 완성되면 가지러 오게."

그때까지 조립 공장 작업원들은 부품이 떨어지면 기계공장에 있는 중간창고로 부품을 가지러 왔다. 게다가 그것을 그대로 자동차에 장착하는 것이 아니라 일단 조립 공장에 있는 중간창고에 보관해뒀다. 모두가 비효율적으로 작업했다고도 할 수 있다. 저스트 인 타임과 정반대되는 작업 방식이었다.

오노는 기계공장 창고를 치운 뒤 경영 회의에서 "중간창고는 이제 그만 운영하겠습니다"라고 예고했다. 이에 간부 중 한 명이 "아직 시기상조가 아닌가?"라고 이론을 제기했는데, 그 이유가 생각지도 못한 것이었다. 당시 상황을 오노는 다음과 같이 회상했다.

"중간창고가 있었던 시절에는 자주 부품을 도둑맞았어. 전쟁이 끝난 직후라 순정부품이 굉장히 비쌌거든. 순정부품을 훔치면 거리에서 비싸게 팔 수 있었지. 상황이 그렇다 보니 중간창고 장부에는 분명히 있다고 적혀 있는데 실제로는 숫자가 맞지 않는 경우가 부지기수였어. 그래서 경찰에 신고하면 얼마 후 범인이 잡혔으니 경위서를 쓰라고 연락이 오는 거야. 창고에 철조망을 치고 자물쇠도 걸어놨지만 그래도 훔치는 쪽이 항상 한 수 위였지.

그래서 중간창고를 그만 운영하겠다고 말했더니 한 간부가 그랬다가는 부품을 더 도둑맞을 테니 시기상조라면서 반대한 거야. 그 말을 듣고 간부한테 '그러면 또 어떻습니까?'라고 말했지······."

상사의 면전에서 이렇게 쏘아붙였으니 오노의 말을 들은 간부가 '건방진 친구'라고 생각한 것도 무리는 아니었다. 그러나 오노는 자신의 생각을 바꾸지 않았다.

'애초에 도둑맞을 재고를 두지 않으면 돼. 부품이 완성되면 즉시 조립 공장으로 싣고 가서 자동차로 만들면 되잖아?'

그러나 이 시도가 제 궤도에 오르기까지는 시간이 걸렸다. 조립 공장에서는 운반된 부품을 전부 사용하지 못해 창고에 넣어둬야 했다. 다만 기계공장이 창고를 없앤 것은 조립 공장에도 커다란 영향을 끼쳤다.

또 다른 개혁, 공구의 집중연마

새로 뭔가를 시작하면 반드시 불평이 터져 나오기 마련이다. 불만을 품고 일부러 천천히 작업하는 사람도 생긴다. 숙련공은 "무슨 말씀을 하고 싶은지는 알겠는데, 현실적으로는 그렇게 하면 시간이 오히려 더 많이 걸린다고요."라며 반발한다.

오노는 그런 사람들의 목소리에도 귀를 기울이면서 계속 같은 지시를 반복하고, 때로는 라인에서 직접 시범을 보였다. 화내지 않으면서 계속 똑같은 말을 반복하는 것이 타인에게 일을 시키는 요령이다.

이어서 오노는 현장에 또 다른 개혁을 몰고 왔다. 절삭에 사용하는 공구를 집중연마하는 방식으로 바꾼 것이다. 그때까지는 선반, 드릴링머신, 밀링머신을 담당한 사람이 바이트나 드릴 같은 절삭공구를 직접 연마하는 것이 관습이었다. 누가 그렇게 해야 한다고 정한 것은 아니지만, 다들 장인이라면 마땅히 그래야 한다고 생각했다. 요리사가 직접 자신의 식칼을 갈듯 각 작업원이 절삭공구를 연마하는 것을 당연하게 여겼다.

"앞으로는 연마반을 만들고, 모든 공구를 특정 담당자가 특정 기계로 연마한다."

오노는 이렇게 결정하고 현장에 지시했다.

집중연마 방식으로 바꾼 데는 두 가지 이유가 있었다. 첫째는 작업 시간 손실이었다. 어떤 작업원이 날이 무뎌졌다고 판단해 그 공구를 연마하려고 하면 일단 라인을 벗어나야 한다. 그리고 라인을 벗어나 공구를 연마하는 동안 작업은 중단된다.

두 번째 이유는 부품의 질을 균일하게 만들기 위해서였다. 각자가 공구를 연마하면 연마 솜씨가 뛰어난 사람과 그렇지 못한 사람 사이에 차이가 발생한다. 날카롭게 연마된 바이트로 절삭한 부품과 제대로 연마되지 않은 바이트로 절삭한 부품은 질적으로 다를 수밖에 없다.

오노는 이 점을 우려했다. 그래서 일석이조의 해결을 노리고 집중연마반을 만든 것인데, 현장 작업원들의 큰 반대에 부딪혔다. 게다가 과거에는 작업원이었던 공장이나 조장 등 현장 리더들도 반대의 목소리에 고개를 끄덕였다. 그들의 반대 이유는 '공구는 작업원의 혼이다. 그것을 자신의 손으로 가는 것은 당연한 일이다'라는 정신론이었다. '무사는 자신의 칼을 자신이 직접 간다'라는 논리를 내세운 것이다.

오노가 집중연마 제도를 실시했을 당시의 공장, 조장은 2차 세계대전이 일어나기 전부터 기이치로와 함께 자동차를 만들어온 숙련

장인들이었다. 그들은 오노에게 반감을 품고 있었으며, 지금까지와 다른 것을 하는 데 대한 심리적인 저항감도 있었다. 장인의 논리와 하고 싶지 않은 마음이 반대라는 의사표시로 이어진 것이다.

오노는 이런 비판, 불복종, 반대에 대해 저자세로 나가지 않았다. 중간창고를 폐쇄할 때와는 달리 해결에 시간을 들이지 않고 공장 장의 직권으로 정면 돌파를 감행했다. 도요타의 현장에는 직위가 낮은 순서대로 작업원, 반장, 조장, 공장이 있었다. 공장은 '현장의 신'으로 불리기도 하는 현장직의 최고 직위로, 공장의 의견은 현장의 의견을 반영한다. 그래서 오노도 평소에는 공장의 의견을 존중했다. 그러나 대개혁을 단행하려는 지금은 한 명 한 명의 눈치를 살필 시간이 없었다. 그랬다가는 기회를 놓치고 만다. 게다가 반대하는 정당한 이유가 있는 것도 아니고 단순히 심리적인 저항일 뿐이었으며, 애초에 타협의 여지 자체가 없었다. 선택지는 연마를 작업원이 직접 하거나 연마반이 하거나 둘 중 하나뿐이었다. 이런 이유에서 집중연마의 경우는 중간창고 폐쇄와 달리 반대가 심한 것을 알면서도 단행할 수밖에 없었던 것이다.

자동화의 상징, 안돈을 도입하다

중간창고 폐쇄 같은 경우는 시간을 들여 추진했던 것도 있어 명백한 저항이 없었다. 그러나 집중연마는 작업원들 사이에서 오노가 '개자식'으로 통할 만큼 격렬한 저항에 부딪혔다.

그런 가운데 오노는 다음 아이디어를 생각해냈다. 리인 작업을 멈추기 위한 '안돈'이라는 표시 방식이었다. 라인에 이상이 생기면 노란색과 붉은색 램프로 표시해 한눈에 상황을 알 수 있게 했다.

안돈은 도요타 생산방식에서 자동화의 상징으로 설명되는데, 원리는 간단하다. 벨트컨베이어 직업 중 문제가 발생했다고 하자. 이때 라인 옆에 있는 끈을 당기면 안돈에 노란색 램프가 켜지며, 램프를 보고 있던 반장이나 조장이 달려와 현장 작업을 돕는다. 문제가 해결된 뒤에 다시 한 번 끈을 잡아당기면 노란색 램프가 꺼지며 평상시로 돌아간다. 문제 해결을 도울 사람이 제때 오지 못하거나 문제가 바로잡히지 않으면 정해진 정지 위치에서 라인이 멈추고, 램프가 붉은색으로 바뀐다. 붉은색이 되면 반장과 조장도 함께 문제의 원인을 찾는다. 원인을 파악하고 대책을 마련하기 전까지 라인은 가동되지 않는다. 같은 라인에서 작업하던 다른 작업원들은 할 일이 없으므로 그대로 라인이 재가동되기를 기다리는 수밖에 없다. 묵묵히 주위를 청소하기 시작한다.

포드 시스템의 경우, 라인 정지는 절대 있을 수 없는 일이었다. 그래서 도입 당시 "오노의 말대로 했다가는 컨베이어가 망가져버리지 않을까?"라는 말이 나왔다. 실제로 벨트컨베이어는 움직이는 것이 당연한 기계였으며, 이따금 멈출 때면 브레이크슈가 타버렸다. 그러자 오노는 벨트컨베이어 제조 회사에 "멈춰도 되는 컨베이어를 만들어주시오"라고 의뢰했다.

안돈을 도입한 이후, 오노는 공장을 돌아다니며 라인 작업원들에게 "뭔가 문제가 있다 싶으면 자네의 판단으로 끈을 당겨서 안돈을 켜게"라고 말했다. 다만 안돈을 도입한 직접적인 이유는 문제를 발견하기 위해서라든가 생산 상황을 알기 위해서가 아니었다. 원래는 작업원이 화장실에 가고 싶을 때 이를 알리기 위해 채용했는데, 활용하는 사이에 용도가 확대돼 자동화 도구 중 하나가 됐다.

오노는 쓴웃음을 지으며 이렇게 설명한 바 있다.

"(안돈은) 엔진을 장착하는 공정에 도입했던 것입니다. 엔진을 장착하는 기계는 키가 커서 감독자가 잘 볼 수 없었거든요. 게다가 작업원이 다공정을 담당하게 된 뒤에는 담당하는 기계가 많다 보니 화장실에 가고 싶어도 기계를 대신 맡아줄 사람을 찾으러 갈 틈이 없었습니다. 그래서 '조장님, 지금 화장실에 가려고 하니 빨리 와주세요'라고 신호를 보낼 수 있도록 안돈을 설치했던 거죠.

안돈 끈을 당겼는데 2분이 지나도 아무도 안 왔다면 기계가 멈춰도 좋으니 화장실에 가는 것으로 정했습니다. 바로 그때부터였죠. 모르는 것이 있거나 문제가 있으면 기계를 멈춰도 된다고 정해진 것은."

안돈의 역할은 점점 커졌다. 여기서 잊지 말아야 할 점은 도요타 현장에서는 눈으로 보고 알 수 있는 표시를 중시했다는 것이다. 즉 말이 아닌 안돈 같은 표시판으로 작업 실행을 촉진했다.

"라인이 빨라서 따라잡을 수가 없습니다."

"지금은 번거로운 작업을 하고 있어서 시간이 걸립니다."

신입 작업원이 자신의 입으로 이런 말을 하기는 좀처럼 쉽지 않다. 그러나 안돈의 끈을 당기는 것이라면 누구나 부담 없이 할 수 있다. 설사가 나서 화장실에 자주 가야 하는 경우에도 "화장실에 가겠습니다"라고 말하기보다 안돈의 끈을 당기는 편이 마음 편하다.

생산 상황을 지켜보는 쪽도 눈으로 보고 알 수 있는 안돈이 있으면 "좀 더 빠르게 하시오"라든가 "이대로는 목표량을 맞출 수 없습니다"라고 말하지 않아도 된다. 일반적인 제조 공장에서는 지금도 관리직이 말로 지시할 것이다.

"빨리 하게."

"저걸 가지고 오게."

그런데 말에는 감정이 들어간다. 짜증이 날 때 지시를 내리면 자기도 모르게 화난 말투가 돼버리며, 그러면 듣는 쪽도 발끈한다. 지시를 순순히 따르지 않게 되기도 한다. 한편 안돈 같은 무기질적인 표시판으로 상황을 전할 수 있으면 관리직도 굳이 싫은 소리를 하지 않아도 되며, 라인에 있는 작업원 역시 화난 말투의 지시를 듣지 않아도 된다.

그리고 더 중요한 점이 있다. 오노가 관리직에게 "작업원이 안돈의 끈을 당기면 반드시 고맙다고 말하게"라고 명령한 것이다.

램프가 노란색으로 바뀐다. 관리직이 달려간다.

"죄송합니다. 화장실에 다녀오겠습니다."

그러면 관리직은 "그래, 다녀오게. 불러줘서 고맙네"라고 대답한다. 또한 작업원이 실수를 저질러 그 때문에 불렀더라도 상사는 그럴 때일수록 더더욱 "고맙네"라고 말해야 한다. 만약 관리직이 "바빠죽겠는데 그딴 일로 나를 부르지 말게"라고 말해버린다면 안돈은 무용지물이 돼버린다. 오노는 라인에서 일하는 사람의 심리를 깊게 읽고 있었다. 덕분에 안돈은 도입하자마자 작업원들에게 큰 환영을 받았다. 그 전까지의 오노 개혁과는 달리 작업원들에게 고마운 변화였다.

현재 도요타에서 일하고 있는 사람은 이렇게 말했다.

"작업이 늦어져서 안돈을 켤 때가 종종 있습니다. 숙취라든가 수면 부족이 이유일 때도 없지는 않지만 그런 경우는 거의 없습니다. 애초에 몸 상태가 좋지 않으면 일하지 말고 쉬라고 하거든요.

안돈을 켜는 주된 이유는 작업 미스입니다. 볼트를 조일 때 볼트가 비스듬하게 들어가버리는 경우가 있습니다. 그럴 때는 볼트를 뽑고 그 부품은 라인에서 빼버리면 되는데, 사람 마음이라는 게 그 볼트를 뺐다가 다시 끼워보고 싶어지죠. 하지만 그런다고 해서 제대로 조여지지는 않습니다. 그리고 볼트가 빠지지 않게 되면 라인을 멈추는 수밖에 없죠. 작업이 지연되는 겁니다. 그래서 상사를 부르는데, 그러면 상사는 '알려줘서 고맙네'라고 합니다. 정직하게 말해줘서 고맙다는 거죠. 만약 그때 상사가 '이런 쓸데없는 짓을 하다니, 자네 바보인가?'라며 화낸다면 다음부터는 안돈의 끈을 당기지 않게 될 겁니다. 고맙다고 말할 것을 아니까 주저 없이 끈을 당길 수 있죠."

내가 취재한 켄터키 공장에서는 과거에 그 공장의 사장이었던 조 후지오가 미국인 작업원이 라인을 멈출 때마다 "생큐"라고 말했다고 한다. "고맙네", "생큐"는 주저 없이 안돈의 끈을 당기게 하기 위한 말이었던 것이다.

또한 지금은 도요타뿐 아니라 모든 생산 공장에 안돈처럼 작업 진행을 알려주는 장치가 있다. 그러나 그것을 알린 사람에게 "고맙네"라고 말하도록 교육하는 곳은 도요타뿐이다. 오노는 실제로 안돈의 끈을 당긴 작업원의 처지가 돼서 생각했다. 그가 실시한 가이젠은 보여주기 위한 것이 아니었다. 실제 운용을 생각한 것이었다.

도산 직전,
돌파구를 찾아라

포드의 작업원들은 지시받은 일만 할 뿐이야.
오노가 육성하고 있는 다능공 같은 작업원은 없어.
반면에 도요타는 생각하며 일하는 사람을 키우지.
위에서 아무리 닦달한들 생산량은 높아지지 않아.
현장에서 생산량을 높일 방법을 궁리해야 해. 내가 할 일은 바로 그거야.
우리가 포드를 이기려면
경영자, 작업원 할 것 없이 모두가 머리를 맞대고 궁리해야 해.

2차 세계대전 이후의 일본 자동차업계

패전 직후, 일본 자동차 회사의 승용차 생산을 전면 금지했던 GHQ는 2년 후(1947년) 1,500시시 이하 소형 승용차에 한해 생산을 허가했다. 그리고 1949년에는 모든 승용차와 트럭의 생산을 허용했다.

생산이 전면 허용되자 새로운 자동차 회사가 하나둘 생겼다. 2차 세계대전 이전에 자동차 3사로 불렸던 닛산, 도요타, 이스즈를 따라잡고 나아가 앞지르고자 하는 신흥 자동차 회사들이 등장한 것이다. 미쓰비시자동차의 전신인 중일본중공업中日本重工業은 미국 윌리스Willys와 제조 원조 계약을 맺고, 지프를 라이선스생산하기 시작했다. 2차 세계대전 이전부터 있었던 다마자동차たま自動車는 프린스자동차공업으로 이름을 바꿨고, 훗날 스카이라인을 개발한다(그 후 닛산과 합병). 발동기제조発動機製造는 다이하쓰공업ダイハツ工業으로 사명을 바꿨다. 나카지마비행기에서 파생된 후지중공업이 설립됐으며, 스즈키식직기鈴木式織機는 스즈키자동차공업鈴木自動車工業으로 사명을 바꾸고 본격적인 자동차 회사가 됐다. 또한 아직 자동차업계에 뛰어들지는 않았지만 혼다기연공업本田技研工業이 탄생한 것도 2차 세계대전 이후이다.

그러나 전쟁이 끝나고 수년 동안 도시의 도로를 달렸던 승용차의 주역은 일본 자동차가 아니었다. 미군의 지프 혹은 미군이 타던 자동차가 민간에 유출된 것들이었다. 전쟁 전부터 달렸던 승용차

도 대부분이 미국제였고, 닛산과 도요타의 승용차는 아직 소수파였다. 그리고 패전하고 시간이 조금 지나자 일본의 독자적인 차종인 오토삼륜이 눈에 띄게 증가했다. 오토삼륜은 오토바이 엔진을 기본으로 한 삼륜 화물 자동차로, 2차 세계대전 이전부터 있었다. 마쓰다マツダ, 다이하쓰, 구로가네くろがね가 3대 브랜드였는데, 2차 세계대전이 끝난 뒤 그때까지 항공기를 만들던 중일본중공업과 신메이와공업新明和工業 등이 시장에 뛰어들면서 가격이 크게 낮아졌다. 또한 튼튼하고 조작성이 좋은 까닭에 포장되지 않은 일본의 도로 사정과도 궁합이 잘 맞았다. 그래서 1950년에는 오토삼륜이 4만 대나 만들어지기에 이르렀는데, 이후 사륜 경트럭이 등장하면서 쇠퇴의 길을 걷게 된다. 그러나 2차 세계대전 이후의 일본을 상징하는 차는 미국제 자동차와 오토삼륜이었다.

기이치로는 패전 후 간부들을 모아놓고 "3년 안에 미국을 따라잡게"라고 말했다. 그는 '미국 자동차 회사가 일본에 진출하면 우리는 망할 거야'라고 두려워했다. 실제로는 GM도 포드도 크라이슬러도 일본에 본격적으로 진출하지 않았지만, 그럼에도 도요타를 비롯한 일본 자동차 회사들은 오랫동안 "조만간 흑선(1853년에 일본을 찾아와 개항을 요구한 미 해군 철선─옮긴이)이 찾아올 거야"라며 빅3를 두려워했다.

생각해보면 빅3가 일본에 진출하지 않았던 이유는 미국 국내 시장을 우선했기 때문일 것이다. 2차 세계대전이 끝난 뒤 미국은 본토가 전쟁의 피해를 입지 않은 유일한 나라로 세계에 군림했고, 베이비붐이 일어나면서 중류층의 소비가 커지고 있었다. 군수공장은 민생용 공장으로 개조돼 소비재를 차례차례 만들어냈다. 1950년대는 미국에게 황금시대로 불린 번영의 시대였다.

GM, 포드, 크라이슬러는 매년 모델체인지를 거듭했는데, 그래도 순식간에 팔려나갔다. 해외시장에 진출하지 않아도 미국 안에서 충분히 이익을 낼 수 있었으며, 경영도 순조로웠다. 또 당시 빅3의 수뇌에게 일본은 전쟁에서 진 보잘것없는 나라일 뿐이었다.

'그런 가난한 나라의 국민이 우리 회사의 큰 차를 필요로 할까?'

이것이 그들의 인식이었다.

1970년대가 돼 일본 자동차가 미국 시장에서 받아들여졌을 때도 GM 간부 중에는 일본 자동차가 좌측통행을 하며, 이 때문에 핸들이 오른쪽에 붙어 있다는 사실조차 모르는 사람도 있었다. 간부가 공부를 게을리한 것이 아니라 일본을 전혀 몰라도 경영에 조금도 지장이 없기 때문이다. 요컨대 미국 자동차 회사는 일본 시장을 매력적으로 생각하지 않았다. 그럼에도 일본 자동차 회사나 산업계는 미국을 두려워하고 그들의 존재를 지나치게 의식했다.

1949년, 당시 일본은행 총재였던 이치마다 히사토一万田尚登는 "미국 승용차와 경쟁하기는 힘들다"라고 말했다. 교황이라고까지 불리는 등 금융계에 군림했던 이치마다의 눈에 일본 자동차 산업은 믿음직스럽지 못해 보였다. 철강, 탄광, 조선, 철도 등 주요 산업에 비하면 자동차 산업은 급이 낮은 업계이며, 먹고살기도 힘겨워하는 국민들로부터 모은 귀중한 자금을 투입할 가치가 없는 산업이라고 생각했던 것이다.

'앞으로는 국제분업 시대야. 미국 승용차와는 경쟁할 수 없으니 일본은 트럭만 만들면 돼.'

이치마다는 이렇게 믿었으며 "일본산 차를 육성하는 것은 무의미하다"라고까지 말했다.

게다가 이는 그만의 논리가 아니었다. 미국에 철저하게 진 것도 있다 보니 산업계를 대표하는 인물들도 똑같은 생각을 하고 있었다.

경제 안정 9원칙의 영향

도요타의 SA형 승용차는 의욕적인 디자인에 성능도 우수했지만, 아직 승용차를 탈 정도의 계층이 육성되지 않았던 까닭에 그다지 팔리지 않았다. 다만 같은 엔진을 실은 SB형 트럭은 폭발적이라고 할 만큼 판매를 늘려나갔다. 오토삼륜이 잘 팔린 이유도 그러했듯이, 부흥 중인 일본 사회는 승용차보다 화물을 실을 수 있는 업무용 차를 더 원했던 것이다.

이를테면 도시 교외에 있는 채소 농가를 생각해보자. 채소는 밭을 갈고 씨를 뿌리면 키울 수 있다. 다만 그 채소를 시장이나 집하장으로 싣고 가려면 이동 수단이 필요한데, 일단 자전거로는 그리 많은 양을 실을 수 없다. 오토바이는 그보다 많은 양을 실을 수 있지만 짐받이에 채소를 노출시킨 채로 실어야 하기 때문에 비가 내리기라도 하면 팔기도 전에 상해버린다. 그럴 때 오토삼륜이나 트럭이 한 대 있으면 채소를 대량으로 매일 실어 나를 수 있다. 비가 내려도 채소가 상할까 걱정할 필요가 없다. 그리고 채소를 많이 팔면 돈이 들어온다. 대개는 할부로 트럭을 사므로 장사가 잘되면 할부금을 꼬박꼬박 갚아나갈 수 있다. 그래서 자영업자와 중소기업은 앞다퉈 오토삼륜과 트럭을 샀다.

이런 까닭에 도요타의 SB형 트럭은 인기 차종이 됐다. 발매한 지 1년 뒤인 1948년에는 월간 생산량이 100대가 됐고, 1949년에는 200대로 두 배나 증가했다. 그리고 발매한 지 5년 만에 1만 2,796대가 팔리며 베스트셀러가 됐다.

그런데 예상치 못한 사태가 일어났다. 그 발단은 GHQ였다.

1948년 말, GHQ는 일본 정부에 경제 안정 9원칙을 제시했다. "향후의 경제 운영은 우리가 시키는 대로 하시오"라는 명령이었다.

그 9원칙은 다음과 같았다.

· 경비 절감을 통한 예산의 균형

· 징세 시스템 개선

· 융자의 안정

· 임금 안정화

· 물가 통제 강화

· 외국 무역 사무의 개선과 강화

· 자재 할당 배급 제도의 효과적 시행

· 중요 일본산 원료, 공업 제품의 생산 확대

· 식량 집하 계획의 한층 더 효과적인 집행

GHQ가 강요한 정책은 결코 잘못된 것이 아니었다. 당시 인플레이션이 진행돼 1947년부터 1948년에 걸쳐 물가가 10배나 뛰어올랐다. 공공요금 등이 반년마다 개정되는 상황이었다. 아울러 증가하고 있다고는 하지만 식료품은 여전히 충분치 못했다. 인플레이션 탓도 있어 식료품을 감추는 사람이 있었기 때문에 암시장에서 값이 계속해서 올랐다.

미국 정부는 이런 일본의 열악한 상황을 '개선'해야 한다고 생각했다. 냉전이 시작돼 소련과 대치하게 됐기 때문이다. 전 세계 힘의 균형이 미국의 대일 전략을 바꿔 일본의 부흥에 순풍으로 작용한 것이다.

1947년, 소련은 코민포름(공산당·노동자당 정보국)을 결성하고 동유럽 각국과 연대했다. 1948년에는 스탈린이 베를린의 미·영·프 점령 지구(트라이존)로 통하는 도로와 철도를 봉쇄했다. 이른바 베를린봉쇄이다. 베를린봉쇄로 유럽은 긴장감에 휩싸였다. 냉전이 문제가 아니라 제3차 세계대전이 일어날 수도 있는 긴박한 상황이 된 것이다. 이에 미국은 일본 경제를 재건함으로써 방대한 예산이 들어가는 대일 원조를 중단하고, 그 예산을 유럽으로 돌려서 대 소련 전략

에 사용하고 싶어 했다. 그래서 미국 정부는 GHQ에 경제 안정 9원
칙을 만들게 하고, 나아가 전문가를 파견하기로 결정했다.

  1949년 2월, 디트로이트은행 총재인 조지프 도지Joseph Dodge가 일
본에 왔다. 그리고 1개월 뒤인 3월에 '도지 라인'이라는 경제 정책
을 일본 정부에 권고하고 실시하도록 압박했다. 도지의 성명은 미
국 대통령의 말과 같았기에, 일본 정부는 그가 제시한 구체적인 시
책을 즉시 실행에 옮겼다.

도지 라인과 죽마 경제

        도지 라인의 목적은 일본 경제를 안정시키고 산업을 진흥하
는 데 있었다. 미국 국민의 세금에서 나오는 원조금을 투입할 필요
성을 하루라도 빨리 없애는 것이 그의 임무였다.

  전쟁 직후, 일본은 미국에게 거액의 원조금을 받고 있었다.
옛 적국에 대한 미국의 원조는 'GARIOA·EROA 자금[GARIOA는
Government Appropriation for Relief in Occupied Area(점령 지역 구제 정
부 자금), EROA는 Economic Rehabilitation in Occupied Area(점령 지역 경제
부흥 자금)의 약자-옮긴이]'으로 불리며, 패전 이듬해부터 1951년까지
6년 동안 계속됐다. 일본이 받은 총액은 약 18억 달러로, 이 가운데
13억 달러는 무상 원조였다. 현재 가치로 환산하면 약 12조 엔(무상
은 9.5조 엔)에 이르는 막대한 금액이기 때문에 은행가인 도지로서는

어떻게 해서든 그 이상 지출을 막아 돈을 아끼고 싶었다. 그리고 이를 위해서는 먼저 인플레이션을 끝내고 단기간에 일본을 재건시켜야 했다.

도자는 기자회견에서 이렇게 말했다.

"일본 경제는 죽마와 같아서, 미국의 원조와 국내의 보조금 정책이라는 두 발판 위에 올라타 있다."

이 기자회견 이후 일본 언론은 '죽마 경제'라는 유행어를 만들어 냈다.

도지는 지체 없이 실행에 들어갔다. 그 순서는 인플레이션 퇴치, 산업 진흥, 수출 촉진이었다.

인플레이션 퇴치는 다음과 같이 진행했다. 적자였던 국가 예산 집행을 중지시키고 균형 예산으로 바꿨다. 이어서 부흥금융금고復興金融金庫에 명령해 철강, 탄광, 조선업에 대한 융자를 중단시켰고, 마지막으로 부흥금융금고를 해체(1952년)했다. 이 두 가지가 인플레이션을 없애기 위한 핵심이었다. 부흥금융금고는 패전 후 일본을 부흥시키고 위기에 빠진 산업계를 구하기 위해 만들어진 정부 계열의 금융기관으로, 주로 철강, 탄광, 조선업 이 세 업종에 융자했다. 부흥금융금고가 금고 채권을 발행하면 일본은행이 이것을 인수하고 대금을 금고에 지급한다. 그러면 금고는 그 돈을 융자에 사용했다. 요컨대 금고 채권을 발행하기만 하면 얼마든지 돈이 들어왔다. 사실상 일본은행의 융자이며, 경제가 성장한 것도 아닌데 돈을 마구 찍어내 민간은행에 빌려줬던 것이다. 이 정책은 기업을 일시적으로 돕기는 했지만, 시중에 돈이 대량으로 나도는 결과를 초래해 인플레이션을 가속시켰다.

예산 균형화를 꾀하고 부흥금융금고의 융자를 중지시키자 물가가 안정세로 돌아섰다. 문제는 민간 기업 쪽에서 발생했다. 특히 부흥금융금고에서 돈을 빌릴 수 없게 된 기업은 시중은행으로 가는 수밖에 없었는데, 시중은행 역시 기존 거래 상대에게 돈을 빌려주기도 벅찬 상황이었던 까닭에 새로운 회사에 자금을 빌려줄 여유가 없었다. 그 결과 1949년부터 1년 동안 전국에서 1,100개 이상 기업이 도산해 50만 명 이상 실업자가 생겼다. 도지는 물가를 안정시켰지만, 그 대신 실업자가 거리에 넘쳐났다. '도지 불황'이라 불리는 불경기의 시대가 시작된 것이다.

또한 두 번째 목적인 산업 진흥을 위해 도지는 각종 보조금을 폐지하고 자유경제, 시장경제를 관철하려 했다.

그리고 세 번째 목적인 수출 진흥의 경우, 그때까지 미군에 의지했던 것을 민간이 주도하도록 지도하고 1달러를 360엔으로 결정했다.

이 세 가지가 도지 라인이라 불린 정책이다.

다만 수출 진흥의 경우, 바로 성과가 나타난 것은 아니었다. 일본의 수출이 증가한 것은 한국전쟁이 시작된 뒤이며, 도지 라인의 역할은 수출 체제를 바로잡는 것이었다.

자동차 산업, 역경을 맞이하다

　　도지 라인이 시작된 1949년은 자동차 산업에 있어 그야말로
고난의 해였다. 먼저 도지 불황으로 트럭이 팔리지 않게 됐다. 지방
의 관공서, 운수업, 중소기업 같은 트럭 고객층이 불황으로 계약을
취소하는 바람에 재고가 늘어났다. 도요타의 경우, 7~8월 재고가
400대를 넘어섰다. 게다가 8월에 석탄 배급 체제가 철폐되고, 9월
에 제철용 원료탄에 지급되던 보조금이 없어지면서 석탄과 철 가
격이 상승했다. 참고로 철강의 통제 가격은 37퍼센트나 올랐다.

　'원료 가격이 올랐다면 자동차도 가격을 올리면 되잖아?'

　지극히 당연한 논리이지만, 자동차만은 이듬해인 1950년 4월까
지 기존 가격으로 팔아야 했다. 신기하게도 자동차만은 통제 가격
이 유지됐던 것이다. 탄광이나 제철업처럼 역사가 깊은 업계에는
GHQ나 정부를 움직일 힘이 있었다. 그러나 그 무렵의 자동차업계
는 아직 벤처기업에 불과했다. 필사적으로 정부에 로비해봤지만 기
대했던 대답은 돌아오지 않았다. 다만 이때 가격을 인상했다면 자
동차는 더 팔리지 않았을지도 모른다.

　기이치로는 현장에 나가는 대신 간부와 함께 판매에 힘을 쏟았
고, 외상 판매 대금을 회수하기 위해 분주하게 뛰어다녔다. 또한 자
재 가격이 오른 만큼 원가를 절감하려고 했다. 그러나 철강 가격이
40퍼센트 가까이 오른 상황에서는 아무리 원가를 절감하려 해도
한계가 있었다. 결국 매달 2,200만 엔에 이르는 적자가 계속됐다.

공무원 초임 급여가 4,863엔(1948년)이던 시절에 2,200만 엔이라는 적자는 도요타의 체력을 서서히 갉아먹었다. 이런 상황에서도 어떻게든 경영을 계속할 수 있었던 것은 본가인 도요다직기가 '섬유 경기'라 불리는 면업의 호황으로 큰 이익을 내고 있었던 덕분이다. 그러나 2차 세계대전 이전에 도요타와 함께 자동차 3사로 통했던 닛산과 이스즈는 그 정도 체력이 없었다. 먼저 비명을 지른 것은 이 두 회사였다.

당시 3사의 점유율은 도요타가 42.5퍼센트, 닛산이 38.2퍼센트, 이스즈가 15.4퍼센트였다. 3사가 트럭 시장을 과점하고 있었던 것이다. 그러나 그 속을 들여다보면 다들 고전을 면치 못하고 있었다. 닛산과 이스즈에는 도요타의 도요다자동직기처럼 이익을 내는 관련 회사가 없었다. 적자 구조를 끊을 방법은 인원을 정리하고 비용을 절감하는 것뿐이었다. 이스즈는 9월에 1,271명의 인원 정리를 발표했다. 당시 전체 직원 5,474명의 약 23퍼센트에 이르는 규모였다. 10월에는 닛산이 1,826명의 인원 정리와 임금 삭감을 결정했다. 이 또한 당시 전체 직원 8,671명의 약 21퍼센트에 해당하는 숫자였다. 닛산의 결정은 이스즈의 회사 측 제안을 참고한 것으로 생각된다.

다만 두 회사 모두 노동조합이 "아, 그렇습니까? 어쩔 수 없죠. 알겠습니다"라며 순순히 받아들인 것은 아니다. 패전 후 5년은 노동운동이 고양됐던 시기로, 각지에서 급진화된 노동조합이 대규모 쟁의를 일으키고 있었다. 노사 모두 대화로 해결하기보다는 파업, 직장포기, 직장 폐쇄라는 수단에 손을 댔다.

당시 일어났던 대형 노동쟁의 중 영화사 도호 기누타 촬영소의 노동쟁의는 온 국민의 주목을 받았다. 촬영소 조합원들은 회사 측에 대항하기 위해 기누타 촬영소에 바리케이트를 설치하고, 기술 팀과 미술 팀의 협력 아래 전류가 흐르는 전선과 대형 선풍기까지 동원해 농성을 벌였다. 기누타 촬영소를 마치 전국시대 성곽처럼 무장한 것이다. 촬영소 파업에 영화감독과 인기 배우 같은 유명인도 참가한 까닭에 언론과 일반인은 사태의 추이에 촉각을 곤두세웠다.

그리고 드디어 조합원을 몰아내려 한 날, 기누타 촬영소에 온 것은 경찰만이 아니었다. 미군까지 출동했다. 게다가 미군은 장갑차와 전차, 여기에 전투기 3기까지 동원했다. "군함 빼고는 다 왔다"라는 말이 나온 대규모 쟁의였다.

이 무렵 파업이나 직장포기가 빈발했던 이유는 노동운동에 익숙한 리더들이 전국의 대형 쟁의를 지도하러 가서 시위와 투쟁 노하우를 전수했기 때문이다. 또한 중국 본토에서 국공 내전이 시작되고 공산당이 유리하다는 소식이 전해진 것도 영향을 끼쳤다. 좌익 세력이 힘을 가졌던 시대였다.

이스즈와 닛산의 노동조합은 인원 정리에 항의하기 위해 직장 포기를 하고 파업을 실시했다. 2개월에 걸친 기나긴 파업이었는데, 결국 회사 측과 노조 측 모두 도산을 피하기 위해 조건 투쟁으로 이행하면서 쟁의가 막을 내렸다. 이때 두 회사의 경영자는 사임하지 않았다.

닛산과 이스즈가 노동쟁의를 벌일 무렵, 도요타에서도 직장 집회가 열리기 시작하고 고로모 공장에 노조의 붉은 깃발이 날리게 됐다. 도요타에도 노동쟁의의 파도가 밀려온 것이다.

일본은행의 도움으로 위기를 극복하다

닛산과 이스즈가 노동쟁의에 돌입한 1949년 가을, 기이치로는 어떻게든 돈을 마련하기 위해 매일 분주하게 뛰어다니고 있었다. 회사에 출근도 하지 않고 아침부터 경리 담당을 데리고 시중은행을 돌아다녔다.

"저희 회사는 트럭이 잘 팔리고 있습니다. 제발 연말 자금을 빌려주십시오."

이렇게 부탁하고 다니는 것이 하루 일과였다.

그러나 은행을 돌아다닐수록 "어지간히 위험한 상태인가 보네"라는 소문이 퍼지는 바람에 금융기관들은 기이치로가 아무리 고개를 숙이고 부탁해도 좀처럼 돈을 빌려주지 않았다. 여담인데, 당시 오사카은행(훗날의 스미토모은행, 현재의 미쓰이스미토모은행) 지점장이 "베틀장이에게 빌려줄 돈은 있어도 대장장이에게 빌려줄 돈은 없소"라고 말했다는 설이 있다. 도요다직기에 빌려줄 돈은 있지만 도요타자동차에는 돈을 빌려줄 수 없다는 의미이다. 그러나 신뢰할 수 있는 자료 중에 이 발언이 실린 것은 하나도 없다. 상식적으로 생각해봐도 과연 일개 은행원이 타인에게 그런 거만한 소리를 내뱉을 수 있을지 의심스럽다. 다만 이 발언은 사실이 아니라 해도 오사카은행이 도요타와의 거래를 중지했던 것은 사실이다.

도요타는 절체절명의 위기에 몰렸다. 연말 자금 2억 엔이 없으면 회사가 도산할 수밖에 없는데, 돈을 빌려주겠다는 곳이 단 한 군데도 없었다. 기이치로가 "모회사는 이익을 내고 있습니다"라며 열심히 설득해봤지만 은행은 들은 체도 하지 않았다.

그런 상황에서 한 사내가 움직이기 시작했다. 판매 담당 상무 가미야 쇼타로였다. 가미야는 전부터 친분이 있던 일본은행 나고야 지점장 다카나시 다케오高梨壮夫의 사무실로 달려가, 도요타의 배후에는 수많은 중소기업이 존재한다고 읍소했다.

"도요타가 망하면 주쿄 지구의 부품 회사 등 300개가 넘는 회사가 연쇄도산할 겁니다. 주쿄 지구의 경제를 살리기 위해 일본은행이 협조융자단을 만들어주십시오."

다카나시는 처음에 이 부탁을 거절했다.

"일본은행은 민간 기업에 돈을 빌려줄 수도 없고, 민간 기업에 돈을 빌려주라고 명령할 수도 없습니다."

"돈은 빌려주지 않으셔도 됩니다. 명령하지 않으셔도 됩니다. 은행들을 모아놓고 한 말씀 해주신다면 그것으로 충분합니다."

가미야는 수도 없이 일본은행을 찾아가 다카나시에게 이렇게 궤변 같은 부탁을 하고 또 했다. 결국 다카나시는 가미야의 간곡한 부탁에 마음을 움직여 직접 상황을 조사했다. 그 결과 도요타의 트럭이 실제로 잘 팔리고 있으며, 만약 도요타가 도산한다면 가미야의 말처럼 주쿄 지구의 경제가 위태로워진다는 것을 확인했다.

'이거 지켜보고만 있을 수는 없겠는걸.'

다카나시는 일본은행 본점에 이 문제를 의논했다. 그러나 앞에서도 말했듯이 자동차의 국제분업론을 외치던 이치마다 히사토 총재는 "승용차는 미국에게 맡기면 되네"라며 사태 해결에 나서려 하지 않았다. 만약 평범한 은행원이라면 총재가 이렇게 말한 이상 어쩔 수 없다며 포기했을 것이다. 그러나 주쿄 지구의 경제가 무너질지도 모르는 상황을 방관할 수 없었던 다카나시는 리스크를 감수하고 독단으로 나고야에 지점이 있는 금융기관을 소집하고, 기이치로도 그 자리에 참석시켰다.

"여러분, 일본은행은 민간 금융기관에 명령할 수 없습니다. 오늘 이렇게 여러분을 소집한 이유는 어디까지나 이야기를 들어주셨으면 하는 바람에서입니다."

다카나시는 이렇게 전제한 뒤 "나고야의 경제를 위해 지금 여러분께서 할 수 있는 일을 해주셨으면 합니다"라고 말했다. 그뿐이 아니었다. 그는 참석자들 앞에서 "제발 부탁드립니다. 그리고 부탁을 드린 이상 책임은 제가 지겠습니다"라며 고개를 숙였다. 옆에서 기이치로도 함께 고개를 숙였다.

이에 오사카은행 담당자가 손을 들고 질문했다.

"다카나시 지점장님, 방금 본인이 책임을 지겠다고 하셨는데, 그 말은 도요타가 돈을 갚지 못하면 일본은행이 보증을 서준다는 의미입니까?"

다카나시는 대답했다.

"저는 융자를 부탁드리는 것이 아닙니다. 여러분께서 할 수 있는 일을 해주십사 하고 부탁드렸을 뿐입니다."

말에 숨어 있는 의도를 파악하라는 말이었다. 그러나 오사카은행 담당자는 그냥 그 자리를 떠났다. 한편 남은 은행단은 다카나시의 뜻에 따라 도요타에 대한 융자를 의논했다. 결국 데이코쿠은행(훗날 미쓰이은행, 현재의 미쓰이스미토모은행)과 도카이은행(현재의 미쓰비시도쿄UFJ은행)을 중심으로 24개 은행이 협조융자를 결정했다.

이때 기이치로는 융자단에 도요타 노동조합과 나눈 각서를 제시했다.

> 원가절감을 목적으로 하는 합리화를 추진한다. 인원 정리는 실시하지 않지만 임금의 10퍼센트를 삭감한다.

기이치로는 무슨 일이 있어도 이 약속을 지킬 생각이었겠지만, 융자단은 닛산과 이스즈가 인원 정리로 위기를 극복했음을 알고 있었다. 그래서 그 자리에서는 아무 말도 하지 않았지만, 도요타의 경영이 호전되지 않을 경우에는 다음 수단으로 인원 정리를 단행할 수밖에 없다고 판단했다. 그러나 어쨌든 기이치로는 최악의 사태에서 벗어날 수 있었다.

이때 자리를 뜬 오사카은행과 일본흥업은행은 융자단에 들어가지 않았다. 그런 까닭에 오사카은행, 즉 스미토모은행은 오랫동안 도요타와 거래하지 못했다. 일본은행 지점장이 부탁해 다른 은행들은 모두 융자해줬음에도 융자단에 참여하지 않은 오사카은행 간부는 당시 벤처기업이었던 자동차 회사의 가치를 높게 보지 않았던 것이리라. 스미토모는 미쓰이나 미쓰비시보다도 역사가 깊은 재벌이다. 확고한 기업 문화가 확립돼 있으며, 스미토모의 심사 기준은 도요타라는 벤처기업을 신뢰하지 않았다. 그랬기에 다른 은행이 융자를 결정했음에도 "저희도 참여하겠습니다"라고 말하지 않았던 것이다. 훗날 도요타가 대기업이 되는 바람에 악당 취급을 받게 됐지만, 생각해보면 스미토모은행은 자신들의 방침을 철저히 지켰을 뿐이다.

어쨌든 이렇게 해서 도요타는 1949년의 도산 위기를 극복할 수 있었다. 그러나 진짜 위기는 이듬해인 1950년에 찾아왔다.

노동쟁의의 정점에서

1949년부터 이듬해에 걸쳐 노동운동이 활발해졌는데, 이는 꺼지기 직전에 일순간 밝은 빛을 내는 촛불과도 같은 것이었다.

1949년 10월, 마오쩌둥이 이끄는 중국공산당이 국공 내전에서 승리하고 중화인민공화국을 세웠다. 그리고 패배한 장제스는 타이완으로 도망쳐 중화민국을 세웠다. 소련이 대두하고, 중국이 공산화되자 미국은 일본을 공산권에 대한 방파제로 삼기 위해 전후 부흥을 촉진하기로 결정했다. 그만큼 중화인민공화국 건국은 미국에 큰 영향을 끼쳤다.

미국 내에서는 반공 운동이 시작됐다. 상원 의원인 조지프 매카시는 공산당원, 협력자, 동조자를 공직과 민간 기업에서 추방하는 빨갱이 사냥을 주장했다. 이때 영화배우 찰리 채플린도 조사를 받았으며 훗날 미국을 떠났다. 반공을 외치는 매카시즘이 광풍으로 변하면서 공산당과 자유주의자 추방 운동이 점점 격렬해졌다.

반공 운동은 미국의 점령 아래 있었던 일본에도 영향을 미쳤다. 1950년 6월, GHQ는 일본공산당 중앙위원 24명 전원을 공직에서 추방하고, 기관지 〈붉은 깃발アカハタ〉의 발행을 정지시켰다. 레드 퍼지Red Purge가 시작돼 언론기관과 민간 기업에서 공산당원이 차례차례 추방당했다. 기본적인 인권의 존중을 외치는 일본 헌법이 시행된 시기는 1947년, 즉 레드 퍼지 이전이다. 그러나 공산당원은 강제로 직장에서 쫓겨났다. 헌법은 '불마不磨의 대전大典'이라고 하지만, 실제로는 GHQ라는 권력이 헌법보다 훨씬 위에 군림했던 것이다.

이에 따라 2차 세계대전 이후 활성화됐던 노동운동은 1950년 5월을 정점으로 점차 기세를 잃어갔는데, 불행하게도 도요타에서 노동운동이 격화된 것은 바로 그 정점에 다다른 시기였다.

일본은행 나고야 지점의 주도로 결성된 은행단의 협조융자 덕분에 한숨 돌리기는 했지만, 도요타의 경영 상태는 여전히 저공비행 중이었다. 그래서 도요타와 일본은행은 구체적인 재건책을 마련하게 됐고, 그 결과 세 가지 방침이 결정됐다.

· 도요타와 분리된 판매회사 설립
· 판매가 보장된 수량만 생산
· 과잉으로 판단되는 인원의 정리

핵심은 판매회사 설립과 인원 정리였다. 판매회사를 만들기로 결정한 것은 자동차를 제조하는 자금과 판매에 들어가는 자금을 분리하려는 의도였다. 긴급 융자를 한 은행단은 자동차를 만들기 위한 돈이 아니라 판매한 대금이 들어오기까지 버틸 수 있게 해주는 자금을 빌려줬다고 생각했다. 판매가 정상화되면 즉시 돌려받고 싶은 돈이었던 것이다. 월부판매를 정상화하기 위한 돈이 자동차 제조에 사용된다면 당분간 돌려받을 수 없을 것이 분명하므로, 일본은행과 은행단은 그런 상황을 피하기 위해 판매회사 설립을 희망했다.

기이치로는 노동조합과의 경영 협의회에서 판매회사 설립에 관해 다음과 같이 이야기했다.

첫째, 도요타의 경영에 대한 금융계의 불신. 둘째, 자동차 산업의 미래에 대한 불안감. 셋째, 월부 금융이 아니라 체화滯貨금융이 될 것이라는 생각.

즉 도요타에 대한 불신의 원인은 기술이 경영에 선행한다는 것(반대로 말하면 현재로서는 금융이 있어야 경영도 있고 기술도 있다)과 도요타에 융자해도 그 용도가 불명확하다는 데 있다.

또한 금융계는 이상과 같은 점을 시정하기 위해 도요타 경영진에 사람을 보내고 싶어 해서, 이 문제에 대해 지난(1950년) 2월 18일에 금융업자와 간담회를 열었다. 또한 우리로서는 첫째로 금융계의 신용을 회복하고, 둘째로 기술 선행을 시정해 경영을 말끔한 형태로 만들고 싶기에 이미 경영진을 대외적·대내적으로 강화하고, 또한 판매회사 설립을 하루라도 앞당기고자 노력하는 것이다.

'또한'이 연속되는 긴 문장인데, 여기에서 드러나는 기이치로의 생각은 '도요타는 금융기관의 신뢰를 잃었다', '내가 돈을 전부 기술에 쏟아부어왔다'라는 두 가지가 아닐까 싶다. 이야기하는 가운데 '과연 나는 경영자로서 적합한 사람이었을까?'라는 질문을 자신에게 던졌는지도 모른다.

'나는 자동차 기술에 대해서는 누구보다 해박해. 질 좋은 자동차를 만들고자 한다면 적임자는 나밖에 없어. 하지만 자금을 마련하는 솜씨는 부족해. 과연 이대로 괜찮은 걸까? 아니야. 판매회사를 만들어서 가미야에게 맡기고 나는 지금까지와 마찬가지로 자동차 제조에 힘을 쏟자. 판매회사만 만들면 당장의 위기를 넘길 수 있어.

아니, 넘길 수 있을 거야.'

　이것이 당시 기이치로의 생각이 아니었을까?

　기이치로는 판매회사를 만들면 인원 정리를 하지 않더라도 은행이 도요타를 도와줄 것이 틀림없다고 마음속 어딘가에서 믿고 있었다. 아니, 그렇게 생각하려 했다. 그렇기에 확신 속에서 도요타자동차판매トヨタ自動車販売를 설립하고, 사장에 가미야 쇼타로를 기용한 것이다. 다만 누가 봐도 판매회사의 최고경영자로 적합한 인물은 가미야밖에 없었다. 그만큼 판매에 해박한 사람도 없었으며, 일본은행 나고야 지점장을 설득했을 정도의 교섭력도 있었다. 은행측도 가미야라면 수긍한다. 다만 가미야가 판매회사 설립을 먼저 제안했다는 설도 있다. 가미야는 일개 직원에서 경영자가 될 기회라고 생각했을지도 모른다.

　이렇게 해서 1950년 4월에 도요타자동차판매가 설립됐다. 본래대로라면 도요타자동차공업이 출자해야 하지만, 당시 제한 회사로 지정돼 있었던 까닭에 그럴 수가 없었다. 그래서 가미야를 비롯한 판매부 사람들이 개인적으로 돈을 빌려 새 회사의 자본금을 마련했다. 도요타자동차공업이 주주가 된 것은 제한 회사에서 해제된 1952년부터이다.

　일본은행과 은행단은 판매회사 분리에는 만족을 표시했다. 어쨌든 융자한 돈이 제조에 사용되는 일은 없어졌기 때문이다. 도요타의 위기는 자동차가 팔리지 않는 것이 아니라 자동차를 월부로 산 고객이 불황 때문에 할부 대금을 지급하지 못한 것에서 비롯됐다.

판매회사에 대금을 회수할 때까지 버틸 자금을 제공하면 언젠가는 돌아올 돈이었다.

그렇다면 또 한 가지 조건인 인원 정리는 어떻게 됐을까? 처음에 회사 측은 재건책에 포함돼 있었던 '과잉으로 판단되는 인원의 정리'를 노동조합에 숨겼다. 평소 '해고는 하지 않을 것'이라고 공언한 기이치로의 진의를 거스르는 것이기도 했고, 기이치로와 경영진 모두 판매회사를 만들어 경영이 회복되면 인원 정리를 하지 않아도 은행단이 용납해주리라 쉽게 생각했던 것으로 보인다. 그러나 은행단은 그렇게 안일하지 않았다. 이 점은 기이치로의 인식 부족이라고밖에 할 말이 없다.

그리고 현실은 그의 실낱같은 바람과는 반대 방향으로 흘러갔다. 1950년 4월 22일, 회사 측은 도요타 노동조합에 "1,600명의 희망퇴직을 실시하고자 한다"라고 전할 수밖에 없었다. 당연히 큰 반발이 일어났다. 아울러 회사에 잔류한 직원에게도 임금 10퍼센트 삭감이라는 조건이 붙었다. 노동조합이 격분한 것도 당연했다. 이날부터 '이번에야말로 도요타는 확실히 망하겠군'이라고 생각될 만큼 격렬한 노동쟁의가 시작됐다.

1,600명이라는 인원은 당시 총 직원의 약 20퍼센트로, 닛산보다 1퍼센트포인트, 이스즈보다 3퍼센트포인트 적은 규모였다. 그러나 조합 측에 그런 것은 중요한 문제가 아니었다. 인원수의 문제가 아니라 그동안 "인원 정리는 하지 않겠다"라고 말해온 것에 대한 반발이었으며, 그들로서는 조합원의 생활을 지켜야 했다.

한편 기이치로는 연초부터 지병인 고혈압이 악화되는 바람에 나고야 교외의 야고토에 있는 별장에서 요양하고 있었다. 노동조합과의 단체교섭에 나가고 싶어도 나갈 수가 없는 몸 상태였으며, 회사에 가고 싶어도 갈 수 없는 상황이었다. 그런 그에게 고로모 공장의 파업 소식이 시시각각으로 전해졌다.

"공장 건물 지붕에 붉은 깃발이 걸렸습니다."

"구내에도 수많은 붉은 깃발이 날리고, 매일 집회가 열리고 있습니다."

"간부들에 대한 규탄도 시작됐습니다."

"오노 씨 등 각 공장장은 입구에서 저지당해 구내에 들어가지 못하고 있다고 합니다."

기이치로는 문득 생각했다.

'공장 간부들은 견디기 힘든 상황이겠구나.'

오노 또한 기계공장장으로 노동조합의 표적이 됐다. 그는 한 명이 기계를 여러 대 담당하게 하고, 공구의 연마 시스템을 집중 관리로 바꿨다. 조합원들에게는 직장의 시스템을 바꾼 가장 큰 적이라고도 할 수 있다. 기이치로가 짐작했듯이 오노는 노동쟁의 기간 동안 공격의 표적이 됐다.

"콧수염을 불러와!"

"오노가 만든 라인을 박살내버리자!"

조합원들은 온갖 욕설을 쏟아냈지만, 실제로 공장 라인에 손을 대지는 않았다. 그 대신 오노는 매일같이 규탄의 대상이 되거나 구내 출입을 제지당했다.

"합리화 반대!"

조합원과 노조 전임자가 이렇게 외치면 오노는 잠자코 고개를 끄덕였다. 그 모습을 보고 조합원들은 비웃었다.

"뭐야. 영감, 합리화를 포기한 건가?"

오노는 어색하게 웃으며 말했다. "아니, 포기할 리가 있나. 작업 효율을 개선하지 않으면 우리는 망하고 말 거야."

조합원들은 화를 냈다. "어이, 콧수염 영감. 지금 무슨 잠꼬대를 하는 거야? 직장을 엉망으로 만든 건 당신이야. 원래대로 돌려놓으라고. 노동자를 뭐로 생각하는 거야!"

그래도 오노는 물러서지 않았다. "자네들이 무슨 말을 하는지 모르는 바는 아니야. 하지만 미국 자동차 회사가 오면 어떡할 건가? 이런 자동차를 만들고 있다가는 순식간에 망하고 말 거야. 우리한테는 파업 같은 걸 하고 있을 여유가 없어."

조립 공장에 있었던 이시카와 요시유키石川義之는 노동쟁의 당시의 현장을 회고하며 "정말 괴로웠지"라고 말했다.

"노동쟁의 전까지는 회사가 그렇게 어려운 상황인 줄 몰랐어. 불경기구나 하는 걱정은 있었지만 나하고는 상관없는 줄 알았지. 노동쟁의 당시, 직원들의 사상에는 차이가 있었어. 공산 사상, 정치 무관심, 보수 등이 섞여 있어서 직장에 모여 토의하면 난장판이 됐지. 생산 현장은 가동을 멈췄고 분위기는 험악했어. 투쟁에 필요한 군자금도 바닥나서 공책이나 지우개 등 문구류를 짊어지고 고향의 친척을 찾아다니며 자금을 마련했는데, 친척이 '너희는 대체 뭘 하고 있는 거냐?'라고 묻더군.

한번은 경영 재건에 대해 이야기를 나누고 싶다면서 오노 씨를 부르러 갔어. 뭐, 실제로는 오노 씨를 세워놓고 규탄하려는 것이었지. 오노 씨는 '나한테 욕하고 싶어서겠지'라고 말씀하시면서도 와주셨어. 우리는 오노 씨를 1미터 높이의 단상에 세우고 이런저런 주장을 했는데, 오노 씨는 '나는 어떻게 하면 도요타가 살아남을 수 있을지 이야기하려고 온 거야'라고 말씀하시더군. 큰소리로 화내는 일도 없고, 무서운 사람도 아니었지만 현장의 의견에 굴복할 사람도 아니었어."

오노는 항상 당당하게 대답했다. 아무리 규탄당해도 "생각하면서 일해야 해"라고 대답할 뿐이었다. 때로는 아무 말도 없이 상대를 바라보기만 했는데, 오노가 그렇게 지그시 바라보면 조합원도 응원하러 온 사람들도 갑자기 마음이 불편해졌다. 오노는 적인 동시에 안돈을 도입해 화장실에 가기 편하게 만들어준 은인이기도 했기 때문이다.

오노는 항상 같은 말을 했다.

"일하지 않으면 먹고살 수 없어. 그리고 평범한 방식으로 일해서는 미국을 이길 수 없지. 생산성을 높여서 일하는 수밖에 없어."

다만 그 시점에 그는 아직 미국을 직접 본 적이 없었다. 헨리 포

드의 책을 읽고 미국 자동차 회사를 연구하기는 했지만 전문가도
아니었다. 그러나 초조해하고 있었다. 조금이라도 빨리 포드 시스
템을 능가하는 생산 시스템을 궁리하지 않으면 미국에 지고 만다.
전쟁에서 철저히 패하고 점령당했는데 자동차마저 진다면 일본은
어떻게 될 것인가? 오노는 파업도 규탄도 두렵지 않았다. 바로 얼
마 전까지 전쟁과 공습을 경험한 그이다. 진짜 전쟁에 비하면 노동
조합과의 투쟁 따위는 그저 집안싸움에 불과했다.

　그리고 오노의 적은 조합원이 아니었다. 포드가 만든 시스템이었
다. 기이치로가 제창한 저스트 인 타임만 완성한다면 포드 시스템
을 이길 수 있다. 이것이 그의 생각이었다. 그런 그에게 두려운 일은
저스트 인 타임을 제안한 기이치로가 경영진에서 물러나는 것이었
다. 즉 파업 중에 그가 걱정한 것은 기이치로의 거취뿐이었다.

　한편 기이치로는 조합원들에게 공격받는 간부들을 걱정했지만,
일에 대한 의욕은 충분했다. 사장을 그만둘 생각 따위 전혀 없었다.
그 증거로, 그는 어떤 인물을 자택으로 불러들였다. 과거에 다치카
와비행기立川飛行機(프린스자동차의 전신)에서 비행기를 설계하던 엔지
니어이자 훗날 코롤라Corolla 개발자로 유명해지는 하세가와 다쓰오
長谷川龍雄이다. 당시 그는 직장의 투쟁 위원장이었기에 사장이 불렀
다고 해서 태연히 사장의 집에 발을 들일 수 있는 처지가 아니었다.
그럼에도 엔지니어로서 선배인 기이치로의 부름에 응하기로 했다.

　기이치로가 말했다. "하세가와 군, 월간 생산량 500대 규모의 승
용차 공장을 만들고 싶네. 자네가 설계를 맡아주게."

하세가와는 깜짝 놀랐다. 비행기나 자동차는 설계할 줄 알지만 공장 설계에 대한 지식은 전혀 없는 자신에게 그런 제안을 할 줄은 예상도 못 했기 때문이다.

"어떤가?"

기이치로가 다시 한 번 묻자 하세가와는 이렇게 대답했다.

"사장님, 죄송합니다만 저는 생산기술 전문가가 아닙니다. 그리고 이런 말씀을 드려 대단히 송구합니다만, 지금은 노동쟁의 중이므로 이 이상은 이야기를 나누는 것도 바람직하지 않다고 생각합니다."

"그런가."

나중에 하세가와는 당시 기이치로의 기분을 상상해보고 '사장은 진심으로 내게 제안한 것이었다'라는 결론에 도달했다.

"사실은 그 전에도 갑자기 불려 간 적이 있습니다. 제가 입사 (1946년) 직후에 발명 대회에서 상을 독점했을 때입니다. 기이치로 사장님께서 부르시기에 사무실로 갔더니 이렇게 말씀하시더군요. '하세가와 군, 자네는 비행기 엔지니어였지? 그러니 다음에는 하늘을 나는 자동차를 만들어보면 어떻겠나?' 사장님은 매사에 진지한 사람이었습니다."

기이지로는 눈앞에서 일어나고 있는 노동쟁의보다 새로운 승용차와 공장 건설을 더 생각하고 있었다. 그의 관심사는 항상 그쪽에 있었다.

기이치로, 사임하다

고로모 공장 노동쟁의는 다음과 같은 양상으로 진행됐다.

4월 24일	24시간 파업
4월 25일	조합 측이 단조, 주물 공장장을 문밖으로 내쫓다.
4월 26일	그 밖의 공장장을 문밖으로 내쫓다. 오노도 이때 공장 밖으로 쫓겨났다.
5월 3일	회사와 공장 모두 사흘 동안 출입이 금지되다.
5월 6일	오전, 전체 공장 일제 직장 대회
5월 8일	24시간 파업
5월 11일	24시간 파업
5월 13일	회사 측에서 조합원 일부에게 퇴직 권고장 배포
5월 18일	조합원이 퇴직 권고장을 소각하다.
5월 20일	조합 대회

그동안 생산은 중단된 상태였다. 닛산과 이스즈의 경우, 노동조합이 2개월에 걸쳐 파업과 직장포기를 실시했지만 그 기간의 생산 대수는 그다지 감소하지 않았다. 도요타만큼 격렬한 투쟁은 아니었던 셈이다. 한편 도요타의 경우는 노동조합이 문자 그대로 파업을 계속했기 때문에 4~5월 생산 대수가 기존의 평균보다 70퍼센트나 감소해버렸다. 그만큼 대규모 노동쟁의였던 것이다.

노동쟁의와 생산 지체를 지켜본 일본은행 주도의 은행단은 점차 오노의 적은 조합원이 아니었다.

포드가 만든 시스템이었다.

기이치로가 제창한 저스트 인 타임만

완성한다면 포드 시스템을 이길 수 있다.

이것이 그의 생각이었다.

강경한 자세를 보이기 시작했다.

'기껏 융자했는데 회사가 망해버리면 원금도 회수할 수 없어.'

은행단으로서는 도요타가 일치단결하지 못하고 내부에서 자기들끼리 싸우는 것이 자멸을 향해 질주하는 것으로밖에 보이지 않았다. 그래서 기이치로 등 경영진에 "노동쟁의를 멈추게 하시오"라고 말했다. "생산을 정상화시켜서 트럭을 파시오"라고 수없이 요구했다. 그 이상의 말은 하지 않았지만, 행간에 숨겨진 의미는 짐작할 수 있었다. '무슨 수단을 써서라도 반드시 노동쟁의를 종결시키시오'라는 것이었다.

기이치로는 마침내 각오를 굳혔다.

'정상화를 위해서는 내가 책임지고 그만두는 수밖에 없다.'

5월 25일, 기이치로는 노동쟁의의 책임을 지고 사의를 표했다. 기이치로만이 아니었다. 구마베 가즈오隈部一雄 부사장과 니시무라 고하치로西村小八郎 상무까지, 대표권을 가진 세 명이 사임했다. 동업 타사의 노동쟁의와는 다른 결말에 이른 것이다. 닛산과 이스즈는 인원 정리가 실시되고 임금도 삭감됐지만 경영진은 물러나지 않았다. 오직 도요타만 경영자 세 명이 사임했다.

기이치로가 버티지 못한 데는 은행의 압력도 컸지만, 타이밍이 좋지 않았던 탓도 있다고 할 수 있다. 도요타의 노동쟁의는 두 동업 타사보다 반년 늦게 시작됐는데, 하필 그 시기가 노동운동이 정점을 찍은 시기와 겹치면서 거대한 노동쟁의로 발전하고 말았고 그 결과 결말까지 달라진 것이다.

한국전쟁 특수

　1950년 6월 5일, 기이치로 이하 3인이 사임을 발표했다. 이에 따라 노동쟁의가 종결됐다. 노동조합과 합의한 사항은 인원 정리, 직원 임금 10퍼센트 삭감이었다. 경영진이 사임하는 대가로 회사 측 주장이 전부 받아들여진 것이다. 도요타가 인원을 정리한 것은 창업 이후 지금에 이르기까지 이때가 유일하다. 전쟁이 끝난 직후에도 인원이 줄어들기는 했지만, 그때는 정규 직원이 아니라 전쟁 중 근로 동원으로 소집됐던 사람들이 떠난 것이었다.

　이어서 7월 18일에는 임시 주주총회가 열려, 도요다자동직기 사장인 이시다 다이조石田退三가 도요타자동차공업 사장을 겸임하게 됐다. 그리고 데이코쿠은행 오사카 사무소장인 나카가와 후키오中川不器男가 전무로 취임했다. 이때 이시다가 임시 주주총회장에서 연설했는데, 주주의 한 사람으로 그 연설을 들었던 쇼이치로는 당시를 회상하며 "온몸의 힘을 전부 쥐어짜내는 듯한 목소리"였다고 회상했다.

　이시다는 마지막에 이렇게 말했다.

　"회사 실적을 호전시키기 위해 분골쇄신하며 여러분의 기대를 충족시켜드린 뒤에는 다시 도요다 기이치로 씨를 사장으로 맞이할 것을 미리 여러분에게 말씀드리고자 합니다."

　이 말을 하면서 이시다는 눈물을 흘렸다. '자린고비'라고 불릴 만큼 절약에 힘쓰고 돈을 모으고자 애쓰는 사내였지만, 사장에 취임한 것은 돈이나 명예를 위해서가 아니라 '사키치 이래 도요다 가문에게 받은 은의에 보답하고 싶다'는 마음에서였다. 61세라는 나이를 생각해도 이시다가 정말로 자동차 회사의 사장이 되고 싶어서 된 것은 아니었으리라.

그런데 이시다가 사장이 된 순간, 도요타의 실적이 급상승한다. 한국전쟁이 발발해 특수特需가 발생한 것이다.

주주총회가 열리기 약 1개월 전인 6월 25일 새벽 4시, 조선민주주의인민공화국의 군대가 대한민국을 침공했다. 이날은 일요일로, 대한민국 장교들이 전전날인 금요일부터 사흘 동안 위로 휴가를 받아 전선에서 이탈한 상황이었다. 이 사실을 알고 있었던 북한군이 대한민국 영토로 침입했고, 사흘 후인 28일에는 서울에 이르렀다. 시민들이 잠에서 깨어보니 바로 곁에 북한군이 있었다고 할 정도의 불시 기습이었다.

북에서 내려온 병사의 수가 18만 2,000명인 데 비해 한국군의 수는 그 절반밖에 되지 않았다. 북한군의 대병력은 2개월 만에 대한민국의 남부까지 진군했다. 조만간 한반도에서 한국군을 쫓아낼 기세였다. 이에 미군을 중심으로 한 유엔군이 대한민국을 돕기 위해 한반도로 급파돼 전쟁에 뛰어들었다. 한반도가 전장이 되자 제일 가까운 나라인 일본은 미군이 물자를 가장 편리하게 조달할 수 있는 곳이 됐다. 패전에서 재기하지 못하던 일본 기업에 큰 기회가 찾아온 것이다.

미군은 군수와 미군 병사용 물자를 일본에서 구입해 한반도로 가져갔는데, 그중에서도 필요한 것이 군수물자를 수송할 트럭이었다. 비즈니스 기회임을 감지한 이시다는 사장으로 취임하기 전부터 미군 조달부를 찾아가 트럭 1,000대라는 대규모 납품 계약을 따냈고, 그 후에도 이듬해까지 트럭 4,679대를 납품했다. 금액으로 치면 36억 600만 엔이라는 거금으로, 만약 기이치로가 사임하지 않고 2개월만 더 버텼다면 은행에서 빌린 돈을 전부 갚을 수 있을 정도의 매출이었다.

다만 기이치로는 사장에서 물러난 뒤 도쿄로 이주해 소형 승용차를 개발하는 회사를 세울 준비를 하고 있었다. 몇 살이 됐든 그가 진정으로 하고 싶었던 것은 승용차 개발이었다. 그러므로 사임하지 않고 사장으로 남아 있었더라도, 아무리 미군이 트럭을 많이 사줬더라도 "만들 거라면 군용 트럭보다 승용차를 만들어야지"라고 말했으리라.

중흥의 시조, 이시다 다이조

도요타 중흥의 시조로 불리는 이시다 다이조는 1888년에 태어났다. 기이치로보다 여섯 살 연상이다. 그가 태어난 곳은 아이치현 지타군 고스가야촌이며, 아버지의 성은 사와다沢田였다. 다이조는 사와다 가문의 6형제 중 막내였다. 식구가 많고 아버지가 일찍 세상을 떠난 까닭에 다이조도 고등소학교만 마치고 견습 점원이 됐는데, 미쓰이물산에서 일하던 외사촌 고다마 이치조兒玉一造 덕분에 운명이 달라졌다. 고다마는 당시 미쓰이물산 면화 사업 부장이었으며, 훗날 도요면화東洋綿花(지금의 도멘)의 창업 사장이 되는 인물로, 목화, 무명실, 무명베, 방적에 대한 안목이 높았다. 그는 무명과 관련된 일을 통해 기이치로의 아버지인 사키치와 알게 돼 사업을 지원했다. 동생 리사부로를 사키치의 외동딸 아이코愛子와 결혼시키기까지 했다.

사키치의 장남은 기이치로, 장녀는 아이코이며, 나이는 아이코가 더 어리다. 따라서 리사부로는 기이치로의 매제인데, 실제 나이는 리사부로가 기이치로보다 10살 위였다. 기존 자료에는 2차 세계대전 이전 호적법에 따라 리사부로가 당주로 돼 있지만, 사키치의 장례식에서 기이치로가 상주를 맡은 것을 보면 역시 도요다 가문의 당주는 장남인 기이치로였을 것이다.

이야기가 조금 샛길로 빠졌는데, 고다마 이치조의 이야기로 돌아가자. 고다마는 외사촌 다이조가 중학교에 가고 싶어 하는 것을 알았다. 그래서 어머니에게 원조를 자청했다. "앞으로는 교육이 중요합니다. 막내 다이조 정도는 중학교에 보내시는 편이 좋아요"라며 자신이 생활비와 학비를 대겠다고 나선 것이다. 고다마는 다이조를 히코네에 있던 자신의 집으로 데려와 사가현립제일중학교에 진학시켰다. 이처럼 이시다는 어렸을 때부터 운이 좋은 사내였다. 다만 운 좋게 중학교에 진학한 뒤에는 그야말로 죽어라 노력했다.

다이조에게 가장 큰 영향을 끼친 사람은 고다마의 아내였다. 다이조 본인은 이렇게 회상했다.

"외종수의 교육 사상은 '가난은 안 된다. 어떻게 해서든 출세해라'였다. '가난하면 무엇보다 사람들 앞에서 당당하게 고개를 들지 못한다'는 것이었다.

이것이 오미(사가현의 옛 지명—옮긴이) 상인의 사고방식으로, 나는 아침부터 밤까지 이 사상으로 단련됐다. 어쨌든 죽어라 공부하고 장래의 영광을 위해 현재의 고통을 견디는 훈련을 쌓았던 것이 훗날 인생에 얼마나 도움이 됐는지는 이루 헤아릴 수 없을 정도이다."

다이조는 입신출세, 각고면려라는 메이지의 소년다운 목표를 가슴에 품고 히코네에 있는 고다마의 집에서 생활했다. 중학교를 졸업한 뒤에는 상급 학교로 진학하고 싶었지만, 얹혀사는 처지에 그것까지 부탁할 수는 없었다. 그래서 대용 교원(교원 자격이 없는 교원—옮긴이)으로 일하기 시작했지만 반년 만에 그만뒀고, 이후 교토의 수입 가구점과 도쿄의 포목점에서 행상을 하다가 나고야의 섬유 상사에서 일한 뒤 도요다방직에 입사했다. 또한 그 사이, 24세에 히코네의 이시다 가문에 양자로 들어갔다.

도요다방직에 들어간 다이조는 사키치를 만났다. 또한 도요다 가문의 데릴사위인 리사부로와도 친해졌다. 그는 사키치에게 교육을 받고, 오사카 출장소장으로 실적 향상에 공헌했고, 인도 봄베이(지금의 뭄바이)에 주재했을 때는 무명베의 판로를 확대했다. 그리고 1941년에 도요다방직에서 도요다자동직기로 옮긴 뒤 상무를 거쳐

1948년에 사장이 됐다.

그런데 다이조는 도요다방직과 자동직기에 몸담았던 시절만 해도 자동차 사업에 회의적이어서, 한때는 자동차 산업 진출 반대론을 펼치기도 했다. 이렇게 자동차에 완전히 문외한이었던 다이조를 도요타자동차공업 사장으로 추천한 사람은 초대 사장 리사부로였다. 리사부로는 다이조가 중학교를 다니던 시절부터 알고 지냈으며, 도요다방직과 자동직기에서 일하는 모습도 지켜봤다. 그리고 뭐니 뭐니 해도 다이조가 사장으로 일했던 도요다자동직기는 증산을 거듭하며 돈을 쓸어 담고 있는 상황이었다. 그래서 이익을 내고 있는 자동직기의 사장이 도요타자동차공업 사장을 겸임한다면 은행단도 이의를 제기하지 못하리라 생각했다.

또한 리사부로는 다이조가 교섭에 능하다는 사실을 알았다. GHQ와의 교섭에서 비굴해지지 않고 자신의 뜻을 밀어붙이며 영업해왔다는 이야기를 부하 직원들에게서 듣고 있었던 것이다.

전쟁이 끝난 직후, 다이조는 창고에서 자고 있는 자동직기를 수출해 돈을 벌려는 계획을 세웠다. 일본에 있었던 무명베 제조 회사가 아직 재건되지 못해 직기를 팔 상대가 없었기 때문에 판로는 해외밖에 없었다. 그래서 도쿄로 올라와 상공성과 담판을 벌였다.

담당자는 일언지하에 "무리입니다"라고 말했다. "이시다 씨, 저희는 허가를 내드릴 수가 없습니다. 저희가 허가했다고 해서 수출할 수 있는 것도 아니고요. GHQ와 상담하지 않으면 아무것도 할 수 없습니다."

상공성 담당자 말대로 당시 일본 관청에는 수출을 허가할 권한이 없었다. 이에 다이조는 GHQ 본부를 찾아갔다. 그리고 자신을 맞이한 미국인 담당자에게 고개를 숙이며 통역을 통해 "직기를 수출하고 싶으니 허가해주십시오"라고 부탁했다. 그러나…….

"안 되오. 일본은 패전국이란 말이오. 패전국이 수출이라니 당치도 않소."

그러나 다이조는 실망하지 않고 입가에 웃음을 띠며 말했다.

"네, 분명히 일본은 전쟁에서 졌습니다. 하지만 전쟁에 졌더라도 장사를 하지 않으면 먹고살 수가 없습니다. 그러니 어떻게든 허가해주십시오. 부탁입니다."

"지금 무슨 소리를 하는 거요? 전쟁에서 진 삼등국이 기계를 수출하는 건 있을 수 없는 일이오."

이 말을 들은 다이조는 화가 났다. 상대가 미국인임에도 아랑곳하지 않고 책상을 내리치며 말했다.

"그 말에는 수긍할 수 없소. 우리가 좋아서 삼등국이 된 것이 아니지 않소? 당신들이 이기고 우리가 졌기 때문에 삼등국이 된 거요. 따지고 보면 당신들 책임이 아니오? 제발 부탁이오. 수출하지 못하면 우리는 굶어죽을 서요."

다이조는 수없이 GHQ를 찾아가 이처럼 대들기도 하고 때로는 고개를 숙이기도 하면서 끈질기게 교섭을 벌였다. 계속된 거절에도 물러서지 않았다. 그리고 마침내 미국인 담당자에게 직기 800대를 수출해도 된다는 허가를 받아냈다. 2차 세계대전 이후 일본의 수출 제1호는 이시다 다이조가 허가를 받아낸 도요다자동직기였던 것이다.

새로운 도약을 꿈꾸다

1950년에 시작된 한국전쟁은 이듬해인 1951년 봄부터 교착 상태에 들어갔고, 그해 7월부터 판문점에서 휴전회담이 시작돼 2년 후인 1953년 7월에 종료됐다. 3년 1개월 동안 계속된 이 전쟁에서 한국군 95만 명, 북한군 61만 명, 참전한 중공군 50만 명, 미군 40만 명, 기타 유엔군 40만 명이 사상했다. 민간인 행방불명자는 200만 명에 이르렀다. 한국전쟁에서 유엔군이 사용한 탄약의 양은 2차 세계대전에서 미군이 일본에 투하한 폭탄의 양보다 많았다고 한다.

한국전쟁은 옆 나라 한국에는 비극적인 대참사였지만 일본 경제에는 특수를 불러와, 전쟁 기간 동안 현재 가치로 약 20조~30조 엔의 유효수요가 지속됐다. 덕분에 일본 경기가 단숨에 회복됐다. 약 3년 동안 계속된 한국전쟁 결과, 일본 산업계에 11억 3,600만 달러(특수 계약액)나 되는 돈이 들어왔다. 1달러를 360엔으로 환산하면 4,089억 엔이다.

일본 산업계가 얻은 것은 돈만이 아니다. 유엔군은 불량품을 일

체 허용하지 않았다. 전장에서 부품이 망가져 트럭이 멈춰버리기라
도 하면 병사의 목숨이 위태로워지기 때문이었다. 덕분에 도요타와
닛산을 비롯한 각 회사는 대량생산 시스템과 함께 품질 향상을 배
울 수 있었다. 도요타에는 이미 창업 이래 이어진 불량품 추방 정신
이 있었지만, 한국전쟁의 특수 생산을 통해 불량품 생산을 철저히
배격하는 작업 방법을 익혔다.

불량품 추방은 말로만 외쳐서는 절대 이루어지지 않는다. 까다로
운 고객의 지적과 클레임을 통해 배우는 수밖에 없다. 특수 발주처
였던 유엔군, 즉 미국은 돈을 내주는 고마운 고객이었지만 불량품
에는 매우 엄격했다.

경기가 좋아지자 이번에는 국내 운송 수단인 트럭의 수요가 높
아졌다. "이번 달 안에 트럭을 받을 수 있게 해주시오"라고 말하는
고객이 줄을 이었기 때문에 제조 현장은 매일 잔업 2시간의 체제
에 들어갔다. 또한 한국전쟁이 휴전 상태에 들어간 뒤에도 계속해
서 미군에 트럭을 납품했다. 미군이 직접 사용하기 위한 것이 아니
라 필리핀, 타이, 인도네시아, 남베트남 등에 대한 군사원조용 차량
이었다. 닛산, 이스즈도 미군에 차량을 납품했지만, 가장 많이 납품
한 곳은 도요타었나.

도요타자동차공업의 제22기 사업보고서(1950년 4~9월)를 보면 특
수로 실적이 급속히 회복됐다는 기술이 나온다.

과거에 끊임없이 경영상의 무거운 족쇄가 됐던 자동차 판매 통제 가격이 4월 중순에 철폐됨에 따라 한국동란 발발 후 소재, 부품, 타이어 등의 거듭된 가격 상승에도 자동차 판매 가격을 개정함으로써 수시로 채산을 시정할 수 있게 됐고, 여기에 수요와 생산이 상승해 노동쟁의 해결 후 실적이 매달 향상되기에 이르렀다.

미군에 납품한 자동차의 판매 대금은 반드시 지급되는 돈이다. 빌려준 돈이 돌아오는 것을 실감한 은행단은 사장 이시다에게 이래라저래라 참견하지 않게 됐다.

이시다는 회사 사람들에게 "나는 이 기회에 벌 수 있을 만큼 벌어들이겠다"라고 목소리를 높였고, 에이지를 불러서는 "제안이 있네"라고 말했다.

"에이지 군, 미국으로 가게."

에이지는 잠자코 이야기를 들었다.

이시다는 즐거운 표정으로 연설을 시작했다.

"내 말 잘 듣게. 특수가 끝나면 도요타는 미카와에서 나가 천하를 노릴 걸세. 자네는 그때를 위해 포드를 보러 가주게. 이건 본래 기이치로 씨가 가미야(쇼타로) 군에게 명령했던 것인데, 나는 기이치로 씨를 대신해 자네에게 미국 유학을 추천하네. 에이지 군, 본고장의 생산 설비를 둘러보고 본고장의 방식을 흡수해 돌아와주게."

이시다는 '도요타의 지배인'이라 불린다. 그러나 그의 사고방식은 피고용자의 그것이 아니었다. 이시다의 목적은 임기 중 경영 수

치를 달성하는 것이 아니라 도요타라는 회사를 반석에 올려놓는 것
이었으며, 이 목적을 달성하기 위해 미래를 내다보고 있었다. 그는
동업 타사인 닛산과 이스즈가 눈앞의 돈벌이에 몰두하는 동안 다음
수를 생각하고 미래의 도요타에 도움이 될 일을 실행에 옮겼다. 에
이지를 미국에 보낸 것은 미래의 도요타를 위해서였던 것이다.

미국의 생산 현장에서 배운 것들

에이지가 미국으로 출발한 것은 한국전쟁이 시작된 뒤였다.
비행기를 타고 갔는데, 물론 직항 편은 아니었다. 괌과 하와이를 경
유해 미국 본토로 갔다. 여권에도 '일본인'이 아니라 '연합군이 점
령한 나라의 일본인'으로 기재돼 있어서, 에이지는 그 페이지를 보
며 '일본은 독립국이 아니구나'라고 통감했다.

그해에 일본을 떠나 외국에 간 일본인의 수는 8,255명(1950년)에
불과했다. 그나마도 대부분 외무성 직원을 비롯한 공무원이었고,
민간 기업 사람이 기술 습득을 위해 외국에 가는 일은 거의 없었다.
게다가 당시 도요타는 미카와의 중소 벤처기업이었다. 그 정도 규
모의 회사가, 아무리 상무라고는 하지만 미국에 시찰을 보내는 것
은 대단히 파격적인 결정이었다. 그런 점을 생각하면 이시다는 고
집 센 시골 영감 같은 풍모와 달리 대재벌 경영자보다 훨씬 깬 사
람이었다고 할 수 있다.

이시다는 '도요타의 지배인'이라 불린다.

그러나 그의 사고방식은 피고용자의 그것이 아니었다.

그는 동업 타사인 닛산과 이스즈가

눈앞의 돈벌이에 몰두하는 동안

다음 수를 생각하고 미래의 도요타에

도움이 될 일을 실행에 옮겼다.

에이지를 미국에 보낸 것은

미래의 도요타를 위해서였던 것이다.

원래 에이지가 미국을 방문한 목적은 포드와의 기술제휴였다. 그래서 도요타자동차판매 사장인 가미야가 사전 준비를 위해 선발대로 미국에 가 있었다. 영어를 잘하는 가미야가 교섭하고, 계약서에 서명만 하면 되는 상태에서 에이지가 미국에 도착할 예정이었다.

그런데 에이지의 미국 방문이 보름 늦춰진 동안 상황이 달라졌다. 현지에 도착한 에이지는 가미야의 얼굴을 보고 뭔가 잘못됐음을 직감했다.

"가미야 씨, 이제 제가 뭘 해야 하죠?"

가미야는 무거운 표정으로 털어놨다. "에이지 씨, 기술제휴가 백지로 돌아갔습니다."

"이유가 뭐죠?"

이렇게 물어보는 에이지에게 가미야가 대답했다.

"한국전쟁 때문입니다. 미국 정부가 포드의 해외투자를 중지시키고, 나아가 기술 유출을 막을 목적으로 간부 사원이 나라를 벗어나지 못하게 했습니다. 사실상의 금족령입니다."

"그렇다면 저는 뭘 어떻게 해야 좋을까요?"

"전쟁 때문에 이렇게 된 것이라 포드로서도 어쩔 도리가 없을 겁니다. 다만 그쪽도 미안하게 생각하는지, 기술제휴는 불가능하지만 그 대신 도요타의 기술자를 받아주겠다고 합니다. 적어도 에이지 씨는 기술을 배울 수 있을 겁니다."

결국 에이지는 도요타의 제1호 실습생으로 포드 공장을 견학하게 됐다. 그는 기술 부문의 최고 결정권자이므로 시찰하고 돌아가면 부하 직원들에게 자신이 본 것을 전할 수 있다. 현장을 시찰할 사람으로는 그 누구보다 적임자라고 할 수 있다. 안도의 한숨을 내쉰 에이지는 포드 공장을 향해 출발했다.

포드의 본거지는 디트로이트 서쪽 디어본이다. 이곳에 본사를 비롯해 루즈Rouge 공장, 하일랜드파크 공장, 마운드로드Mound Road 공장, 기화기 공장, 피스톤링 공장 등 수많은 공장이 있었다. 포드가 하루에 생산하는 자동차 수는 8,000대에 이르렀다. 한편 당시 도요타의 하루 생산 대수는 40대에 불과했다. 포드가 거인이라면 도요타는 토끼 같은 존재였다.

에이지에게 포드의 최신 공장군群은 그야말로 보물 창고였다. 어느 공장을 가도 흡수할 것이 가득했다. 통역 겸 안내를 맡은 사람은 제임스 히라타ジェームズ平田라는 일본계 미국인이었다. 당시 65세였던 히라타는 화물선에서 일하면서 미국에 밀항한 사내로, 그때는 제일선에서 은퇴해 검사 부문의 고문을 맡고 있었다.

히라타는 에이지를 이곳저곳으로 데리고 다녔다. 먼저 데려간 곳은 사무직을 위한 예산관리 강좌였다. 옆에서 히라타가 친절하게 통역해주기는 했지만, 에이지는 전혀 이해할 수가 없었다. 영어를 몰라서라기보다 예산관리에 관한 설명이 지나치게 전문적이었기 때문이다. 결국 일찌감치 포기하고 다음에는 품질관리 강의를 들으러 갔다. 그러나 이 또한 무슨 말을 하는지 알 수가 없었다. 결국 에이지가 즐겁게 배울 수 있었던 곳은 생산 현장뿐이었으며, 그곳에서 일하는 노동자들과 의견을 나누며 많은 것을 배웠다.

생산 현장에서 배운 것은 물론 대량생산 그리고 포드 시스템이 었다. 용적이 도요타 공장의 두 배 가까운 거대 공장에는 라인이 직선으로 늘어서 있고, 형광등이 있어 매우 밝았다. 2차 세계대전이 끝난 직후의 도요타 공장은 아직 알전구를 조명으로 사용했기 때문에 에이지의 머릿속에는 현장이 매우 밝다는 인상이 강하게 남았다. 라인을 따라 배치된 작업원들은 매뉴얼대로 자신이 해야 할 일만 했다. 도요타의 현장에서는 이미 오노가 다능공 양성을 시작했지만, 포드에서는 선반 작업원은 선반만 다뤘다. 단능공單能工으로서 정년퇴직할 때까지 계속 같은 일만 한다. 같은 일을 하는 한 임금도 계속 같다. 다만 그들은 이 사실에 불만을 품지 않았다. 정해진 시간만큼 일하고, 정시가 되면 작업할 것이 남아 있어도 즉시 집으로 돌아간다. 현장 작업이란 자신의 시간을 잘라서 파는 일임을 이해하고 있었다.

휴식 시간에 에이지는 작업원에게 다가가 작업 내용, 하루에 만드는 부품 개수 등을 물어봤다. 그러자 모두가 자랑스러운 표정으로 "나는 이러이러한 일을 하고 있다네"라고 말해줬다. 실제로 자신이 작업하는 모습을 보여주는 사람도 있었다. 그들은 자신이 하는 일에 자부심을 품고 있었다. 벨트컨베이어의 속도에 맞춰 작업을 소화해내고 있음을 자랑스럽게 이야기하는 그들의 표정에는 상사가 시키니까 마지못해 한다는 느낌이 전혀 없었다.

"벨트컨베이어의 속도는 어떻소?"

이렇게 묻자 "벨트컨베이어가 멈춰선 안 되니까 우리가 그 속도를 따라잡는 수밖에 없네. 그 속도를 따라잡아야 숙련공이라고 할 수 있지"라는 대답이 돌아왔다. 작업원들은 관리직이나 상사보다 벨트컨베이어의 속도를 더 의식하고 있었다. 에이지는 '이것이 미국인들의 방식이군'이라고 생각했다. 지시를 받으면 그대로 한다. 일이 끝나는 시간이 되면 그 시점에 작업을 멈춘다. 일본인은 '그래도 하던 작업은 마저 끝내고 퇴근하자'라고 생각하지만, 정해진 임금에 자신의 시간을 파는 미국인 노동자들은 무보수로 잔업을 하려 하지 않는다. 아무것도 생각하지 않고 손을 움직이는 것이 대량생산 시스템이다.

이렇게 작업원들은 아무것도 생각하지 않고 일하지만, 그 위의 엔지니어 클래스는 일에 임하는 방식이 완전히 달랐다. 에이지가 살펴보니 엔지니어들은 점심도 대충 때우고 책상에 앉아 전문 서적을 읽었다. 조금이라도 커리어를 높이고자 공부하는 것이었다. 에이지는 '어쩌면 현장의 사람과 시스템은 우리가 더 나은지도 몰라'라고 생각했다.

'현장의 환경은 미국이 위야. 기계도 미국이 더 최신식이고. 하지만 현장에서 일하는 사람은 달라. 포드의 작업원들은 지시받은 일만 할 뿐이야. 오노가 육성하고 있는 다능공 같은 작업원은 없어.

반면에 도요타는 생각하며 일하는 사람을 키우지. 위에서 아무리 닦달한들 생산량은 높아지지 않아. 현장에서 생산량을 높일 방법을 궁리해야 해. 내가 할 일은 바로 그거야.

그리고 가만히 살펴보니 미국인 경영자나 관리직은 현장에 가서 작업원들과 이야기를 나누지 않는 것 같아. 그저 일방적으로 계획만 전할 뿐이지. 반면에 우리는 기이치로 형이 그러듯이 현장 작업원들과 이야기를 나눠. 모두가 평등하지. 우리가 포드를 이기려면 경영자, 작업원 할 것 없이 모두가 머리를 맞대고 궁리해야 해.'

에이지는 1개월 반 동안 여러 포드 공장 현장을 둘러봤다. 그럴 때마다 포드와 도요타의 현격한 차이에 한숨만 나오고 반성할 점이 가득했지만, 미국의 현장을 둘러본 덕분에 아이디어도 떠올랐다. 도요타의 강점은 현장에서 일하는 사람임도 알게 됐다. 다만 다른 것은 전부 미국에 뒤떨어져 있었다.

'특히 일본의 기계는 질이 좋지 않아. 사가지고 돌아가는 수밖에 없겠어.'

에이지는 이쯤에서 자동차 공장 견학을 일단락 짓고 남은 체류 기간 동안 공작기계 제조사 21곳을 돌아다니기로 했다. 좋은 기계가 있으면 수입하자는 생각이었다.

'기계를 수입해 공장에 설치하면 우리도 더 나은 자동차를 만들 수 있어.'

미국에 와서 공장을 견학하며 얻은 소득은 생산 현장을 둘러보고 작업원들과 대화한 것, 그리고 최신예 공작기계를 수입하기로 결심한 것이었다. 당시 에이지는 아직 도요타에 있는 상무 두 명 중 한 명에 불과했지만, 기이치로의 퇴직으로 도요다 가문을 대표하는 존재가 돼 있었다.

공장 견학과 실습을 마친 뒤, 그는 미래에 대해 생각했다.

'미국의 작업원을 위해 고안된 생산 시스템을 일본에 그대로 이식한들 제대로 돌아갈 리 없어. 우리는 우리의 방식으로 미국을 따라잡아야 해. 그다음에는⋯⋯, 그거야. 경영에 임하는 자는 자신을 희생해서라도 타인을 살리고 회사를 살리는 존재가 돼야 해. 그러니까 나는 달라져야 해.'

그리고 에이지에게 강한 인상을 준 것이 또 하나 있었다. '옛날의 포드는 마을 공장이었다'라는 미국인 엔지니어의 술회였다.

"영감님(헨리 포드)이 계셨을 때는 대금을 지급하기 위한 수표를 전부 그분이 발행하셨지. 그런데 젊은 2대 사장이 들어온 뒤로 회사에 직원이 늘어나면서 관리, 관리 하고 시끄럽게 떠들기 시작했어. 지금은 한창 옛날의 방식을 바꾸는 중이지."

미국인 엔지니어는 고개를 저으며 "포드는 마을 공장이었던 시절에 더 좋은 차를 만들었어"라고 말했다. 그 모습을 보고 에이지는 '포드는 잘못된 방향으로 가고 있구나'라고 느꼈다.

'도요타는 계속 시골 회사로 남도록 하자. 앞으로도 작업복 정신으로 자동차를 만드는 거야.'

현장에서
답을 찾다

처음부터 답을 가르쳐줘서는 안 되네.
그들이 생각하게 하게.
스스로 생각하도록 만드는 것이 자네가 할 일일세.
돈을 들이지 않으려면 뭔가 아이디어를 내야 해.
생각하며 일하는 작업원을 만들도록 하게.

돈을 들이지 않은 혁신, 다공정 담당

1950년, 한국전쟁에 따른 특수 덕분에 도요타 22기 결산은 플러스마이너스 제로까지 회복됐다. 이듬해에도 특수가 계속된 덕분에 다시 주주에게 배당금을 줄 수 있을 정도까지 됐다. 도산 직전에 몰렸던 도요타가 다시 일어나 일부에서는 성장성 있는 기업으로 평가받을 정도가 된 것이다.

그러나 현장에 있었던 오노는 여전히 위기감을 품고 있었다. 전혀 안심이 되지 않았다. 도요다방직에서 도요타자동차로 옮긴 순간 전쟁이 일어나 개점휴업 상태가 됐다. 패전 후 겨우 잘 팔리는 자동차를 만드는 데 성공했다 싶었더니 도지 불황으로 회사가 도산 직전의 위기에 몰렸다. 인원 정리가 원인이 돼 노동쟁의가 시작됐고, 이 때문에 그가 의지하던 기이치로가 사장에서 물러나고 말았다.

생각해보면 도요타자동차공업에 온 뒤로 고난의 연속이었다. 그렇다 보니 경기가 조금 좋아졌다고 해서 계속 포드의 대량생산 시스템으로 자동차를 만들면 앞으로도 탄탄대로가 이어지리라고는 도저히 생각되지 않았다.

미국에서 돌아온 에이지 역시 오노와 위기감을 공유했다. 두 사람은 업무가 끝난 뒤 나른 간부들도 불러 대화를 나눈 끝에 '돈을 들이지 않고 현장 가이젠을 실시하자'라고 결정했다.

에이지는 오노에게 전했다. "포드는 물류를 개선해 절약하더군. 마찬가지로 우리도 구내 물류를 개선해 비용을 절약하도록 하세."

오노는 "으음……"이라며 팔짱을 꼈다. "운송비 절감이라면 현장의 저항도 적겠죠. 하지만 핵심은 현장 가이젠입니다. 그쪽도 추진하도록 허락해주십시오."

"알겠네. 다만 돈을 들이지 않는 방향으로 진행해주게. 그리고 현장에서 일하는 사람들의 목소리도 잊어서는 안 되네. 모두가 함께 하지 않으면 결국은 뿌리를 내릴 수 없어.

처음부터 답을 가르쳐줘서는 안 되네. 그들이 생각하게 하게. 스스로 생각하도록 만드는 것이 자네가 할 일일세. 돈을 들이지 않으려면 뭔가 아이디어를 내야 해. 생각하며 일하는 작업원을 만들도록 하게."

이때 도요타에서 시작된 '창의적 궁리' 운동의 계기는 에이지의 포드 견학이었다. 창의적 궁리 운동과 도요타 생산방식이 별개의 개선 운동으로 인식돼왔지만, 둘의 지향점은 같다. 현장에서 각 작업원이 생각하는 것이 창의적 궁리이며 현장 개선인 것이다.

당초 물류와 운반 개선을 시작하면서 세운 방침은 '돈을 들이지 않고 하자'였지만, 새로운 기계도 도입했다. 그때까지 구내에서 부품을 운반할 때 사용하던 손수레와 사람이 미는 소형 광차를 지게차와 견인 트랙터로 조금씩 바꿔나간 것이다. 지게차를 채용할 때는 모두 규격이 같은 목제 팰릿(화물을 올려놓는 판-옮긴이)을 사용하기로 하고, 구내를 이동할 때의 동선도 정했다. 또한 사람의 힘으로 엔진 등을 들어 올리지 않아도 되도록 공장 안에 전기 호이스트라고 부르는 전동 크레인을 도입했다. 도요타 고로모 공장은 현재 모든 공장에 기본으로 설치돼 있는 구내 물류 시스템을 2차 세계대전 직후에 이미 정비해놓은 것이다.

새로운 기계를 도입하는 데는 돈이 들었지만, 오노는 '돈을 들이지 않고' 현장 작업원들의 사고방식을 바꿔나가는 데도 힘썼다. 그 일례가 '다공정 담당'이다. 기계를 한 대가 아니라 여러 대 사용해 일하는 다공정 담당을 정착시키기 위해 오노는 작업원들을 끈질기게 설득했고, 그 결과 노동쟁의가 끝났을 무렵에는 한 명이 대여섯 대를 담당하게 됐다. 그러나 오노는 여기에 만족하지 않고 작업 대기 시간을 줄이라고 질타했다.

오노가 싸우는 상대는 라이벌 제조사인 닛산이나 이스즈가 아니었다. 현장 작업원들이 품은 장인 기질, 제조 현장 간부들이 신봉하는 포드 시스템이었다.

"알겠나? 기계가 연기를 내면서 부품을 깎는 모습을 옆에서 지켜보는 건 일하는 게 아니야."

오노는 '연기를 내며 부품을 깎는 모습을 감독하는' 것은 자기만족일 뿐 일하는 것이 아니라고 단언했다. 이렇게 해서 작업원 한 명이 조작하는 기계의 대수를 늘려나간 것이다.

그리고 반드시 나른 종류의 기계를 담당하게 했다. 다공정을 시작할 무렵, 같은 종류의 기계를 두 대 담당하게 했더니 작업원들이 부품을 두 배로 만들어버렸다. 세 대를 담당시키면 세 배를 만들었다. 부품을 그렇게 많이 만들 필요가 없는데도 같은 종류의 기계를 담당시키면 그런 상황이 벌어졌다. 그래서 다른 종류의 기계를 담당하게 한 것이다.

"왜 다른 종류의 기계를 담당하게 한 거요?"

어떤 간부가 물었을 때 오노는 이렇게 대답했다.

"작업원들은 자신이 만든 부품의 수가 많아지면 노동강화라고 느낍니다. 일할 때는 힘들게 느끼지 않으면서도 만들어진 부품을 본 순간 자신이 혹사당했다고 착각하죠. 그러므로 부품을 필요 이상으로 만들게 해서는 안 됩니다."

간부는 '일리가 있군'이라고 생각하며 고개를 끄덕였다.

"자네, 이것저것 많이 궁리했군."

이렇게 해서 오노가 공장장을 맡은 기계공장에서는 다공정 담당이 진행됐다.

안돈도 도입됐다. 그런데 큰 문제가 있었다. 부품 수는 모자라지도 남지도 않게 됐지만, 원재료가 도착하는 시기가 일정하지 않았다. 현장은 제철소나 마을 공장에서 도착한 원재료를 사용해 부품을 가공한다. 오노는 '필요한 만큼만' 매입하고 싶었지만, 아직 외부 협력 공장에 그런 요구까지 할 수는 없었다.

스즈무라 기쿠오의 생각

스즈무라 기쿠오는 오노가 개혁을 진행하던 기계공장에 있었다. 그는 오노의 수제자로 도요타 생산방식을 확산시킨 사내이다. 체격이 좋고, 얼굴도 우락부락했다. 갈라지는 목소리로 부하 직원에게 호통쳤다. 오노가 상대를 관찰해 표정을 읽는 사람이었다면 스즈무라는 직설적으로 꾸짖는 사내였다. 그러나 뒤끝은 남기지 않는 사람이어서, 한바탕 폭발한 뒤에는 전부 잊어버리고 웃었다. 겉모습은 무섭지만 애교가 있는 사내이기도 했다.

스즈무라는 훗날 도요타 생산방식을 도요타 사내와 협력사, 외부에 전도하는 생산조사실(현재의 생산조사부)의 주사主査가 됐다. 생산현장의 지휘관이다. 주사는 부장급 직위이며 그만의 특별한 직위도 아니었지만, 과거에 도요타 현장에서는 '주사'라고 하면 스즈무라를 가리켰다. 그리고 현장 라인에 부품이 남아 있거나 문제가 발생해 부하 직원을 꾸짖을 때의 단골 메뉴가 "주사가 이걸 봤다면 한바탕 난리가 났을 거다"였다고 한다.

스즈무라 기쿠오는 1927년에 아이치현 니시카모군 고로모정에서 태어났다. 그가 10살이었을 때 생가 근처에 고로모 공장이 생겼다. 이후 아이치현립공업전문학교(현재의 나고야공업대학)를 졸업하고 1948년에 도요타에 입사해 기계공장에 배속됐다. 노동쟁의와 인원 정리가 있었던 이듬해, 불과 입사 3년 차에 현장 조장으로 발탁됐다. 본래는 입사 7~8년은 지나야 조장이 될 수 있었지만 인원 정리로 사람이 부족해진 탓에 오노가 리더로 삼은 것이었다. 그 후에는 공장 기술원으로 오노 밑에서 도요타 생산방식 전도를 담당했고, 1970년에 생산조사실이 생긴 뒤에는 앞에서 이야기했듯이 생산 현장의 지휘관이 됐다.

스즈무라가 조장이 된 1951년경의 기계공장은 분위기가 좋지 않았다. 그는 당시를 이렇게 회상했다.

"그때 도요타에서 일하던 약 8,000명 가운데 2,000명이 목이 잘렸지. 떠난 사람도 남은 사람도 지옥이었어. 누가 잘릴지 알 수 없어 전전긍긍하는 가운데 사람이 사람을 믿지 못하게 됐거든. 말 그대로 인간 불신이었지. 노동쟁의와 인원 정리는 두 번 다시 겪고 싶지 않다는 것이 우리의 솔직한 심정이었어.

그런 상황에서 한국전쟁 특수가 찾아오는 바람에 자동차를 만들어야 했지. 한 달에 700대를 만든다는 전제하에 인원 정리를 했는데 갑자기 특수로 1,000대를 만들게 된 거야. 당연히 사람이 부족했지만, 막 인원 정리를 한 뒤라서 새로 사람을 고용할 수도 없었어."

당장이라도 낭비를 없애고 생산성을 높이지 못하면 현장 인원 부족을 메울 수가 없었다. 도요타 생산방식을 뿌리내리지 않고서는 특수에 대응할 수가 없었다.

입사 3년 차인 스즈무라의 눈으로 봐도 현장에는 수많은 낭비가 있었다.

"당시 기계공장은, 쉽게 말하면 이쪽에는 드릴링머신이 모여 있고 저쪽에는 선반이 모여 있는 식이었어. 드릴링머신으로 구멍을 뚫은 부품이 드릴링머신 옆에 잔뜩 쌓여 있고, 선반 가공을 하려면 그걸 가지러 가야 하는 비효율적인 배치였지. 그러던 것을 공정 순서대로 이동시켜 흐름생산을 하기 위해 기계를 다시 배치해 라인을 만들어야 했어.

여기에 '나는 드릴링머신 같은 거 취급 안 해. 머신만 다룰 거야. 난 전문공이라고'라고 말하는 사람들도 설득해야 했지. 이런 식의 낭비를 없애고 흐름생산으로 이행하는 데 꼬박 5년이 걸렸어."

그의 이야기를 들어보면 오노는 중간창고를 없앤 뒤 다공정 담당으로 이행한 것이 아니었다. 머릿속에는 '중간창고 폐쇄'와 '다공정 담당 침투'가 각각 다른 항목으로 정리돼 있었겠지만, 현장에 가보니 모든 것이 연결돼 있었기 때문에 한꺼번에 처리해야 했다. 오노는 공장, 조장과 이야기하고 이를 조장인 스즈무라가 현장에 전하는 식으로 진행됐을 것이다.

241 다공정 담당과 함께 표준작업이라는 개념이 탄생했다. 전문공이 자신의 페이스로 선반을 다루던 시절에는 어떤 한 작업을 몇 초 동안 한다는 것이 정해져 있지 않았다. 기계 조작에 가장 익숙한 전문공이 작업 시간과 완성도를 판단했다. 그런데 모두가 각기 다른 여러 종류의 기계를 담당하는 방식으로 바뀌자 표준작업 시간을 정할 필요가 생겼다. 누가 담당해도 같은 시간에 부품을 가공할 수 있어야 흐름작업이 성립하기 때문이다.

2차 세계대전이 끝난 뒤부터 노동쟁의가 벌어지기까지의 기간 동안 도요타 현장은 전문공 집합소였다. 전문공이 각자의 기계를 사용해 자신의 페이스로 부품을 만들고, 부품이 완성되면 창고 A로 가져간다. 다음 공정인 부품 조립 공장은 창고 A에서 부품을 가져와 조립한다. 조립이 끝난 유닛 부품은 창고 B에 보관된다. 그리고 최종 조립을 하는 사람은 창고 B에서 유닛 부품을 가져와 자동차로 완성한다. 각 공정에 벨트컨베이어는 있었지만 일일이 창고에 부품을 보관했기 때문에 본격적인 흐름작업은 아니다.

몰아치기 생산을 멈춰라

스즈무라는 이런 말도 했다.

"도요타 생산방식을 갓 도입했을 무렵, 그러니까 노동쟁의 이후의 도요타 기계공장에서는 월말 몰아치기 생산이 당연했어."

월초에는 부품이 갖춰지지 않은 탓에 작업원들이 라인 청소를 하거나 빈둥거리며 시간을 보냈다. 그리고 중순에서 월말이 되면 이마에 머리띠를 질끈 묶고 "자, 이제 일하자!"라며 바쁘게 컨베이어를 돌렸다. 한꺼번에 몰아쳐서 만드는 몰아치기 생산이다.

그날그날 완성된 부품을 라인의 출구 부근에 놓아두는 것은 당연한 일이었다. 그리고 월말이 가까워지면 다음 공정 사람들이 가지러 온다. 한때는 작업장보다 부품을 놔두는 곳이 더 넓어지기도 했다. 부품이 산더미처럼 쌓이면 다들 꺼내기 쉬운 위쪽에 놓인 부품만 가져갔는데, 그러다 보니 처음에 가져다 놓은 부품은 부품 더미 바닥에서 녹이 슬어 도저히 쓸 수 없는 물건이 돼버리기도 했다.

오노는 한숨 쉬었다. 일하는 시간보다 부품 놔둘 곳을 만들거나 부품 더미에서 부품을 찾아 운반하는 시간이 더 길었던 것이다. 부품 찾기나 운반은 부가가치를 창출하지 못한다. 재미도 없으므로 다들 지치고 짜증이 난다. 부품을 누가 가져갈지를 놓고 다툼도 일어난다. 간부도 작업원도 남아도는 부품 더미에 휘둘렸다.

"몰아치기 생산을 그만둔다."

오노는 이렇게 선언하고, 먼저 원재료를 납품하는 제철소와 마을 공장 사람들을 만나러 갔다.

"월말에만 가져오지 말고 하다못해 일주일에 한 번꼴로 와줄 수 없겠소?"

"오노 씨, 운반비는 그쪽에서 부담해줄 거요?"

"아니, 그럴 수는 없소."

"그렇다면 재료 가격을 올리는 수밖에 없소."

"그것도 받아들일 수 없소."

오노는 태연하게 말했다. 다만 협력 공장에 손해를 입힐 생각은 없었다.

"그러면 이렇게 합시다. 운반비가 늘어나지 않도록 지혜를 짜내는 거요. 오토삼륜 대신 자전거를 사용해도 좋소. 그리고 지금은 트럭이 잘 팔려서 매달 자재 매입량을 늘리고 있소. 매입량이 늘어나면 운반량도 늘어나겠지. 그렇게 되면 그쪽의 오토삼륜으로 한 달에 서너 번으로 나눠서 가져와주시오."

오노는 이런 식으로 직접 업자와 교섭해 재료가 일정하게 들어오도록 했다. 월말에 한꺼번에 몰아쳐서 생산하지 않도록 재료가 들어오는 시기부터 해결해나간 것이다.

오노는 '먼저 기계공장에서 흐름을 만들자'라고 생각했다. 그런 다음 기계공장과 부품 조립 공장을 동기화하고, 그 뒤에 최종 조립까지 흐름을 확대시킨다. 그래서 결국 고로모 공장 전체에서 부품을 쌓아놓는 일을 없애고, 재료가 자동차 한 대로 완성되기까지의 흐름을 하나의 거대한 강으로 만든다. 그리고 이러한 흐름을 만드는 데 성공하면 다음에는 협력 공장을 찾아가야 한다…….

"전부 완성하려면 10년은 걸릴 것 같은데…….."

이런 말을 들으면 오노는 즉시 그렇게 시간을 들여서는 안 된다고 잘라 말했다.

'현 시점의 도요타는 한국전쟁 특수 덕분에 유지되고 있어. 트럭은 잘 팔리지. 하지만 승용차는 아직 팔리지 않고, 흐름생산도 원활하지 않아. 승용차에 강한 빅3가 일본에 상륙하면 우리는 그들이 훅 불기만 해도 날아가버릴 거야. 그 전에 현장을 정비해놔야 해.'

그러나 오노는 회의에서 이런 생각을 밝히고 결론이 날 때까지 토론하려는 생각은 하지 않았다. 새로운 생산방식을 정착시키기 위해서는 현장에서 뛰면서 궁리를 짜내 개선해나가는 수밖에 없었다. 회의에서 정답이 나올 때까지 기다릴 시간은 없었다. 이 때문에 다른 간부들이 "오노는 독재자"라고 비판하기도 했지만, 그때마다 에이지가 감싸줬다. 오노는 뭐가 정답인지 알지 못하는 상태에서도 어쨌든 매일 전진했고, 혼자서라도 현장 작업을 바꾸려 애썼다.

한편 스즈무라 등 현장의 공장들과 조장들은 오노의 의도를 이해하고 두 가지 아이디어를 냈다. 첫째는 '도카이도선'이었다. 다음 공정 작업원이 부품 더미에서 적당히 부품을 가지고 와서 작업하는 방식으로는 저스트 인 타임이 되지 않는다. 그래서 공장과 공장을 연결하는 광차용 레일에 짐받이를 단 견인차를 달리게 했다. 그리고 전방 공정 작업원은 짐받이에 실을 수 있을 만큼만 만든다. 짐받이에만 완성된 부품을 놔둘 수 있도록 정한 것이다. 또한 짐받이 크기도 정해서 한번에 대량으로 운반하지 못하도록 했다. 도카이도선이 생긴 결과, 라인 출구에 있었던 부품 더미가 사라졌다. '간판'이 시작되기 전의 궁여지책이었다.

두 번째 아이디어는 '훈도시'였다. 훈도시란 길쭉한 종이에 적은 작업 지시서를 가리킨다. 종이 한 장에 그날 만들 부품의 종류와 수량을 적은 것인데, 그날 만들 분량의 합계를 적어놓으면 각 현장은 "좋았어!" 하고 단번에 만들어버린다. 그래서 스즈무라는 작업을 평준화하기 위해 부품의 종류와 수량을 조금씩 알리기로 했다. 현장 작업원은 완성 부품을 납입하면 스즈무라를 찾아간다. 그러면 스즈무라는 '훈도시'에서 다음 작업분만 잘라 건넨다. 이렇게 해서 대로트 생산이 소로트 생산이 됐고, 작업도 평준화돼갔다.

오노가 전체상을 설명하면 현상 사람들이 아이디어와 방법을 궁리해 라인에 도입한다. 도요타 생산방식은 책상 위에서 만들어진 계획이 아니다. 도카이도선이나 훈도시처럼 단순하지만 실용적인 아이디어가 구체화된 방식이었다.

기이치로의 죽음

　　도요타의 사장을 사임한 기이치로는 도쿄 세타가야의 오카모토에 있는 자택에 연구실을 만들고 부하 직원 몇 명과 소형 헬리콥터 설계에 힘썼다. 소형 헬리콥터는 압축공기를 사용하는 엔진이 특징인 헬리콥터로, 기이치로가 독일 항공기 제조사 융커스Junkers의 디젤엔진에서 아이디어를 얻었다.

　　훗날 헬리콥터 설계도를 본 에이지는 이런 느낌을 받았다고 한다. "기이치로 형이 융커스의 엔진을 상당히 연구했구나 싶었지. 그런데 사용법이 정말 참신했어. 일반적인 사용법과 완전히 달랐지. 생각도 못 한 사용법이더라고. 기이치로 형은 항상 남들이 생각도 못 하는 것을 생각해내는 사람이었어."

　　개발한 소형 헬리콥터는 화물을 실어 "공중 운송에 사용할 것"이라고 말했으니, 기이치로는 드론 연구의 선구자이기도 했다. 회사에서 쫓겨난 몸이지만 무위도식하며 지내지 않고 엔지니어로서 충실하게 생활했다. 도요타의 경영이 회복돼 주식배당금이 들어온 덕분에 수입도 늘었다. 기이치로는 취미로 헬리콥터를 연구한 것이 아니라, 자기 자금으로 새 회사를 설립할 계획까지 세우고 있었다.

　　그런 3월의 어느 날, 도요타자동차공업 사장인 이시다 다이조가 나고야에서 기이치로를 찾아왔다.

　　"도련님, 드릴 말씀이 있습니다. 저는 이미 환갑을 넘긴 몸(당시 64세)입니다. 도요타가 재건되기는 했지만, 아직은 트럭밖에 팔지

오노가 전체상을 설명하면
현장 사람들이 아이디어와
방법을 궁리해 라인에 도입한다.
도요타 생산방식은
책상 위에서 만들어진 계획이 아니다.
도카이도선이나 훈도시처럼
단순하지만 실용적인 아이디어가
구체화된 방식이었다.

못하는 것이 현실입니다. 이제는 승용차를 개발해야 할 때입니다. 그러니 돌아와주십시오. 도런님께서 돌아오시지 않으면 저는 편히 은거할 수도 없습니다. 제발 부탁드립니다."

이시다는 이렇게 말하며 고개를 숙였다. 기이치로는 불의의 방문과 요청에 놀랐지만, 도요타에서 승용차를 만드는 것은 기이치로에게도 숙원이었다. 그러나 갓 설계를 마친 헬리콥터를 시험 제작해 시험 비행을 하고 싶은 마음이 강했다. 뼛속까지 엔지니어인 만큼 사업보다 기술 개발을 우선하고 싶었다.

"무슨 말인지 잘 알겠네. 하지만 내게도 하고 싶은 일이 있으니 조금만 생각할 시간을 줄 수 없겠나?"

이시다의 목소리가 거칠어졌다. "무슨 말씀을 하시는 겁니까? 도런님이 없으면 승용차 개발은 진척되지 않습니다. 그 사이에 미국 회사들이 오면 대체 어떡하려고 그러십니까? 빅3가 오면 어떡하실 겁니까?

저는 미국과의 전쟁에서 또 지기는 싫습니다. 그런 꼴은 두 번 다시 당하고 싶지 않습니다. 애초에 3년 안에 생산성을 높이지 못하면 일본 자동차 회사는 사라질 거라고 말씀하신 분은 바로 도런님 아니었습니까?"

이렇게 추궁당하니 기이치로도 할 말이 없었다.

이시다는 말을 이었다. "도런님, 도런님밖에 없습니다. 직기와 자동차 업계에서 도런님을 모르는 사람은 아무도 없습니다. 도요다 기이치로라고 하면 모두가 '아아, 그 사람?' 하고 압니다. 그러니 사장을 한 번 그만둔 정도는 아무런 흠도 되지 않습니다. 도련님이 오시지 않으면 승용차 개발이 불가능합니다."

기이치로는 팔짱을 끼고 생각에 잠겼다.

그 모습을 보고 이시다는 다시 설득에 들어갔다. "도련님, 예전에 제가 자동차 개발에 반대했던 것을 기억하십니까? 그때 도련님께서는 제게 '자네는 자동차 개발에 크게 반대하는군. 하지만 자동차를 개발하지 않는다면 우리는 더 이상 성장할 수 없네. 언제까지나 직기 회사에 머물러 있을 수는 없지 않은가? 아, 자네 자동차 면허를 따보면 어떻겠나? 그러면 내가 자동차를 한 대 선물하겠네. 물론 내가 만든 자동차로 말이지'라고 말씀하셨죠.

도련님. 저는 아직 그 차를 받지 못했습니다. 그러니 빨리 만들어서 주십시오."

기이치로로서도 이시다가 이렇게까지 설득하는데 계속 고개를 가로저을 수는 없었다. 애초에 자동차가 싫은 것도 아니었고, 헬리콥터는 승용차 개발과 함께 진행하면 된다고 생각했다.

"알겠네. 자네 뜻에 따르지. 함께 잘해보세."

기이치로는 복귀를 결심했다. 안심한 이시다는 즉시 나고야로 돌아갔다. 기이치로가 복귀하면 사장 자리에서 물러나 자동직기로 돌아갈 생각이있다.

기이치로는 행동을 개시했다. 복귀 준비를 하고, 통산성, 은행, 거래처 등을 순회하기 시작했다. 회의를 소집하고, 이동 중에는 승용차 설계 아이디어를 짜냈다. 밤에는 사람들과 만나 술잔을 기울이며 의견을 나눴다. 역시 그는 자동차를 좋아했던 것이리라. 헬리콥터 이야기밖에 하지 않던 사람이 복귀를 결정한 뒤로는 자동차 이야기만 하게 됐다.

매일 밤늦게까지 일하고 술을 마시는 생활이 계속됐다. 세타가야의 자택으로 돌아갈 시간이 아깝다며 친구가 경영하는 쓰키지의 고급 식당 겸 여관인 '야나기'에 머물렀다. 그리고 사장으로 복귀할 것을 이시다 다이조에게 전한 지 1개월도 지나지 않은 3월 21일, 기이치로는 여관방에서 쓰러져 의식을 잃었다. 지병인 고혈압이 원인이 된 뇌출혈로, 응급처치 후 자택으로 옮겨졌지만 혼수상태가 계속됐다.

다이조와 에이지 등 간부들은 병상을 걱정해 나고야에서 급히 상경했다. 누워 있는 기이치로를 가족과 다이조, 에이지가 둘러쌌다. 그러나 기이치로는 의식을 회복하지 못하고 계속 잠들어 있었다. 주위 사람들은 그가 일어나기를 기도하는 수밖에 없었다. 그러나 쓰러진 지 1주일이 지난 3월 27일 아침, 기이치로는 결국 돌아올 수 없는 곳으로 떠나고 말았다. 향년 57세. 죽기에는 너무나도 젊은 나이에, 게다가 도요타의 리더로 복귀하기 직전이었다. 참으로 안타까운 죽음이었다.

오노 등 현장 사람들은 고로모 공장에서 비보를 들었다. 사임한 지 2년 정도밖에 지나지 않았기도 해서 일하는 사람들 모두 기이치로를 똑똑히 기억하고 있었다. 기이치로가 돌아온다는 소식을 듣고 '드디어 승용차 개발이 시작되는구나'라고 기대한 사람도 있었다. 호경기가 계속돼 2교대로 일하고 있었는데, 그날만은 다들 일이 손에 잡히지 않았다. 오노도 이때만은 빨리 일하라고 호통칠 수 없었다.

"저스트 인 타임은 기이치로 씨가 시작한 것이었어……."

시작한 일을 마무리할 사람은 자신밖에 없다. 오노는 현장에서 조용히 합장하며 명복을 빌었다.

기이치로가 죽은 지 2개월여가 지난 6월 3일, 도요타 초대 사장인 리사부로가 뒤를 따르듯이 향년 68세로 세상을 떠났다. 리사부로는 자동차 개발을 그리 긍정적으로 생각하지는 않았지만, 그래도 기이치로와 함께 걸어온 사람이다. 창업을 이끌었던 두 사람이 잇달아 세상을 떠난 것이다.

창업 이후 그날까지 도요타에 순탄했던 시기는 없었다고 해도 과언이 아니다. 리사부로가 세상을 떠나기 전, 에이지는 기이치로의 장례식을 보고하기 위해 그를 찾아갔다. 병상에 있었던 리사부로는 에이지를 봐도 일어날 수 있는 상태가 아니었다.

"그때 내가 들었던 말은 '도요타는 승용차를 만들어야 해'였어. 자동차를 만드는 것에 가장 반대했던 사람이 '지금 트럭만 만들어서는 안 돼. 무슨 일이 있더라도 승용차를 만들도록 해'라고 말한 거야. 나는 기운을 내시도록 '지금 준비하고 있습니다. 곧 완성되니 반드시 보여드리겠습니다'라고 힘주어 말했는데, 안타깝게도 완성된 차를 보여드릴 수가 없었어."

두 사람이 살아 있었다면 도요타의 역사가 달라졌을까? 나는 달라지지 않았을 것이라고 생각한다. 만약 달라졌다면 쇼와시대에 드론을 개발했다는 것 정도가 아닐까? 기이치로는 승용차를 개발하면서 저스트 인 타임을 철저히 추진하고, 나아가 여력을 짜내 반드시 소형 헬리콥터 개발에 매진했으리라.

기존 자료를 보면 기이치로를 이지적인 기술자로 묘사해놨지만, 실제 모습은 앞을 향해 과감하게 돌진하는 천생 자동차 엔지니어이며 벤처기업가였다. 2차 세계대전 이전의 자동차업계를 아는 노령의 인물을 인터뷰했을 때 "그 시절에 자동차를 만들려 했던 사람들은 지금의 경영자와는 달랐죠"라는 말을 들었다. 에이지가 말했듯 기이치로는 다른 사람들이 생각도 못 한 일을 하는 사내였다.

제7장

THIS IS TOYOTA

간판방식이란
무엇인가

오노가 도입한 도요타 생산방식은
일이 바빠지도록 만드는 개혁이 아니었다.
오히려 쓸데없는 노동을 줄이는 개혁이었다.

슈퍼마켓 방식, 스스로 작업을 통제하다

　　도요타 창업자인 도요다 기이치로가 세상을 떠난 1952년, 전년도에 체결된 연합국의 '일본국과의 평화조약', 통칭 샌프란시스코 강화조약이 발효됐다. 일본은 다시 독립국이 됐고, 주둔군이라 불렸던 연합군(주체는 미군)은 해산, 철수했다. 다만 동시에 미일 안전보장 조약이 체결돼 미군만은 주둔군으로 이름을 바꿔 일본에 남았다.

　　강화조약과 안보조약이 빠르게 체결될 수 있었던 이유는 미소 냉전이 심각해졌기 때문이다. 같은 해 11월, 미국은 소련과의 차이를 벌리기 위해 개발하던 수소폭탄의 실험에 성공한다. 그러나 이 이듬해인 1953년이 되자 소련과 영국도 미국의 뒤를 이어 수소폭탄 보유국이 됐다. 핵무기는 원자폭탄에서 수소폭탄으로 바뀌었고 파괴력도 커졌다. 소련이 1961년에 실험한 '차르봄바'라는 수소폭탄은 폭발력이 히로시마에 떨어진 원자폭탄 '리틀보이'보다 3,300배나 되는 것으로 추정된다. 현재도 초강대국이 보유하고 있는 핵무기는 원자폭탄 따위는 비교도 되지 않는 파괴력을 지닌 것이다.

　　다시 독립국이 됐다고는 했지만, 일본 주변은 안전하다고 할 수 없었다. 1950년에 시작된 한국전쟁은 당시도 계속되고 있었고, 1953년에야 휴전이 성립됐다. 이렇게 해서 한반도에서는 전쟁의 불길이 가라앉았지만, 베트남에서는 1946년에 프랑스를 상대로 시작한 독립 전쟁이 1954년까지 계속됐다. 미국과 소련의 다툼이 아시아 각지에 불씨를 뿌린 것이다.

다만 두 강대국의 실력이 동등했던 것은 아니다. 2차 세계대전 이후 소련의 GDP는 전성기에도 미국의 3분의 1에 미치지 못했다. 자국보다 세 배나 부유한 나라를 상대로 경쟁했던 것이니 당시의 소련은 상당한 무리를 거듭했을 것으로 생각된다.

도요타 같은 일본의 민간 기업은 실적을 높이고 있었다. 부흥이 일단락됐고, 인프라도 갖춰졌다. 패전 후 베이비붐 시기에 태어난 아이들이 유아에서 아동이 돼 소비자 대열에 합류하기 시작했다. 아이들이 성장함에 따라 엄청난 수요가 발생했고, 그것이 호경기 지속으로 이어졌다. 1954년부터 시작된 진무 경기神武景氣, 뒤이은 이와토 경기岩戸景氣에서 고도 경제성장으로 이행할 수 있었던 것은 일본 인구 증대, 소비자 증가가 계속된 덕분이었다.

그 무렵, 도요타가 만든 트럭은 날개 돋친 듯이 팔려나갔다. 사장 이시다 다이조는 "한국전쟁 특수가 끝난 뒤에도 자동차는 반드시 팔린다. 나는 이 기회에 벌 수 있을 만큼 벌어들이겠다"라고 말하며 "일단 만들어라. 닥치는 대로 만들어라"라고 현장을 독려했다. 그렇게 해서 자동차를 마구 팔아 돈을 모음으로써 무배당이었던 회사를 배당을 주는 회사로 바꾼 것이다.

1953년, 기계공장 공장장이었던 오노 다이이치는 기계공장과 부품 조립 공장 사이에 어떤 시스템을 채용했다. 처음에 오노는 이것을 '슈퍼마켓 방식'이라고 불렀는데, 후방 공정 작업원이 완성된 부품을 가지러 전방 공정으로 가는 시스템이었다. 그때까지 후방 공정 따위는 생각하지 않고 재료가 있는 만큼 부품을 만들어서 다음 공정으로 보내던 것을 후방 공정 작업원이 주체적으로 가지러 오도록 바꾼 것이다.

오노는 학창 시절에 급우가 해준 이야기에서 슈퍼마켓 방식의 힌트를 얻었다. 나고야고등공업학교(현재의 나고야공업대학) 축구부에 함께 있었던 야마구치라는 급우가 미국에 갔다는 이야기를 들은 오노의 학급에서는 '미국 여행담을 듣는 모임'을 열었다. 오노도 흥미를 느껴 모임에 참석했다. 야마구치는 촬영해 온 슬라이드를 보여주면서 자신이 보고 들은 미국의 모습을 설명하기 시작했다. 그런데 오노뿐 아니라 참석한 동급생들의 눈이 커다란 상점 사진에 집중됐다. 고기, 채소, 통조림, 빵, 우유 등 식료품과 잡화가 상품 진열대 한가득 진열돼 있었다. 그 자리에 있던 사람들은 자기도 모르게 한숨을 내쉬었다.

'미국에는 통조림이나 우유가 저렇게도 많구나.'

오노도 상품의 풍부함에 압도됐지만, 그보다도 '일본과는 다른 점'을 한 가지 깨달았다.

"야마구치, 혹시 저기에는 점원이 없는 거야? 점원의 모습이 보이지 않는데……."

그러자 야마구치가 슬라이드를 멈추고 대답했다. "응. 저기는 큰 점포였는데도 매장에 점원이 없었어. 출구에 계산하는 곳이 있고

처음에 오노는 이것을 '슈퍼마켓 방식'이라고 불렀는데,

후방 공정 작업원이 완성된 부품을 가지러

전방 공정으로 가는 시스템이었다.

그때까지 후방 공정 따위는 생각하지 않고

재료가 있는 만큼 부품을 만들어서

다음 공정으로 보내던 것을 후방 공정 작업원이

주체적으로 가지러 오도록 바꾼 것이다.

그곳에 여성 점원이 있을 뿐이야. 손님들이 진열대로 가서 상품을 고른 다음 계산대로 가져가서 물건값을 내는 식이었어."

"매장에 사람이 없다니 신기하네. 저렇게 많은 물건을 놔두고도 도둑맞거나 그러지 않는 거야?"

"하하, 아무도 그러지 않아. 저긴 미국이잖아. 물건이 넘쳐나는 나라라고. 게다가 그렇게 값비싼 물건은 없어. 고작해야 채소, 육류, 우유 정도이지."

오노는 팔짱을 끼고 야마구치에게 물었다. "그런데 저기는 무슨 가게야?"

"오노, 너 저기가 상당히 마음에 든 모양이구나. 저기만이 아니야. 미국의 식료품점은 전부 저런 식이야. 슈퍼마켓이라고 하더라. 마켓이란 영어로 시장이라는 뜻이야.

일본처럼 청과물 가게나 생선 가게의 꼬마 점원이 다가와서 뭘 사러 왔냐고 물어보지 않아. 자신이 직접 필요한 물건만 사 가는 거야. 점원한테 물건을 달라고 하지 않아. 조용히 가지고 와서 돈을 내면 끝이지. 자, 이 이야기는 이제 그만하고……."

슬라이드는 다음으로 넘어갔다. 그러나 오노는 계속 슈퍼마켓 슬라이드에 대해 생각했다.

'미국인은 합리적이군. 손님은 냉장고 크기를 고려해 오늘 밤에 먹을 만큼만 사가지고 돌아가면 돼. 미국에는 물건이 많으니까. 언제 가도 있으니까. 그러니까 필요한 때 가지러 가면 되는 거야. 가게에서는 손님이 가져가서 줄어든 만큼만 보충하면 되고 말이야.

필요한 물건은 필요한 때 있으면 되는 거야……'

오노는 공장 효율화에 관해 생각하다 당시의 일을 떠올리고 무릎을 탁 쳤다.

"이 방식이라면 기이치로 씨가 말씀하셨던 저스트 인 타임도 가능할지 몰라. ……그래, 그런 거였어."

오노는 현장의 공장, 조장을 모아놓고 "지금부터 슈퍼마켓 방식이라는 것을 시작할 거야"라고 선언했다. 그러나 그곳에 있는 사람들 모두 어리둥절할 뿐이었다. 그도 그럴 것이, 본 적도 들은 적도 없는 이야기였기 때문이다. 슈퍼마켓이 뭔지 몰라 모두가 혼란에 빠졌다. 이해에 도쿄 아오야마에 셀프 계산대 방식의 슈퍼마켓인 기노쿠니야가 문을 열었다. 도쿄의 극히 일부 부유층이라면 슈퍼마켓이라는 개념을 이해했을지도 모르지만, 고로모정에 있는 공장에서 일하는 사람들이 그것을 이해할 수 있을 리 없었다.

어떤 공장이 입을 열었다. 자리에 있는 모든 이를 대표하는 의견이었다. "공장장, 슈퍼마켓이라는 게 뭡니까? 무슨 말인지 하나도 모르겠습니다. 우리가 뭘 해야 하는 겁니까?"

오노는 "잘 듣게. 미국에는 슈퍼마켓이라고 해서, 매장에 사람이 없는 가게가 있어"라고 설명한 뒤 "그걸 흉내 내는 거야. 우리는 이렇게 하면 돼"라며 시스템을 설명했다. "지금까지는 전방 공정이 부품을 만들어서 계속 쌓아놨잖아? 후방 공정은 상관하지 않고 말이야. 오늘부터는 그걸 바꾸는 거야. 그러니까 알기 쉽게 말하면 후방 공정은 '손님', 전방 공정은 '슈퍼마켓'이야. 손님은 부품이 부족해지면 슈퍼마켓에 가서 자신이 쓸 만큼만 보충해 오는 거지. 알겠나? 라인 옆에 부품 더미가 생길 만큼 잔뜩 가져와서는 안 돼. 필요한 만큼만 가지고 오는 거야."

공장이 질문했다. "그게 지금까지와 뭐가 다른 겁니까?"

오노는 조금 화가 났다. "내 설명이 이해하기 힘들었나? 그러니까 말이야, 나는 필요 이상으로 부품을 만들고 싶지 않은 거야. 전방 공정은 필요한 만큼만 만들면 돼. 그리고 후방 공정이 부품을 가지러 오는 거야."

그러나 사람들은 여전히 이해하지 못했다. "저기……, 그 슈퍼 뭐시기인지 하는 것 말입니다만, 매장에 물건을 파는 사람이 없고 출구에 계산하는 사람만 있는 겁니까?"

"맞아. 바로 그거야."

"그렇다면 들어가서 돈을 내지 않고 만두라든지 빵이라든지 먹어치울 경우는 어떻게 되는 겁니까?"

이런 질문을 받자 오노는 막막해졌다. 자신도 슬라이드에서 봤을 뿐 슈퍼마켓을 잘 아는 것은 아니었기 때문이다. 그저 이렇게 설명하는 수밖에 없었다.

"바보같이. 미국은 신사의 나라야. 가게에서 돈도 내지 않고 만두를 먹을 사람은 없다고. 나는 그렇게 생각해. 뭐, 그건 됐고, 내가 하고 싶은 말은 후방 공정이 전방 공정으로 물건을 가지러 가라는 거야. 그렇게만 하면 돼."

그 자리에 있었던 사람들은 결국 슈퍼마켓이 뭔지 이해하지 못했을 것이다.

다만 실제로 현장에 적용해보니 의외로 원활하게 진행됐다. 생산 목표량이 증가한 것도 아니고, 벨트컨베이어의 속도를 높인 것도 아니다. 눈으로 보이는 변화란 라인 옆에 쌓여 있던 부품이 사라진 것이었다. 그때까지 무작정 일하던 것이 후방 공정을 생각해 필요한 만큼만 만들게 됐다. 즉 스스로 작업을 통제하게 된 것이다. 좀 더 말하면 생각하면서 일하게 됐다. 다만 그래도 수중에 부품이 없는 것이 불안해 발밑에 부품을 숨겨놓는 사람이 있었다. 그래서 이번에는 오노가 현장을 돌면서 부품을 숨겨놓은 작업원을 꾸짖었다. 결국 후방 공정 작업원이 전방 공정으로 부품을 가지러 가는 시스템은, 시간이 걸리기는 했지만 실현됐다. 그러나 슈퍼마켓 방식이라는 이름은 사라졌다.

1개월이 지났다. 현장 흐름이 원활해지자 오노는 다시 공장들과 조장들을 불러 모았다.

"자, 후방 공정이 부품을 가지러 가는 데 익숙해졌으니 앞으로는 이걸 사용하도록 해."

이렇게 말하며 부품 수량이 적힌 30센티미터×45센티미터의 판을 보여줬다. 그리고 그것을 부품을 담은 짐받이 앞면에 붙였다.

오노는 종이에 그림을 그려가며 주위 사람들에게 설명했다.

"완성된 부품에 이 간판을 붙여놓는 거야. 그러면 후방 공정 사람이 가지러 오는 거지."

후방 공정 작업원은 부품을 받으면 간판만 떼어서 전방 공정으로 돌려보낸다. 전방 공정은 간판이 돌아오면 거기에 적혀 있는 만큼만 부품을 만든다. 그리고 부품이 완성되면 간판을 붙여서 후방 공정이 가지러 오기를 기다린다. 요컨대 만든 부품에 지시표를 붙이는 시스템이다. 간판이라는 지시표가 붙어 있으므로 전방 공정은 후방 공정이 필요로 하는 양만 만들 수 있다. 이때는 기계공장에서 부품 조립 공장으로 가지러 갈 때만 간판을 사용했지만, 전체 공장으로 확대됨에 따라 다양한 종류의 간판이 탄생하게 된다.

오노는 이렇게 말했다. "슈퍼마켓 방식으로 흐름을 만든 것이 먼저였어. 간판을 생각해낸 건 그 뒤였지."

처음에 오노는 간판이라는 이름이 유명해지리라고는 꿈에도 생각하지 못했다. 그런데 수년이 지난 뒤 '도요타 현장이 이상한 이름의 도구를 사용하고 있다'는 소문이 퍼지고 동업 타사 사람들과 업계지 기자들이 '간판방식'이라고 부르기 시작하면서 세상에 알려지게 됐다.

"유독 간판이라는 이름만 유명해진 것에 당혹감을 느꼈지." 오노는 훗날 이렇게 이야기했다. "간판은 물론 중요하지만 어디까지나 저스트 인 타임을 실현하기 위한 운용 수단일 뿐이야. 간판만 흉내내면 현장은 혼란에 빠지고 말지. 간판을 붙이기 전에 공장 전체에 흐름을 만들어야 해. 또한 도요타 생산방식이라는 개념을 이해하지 않고 부품에 간판을 붙이는 것은 의미가 없어."

간판은 물론 중요하지만

어디까지나 저스트 인 타임을 실현하기 위한

운용 수단일 뿐이야.

간판만 흉내 내면 현장은 혼란에 빠지고 말지.

간판을 붙이기 전에 공장 전체에 흐름을 만들어야 해.

또한 도요타 생산방식이라는 개념을 이해하지 않고

부품에 간판을 붙이는 것은 의미가 없어.

'간판방식'이 화제가 된 뒤로 다양한 해설서가 나왔다. 그것을 읽은 오노는 현장에 와서 부하 직원들에게 확실히 못을 박았다.

"요즘 간판에 관해 정리한 책이 여러 권 나왔더군. 나도 읽어봤어. 하지만 이건 직접 실천해본 사람이 아니면 알 수 없어. 자네들은 실천을 통해 배웠으니 책은 일체 읽지 않아도 돼. 내가 쓴 것도 포함해서 말이야. 어차피 읽는다고 이해할 수 있는 게 아니니까."

일하는 의식의 개혁

분명히 세상에는 '간판방식' 혹은 '도요타 생산방식'을 해설한 책이 많이 나와 있다. 오노가 직접 쓴 책은 물론이고 오노의 제자들, 그리고 연구자들, 신문이나 잡지 기자들이 쓴 책도 있다. 그런 책들을 보면 하나같이 '로트 생산', '택트타임', '리드타임' 같은 전문용어를 사용했다. 일반 독자는 전문용어를 본 순간 이미 읽을 의욕을 잃어버리며, 읽어도 이해하지 못한다.

분명히 이런 종류의 책은 읽기만 해서는 머릿속에 공장 현장이 떠오르지 않는다. 하물며 '후방 공정에서 전방 공정으로 가지러 가는' 것이 얼마나 획기적인지 전혀 이해하지 못할 것이다. 정말로 이해하고 싶으면 직접 공장에 가보는 수밖에 없다. 그것도 도요타 공장만 봐서는 의미가 없다. 도요타 공장과 다른 자동차 회사 공장을 보고 비교해야 한다. 그러지 않으면 도요타 생산방식의 어떤 점이 혁명적인지 짐작할 수 없다. 도요타 생산방식을 채용한 공장에 가면 중간창고가 없다. 또한 공장 내부에 부품을 놔두는 곳이 없거나 아주 작다. 그것을 보는 것이다.

그렇다면 왜 오노는 "책을 읽지 않아도 돼"라고 말했을까? 그 이유는 오노가 일부러 독자들이 이해하기 어렵게 설명했기 때문이다. 본인은 이렇게 말했다.

"미국 자동차 회사가 흉내 내면 안 되기 때문에 외부 사람들이 이미지를 떠올리기 힘든 이름을 붙였지. 그게 '간판'이야."

오노의 말처럼, 처음에 그가 도요타 생산방식을 설명한 문장을 보면 외부 사람은 이해할 수 없는 조어나 전문용어를 사용했음을 알 수 있다.

'그렇다면 책을 쓰지 않는 편이 나았지 않아?'

누구나 이렇게 생각할 것이다. 사실 오노도 책을 쓸 생각이 없었다. 그러나 '도요타 생산방식이 효과를 내고 있다'는 소문을 들은 다른 자동차 회사 사람들이 멋대로 추측해 간판 비슷한 것을 도입하는 바람에 그 공장 작업원들이 혼란을 겪었다. 국회에서는 '도급회사 괴롭히기'라는 논란까지 벌어졌다. 그래서 진짜 도요타 생산방식에 관해 책을 쓴 것이다. 그러나 만인이 이해할 수 있도록 쓰지는 않았다.

많은 자료에 오노가 도요타 생산방식을 처음 도입했을 당시 현장이 반대했다고 적혀 있다. 그렇다면 현장 사람들은 생산 시스템의 어떤 부분에 반발했을까? 여러 기계를 조작할 수 있는 작업원이 되는 것, 표준작업 설정, 안돈 도입, 문제가 발생하면 라인을 멈추는 것, 후방 공정이 전방 공정으로 부품을 가지러 가는 것. 이 다섯 가지는 육체적인 스트레스가 동반되는 신방침이 아니다. 이 다섯 가지를 도입했다고 해서 전보다 무거운 짐을 운반하거나 빠른 속도로 일을 처리하도록 요구받는 일은 없기 때문이다.

어느 날, 후방 공정 작업원이 부품을 가지러 오기 전에 전방 공정 작업원이 부품을 짐받이에 가득 찰 만큼 만들고 작업을 끝내버렸다. 그러자 전방 공정 조장이 "이대로는 작업원이 놀게 되니 조금 더 작업을 시켜서 부품을 만들었으면 합니다"라고 오노에게 말했다.

이에 오노는 이렇게 대답했다. "할 일을 다해서 한가한 사람은 더 일하지 않아도 돼. 그 자리에서 쉬게 해. 기계 청소 같은 것도 할 필요 없어."

어떤 간부가 오노의 말을 듣고 "왜 작업원을 쉬게 하는 거요?"라고 몰아붙이자 오노는 태연한 표정으로 "쓸데없이 벨트컨베이어를 가동시키면 전기 요금이 들어갑니다"라고 대답했다. 간부는 기가 막혀서 아무 말도 하지 못했다.

오노가 도입한 도요타 생산방식은 일이 바빠지도록 만드는 개혁이 아니었다. 오히려 쓸데없는 노동을 줄이는 개혁이었다.

실상은 그러했지만, 그래도 작업원들은 반발했다. 그렇다면 대체 어떤 점이 마음에 들지 않았을까? 반발한 점은 두 가지였다.

첫째, 작업원들은 그때까지 자신들이 일해온 방식을 타인에게 부정당한 것이 싫었다.

"한 가지 기계 말고 여러 종류 기계를 조작해라."

"라인 출구에 부품을 두지 마라."

"큰 로트로 생산하지 마라. 가급적 작은 로트로 만들어라."

사람은 자신이 실제로 하고 있는 것을 긍정한다. 설령 심하게 비효율적으로 작업하고 있더라도 타인에게 "그렇게 하지 마라"라는 말을 들으면 화나기 마련이다. 그런데 도요타 생산방식의 도입은 기존 생산 풍토에 대한 부정이며 의식의 개혁이다. 게다가 작업원이 직접 변하고 싶다고 생각하도록 만들어야 한다. 오노는 매일 호통쳐서 현장을 바꾼 것이 아니다. 아무리 호통쳐도 현장 사람들에게 하려는 마음이 없으면 생산성은 오르지 않는다.

둘째로 작업원들의 비위를 건드린 것은 표준작업을 설정하기 위해 공장 혹은 관리직이 초시계를 들고 뒤에 서서 시간을 재는 것이었다. 당시 작업원들은 아직 장인 기질이 있었다. 정해진 생산 목표를 따르기는 하지만 부품 가공에 관해서는 스스로 안배해 작업을 진행했다. 어떤 한 가지 작업 진행이 늦어졌으면 다음에는 조금 손을 빠르게 놀려서 가공하는 식으로 직접 작업 시간을 조절해온 것이다. 다만 그렇게 하면 아무래도 품질에 편차가 생겨버린다. 표준작업은 라인의 속도를 정하기 위해서만이 아니라 품질 편차를 방지하는 의미도 있었다.

작업원들은 자신의 움직임을 계속 관찰당하고, 그 결과 "이 작업은 1분 15초가 표준이야"라고 선고받는다. 그런 뒤에는 같은 시간에 같은 동작을 해야 한다. 익숙해지기 전까지는 굴욕적이고 자유를 빼앗긴 기분이 들었으리라.

그리고 일하는 사람을 관찰하면 수많은 낭비가 보인다. 그러나 일하는 사람은 설령 그 상대가 상사라 해도 "그렇게 하는 건 비효율적이야"라는 지적을 받으면 화난다. 그것이 인간이며, 인간이 하는 일인 이상 낭비를 완전히 없앨 수는 없다. 그런데 오노는 최대한 낭비를 없애고 작업의 본질만 추구하라고 말했다. 다들 머리로는 이해해도 "그곳에 부품을 두면 안 돼", "너트나 볼트를 필요 이상으로 많이 갖고 있지 말게"라는 말을 들으면 발끈하고 마는 것이다.

그러나 당시 반발했던 작업원들을 비웃을 수는 없다. 현재 일본에서 일하는 사람 대다수가 자신이 일하는 방식을 타인에게 부정당하면 '이 자식이⋯⋯'라고 느끼며, 누가 자신에게 새로운 일을 시키는 것도 결코 기꺼워하지 않는다. 모두가 낭비로 가득한 방식에 안주한 채 일한다. 이것을 부정할 수는 없다.

최근 통계에 따르면 일본의 정직원은 연간 2,000시간을 일한다. 유급휴가 소화율은 전 산업을 평균했을 때 47~48퍼센트이다. 어떤 직장이든 주어진 유급휴가를 전부 사용하는 사람이 거의 없는 것이다. 한편 유럽의 직장인은 1,300~1,500시간밖에 일하지 않는다. 여기에 모두가 적어도 1개월의 여름휴가를 얻는다. 사람들은 휴가를 쓰지 않는 사람을 이상한 눈으로 바라본다. 그럼에도 IMF(국제통화기금)의 경제 전망에 따르면, 유로권의 경제성장률은 1.5퍼센트이며 일본은 0.5퍼센트에 불과하다. 일본 노동자들이 일하는 방식에는 낭비가 많다. 일본인은 근면하다는 말이 있지만, 효율적으로 일하고 있지는 못하다.

오노는 그런 일본인의 국민성에 도전했다. 도요타 생산방식을 현장에 뿌리내리게 하기 위해 그가 에너지를 쏟아부은 부분은 시스템 설명이 아니라 일하는 의식의 개혁이었다. 그는 "자네가 지금 하고 있는 일을 의심하게"라고 말하며 다녔다. "일본인이 일하는 방식에는 비효율적인 부분이 많다"라고도 공언했다. 그래서 겉치레를 좋아하는 언론 쪽 사람들에게 많은 공격을 받았다. "노동강화이다", "노동자의 인권을 무시한다"라고 비난받은 이유는 일본인이 가장 듣고 싶지 않은 이야기를 계속해서 주장했기 때문이었다.

제8장

THIS IS TOYOTA

크라운
발매

특수로 큰돈을 벌었다고는 해도 개발 지금은 빅3에 비하면 새 발의 피였고
인재도 아직 오합지졸 수준이었다.
그럼에도 나카무라를 비롯한 멤버들은 창의적인 궁리와 팀워크로
신차 크라운을 만들어냈다.

한국전쟁 이후의 자동차업계

1951년경부터 일본 도로를 달리는 자동차 종류가 늘어났다. 패전 직후의 주역이었던 지프, 그 뒤를 이은 오토삼륜, 자국산 트럭과 함께 외국 자동차 회사가 설계한 승용차가 등장한 것이다. 다만 개인이 산 것은 아니었다. 대부분 택시 회사가 업무용으로 구입했다. 그것도 외국에서 생산된 자동차가 아니었다. 외국 자동차 회사와 기술제휴를 맺은 일본 자동차 회사가 부품을 수입해 녹다운 생산한 것이었다.

1951년에는 미쓰비시중공업에서 떨어져 나온 동일본중공업東日本重エ이 미국의 카이저프레이저Kaiser-Frazer와 제휴해서 승용차 헨리 J Henry J를 발매했다. 1953년에는 히노디젤공업日野ヂーゼル工業이 프랑스의 르노 4CV를 조립 생산했고, 닛산이 영국의 오스틴Austin을, 이스즈가 영국의 힐먼밍크스Hillman Minx를 각각 녹다운 생산해 발매했다.

이런 자동차들은 전부 일본 도로 사정에 맞춘 소형차로, 오스틴은 1,200시시, 르노는 750시시였다. 가격은 오스틴이 112만 엔, 르노가 73만 엔이었다. 한편 도요타가 판매하던 SF형 도요펫(1,000시시)은 95만 엔이었다. 공무원 초임 급여가 7,650엔(1952년)이던 시절이다.

이보다 조금 전, 자동차 수가 늘어남에 따라 일본의 교통 규제가 크게 바뀌었다. GHQ의 지도로 '사람은 오른쪽, 자동차는 왼쪽'이

273

라는 대면통행이 실시된 것이다. 메이지시대부터 패전 직후까지 일본 도로에서는 사람과 차[인력거, 경차량(자전거 등 원동기가 없는 차량―옮긴이), 자동차] 모두 도로 왼쪽으로 다니게 돼 있었다. 사람이 도로 왼쪽을 걷고 있으면 뒤에서 자동차가 앞질러서 지나갔던 것이다. 사람이 도로 왼쪽으로 걸었던 이유는 우측통행을 하면 칼을 찬 무사가 지나칠 때 '칼과 칼이 부딪히기' 때문이라고 한다. 그래서 일본인은 도로 왼쪽으로 걸었다.

점령 초기에 GHQ는 미국에 맞춰 자동차를 도로 오른쪽으로 달리게 하려고 했다. 그러나 신호나 표식을 바꾸는 데 막대한 예산이 들어간다는 것을 알고 '가난한 패전국은 불가능'하다고 판단했다. 그래서 사람은 오른쪽, 자동차는 왼쪽이라는 영연방 국가와 같은 방식의 대면통행이 시작된 것이다.

그런 가운데 일본 자동차 회사들은 외국 자동차 회사와 제휴해 성능 좋은 자동차를 일본에 도입하려 했는데, 도요타만은 그 길을 걷지 않았다. '일본인의 머리와 손으로 자동차를 만드는 것'이 창업자 도요다 기이치로의 숙원이었기 때문에 사장 이시다 다이조와 상무 도요다 에이지 모두 외국과의 제휴는 처음부터 생각도 하지 않았다. 그리고 생전에 기이치로가 지시했던 승용차 개발이 시작됐다. 그러나 아직 사내 대부분이 그 사실을 알지 못했다. 현장을 개혁하기 위해 분주히 뛰었던 오노 다이이치도 그 신형 자동차에 대한 소문은 들었지만, 라인에서는 트럭 생산량을 늘리는 데 집중했다.

크라운의 개발

도요다직기 시절부터 기이치로의 꿈은 일본인의 머리와 손으로 본격적인 대중 차를 만드는 것이었다. 그러나 결국 생전에 그 꿈을 이루지 못했고, 부사장이 돼 기술을 총괄하던 에이지가 그 뜻을 이어받았다.

에이지는 본격적인 일본산 승용차를 개발하기 위해 설계부뿐 아니라 생산기술 부문에서도 기술자를 불러 횡단적인 개발 집단을 만들었다. 그리고 최고 책임자에게 개발주사라는 새로운 명칭을 붙여, 기술자 집단의 마음에 신선한 기운을 불어넣었다. 초대 개발주사가 된 사람은 엔지니어 나카무라 겐야中村健也였다.

나카무라는 효고현 니시노미야시 출신으로, 나가오카고등공업학교 전기공학과(현재의 니가타대학 공학부)를 나와 크라이슬러 자동차를 조립하던 교리쓰자동차제작소共立自動車製作所에 들어갔다. 그러나 조립만 하는 것은 따분하다, 자국산 자동차를 개발해보고 싶다는 생각에서 4년 만에 회사를 그만두고 일자리를 구하던 중 자동차 잡지에 실린 기이치로의 투고 기사를 읽었다. 그리고 '이 사람 밑에서 일하고 싶다'는 생각이 들어 도요타를 찾아갔다. 운 좋게도 당시 도요타는 고로모 공장을 만든 지 얼마 안 돼 기술자를 찾고 있었다. 기이치로에게 면접을 본 나카무라는 무사히 입사해 차체 공장에서 용접기를 담당하게 된다.

그 후 나카무라는 스미토모기계제작住友機械製作(현재의 스미토모중기계공업(住友重機械工業)과 협력해 고로모 공장에서 사용하기 위한 2,000톤급 프레스기 개발에 착수, 전쟁으로 한때 중지되기도 했지만 1951년에 결국 완성시켰다. 당시 일본 최대 동판용 프레스기였으며, 현재도 타이에 있는 협력사에서 도요타자동차 프레임을 찍어내고 있을 만큼 긴 수명을 자랑한다.

당시의 사진을 보면 나카무라의 풍모는 영화 〈왕과 나〉로 유명한 러시아 출신 배우 율 브리너를 쏙 빼닮았다. 이목구비가 뚜렷하고 머리는 스킨헤드인 것이 참으로 콧대가 세 보이는 얼굴이다. 실제로도 그랬던 듯 여러 가지 일화를 남겼다.

양복이나 넥타이와는 인연이 없었지만, 복장은 항상 단정했다. 현장에서나 사무실에서나 카키색 작업복에 잘 다린 흰색 와이셔츠를 입었다. 그것이 나카무라식 패션이었다. 합리적이라고 해야 할지, 괴짜라고 해야 할지, 비가 상당히 내려도 절대 우산을 쓰지 않는 것으로도 유명했다. 폭우 속에서도 양손을 몸 옆에 딱 붙이고 성큼성큼 걸어갔다고 한다.

한때 그의 밑에 있었던 도요다 쇼이치로는 그것이 신기해 직접 물어봤다.

"왜 우산을 쓰지 않으시는 겁니까?"

그러자 나카무라가 즐거운 표정으로 이렇게 대답했다.

"쇼이치로 군, 비가 내리는 날 팔을 휘두르면서 걸으면 소매까지 젖지만 이렇게 딱 붙이고 걸으면 머리하고 어깨만 젖는다네. 어떤가, 멋진 생각 아닌가?"

쇼이치로는 그럴 필요 없이 우산을 쓰면 되지 않냐고 말하고 싶었지만 쓸데없는 참견이라고 생각해 "글쎄요"라고만 대답했다.

이런 강한 자부심과 남들과는 다른 독특한 사고방식이 신차 개발과 궁합이 잘 맞았는지, 에이지에게 발탁돼 개발주사가 된 나카무라는 '시류를 앞질러서 창조한다'라는 도요타 강령을 구현해 독자적인 개발 방법을 만들어냈다.

에이지가 나카무라에게 개발을 지시한 신차의 콘셉트는 '일본 도로를 달려도 승차감이 편안한 자동차'였다. 1950년대 중후반의 도로포장률은 고작 1퍼센트에 불과했다. 간선도로 이외에는 전부 흙길이었다. 바람이 불면 흙먼지가 날렸고, 비가 내리면 진흙탕이 됐다. 빗물이 마른 뒤에는 도로가 울퉁불퉁해졌다. 그런 길을 달려도 승차감이 편안한 자동차를 만드는 것이 나카무라에게 내려진 과제였다.

나카무라는 개발 멤버들을 모아놓고 "다 함께 시장조사를 한다"라고 선언했다. 그리고 택시 회사와 도요타자동차판매의 판매점을 돌아다니며 신형 승용차의 크기, 스타일 등에 대한 의견을 수집했다. 도요타가 신차 개발에 고객 조사, 시장조사를 본격적으로 채용한 것은 이때가 처음이었다.

한편 승차감을 개선하기 위해 선진 기술도 채용했다. 앞바퀴를 코일스프링 독립현가 방식으로 만들어 차체가 위아래로 흔들리는 것을 줄였다. 나카무라가 지시한 설계였는데, 후배 엔지니어들은

나카무라는 개발 멤버들을 모아놓고
"다 함께 시장조사를 한다"라고 선언했다.
그리고 택시 회사와 도요타자동차판매의
판매점을 돌아다니며 신형 승용차의 크기,
스타일 등에 대한 의견을 수집했다.
도요타가 신차 개발에 고객 조사,
시장조사를 본격적으로 채용한 것은
이때가 처음이었다.

처음에 "그건 무리입니다"라고 반론했다.

"코일스프링을 사용하면 분명히 승차감은 좋아질 겁니다. 하지만 내구력이 아직 증명되지 않았습니다."

나카무라는 잠시 침묵한 뒤 고개를 저었다.

"나는 원래 금속 전문가야. 철에 관해서라면 자네들보다 훨씬 잘 알지. 코일스프링의 재질이 좋아져서 어지간해서는 망가지지 않아. 그러니 이번에는 이대로 하자."

나카무라가 고집을 부린 또 한 가지는 전면 유리창에 곡면유리를 사용한 것이었다. 그때까지는 평평한 유리를 두 장 이어 붙여 전면 유리창을 만들었는데, 공급자인 아사히글라스旭硝子에 곡면유리를 개발해달라고 사정했다. 전면 유리창에 곡면유리를 사용하자 전방 시야가 좋아졌을 뿐 아니라 실내가 넓게 느껴졌고, 이것이 신차의 커다란 세일즈포인트가 됐다.

개발하는 동안 나카무라는 기본적으로 멤버들의 이야기에 귀를 기울였지만, '일본 최초', '세계에서도 최초'라는 기술을 도입할 때만은 자신의 의견을 밀어붙였다. 당시 승용차를 개발하고 있었던 것은 도요타만이 아니다. 닛산, 이스즈, 미쓰비시도 개발하고 있었다. 세계로 눈을 돌리면 빅3를 비롯한 미국 세력뿐 아니라 유럽 자동차 회사들도 있었다. 모델체인지가 당연한 자동차업계에서는 신차에 어떤 새로운 시도를 하지 않으면 순식간에 진부해지고 만다. 일본의 작은 회사가 다른 회사 흉내만 내서는 세계와 경쟁할 힘을 가질 수 없었다.

특수로 큰돈을 벌었다고는 해도 개발 자금은 빅3에 비하면 새 발의 피였고 인재도 아직 오합지졸 수준이었다. 그럼에도 나카무라를 비롯한 멤버들은 창의적인 궁리와 팀워크로 신차 크라운을 만들어 냈다.

1955년, 도요타는 크라운을 발매했다. 앞바퀴에 독립현가 방식, 뒷바퀴에 3겹 리프스프링(판스프링) 현가 방식을 채용해 악로에서도 편안한 승차감을 실현했고, 운전 중 클러치 조작이 편하도록 더블클러치를 밟지 않아도 변속할 수 있는 싱크로메시가 달린 상시 물림식 변속기를 채용했다. 그러나 뭐니 뭐니 해도 가장 큰 특징은 '관음 여닫이'라 부르는 도어였다. 관음상을 넣어두는 장의 문처럼 한가운데서 좌우로 여는 방식이라고 해서 이런 이름이 붙었는데, 택시 회사가 '승객이 편하게 타고 내릴 수 있다'며 환영했다. 업무용을 의식한 도어 설정이었던 것이다. 이와 같이 나카무라를 비롯한 개발진은 시장조사 결과를 참고하면서 세계 최첨단 기술을 도입해 크라운을 만들었다.

당시 일본에서 녹다운 생산되고 있었던 외국 자동차 회사의 자동차들은 하나같이 설계가 오래된 것들이었다. 닛산의 오스틴 A40은 본국에서 1947년에 발매된 모델의 후계 모델이었고, 히노의 르노는 1946년에 설계된 것이었다. 일본인들은 '외국 제품이 더 우수하다'고 생각했지만, 크라운은 유럽 자동차와 비교해도 손색이 없는 정도가 아니라 성능 측면에서는 오히려 더 앞서 있었다.

크라운은 두 종류로 발매됐다. RS형 도요펫 크라운은 일반 가정을 대상으로 한 자가용 차였고, RR형 도요펫 마스터Master는 택시용, 즉 영업용 차였다. 양쪽 모두 R이 붙은 이유는 R형이라는 신형 엔진을 탑재했기 때문이다.

크라운을 발매한 1955년, 도요타의 목표는 '양 차종을 합쳐 월간 생산량 1,000대'였지만 실제로는 600대밖에 팔리지 않았다. '본격 일본산 승용차'로 전문가들에게 좋은 평가를 받았지만 판매량은 좀처럼 증가하지 않았다. 그러다 해가 바뀌면서 판매 대수가 급증했다. 발매와 동시에 구입한 택시 회사의 기사들 사이에서 "승객들이 승차감이 좋다며 만족해한다"라는 입소문이 퍼진 덕분에 뒤따라서 구입하는 택시 회사가 늘어난 것이다. 크라운은 월간 생산량 약 800대의 히트작이 됐고, 10월에는 자가용 모델인 크라운만으로 월간 생산량 1,000대를 달성했다. 그러자 이번에는 고객인 택시 회사로부터 "승객들은 상용차인 마스터보다 승용차인 크라운을 더 타고 싶어 합니다"라는 요망이 들어왔다. 그래서 개인 오너용 모델을 개량한 크라운의 디럭스판(RSD형)을 내놓자 이 차 또한 날개 돋친 듯이 팔렸고, 택시 회사도 이 디럭스판을 구입했다. 결국 초대 크라운은 마이너체인지를 반복하며 7년 동안 가장 많이 팔린 자국산 승용차가 됐다.

여담이지만 RSD형 크라운의 판매가는 101만 4,860엔이었다. 당시 공무원 초임 급여가 8,700엔이었으므로 그 116배에 해당한다. 일반 회사원이 10년 동안 벌어야 겨우 마련할 수 있는 금액이었다.

런던 드라이브와 대미 수출

크라운이 나오기 전까지 도요타의 승용차는 AA형, SA형처럼 이름이 알파벳이나 숫자로 돼 있었다. SA형은 〈마이니치신문〉이 나고야부터 오사카까지 급행열차와의 경주를 주최한 덕분에 널리 알려졌지만, 사람들은 도요타라는 사명을 인지했을 뿐 자동차 이름까지는 기억하지 못했다. 그런데 1956년에 〈아사히신문朝日新聞〉이 기획한 '런던-도쿄 5만 킬로미터 드라이브'의 경우, 사람들의 머릿속에 남은 것은 '크라운'이라는 차 이름이었다. 그리고 이 이벤트를 통해 일본인은 도요타라는 나고야의 작은 회사가 런던에서 도쿄까지 달려도 망가지지 않는 자국산 승용차를 만든다는 사실을 드디어 알게 됐다.

그 무렵의 사람들은 도요다 사키치라는 발명왕은 알았다. 그러나 그의 아들이 자동차 회사를 창업했다는 사실, 그 도요타라는 회사가 나고야에 있다는 사실까지 알았다고는 말하기 어렵다. 특히 수도권에 사는 사람들은 자동차 회사라고 하면 닛산을 떠올렸다. 도요타는 라이벌이라기보다 수준이 떨어지는 회사라는 이미지였다. 그런데 런던에서 도쿄까지 주파하는 이벤트 기사가 〈아사히신문〉에 실리고, 게다가 단행본으로 나와 베스트셀러가 됐다. 그 덕분에 크라운은 일본산 차 중에서는 대중적인 존재가 됐다.

이벤트의 개요는 이러했다. 런던에 주재하고 있던 〈아사히신문〉의 츠지 유타카辻豊 기자와 도쿄에서 합류한 츠치자키 하지메土崎一

카메라맨이 1956년 4월, 크라운 디럭스를 타고 런던을 출발해 중근동, 인도, 동남아시아의 간선도로를 달려 베트남에 도착했다. 그리고 베트남에서 배를 타고 야마구치현으로 가 다시 도쿄까지 운전했다. 자동차 성능을 홍보하는 동시에 유럽, 중근동, 아시아의 풍물을 일본 독자들에게 소개하는 여행 기사였던 것도 인기의 요인이었다.

중동에서 아시아로 나오는 산악 지대, 사막, 황무지를 달린 크라운은 경미한 고장은 있었지만 모든 여정을 무사히 마쳤다. '1950년대의 일본산 차가 용케도 아시아의 산악 지대를 무사히 달렸군'이라는 생각이 들 것이다. 그러나 곰곰이 생각해보면 크라운이 고장을 일으키지 않은 것은 당연했다. 당시 일본 도로는 아시아 산악 지대의 도로와 별반 차이가 없는 악로였기 때문이다. 오히려 빅3가 만든 대형 승용차가 사막 같은 악로를 달렸다면 금방 문제가 생겨 움직이지 못하게 됐을 것이다.

이 이벤트가 성공하면서 크라운은 더욱 잘 팔리게 됐다. 그래서 사장 이시다는 도요타자동차판매 사장인 가미야 쇼타로와 의논해 크라운을 미국에 수출하기로 결정했다. 수출을 주도한 사람은 가미야였다. 1957년, 캘리포니아에 미국도요타판매를 설립하고 수출을 준비하기 시작했는데, 그 절차가 매우 번잡했다.

미국은 주에 따라 차량 법규가 미묘하게 달랐다. 그래서 각 주의 차량 인증을 받는 사무 절차가 필요했고, 여기에 시간이 걸렸다. 예를 들어 본사가 있는 캘리포니아에서는 의무적으로 고속도로 순찰대의 인증을 받아야 해서, 주재 사원이 1년 가까이 관공서를 돌아다녀야 했다. 그리고 마침내 인증을 취득하자 '드디어 수출할 수 있게 됐구나'라고 생각한 일본 측은 수출 선적을 준비했다. 그런데 배가 출항하기 직전에 캘리포니아 고속도로 순찰대가 "헤드라이트가 어둡소"라고 지적했다. 미국에 보급돼 있었던 실드빔(렌즈, 반사경이 달려 있는 전구)에 비하면 크라운에 장비된 일본제 헤드라이트는 명백히 휘도가 부족했다.

"크라운의 헤드라이트로는 고속도로를 안전하게 주행할 수 없소."

배가 항구를 떠나려 할 때 이런 지적을 받았지만, 그래도 결국은 헤드라이트를 떼어내는 수밖에 없었다. 다시 선적된 좌측 핸들의 크라운에는 헤드라이트가 달려 있지 않았고, 미국에 도착한 뒤 GE의 실드빔을 장착해 판매했다.

국내에서 시험 운전도 하고 핸들도 좌측에 달았으며 몇몇 부분을 다시 만든 끝에 마침내 미국에서 판매를 시작했지만, 크라운에 대한 미국인들의 평가는 비참했다.

"마력이 부족해 합류할 때 뒤차가 추돌할 것 같다."

"고속도로에 들어가려 해도 속도를 낼 수가 없다. 입구가 오르막길이면 엔진이 멈춰버린다."

"속도를 높이면 차체가 흔들린다."

크라운은 악로에는 강한 차였지만 엔진 힘이 약해서 가속 성능이 떨어졌다. 클레임이 속출하자 가미야는 일단 미국 판매를 단념했다. 크라운 개발을 총괄한 에이지는 훗날 당시를 회상하며 "무리

한 짓을 했다"라고 말했다.

"마력이 없어서 고속도로에 들어갈 수가 없는데, 하루라도 빨리 자동차를 수출하지 않으면 미국도요타는 망할 거라는 생각에 서둘렀다."

또한 쇼이치로는 이후 뉴욕에서 소니의 이부카 마사루井深大, 모리타 아키오盛田昭夫와 만났을 때 크라운에 대한 진심 어린 조언을 들었다.

"쇼이치로 군, 미국에 수출하려면 좀 더 큰 엔진을 쓰는 것이 좋네. 그리고 역시 미국인은 AT(자동변속기)가 아니면 운전하지 않아."

기술진이 필사적으로 고속 성능을 높이려 했지만, 도요타의 자동차(코로나 AT차)가 미국에서 받아들여지게 된 것은 거의 10년 후의 일이다. 일본에 고속도로가 생겨서(1963년) 실지 주행이 가능해진 덕분이었다.

크라운의 미국 시장 진출은 실패였다. 그래도 에이지는 진출 판단 자체는 틀리지 않았다고 말했다.

"당시 유럽 자동차가 미국 시장을 점점 잠식하고 있었다. 가장 많아진 것은 서독의 폭스바겐으로, 한때 유럽 자동차 점유율이 10퍼센트에 가까워지기도 했다. 이대로 가면 미국이 분노할 것은 불을 보듯 빤했다.

그것을 본 도요타자동차판매의 가미야 씨가 '만약 미국이 수출 규제를 단행하면 도요타는 영원히 미국 시장에 들어갈 수 없게 될 거요. 그러니 지금 미리 침을 발라놓읍시다'라고 말을 꺼냈다. 그런 계산에서 무작정 차를 배에 싣고 미국에 진출한 것이다."

크라운을 팔려고 했다기보다는 발끝이라도 좋으니 미국 시장에 발을 들여놔두자는 가미야의 판단이었던 것이다. 에이지는 내심 조마조마했으리라. 일본에서는 베스트셀러가 된 크라운이지만, 미국 수출은 실패했다. 그러나 도요타는 미국 국민의 승용차에 대한 기호를 알 수 있었다. 크라운의 수출로 얻은 소득은 그런 것이었다.

크라운이 수출됐을 무렵, 오노는 처음으로 미국 땅을 밟았다. 포드를 비롯한 자동차 회사 공장을 견학하고 포드 시스템, 즉 대량생산 시스템을 자신의 눈으로 직접 봤다. 그때의 감상이 남아 있는데, 오노가 주목한 것은 생산방식과 작업원들의 모습이었다.

> 미국인 작업원과 일본인 작업원은 일하는 방식이 달랐다. 저쪽의 작업원은 낙천적이다. 견학하는 나와 눈이 마주치면 "하이" 하고 말을 걸거나 손을 흔들었다.
> 일본인 작업원이라면 그러지는 않았을 것이다. 우리 공장에서는 나와 시선이 마주치면 뭔가를 하기 시작한다. 걸레로 여기저기를 닦기도 하고, 기계에 기름을 치기도 하고……. 일본인은 근면하다, 열심히 일한다는 것이 국민성이 돼버린 것인지, 시선이 마주치면 금방 자신이 열심히 일하고 있음을 보여주고 싶어 한다. 그러나 미국인 작업원은 그러지 않는다. (중략)
> 어떻게 해야 작업원의 움직임에서 비효율적인 움직임, 혹은 해서는

안 되는 움직임, 이런 것들을 제거할 수 있을까?

8시간을 근면하게 일할 의지가 있는 작업원에게 진짜 일을 시키지 않고 쓸데없이 움직이게 하는 기업은 얼마든지 있다.

미국의 현장에서 오노가 느낀 것은 일본 작업원들이 불필요하게 움직이는 경우가 많다는 것이었다. 미국인 작업원은 돈을 받은 만큼만 라인에서 일하고 자신이 할 것만 한다. 그리고 시간이 되면 돌아간다. 한편 일본 노동자는 요령 있게 하면 1시간 만에 끝날지도 모르는 일을 근면을 가장해 8시간이나 들여서 한다. 의식을 개혁하지 않으면 저스트 인 타임으로 라인의 흐름을 만들기는 무리라고 생각했다.

'이건 작업자의 잘못이 아니야. 어떻게 일해야 하는지 가르쳐주지 않은 관리자의 책임이지.'

오노는 이렇게 느꼈다.

오노가 미국에서 본 것은 공장 현장뿐이었다. 후방 공정에서 전방 공정으로 부품을 가지러 간다는 발상을 만들어낸 본고장의 슈퍼마켓을 시찰하지는 않았다. 나고야로 돌아온 뒤 부하 직원이 "슈퍼마켓은 어땠나요?"라고 물어봤을 때 그는 이렇게 대답했다.

"아니, 슈퍼마켓에는 가지 않았어. 이미지가 박살 날 테니까. 그리고 이제 더 이상 슈퍼마켓 방식이라고 부르지 않겠어. 그 대신 뭔가 좋으려나……. 후공정 인수라든가, 동기화 방식이라든가……."

그러자 부하 직원이 말했다. "저희는 늘 간판을 쓰다 보니 그냥 간판방식이라고 부릅니다."

  그 무렵에는 아직 도요타 생산방식이라고도 부르지 않았다. 현장에서는 비공식적으로 '흐름생산' 또는 '간판방식'이라는 이름을 붙였고 그것이 어느 틈에 퍼져 있었는데, 오노 자신은 "간판은 도구에 불과하다"라고 끊임없이 말했다. 논리를 중시하는 그에게는 처음부터 '도요타 생산방식'이었을 것이다.

일곱 가지
낭비를 없애기 위해

현장에서 탄생한 도요타 생산방식이
완성되는 날은 영원히 오지 않는다.
현장의 전제 조건이 바뀌면 운용을 재검토해야 하므로
생산방식이 완성되거나 고정되는 일은 절대 없다.

자동차 공장의 구조

　　한창 고도성장하던 1960년대부터 현재까지 자동차 공장의 기본적인 구조는 바뀐 것이 없다. 물론 특정 장소만 효율적으로 냉방하는 스폿 에어컨 도입 등 노동환경이 쾌적하게 정비됐고, 각 작업원이 태블릿 컴퓨터를 사용하는 등의 변화는 있었다. 그러나 공장의 레이아웃, 전체 공정은 그때나 지금이나 거의 똑같다.

　　그렇다면 자동차가 완성되기까지의 흐름은 어떨까? 도요타 생산방식을 이해하려면 머릿속에 자동차 공장의 전체상이 있어야 할 것이다.

　　자동차 공장의 제조 공정은 크게 세 가지로 나뉜다.

① 차량 제조 공정
② 엔진 제조 공정
③ 수지 부품 성형 공정

　　차량 제조 공정에서는 차체(보데) 부품 제조부터 시작해 완성 차까지를 만든다. 참고로 차체를 '보데'라고 부르는 것은 도요타 특유의 호칭이며, 다른 자동차 회사에서는 '보디'라고 한다.

　　엔진 제조 공정에서는 자동차의 심장이자 수많은 부품의 집합체인 엔진을 만든다. 완성된 엔진은 조립 라인에서 차체에 장착된다.

　　수지 부품이란 범퍼, 인스트루먼트패널 등을 의미한다. 창문, 타이어, 시트, 라이트, 카 내비게이션 같은 것들은 협력 공장이 만든 것을 가져와 조립 라인에서 합체한다.

차량 제조 공정은 다섯 가지 공정으로 이루어진다. 프레스, 용접, 도장, 조립, 검사이다.

엔진 제조 공정은 네 가지 공정으로 이루어진다. 주조, 단조, 기계 가공, 엔진 조립이다.

수지 부품 성형은 두 가지 공정으로 이루어진다. 성형과 도장이다.

차량 제조에서 프레스는 자동차용 강판을 거대한 프레스기로 위아래에서 눌러 찌그러뜨려 루프나 도어 등 보데용 부품을 만드는 작업이다. 용접 공정에서는 프레스된 부품을 용접해 자동차의 형상으로 만든다. 지금은 대부분 로봇이 용접한다. 도장은 문자 그대로 보데가 녹슬지 않도록, 또 보기 좋도록 도료를 칠하는 작업이다.

엔진 제조의 경우, 주조와 단조라는 두 가지 부품 제조 공정이 있다. 주조는 모양이 복잡한 제품을 만들 때 쓰는 방법으로, 엔진블록은 주조로 제작된다. 예전에는 철제였지만 지금은 알루미늄제가 많다. 한편 단조는 강도를 요하는 부품을 만들 때 사용된다. 주조의 경우는 녹은 금속을 틀에 부어서 모양을 만들지만, 단조의 경우는 막대 모양 등의 재료를 해머로 두들기거나 프레스기로 눌러서 모양을 만든다. 철을 두들기면 금속 조직이 조밀해져 강도가 증가한다. 그래서 캠축, 크랭크축, 피스톤과 크랭크축을 연결하는 커넥팅 로드(연결봉)처럼 장시간의 고속 운동을 견뎌내야 하는 부품은 단조로 제작된다.

주조 부품과 단조 부품을 절삭가공하는 곳이 기계공장이며, 이것들을 합치는 작업이 부품 조립이다.

조립 라인에서는 도장된 보데에 시트, 핸들, 엔진 등 모든 것을 부착해 자동차를 완성한다. 완성된 차는 검사를 거쳐 소비자에게 전해진다.

이렇게 보면 우리 머릿속에 있는 자동차 공장의 이미지는 조립 라인이라고 할 수 있다. 우리는 벨트컨베이어가 있고 작업원이 부품을 차체에 다는 것을 자동차 제작이라고 여긴다. 그러나 이는 어쩔 수 없다. 자동차 공장을 견학하면 대부분 조립 라인만 보여주기 때문이다. 용접, 주조, 단조 같은 곳은 보여주지 않거나 비디오테이프를 보여주는 것으로 대신한다. 왜냐하면 이 공정들은 불꽃이 튀거나 금속을 가열하기 때문에 위험할 뿐만 아니라 회사마다 제조 노하우가 있기 때문이다. 요컨대 보여줄 수가 없는 공정들이다.

기억해둬야 할 점은, 자동차 공장이라고 해서 모든 곳에 벨트컨베이어가 있는 것은 아니라는 사실이다. 주조, 단조, 기계 가공은 셀(세포) 생산이라고 부르는 작은 섹션 안에서 작업하는 경우가 많다. 완성된 부품은 자동 운송되거나 사람이 운반한다.

도요타의 창업자 도요다 기이치로가 제창한 도요타 생산방식을 체계화한 오노 다이이치는 모든 공정에 이 도요타 생산방식을 적용했다. 벨트컨베이어를 사용해 흐름생산을 하는 부분은 도요타 생산방식을 도입하기가 용이하다. 중간창고를 없애고 표준작업을 정하고 낭비를 줄이면 된다. 문제는 프레스나 단조처럼 벨트컨베이어가 없는 공정이다. 이곳에서는 작업자가 팀을 짜서 각각 정해진 수량을 자신들의 페이스로 만들었다. 낭비를 찾아내기 위해서는 먼저 제조 공정을 숙지해야 했다.

또한 벨트컨베이어가 없는 공정은 전부 작업원들이 자신의 장인적인 솜씨를 발휘하는 직장이다. 오노나 그의 부하 직원인 스즈무라 기쿠오가 아무리 "이렇게 하시오"라고 말해도 "우리에게는 우리의 룰이 있소"라며 무시해버리는 우두머리 작업원이 있었다.

현장에서 단련되는 사람들

조 후지오와 이케부치 고스케池渕浩介는 1960년대 후반에 차례차례 오노의 부하 직원이 됐다. 조는 도쿄대학 법학부를 나온 사무직 사원, 이케부치는 오사카대학 공학부를 나온 기술직 사원이었다. 그리고 훗날 조는 사장, 회장, 명예 회장이 되며 이케부치는 부회장이 된다.

조는 1960년에 입사했다. 다만 그 무렵의 도요타는 도쿄대학 법학부를 나온 학생이 가고 싶어 하는 회사라고는 말할 수 없었다. 도카이 지방에 있고, 노동쟁의로 시끄러운 자동차 회사라는 이미지가 있었다. 도쿄대 학생이 지망하던 관청, 은행, 상사보다 수준이 떨어졌다는 것이 객관적인 평가이리라. 그리고 만약 도쿄대 학생이 자동차 회사를 선택한다면 그 대상은 닛산이었다. '기술의 닛산'이라는 캐치프레이즈로 유명했으며, 본사도 도쿄에 있었다. 게다가 관청이나 금융자본과도 가까웠다. 주거래 은행이 일본흥업은행이었는데, 이곳은 도쿄대 학생이 가장 취직하고 싶어 하는 은행이었다.

닛산은 엘리트들이 지망하는 회사였다. 한편 당시의 도요타는 그렇지 못했다. 나고야의 촌스러운 기업이었으며, 심지어 본사가 나고야시에서도 자동차로 1시간 가까이 걸리는 도요타시에 있었다. 게다가 당시의 도요타시는 그 지역 사람들조차 "어디라고?"라고 반문할 정도의 촌 동네였다. 1959년에 도요타시로 이름을 바꿨기 때문에 도카이 지방에 사는 사람조차 '도요타 공장이 있는 곳은 고로모시'라고만 알고 있었다.

조가 입사했을 무렵의 도요타와 도요타시는 그런 곳이었다. 물론 신칸센은 있지도 않았던 시절이다. 도쿄에서 나고야까지 가는 데만도 꼬박 하루가 걸렸다.

도쿄대학 검도부에서 함께 땀을 흘렸던 전 경찰청 장관 구니마쓰 다카지國松孝次가 조를 만나러 공장 근처에 있는 독신자 기숙사에 간 적이 있다.

"밤에 둘이서 술을 마시러 나갔는데, 불빛 하나 없는 길을 걸은 끝에 스낵바에 도착했지. 조에게 물어보니 술을 마실 곳은 여기밖에 없다는 기야. 뭐랄까, 참 처량했어. 그곳에서 둘이 술을 마셨는데, 라디오에서 미즈하라 히로시水原弘의 노래가 흘러나왔던 것이 지금도 기억나는군. 1960년경 도요타시는 정말 캄캄했어."

이렇게 적으면 당시의 도요타가 전혀 내세울 점이 없는 회사처럼 느껴지겠지만, 결코 그렇지는 않았다. 도요타의 좋은 점이라면, 지금도 그렇지만 직원 35만 명이 똘똘 뭉쳐서 열심히 일한다는 점이다. 학벌이나 파벌이 없어서일 것이다. 외부에서 보면 무뚝뚝한 회사이지만, 안으로 들어와서 보면 매우 개방적이다. 생각해보면 금방 알 수 있는 것이, 중학교만 나온 뒤 현장에서 산전수전 다 겪으며 성장한 사람이 부사장으로 있는 회사가 아닌가? 이런 자동차 회사는 전 세계에서도 도요타뿐일 것이다. 학력 따위 상관없이 열심히 일해 결과를 내면 누구에게나 출세할 기회가 주어진다.

다만 그러려면 실력이 있어야 한다. 조는 사장이 됐지만, 다른 민간 기업에 비하면 도쿄대학 졸업장이 딱히 도움이 되지 않았다. 그 자신의 힘으로 출세한 것이며, 그를 철저히 단련시킨 오노와 스즈무라가 대단했다고 할 수 있다.

조는 도쿄대학 검도부 선배가 강력하게 권해서 입사하게 됐다. 그 선배는 조의 온화한 성품을 높게 평가했으며, 일단 달려들면 목적을 달성할 때까지 노력하는 감투정신이 있다는 것도 알았다. 입사 후에도 조를 돌봐줬는데, 오노 밑에 배속됐다는 말을 듣고 부리나케 달려왔다고 한다.

"조, 너 아주 피곤하게 됐구나. 내가 인사부에 가서 이야기해볼게. 그 사람 밑으로 가면 죽을지도 몰라. 설령 죽지는 않더라도 어쨌든 오노 밑으로 가는 건 네 미래에 전혀 도움이 안 돼. 회사 사람 모두가 싫어하는 사람이라고."

그러나 조는 "아닙니다. 가겠습니다"라고 대답했다. 아무리 무서운 상사라 해도 뒤에서 손을 쓰기는 싫었고, 어떤 인사 명령이든 자신의 운명이라고 긍정적으로 생각하는 성격이었기 때문이다. 또한 조는 입사식에서 사장 이시다 다이조가 한 말을 기억하고 있었기에 어디에 배속되든 도망쳐서는 안 된다고 생각했다.

입사식에서 이시다는 힘찬 목소리로 말했다.

"우리 회사가 드디어 월간 생산량 1만 대를 달성했다. 연간 10만 대이다. 하지만 GM은 1년에 369만 대를 만든다. 무슨 뜻인지 알겠나? 무역이 자유화돼 GM 이하 빅3가 일본 시장에 들어오면 우리는 뭘 해보지도 못하고 당할 것이다. 우리는 앞으로 죽을 각오로 싸워야 한다."

마치 전쟁을 앞둔 듯한 비장한 메시지였다.

이시다의 말을 들은 이케부치도 당시 '회사 전체에 위기감이 가득했던' 것을 기억하고 있었다.

"저희는 전후 세대입니다. 진짜 전쟁이 어떤 것인지 모르죠. 그런데 회사에 들어가보니 전쟁터에서 미국과 싸웠던 사람들이 아직도 많았습니다. 그 사람들은 미국이 얼마나 강한지를 전쟁터에서 겪었습니다. 어중간한 노력으로는 자동차 제조에서 미국을 이길 수 없음을 알았겠죠.

그런 사람들 눈에 저희는 전쟁을 모르는 애송이였습니다. 그 사람들이 저희를 보는 시선은 '이런 애송이들도 철저히 단련시켜야 해. 안 그러면 도요타는 망한다'라는 것이었습니다. 오노 씨는 전쟁터에는 가지 않았지만, 저희를 단련시킨 방식은 스파르타교육 그 자체였습니다.”

입사하고 수년 뒤, 오노 밑에 배속된 조와 이케부치는 도요타 생산방식을 철저히 교육받았다. 무슨 수업을 들은 것이 아니라 현장에서 배웠다. “따라와”라는 말을 듣고 오노를 쫓아간다. 오노는 현장을 돌다 낭비를 발견하면 벼락같이 호통쳤다. 오노가 아니면 부하 직원인 스즈무라가 같은 일을 했다. 조와 이케부치는 잠자코 지켜보거나 그 후의 보조를 담당했다. 도장의 주인(오노)과 사범 대리(스즈무라)가 제자를 실전 현장으로 데려가 교육시킨 것이다.

망하지 않는 회사를 만들기 위해

조는 오노를 만나자마자 불벼락을 맞았다. 그는 입사 후 총무부 홍보과에서 사내보를 편집하거나 공장 견학을 온 초등학생을 상대하다가 7년 차에 생산관리부로 옮겼다. 계장이 돼서 한 일은 선배가 시키는 대로 도요타 사내에서 만들던 부품들을 사외 협력기업에 발주하는 것이었다.

선배의 지시는 다음과 같았다.

“소량이고 만드는 데 기술이 필요한 부품은 전부 공급자에게 의뢰하도록 해. 사내에서는 양산하기 쉬운 단순한 부품만 만들면 돼.”

그래서 조는 자동차 부품 가운데 만들기 어려워 보이는 것을 발견하면 “외주를 주겠습니다”라고 품의서를 써서 상사에게 가져갔다. 상사도 별말 없이 도장을 찍어줬다. 이것이 그의 업무였다.

반년 후, 생산 관리 담당 임원이 오노로 바뀌었다. 상사는 얼굴이 창백해졌다.

"이거 난리 났군. 마귀가 온대. 내 말 잘 듣게. 자네 같은 애송이는 절대 가까이 가지 않는 게 좋아. 무슨 말을 듣든 아래만 바라봐. 절대 대꾸하지 말고. 네, 아니요도 말하지 마. 그냥 닥치고 있어. 그 마귀를 화나게 했다가는 큰일 나니까."

그런 오노가 사무실을 찾아왔다. 그런데 조가 쓴 서류를 읽는 도중에 분노로 얼굴이 시뻘게졌다. 오노가 책상을 두들겼다.

"너희, 이게 대체 뭐 하는 짓이야!"

상사가 깜짝 놀라 "상무님, 뭐가 잘못됐습니까?"라고 조심스럽게 물었다.

오노가 호통쳤다. "이 바보 같은 놈들. 대체 왜 만들기 어려운 물품만 외주를 주는 거야? 우리 공장은 왜 이런 간단한 부품만 만들어야 하냐고!"

"상무님, 죄송합니다. 조는 문과 출신이어서 기술에 관해서는 잘 모릅니다. 금방 고쳐서 올리겠습니다. 어이, 조. 자네 빨리 상무님께 사과하게."

상사에게 배신당한 조는 영문도 모르고 무작정 고개를 숙였다. 오노는 어떤 상황인지 대충 알겠다는 표정을 짓더니, 보기 드물게 온화한 표정으로 설명하기 시작했다.

"이보게, 내 말 잘 듣게. 자동차 부품 3만 점 가운데 70퍼센트는 구입 부품이야. 70퍼센트의 매입가를 낮추지 않고서는 원가를 낮출 수 없다는 말이지. 그러니까 만들기 쉬운 부품일수록 외주를 줘야 해. 만들기 쉽기 때문에 다들 열심히 원가를 낮추거든. 그리고 손이 많이 가는 부품 30퍼센트는 사내에서 만드는 거야. 어려운 일에 도전해 원가를 낮추는 것이 우리 도요타 사원의 임무라고. 이해했으면 지금 당장 품의서를 전부 다시 쓰도록 해."

조는 "알겠습니다"라고 대답한 뒤 '이 아저씨, 이치에 맞는 말만 하는군'이라고 생각했다. 이 사람은 신뢰할 수 있겠다고 느꼈다.

그 후 오노가 세상을 떠나기까지 두 사람은 오랫동안 사제 관계를 맺게 된다.

이케부치의 경우는 현장 기술원으로 오노와 만났다.

"저희 기술원은 아침에 출근하면 공장에 있는 좁은 방에서 담배를 한 대 피운 다음 일을 시작합니다. 그런 어느 날, 다 함께 담배를 피우는데 갑자기 오노 씨가 들어오시더군요. 다들 허둥지둥 담배를 끄고 일어서서 차려 자세를 했습니다. 개중에는 덜덜 떠는 사람도 있더군요. 그만큼 무서운 사람이었죠.

오노 씨는 털썩 앉더니 지그시 올려다보며 말했습니다.

'다들 왜 서 있는 거야? 됐으니까 담배들 피우라고. 난 상관하지 않아도 돼.'

하지만 누구 하나 앉을 생각을 하지 못했고, 손이 떨려서 담배도 피울 수가 없었습니다. 존재 자체가 공포였던 거죠."

이케부치는 오노의 명령을 한 가지 더 기억하고 있었다.

"오노 씨가 어떤 선배한테 '저기 라인에 있는 작업원을 잘 살펴보고 동작에서 비효율적인 부분을 찾아보도록 해'라고 지시했습니다. 그런 다음 분필로 반지름 1미터 정도 되는 원을 그리더군요. 선배에게 '자, 이 원 안에 계속 서 있도록 해. 급하면 화장실은 갔다 와도 돼'라고 말했습니다. 그 선배는 반나절 이상 원 안에 서서 뭔가를 찾아내려 했습니다."

지금이라면 틀림없이 위계적 폭력이라며 소송을 당했을 것이다. 그러나 그 시절에는 따귀를 때리거나 머리를 쥐어박는 상사가 도요타뿐 아니라 어느 회사에나 있었다.

다만 오노는 부하 직원에게만 호통치는 사람이 아니었다. 이치에 맞지 않는 말을 들으면 설령 그 상대가 상부 권력이라 해도 맞서는 사내였다.

이케부치는 말했다.

"자동차 엔진에는 차대번호라는 것이 부여됩니다. 서류에 남겨야 하는 중요한 숫자이기 때문에 종이를 대고 연필로 탁본을 뜨죠.

사내에서 자동차를 완성하고 검사한 뒤 탁본을 뜹니다. 그런 다음 운수성(교통 운수, 선박, 해상 보안 등을 담당했던 행정기관 – 옮긴이)에서 검사원이 와서 다시 탁본을 뜹니다. 오노 씨는 그것을 낭비라고 말했죠. 우리는 공정에서 자동차를 공들여 만들고 있으니 탁본을 두 번씩 뜰 필요는 없다는 겁니다.

그래서 운수성 감사원에게 호통친 겁니다. 물론 검사원도 오노 씨에게 목소리를 높였죠. 당시 사람들은 다들 논쟁을 두려워하지 않고 당당하게 자기 의견을 말했습니다. 사내에서 임원끼리 고성이 오가는 것도 다반사였습니다. 부하 직원이 있든 말든 당당하게 당신이 틀렸다며 입씨름을 벌였죠."

그리고 나서 이케부치는 조용히 말했다.

"저는 오노 씨와 비슷한 나이에 임원이 됐습니다. '순간급탕기'라는 별명이 붙었을 만큼 부하 직원을 꾸짖었습니다. 하지만 갓 입사한 젊은이나 몇 년밖에 안 된 사원을 꾸짖은 적은 없습니다. 관리직을 불러서 질책하는 정도였죠. 얼굴이 시뻘게져서 호통치는 일은 거의 없었습니다.

그런데 오노 씨는 달랐습니다. 상대가 자식뻘이라고 해도 열정을 담아서 열화와 같이 화를 냈습니다. 혼나는 쪽은 세상이 멸망해도 이렇게 무섭지는 않을 것 같을 만큼 겁났죠. 몸이 움츠러들고 말도 나오지 않았습니다. 그 정도로 사명감이 강한 지난 사람은 이제 나오지 않을 겁니다."

조와 이케부치는 모두 30년 넘게 오노 밑에서 일했다. 그만큼 오랫동안 함께 있으면서 귀여움을 받았지만, 그럼에도 두 사람 모두 단 한 번도 오노에게 칭찬을 들은 적이 없었다. 고작해야 "자네들, 기운이 넘치는구면"이라고 우회적으로 칭찬받았을 뿐이다. 아무리 엄격한 상사라도 "잘했네" 정도의 칭찬은 1년에 두세 번 정도 해줄 것이다. 그러나 오노는 부하 직원을 칭찬하지 않았다.

결국 사내에서 오노를 이해했던 사람은 극소수에 불과했다. 패전후 도요타 생산방식을 정착시키기 위해 20년 넘게 필사적으로 현장을 지도했음에도 사내 대부분이 '오노는 독단적'이라고 생각했다. 다만 대놓고 그를 비난하는 사람은 많지 않았다. 기이치로나 5대 사장이 되는 에이지가 오노를 지지했기 때문이다. 개중에 맹렬히 반발하는 사람이 있기는 했다. 어떤 공장의 부장은 "상무가 와도 우리 공장에는 들어오지 못하게 해"라고 부하 직원에게 말했고, 실제로 오노의 차가 오면 문을 닫아버렸다. 그러면 오노는 자동차에서 내려 걸어서 공장으로 들어갔다. 물론 부장은 마중도 나오지 않았다. 일종의 기 싸움 같은 것이 벌어졌던 것이다.

처음에 노동조합은 대놓고 오노를 비난하고, 적대시했다.

"공장에 원을 그리고 그 안에 서게 하는 것은 인권유린이다."

조합이 이렇게 말하며 오노와 스즈무라의 현장 지도를 공격했지만, 에이지는 오노를 비호했다.

조는 스즈무라가 보기 드물게 오노 앞에서 우는소리를 했던 것을 지금도 기억하고 있었다.

"우리는 회사를 위해 죽어라 일하는데, 사람들은 오노 일파가 회사를 망치고 있다고 말합니다."

어지간히 억울했는지, 오노에게 이렇게 말하는 스즈무라의 눈가에 눈물이 맺혀 있었다. 그러자 오노는 "그러냐?"며 스즈무라의 어깨에 손을 올렸다.

"스즈무라, 너는 울기라도 할 수 있지. 울 수도 없는 나는 대체 어쩌면 좋단 말이냐……."

조와 이케부치 등 직속 부하 직원들은 주위로부터 고립됐지만, 이것이 오히려 그들을 결속시켰다. 그들은 회사에 있는 동안 생산성을 향상시킬 방법만 궁리했고, 이것이 도요타 생산방식의 진화로 이어졌다.

다만 휴일에는 달랐다. 집으로 일을 가져가지 않고 모여서 노는 데 열중했다. 조, 이케부치, 우치카와 스스무內川晉, 요시카와 준이치好川純一 등 젊은 세대는 쉬는 날에 오노의 집을 찾아갔다. 오노 부부는 아이가 없었던 것도 있어 직장 젊은이들이 찾아오는 것을 반겼다. 집에서는 절대 일 이야기를 하지 않았다. 마작을 하거나, 골프채를 잡고 스윙 연습을 하거나, 식사하거나, 술을 마셨다. 휴일의 오노 일파는 회사에서의 지위 고하는 잊은 채 이야기를 나누고, 놀고, 먹고, 마셨다.

그러나 매주 젊은 사원들이 찾아오자 부인이 오노를 나무랐다.

"여보, 다들 여자 친구도 있다고요. 우리 집 말고도 가고 싶은 곳이 있을 테니 매주 부르지는 말아요."

그러면 오노는 아주 조금 미안한 표정으로 고양이 초로를 끌어안고는 "듣고 보니 그렇군"이라며 반성하는 척했다.

그들이 휴일에도 행동을 함께한 것은 단지 사명감으로 결속돼 있었기 때문이 아니다. 사내에서 따돌림당하는 존재였기에 그 울분을 토해낼 기회가 필요했을 것이다.

조와 이케부치의 이야기에서 공통되는 것은 '위기감과 사명감'이다. 두 사람은 이구동성으로 말했다.

"미국에서 빅3가 오면 도요타는 망한다. 오노 씨뿐 아니라 경영 진들과 사원들도 모두 그렇게 느꼈습니다. 전쟁에서 철저하게 패한 경험이 있기에 미국이 전력을 다하면 일본은 상대가 되지 않는다 는 걸 알았죠.

하지만 상대가 되지 않더라도 싸워야 했습니다. 오노 씨는 도요 타 생산방식을 궤도에 올려서 어떻게든 망하지 않는 회사를 만들 어야 한다고 생각했습니다."

가이젠은 계속된다

도요타 생산방식이 도입된 흐름을 살펴보면 먼저 기계공장, 그다음이 조립 공장, 도장과 프레스, 단조(주조)의 순서이다. 기계공 장은 엔진과 미션을 만들고 부품을 조립하는 공장이다. 기계공장과 조립 공장에는 벨트컨베이어 혹은 바닥이 움직이는 슬랫컨베이어 가 있다. 한편 도장 공정에는 오버헤드컨베이어와 대차, 용접 공정 에는 대차, 프레스에서 검사 공정으로는 벨트컨베이어가 사용됐다. 이런 공장에서는 운반의 낭비를 해결함으로써 생산성을 높일 수 있었다. 이에 비해 단조, 주조 같은 곳은 완성된 부품을 롤러 미끄 럼틀 같은 슈트로 옮길 뿐이었다. 따라서 작업 자체를 살피면서 동 작의 낭비를 발견해야 했다.

반송장치가 있는가 없는가, 혹은 어떤 반송장치를 사용하는 공정인가에 따라 낭비를 발견하는 접근법이 달라진다. 오노는 기계공장 담당이었기 때문에 먼저 벨트컨베이어가 있는 기계공장 공정부터 도요타 생산방식을 도입하기 시작했다. 그리고 이어서 조립 공정에 도입했다. 조립 공정은 단순 작업의 반복이므로 표준작업도 설정하기가 쉽다. 또한 초보자가 해도 점차 숙련되는 작업이며, 시스템화하면 누구나 같은 시간에 같은 양을 작업할 수 있게 된다.

한편 단조와 주조 공정은 장인의 솜씨가 필요하다. 설령 표준작업을 설정해 작업에 걸리는 시간을 정하더라도 숙련자와 신입은 완성도에서 하늘과 땅 차이가 난다. 요리사가 회를 뜨는 표준시간을 정하더라도 모두가 맛있는 회를 뜰 수 있다는 보장은 없는 것과 마찬가지이다.

여기부터가 핵심인데, 도요타 생산방식을 도입할 때 현장 사람들이 가장 저항한 것이 표준시간 설정이다. 조립 공정에서는 "감시당하는 것 같아서 싫다"라고 반발했고, 단조와 프레스 공정에서는 "표준작업을 설정하는 것은 의미가 없다"라고 말했다. 표준작업을 설정하려면 담당자가 작업원 뒤에 서서 작업과 관련된 동작을 초시계로 계측해 기록해야 한다. 숙련자든 비숙련자든 현장 사람들은 이것을 가장 거북해했다.

다만 거북하다고 한 사람은 일본 공장에서 일하는 작업원뿐이었다. 시험 삼아 켄터키 공장에서 몇 명에게 물어봤는데, 모두가 "초시계로 잰다고? 그러든 말든 나는 상관없소"라고 대답했다. 다른 사람이 보고 있다고 해서 거북하거나 작업이 지체될 일은 없다고 잘라 말했다. 심지어는 "왜 그런 걸 물어보는 거요?"라고 되물은 팀 멤버도 있다.

일본인은 누가 자신을 바라보면 싫어하지만, 미국인 작업원은 '업무의 일환이니 당연한 것'이라는 반응을 보였다. 좀 더 말하면 일본인은 제삼자가 보고 있으면 멋지게 보이려는 마음에서 자기도 모르게 긴장하고 집중한다. 그게 싫기 때문에 시간 측정을 거북해하는 것이 본심이리라. 한편 미국인 작업원은 '나는 돈을 받은 만큼만 일한다'라고 확실히 정해놓는다. 누가 지켜보든 스톱워치로 시간을 재든 자신이 돈을 받고 판 시간이므로 불평한들 의미가 없다고 생각한다. 누가 보고 있다고 해서 평소보다 열심히 일하지도 않는다.

과거에 오노는 이런 말을 했다.

"미국 자동차 공장(포드)을 견학했을 때 작업원들이 태연하게 담배를 피우고 있었다. 그러나 일본인은 상사가 오면 급히 담배를 끄고 일하는 척하기 시작한다."

즉 일본인은 자의식과잉이라고도 할 수 있다. 자신이 일하는 모습을 누가 지켜보면 불안해진다. 감시당하고 자신의 작업에 비효율적인 부분이 있다는 지적을 받으면 정색하며 부정한다. 지적받은 점을 개선해 작업이 더 원활해졌더라도 왠지 찝찝해하는 것이 일반적인 일본인이다.

도요타 생산방식을 도입했을 때 현장이 저항한 이유는 타인이 바라보는 것, 자신의 작업에서 비효율적인 부분을 드러내는 것, 현재 하는 작업을 바꾸는 것에 대한 공포감 때문이었다. 언제까지나 현재 상태를 유지하고 싶은 것이 그들의 본심이었다. 그리고 이것은 그들만의 특별한 생각이 아니라 일본 사회의 일반적인 풍토였다. 요컨대 오노 일파가 싸운 상대는 도요타 현장이 아니라 현상 유지를 좋다고 여기는 일본 사회 풍토였다. 그렇기 때문에 도입하는 데 시간이 걸렸고, 또한 일방적으로 밀어붙이기만 해서는 정착시킬 수 없었던 것이다. 현장 사람들을 소중히 여기고, 매일 집요할 정도로 찾아가지 않고서는 가이젠을 진행할 수 없었다.

그래도 도요타 생산방식은 오노 일파의 노력 덕분에 조금씩 침투해갔다. 다시 한 번 말하지만 처음에는 기계공장, 다음에는 조립공장이 받아들였고, 프레스와 단조 같은 부문은 마지막에야 도요타 생산방식을 받아들였다. 그리고 도요타 생산방식이 모든 공장에 도입된 뒤에도 가이젠은 계속됐다. 현장은 끊임없이 변하기 때문에 그때마다 새로운 낭비를 찾아내 가이젠해야 했다.

예를 들어 크라운을 제조하는 모든 공정에서 도요타 생산방식이 어느 정도 구현됐다고 가정하자. 그러나 크라운이 모델체인지를 하면 부품이 바뀐다. 부품이 달라지면 공정이 달라지고, 새로운 낭비가 생긴다. 그러면 다시 한 번 오노나 스즈무라가 가서 낭비를 없애야 했다. 또한 변화는 모델체인지 때만 일어나는 것이 아니다. 작업원도 매년 새로운 사람이 들어온다. 멤버가 바뀌면 작업 숙련도가 달라지므로 라인을 재구성해야 한다. 요컨대 현장에서 탄생한 도요타 생산방식이 완성되는 날은 영원히 오지 않는다. 현장의 전제 조건이 바뀌면 운용을 재검토해야 하므로 생산방식이 완성되거나 고정되는 일은 절대 없다.

그렇다면 오노 일파가 현장을 돌아다니며 발견하는 낭비는 어떤 것들일까? 오노는 낭비를 일곱 가지로 분류했다. 전부 어느 공장의 생산 현장, 사무실에서나 흔히 발견할 수 있는 것들이다.

일곱 가지 낭비

첫째, 초과생산의 낭비

둘째, 작업 대기의 낭비

셋째, 운반의 낭비

넷째, 가공 자체의 낭비

다섯째, 재고의 낭비

여섯째, 동작의 낭비

일곱째, 불량품을 만드는 낭비

이 중 오노가 가장 배제하려 한 것은 '초과생산의 낭비'였다.

'왜 초과생산이 낭비이지? 부족한 것보다는 많은 편이 낫잖아?'

이것이 일반적인 판단일 것이다. 그러나 오노는 "물론 부족한 것은 좋지 않지만, 필요 이상으로 만드는 것은 범죄에 가깝다"라고까지 말했다. 초과생산 배제는 오노뿐 아니라 많은 관계자가 설명했는데, 가장 이해하기 쉽게 설명한 사람은 조 후지오이다. 문과 출신인 그는 기술 계열 사람과는 다른 각도에서 오노에게 질문했다. 기술에 관해서는 거의 문외한이었기 때문에 오노에게 초보적인 질문을 반복했던 것이다.

기술 계열 사람은 습관적으로 전문용어나 도요타어(가시화, 자공정 완결 등)를 사용해 설명하려는 경향이 있는데, 조는 초등학교 5학년이 이해할 수 있는 쉬운 표현만 썼다. 초과생산의 낭비를 설명하기 위해 그는 다음과 같은 예시를 들었다.

"어떤 형제가 있습니다. 형은 카펫 회사 사장이고, 동생은 그 회사의 생산 담당 전무죠. 사장은 '판매량에 따라서 소로트로 만들도록 해'라고 말했지만 동생은 '비싼 돈을 들여 산 공작기계의 가동률이 떨어지니 대로트로 만들어야 해'라고 반론했습니다. 형은 굉장히 난처해했죠. 이런 예는 셀 수 없을 만큼 많지 않을까요?

또 이런 것도 있습니다.

빨간색 제품을 대로트로 만든다고 가정합시다. 그동안 하나밖에 없는 라인에서는 파란색이나 노란색 제품을 만들 수 없습니다. 하지만 시장에서는 빨간색뿐 아니라 파란색이나 노란색 제품도 팔리고 있으므로 파란색이나 노란색 제품도 갖고 있어야 하고, 그러려면 각각을 보름 치, 1개월 치씩 갖고 있게 됩니다.

판매 추이는 공장이 대로트로 생산하든 소로트로 생산하든 달라지지 않습니다. 하지만 지출은 달라집니다. 대로트로 만들면 재고가 늘어나 창고에 제품이 쌓입니다. 제품은 잠들어 있는데 이자는 계속 나갑니다. 또 제품이 더러워지지 않도록 선반을 만들거나 해야 합니다. 어떤 제품의 재고가 몇 개나 있는지 파악하기 위한 인원도 필요해집니다……."

요컨대 초과생산의 낭비는 재고라는 낭비를 낳고, 재고가 쌓이면 관리할 장소와 사람을 확보해야 한다. 초과생산의 낭비는 여러 방면으로 파급되므로 모든 악의 근원인 것이다.

다음으로 작업 대기의 낭비란 뭘까? 작업 대기란 작업하고 싶지만 부품이 오지 않아 라인에서 할 일이 없는 상태를 말한다. 라인에 사람이 필요 이상으로 있으면 발생하는 낭비이다. 이를 해결하려면 라인의 인원을 줄이는 수밖에 없다. 다만 '인원을 줄인다'라는 지시는 현장의 반발을 샀다. 현장에서 보면 기껏 사이좋게 일하는 팀 동료가 빠져나가는 것이기 때문이다. 물론 라인에서 빠졌다고 해서 해고당하지는 않는다. 다른 라인으로 갈 뿐이다. 그러나 남은 사람들은 마음이 허전하고 일이 늘어나지 않을까 걱정한다.

조는 오노가 배구를 예로 들어 작업 대기의 낭비를 설명했다고 말했다.

"하루는 오노 씨가 '조, 배구가 뭔지 알아?'라고 묻더군요. 그래서 '네, 제가 학생이었을 때는 9인제였는데 지금은 6인제가 됐죠'라고 내답했습니다. 그랬더니 '맞아, 바로 그거야'라더군요.

'코트에 아홉 명이나 있으면 과연 강해질까? 회전리시브를 하면 다른 선수와 부딪치지 않을까? 그런 경기가 실제로 있는지 나(오노)는 들어본 적이 없지만, 6인제 팀하고 9인제 팀이 경기하면 6인제

팀이 이기지 않을까?'

오노 씨는 현장도 마찬가지라고 말했습니다. 사람이 늘어난다고 해서 물건을 많이 만들 수 있는가 하면 그렇지 않습니다. 저(趙)도 '능력이 부족합니다. 도저히 목표 수량을 만들 수 없습니다'라고 말하는 곳에 가서 이것저것 수정해 결과적으로 사람을 줄였더니 목표 수량을 만들 수 있게 된 사례를 수없이 경험했습니다."

운반의 낭비란 무엇일까?

현장에 중간창고 혹은 부품 더미가 있다고 하자. 그러면 작업원은 일하는 틈틈이 부품을 가지러 가야 한다. 도요타 생산방식을 도입할 당시에는 아직 중간재고를 놔두는 곳이 현장에 있었다. 오노가 지켜보니 작업원이 부품을 조립하는 시간보다 부품을 찾으러 가거나 나르는 시간이 더 길었다. 그런 이유도 있어서 오노는 창고와 부품 놔두는 곳을 싹 없애기로 결정했다.

동작의 낭비는 현장 작업원의 움직임을 보고 찾아내는 낭비이다. 예를 들어 어떤 부품이 작업원 등 뒤에 놓여 있다고 하자. 그러면 부품을 집어 올릴 때마다 일일이 뒤돌아봐야 한다. 이런 '뒤돌아보기 작업' 등을 확인해 부품을 놔두는 위치를 바꿔 낭비를 없앤다. 작업대 높이를 바꾸거나 벨트컨베이어 속도 등도 조정한다. 낭비가 없는 작업이란 작업원을 일하게 하는 것이 아니라 작업하기 쉽도록 만들어주는 것이다. 어떤 기사를 보니 도요타 생산방식이란 벨트컨베이어 속도를 높여 생산 대수를 늘리는 것이라고 했는데, 그 기사를 쓴 사람은 도요타 생산방식을 전혀 이해하지 못했다. 벨트 컨베이어 속도를 높인다고 해서 생산력이 향상되는 일은 없다. 사람은 자신이 싫어하는 작업을 오래 계속하지 못하며, 반드시 어떤 시점에 태업하기 시작한다.

동작의 낭비에 관해 조가 "어디까지가 낭비입니까?"라고 물어보자 오노는 다음과 같이 알려줬다.

어느 날 두 사람이 조립 라인 옆에 있었는데, 오노가 조에게 "눈을 감도록"이라고 말했다.

"눈을 감고 귀를 기울여봐."

조가 대체 왜 이런 걸 시키는지 의아해하면서도 눈을 감자, 오노가 말했다.

"조, 윙 소리가 들렸나?"

"네." 조가 대답했다.

"그건 임팩트렌치가 나사를 조이는 소리야. 작업이란 임팩트렌치가 나사를 조이고 있는 시간을 의미하지. 다른 시간은 전부 낭비야."

물론 노동 시간 전부를 작업 시간으로 만드는 것은 현실적으로 불가능하다. 그러나 제로로 만들겠다는 마음가짐으로 낭비를 찾아내라고 독려한 것이다.

안목이 중요하다

조와 이케부치처럼 도요타 생산방식을 전하는 사람들은 "현장에 가라. 그리고 돌아오지 마"라는 명령을 받았다. 사회인이므로 물론 양복이 있었지만 일하는 동안에는 입을 일이 없었다. 아침부터 밤까지 작업복을 입고 현장에 있었다. "낭비를 찾아내라"라는 지시를 받았으니 라인 옆에 서 있는데, 그저 서 있기만 해서는 현장 작업원들에게 거치적거린다며 혼난다. 그래서 조와 이케부치 모두 라인이 멈추면 달려가서 뭐가 문제인지 함께 찾아보고, 작업원이 "부품을 가져와주겠나?"라고 말하면 재빨리 가지러 가는 등 작업복을 기름으로 더럽히며 작업원과의 거리를 좁혀나갔다. 그리고 자연스럽게 잡담을 나눌 수 있는 관계가 되면 비로소 낭비를 찾기 시작했다.

또한 내려다보는 시선으로 낭비를 찾아내 지적하는 것이 아니라 상담에 응하거나 작업원에게 가르침을 구하는 방법으로 현장의 가이젠을 실시했다. 오노나 스즈무라는 슬쩍 둘러본 다음 관리자를 불러 꾸짖으면 가이젠이 되지만, 입사 8년 차 전후인 조나 이케부치가 그런 수법을 쓰는 것은 불가능했다. 우직하게 '가르침을 청하는' 자세를 보이지 않으면 작업자는 이야기해주지 않았다. 생각해보면 처음에는 손도 꼼짝 않고 냉담한 시선 속에서 그저 서 있는 수밖에 없는 일이다. 그러나 그들은 거기에서부터 시작했다.

나는 도요타 공장을 7년 동안 70회 견학하며 라인을 살펴봤다.

그러면서 낭비를 발견한 적이 있냐고 묻는다면 전혀 발견하지 못했다. 나도 한 가지 정도는 찾아낼 수 있지 않을까 생각해 현장에 서봤지만 현실은 녹록하지 않았다. 현장 라인 작업은 언제 봐도 항상 똑같은 듯했고, 설령 라인이 멈췄더라도 작업자에게 물어보지 않는 한 무슨 일이 일어났는지 도저히 알 수 없었다.

한번은 생산조사실 실장이었던 니노유 히로요시ニ之夕裕美(현재는 상무 임원 겸 모토마치 공장장)와 함께 모토마치 공장 조립 라인을 지켜본 적이 있다. 견학 코스에서 라인을 바라보고 있는데, 니노유가 갑자기 멈춰 서더니 "저건 바꿔야겠군"이라고 중얼거렸다. 그래서 "뭘 말입니까?"라고 물어보니 니노유가 "저기 저 작업원이 보이십니까?"라고 말했다.

"저 친구 말입니다. 범퍼를 달기 전에 셀로판 포장을 벗기고 있죠?"

분명히 그 사람은 셀로판을 일일이 벗겨낸 다음 범퍼를 차체에 달고 있었다.

"착 달라붙어 있는 셀로판을 벗겨내는 건 정말 귀찮은 작업입니다. 하루에 몇 번씩 셀로판을 벗겨내다 보면 짜증이 날 수밖에 없죠. 그러니 어딘가에 셀로판을 벗겨내는 공정을 만들어야 합니다. 아니면 셀로판이 아닌 다른 포장재로 바꾸는 방법을 생각하든지요."

니노유는 라인을 슬쩍 바라보기만 했는데도 문제점을 발견하고 동시에 개선안을 생각해냈으며, 다음 순간에는 부하 직원을 불러 즉시 실행하도록 지시했다. 즉 가이젠이 진행되는 현재도 라인을 바라보면 낭비를 발견할 수 있다는 뜻이다.

도요타 생산방식을 정착시키는 일이란 바로 이런 것이다. 안목 있는 전문가가 사람이 하기 힘들 것 같은 부분을 찾아내 그 자리에서 하나하나 해결한다. '가이젠의 방법과 본질' 같은 매뉴얼을 만들어 배포하면 그만인 일이 아니다. 현장의 가이젠은 오노와 스즈무라가 조, 이케부치에게 전수했듯 사람이 사람에게 직접 가르쳐야 한다. 그런 다음 체계화를 궁리한다. 이렇게 해서 현장의 작은 기술이 회사 전체에 축적되고 계통화돼 교육된다. 도요타 생산방식의 전승이란 현장에서 시작돼 해결된 사례를 회사 전체에 전파해가는 것이다.

팀워크가 만드는 현장의 힘

도요타 생산방식이 침투해나가면 라인이 원활하게 흐른다. 부품을 발밑에 놔두는 작업원도 사라진다. 도요타 공장은 문외한이 봐도 가지런한데, 동종 타사 사람들은 이를 오히려 불편해하는 듯하다. 어떤 외자계 딜러에서 일하는 사람에게 들은 이야기인데, 그는 벤츠, 폭스바겐, 닛산, 혼다 같은 자동차 회사의 부장급 사람들과 도요타 모토마치 공장을 견학한 적이 있다고 한다. 현장 관리직이었던 각 회사 부장들은 "도요타 생산방식에는 낭비가 없군"이라는 감상을 털어놨다.

"작업원의 움직임에 감탄했어."

"곁에 놔둔 부품이 적군. 우리는 저렇게 못 하는데."

"청소가 완벽해. 통로에 물건이 하나도 없어."

"설비나 기계는 우리 쪽이 더 좋지만, 도요타는 팀워크로 물건을 만들고 있어."

역시 현장 사람들이기에 봐야 할 것을 제대로 보고 있었다. 그런데 그때 한 사람이 말을 꺼냈다.

"도요타는 분명 대단해. 하지만 나는 여기에서 일하고 싶지 않아."

그러자 그 자리에 있던 모두가 고개를 크게 끄덕였다.

현장을 아는 사람이 도요타 생산방식을 보면 이런저런 낭비가 없음을 알 수 있을 것이다. 값비싼 최신예 기계를 도입해 생산성을 높이는 것이 아니라 어디까지나 낭비의 배제와 팀워크로 자동차를 만드는 곳이 도요타 현장이기 때문이다. 비유를 들자면, 도요타 현장은 개인기가 뛰어난 선수가 모인 드림팀이 아니다. 무명 선수들이 각자의 포지션에서 재빠르게 움직이며 적확하게 패스를 연결한다. 최신예 공작기계라는 개인기가 아니라, 어디까지나 연계 플레이가 우수한 팀이다. 확실히 패스를 연결하며 상대의 골대로 다가간다. 이런 플레이를 위해서는 매일같이 단련해야 한다.

일류의 작업을 하는 것은 쉬운 일이 아니다. 해내겠다고 마음먹은 사람이 아니면 할 수 없다고도 할 수 있다. 동업 타사 부장들이 한숨을 내쉰 이유는 육체적으로 일이 힘들 것이라고 생각해서가 아니다. 낭비 없이 움직일 수 있게 되기까지 엄청난 노력과 단련을 해왔음을 피부로 느꼈기 때문이다.

오노는 훗날 《도요타 생산방식》이라는 책을 쓴다. 그러나 직속 부하 직원들에게는 "너희는 현장에서 실천하고 있으니 읽지 않아도 돼"라고 단언했다. 생산공정은 매일 진화하므로 종이에 적은 내용은 곧 진부해지고, 또 도요타 생산방식을 운용하는 것은 글이나 말로는 온전히 전할 수 없음을 알기 때문이었을 것이다.

세계적인 베스트셀러가 된 비즈니스서 《더 골》의 저자 엘리 골드렛은 오노를 존경했기 때문에 《도요타 생산방식》이 나오자마자 자비로 번역해 숙독했다. 그는 오노와 도요타 생산방식에 관한 논문을 몇 편 썼는데, 그중에 이런 구절이 있다.

> '아는' 것과 '할 수 있는' 것 중 어느 쪽이 어려울까? '아는' 것보다 안 것을 '할 수 있게' 되는 것이 더 어려운 것은 분명하다.
> 그렇다면 '할 수 있는' 것과 '할 수 있도록 가르치는' 것 중에는 어느 쪽이 더 어려울까? '할 수 있게' 된 사람도 그것을 다른 사람에게 '할 수 있도록 가르치는 것'은 정말 어려운 일임을 깨닫게 된다.

골드렛은 종종 다음과 같은 질문을 통해 자신이 할 수 있는 것을 다른 사람에게 가르치는 일의 어려움을 설명했다.

> 구두끈을 어떻게 묶는지 아는가? 그렇다면 묶는 법을 내게 말로 설명해주겠는가?

도요타 현장은 개인기가 뛰어난 선수가 모인
드림팀이 아니다. 최신예 공작기계라는
개인기가 아니라, 어디까지나 연계 플레이가
우수한 팀이다. 확실히 패스를 연결하며
상대의 골대로 다가간다. 이런 플레이를
위해서는 매일같이 단련해야 한다.

'할 수 있는' 것과

'할 수 있도록 가르치는' 것 중에는

어느 쪽이 더 어려울까?

'할 수 있게' 된 사람도 그것을 다른 사람에게

'할 수 있도록 가르치는 것'은

정말 어려운 일임을 깨닫게 된다.

매뉴얼을 만드는 것만으로는 회사 전체 혹은 협력 공장이 도요타 생산방식을 받아들이게 할 수 없었다. 사람이 손짓 발짓으로 직접 시범을 보이지 않으면 현장 사람들은 절대 하려고 하지 않았다. 어떤 때는 오노나 스즈무라가 화내며 호통치고, 그런 다음 조나 이케부치가 천천히 설명한다. 꽃꽂이 선생이 제자들에게 꽃꽂이를 가르치듯이 사람이 사람에게 전수하는 것이 도요타 생산방식이다.

그래도 조합 등은 오노와 도요타 생산방식에 대한 항의문을 거의 매달 게시했다. 조와 이케부치는 비아냥거리는 소리를 듣거나 무시당하거나 면전에서 "내가 너희는 절대 출세하지 못하게 할 거야!" 같은 말을 듣기도 했다. 그러나 최고경영자였던 도요다 에이지는 조합의 항의를 받아들이지 않았다. "저스트 인 타임은 기이치로의 발상이네. 오노는 그걸 확산시키고 있을 뿐이야"라며 완강하게 오노와 그의 팀을 비호했다.

오노는 팀이 사내에서 고립됐음을 느끼고 있었다. 그리고 한편으로 에이지의 비호에 고마워했다. 조나 이케부치가 힘없이 고개를 숙이고 돌아오더라도 절대 따뜻한 말을 해주지 않았다. "뭐 하고 있어? 빨리 현장으로 돌아가!"라고 질타했다. 에이지의 비호에 대해서도 직접 감사의 말을 전하지는 않았다. 오노는 자신의 내면을 타인에게 드러내고 싶어 하지 않는 사내였다. 그는 그 이유를 이렇게 말했다.

"상사가 걱정해주고 있다는 걸 실감할 수 있었다. 틀림없이 제동을 걸려고 한 적도 있을 것이다. 그러나 '이렇게 해라, 저렇게 해라'

라는 말은 한마디도 없었다. 나도 '이렇게 하고 싶다'라고 말하지 않고 당연히 해야 할 일을 했다. 상사에게 오케이를 받아서 하면 이쪽의 각오가 약해진다. 마음이 편해지기 때문이다. 어느 쪽이 말하더라도 (신뢰 관계는) 무너졌을 것이다."

오노는 사명감이라기보다 목숨을 걸고 공장에 서 있었다. 현장에서 마치 귀신과도 같은 모습으로 관리직을 질타한다. 이것이 오노 다이이치의 하루였다. 이케부치는 그 모습을 잊지 못했다.

"오노 씨는 공장에서 절대 안전모를 쓰지 않았습니다. 안전모를 써야 하는 것이 회사 규칙이지만, 그래도 쓰지 않았죠. 그렇게도 규칙을 강조하는 사람이 안전모만은 절대 쓰지 않는 겁니다. 손님을 안내할 때는 안전모를 썼지만, 평소에는 절대 쓰지 않았습니다.

그래서 무섭기는 했지만 조심스럽게 그 이유를 물어본 적이 있습니다. 그랬더니 이렇게 말씀하시더군요.

'이케부치, 나는 모두가 나를 미워한다는 걸 잘 알아. 나를 해머로 후려치고 싶어 하는 놈도 있겠지. 그럴 때 안전모를 쓰고 있으면 내가 겁이 나서 썼다고 생각하지 않겠어? 그래서 나는 절대 안전모를 쓰지 않아. 후려칠 용기가 있으면 언제든지 후려쳐라 이거지.'"

제10장

THIS IS TOYOTA

코롤라의 해

조가 가와이에게 가르친 것은 '후방 공정은 고객',
즉 '부품을 묵혀두지 말고 즉시 돈으로 바꾼다는 의식을 가져라'이다.
후공정 인수는 부품을 저스트 인 타임으로 이동시키는 것만이 목적이 아니라
고객을 생각하며 제품을 만들라는 의식 개혁이기도 했다.

코롤라 발매

1966년, 도요타는 대중 차의 베스트셀러 코롤라를 발매했다. 개발주사는 하세가와 다쓰오로, 전직 비행기 엔지니어이며 훗날 도요타의 전무가 된다. 코롤라는 세계 140개국에서 3,000만 대 이상이 팔렸으며, 일본에서 자동차 대중화의 상징이 된 자동차이다. 당시 한 대 값이 기본형 43만 2,000엔으로, 같은 시대 회사원의 평균 연 수입인 48만 6,500엔보다 쌌다. 중류층이 대출을 이용하면 충분히 손에 넣을 수 있는 첫 번째 마이카였다.

하세가와는 코롤라의 특징에 대해 "80점주의, 플러스알파의 사상"이라고 말했다.

"대중 차는 성능, 승차감, 가격 등 온갖 측면에서 80점 이상이 돼야 한다. 그다음은 어떤 항목을 90점 이상으로 만들어 고객의 마음을 사로잡냐이다."

하세가와가 생각한 '90점 이상으로 만들' 항목은 배기량, 스포티한 디자인, 현대성이었다. 닛산 서니Sunny보다 배기량이 100시시 큰 엔진을 탑재하고, 시프트레버는 플로어에 배치했다. 실제 구매층의 용도는 가족용이지만, 젊은이들이 좋아할 만한 스포티한 디자인에 강력한 사양으로 민 것이 히트로 이어졌다.

같은 해에 일반 가정에는 어떤 내구소비재가 있었을까? 세탁기, 냉장고 등의 세대 보급률은 다음과 같다(《아사히 연감朝日年鑑》 발췌. 괄호 안은 1980년 수치).

- **전기세탁기** : 75.5퍼센트(98.8퍼센트)

- **전기냉장고** : 61.6퍼센트(99.1퍼센트)

- **전기청소기** : 41.2퍼센트(95.8퍼센트)

- **컬러텔레비전** : 2.1퍼센트(98.2퍼센트)

- **실내 에어컨** : 2.0퍼센트(39.2퍼센트)

- **자가용 차** : 12.1퍼센트(57.2퍼센트)

컬러텔레비전이나 에어컨보다 자가용 차를 보유한 가정이 더 많았다. 그만큼 승용차가 친근한 제품이 돼가고 있는 시대였다.

그해에 일본은 평화로웠지만, 세계는 격동의 소용돌이에 있었다. 미국은 베트남전쟁을 둘러싼 문제가 장기화돼 반전시위가 빈발했다. 중국은 문화대혁명이 한창 진행 중이었다. 1967년에는 중동에서 육일전쟁이라 불리는 제3차 중동전쟁이 일어났고, 유럽에서는 EC(유럽공동체)가 성립됐다. 1968년에는 소련이 이끄는 바르샤바조약군이 동유럽의 체코슬로바키아를 침공했다.

이렇게 세계정세가 급박하게 돌아가는 가운데 일본은 한없이 평화로웠고, 경제는 계속해서 성장했다. 세계에서 일본인만은 경제활동에 매진하며 호경기를 구가했다. 이는 2차 세계대전에서 패한 직후에 정권을 잡았던 총리 요시다 시게루吉田茂가 생각해낸 '경무장輕武裝, 경제성장 우선'이라는 방침이 틀리지 않았기 때문이다.

1968년, 일본의 명목 GDP가 미국에 이어 세계 2위에 오른다. 패전한 지 23년, 제로에서 출발한 일본이 전승국 미국에 이은 경제 대국이 됐다.

자동차 회사 환경도 달라졌다. 일본이 세계 2위의 경제 대국이 된 이상, 자동차는 선박이나 가전제품과 어깨를 나란히 하는 수출 상품이 되리란 기대를 받았다. 일본 최고의 자동차 회사가 된 도요타는 일본에서의 승용차 보급뿐 아니라 세계시장을 염두에 둔 경영전략을 세워야 했다. 또한 베스트셀러가 된 코롤라는 전략적으로 세계시장에 진출해야 한다는 목소리가 높았다.

패전 후 창업자 도요다 기이치로는 "3년 안에 미국을 따라잡지 못하면 도요타는 망할 것"이라고 말했다. 이후 격렬한 노동쟁의로 기이치로가 사임한 뒤 신임 사장이 된 이시다 다이조는 매년 입사식 축사에서 "빅3가 상륙하면 우리는 끝"이라고 말했다. 그만큼 도요타는 미국의 자동차 회사를 두려워했다. 그래서 거대한 코끼리가 전력을 다하지 않도록 몰래 힘을 쌓아왔는데, 이제는 거대한 코끼리의 안방인 미국 시장에 뛰어들어야 하는 상황이 됐다. 코롤라 발매는 도요타가 자신들의 진지에서 나와 거대한 상대와 싸워야 하게 됐음을 상징하는 사건이었다.

가와이 미쓰루, 입사하다

코롤라가 발매된 1966년 3월, 도요타기능자양성소(현재의 도요타공업학원)를 졸업한 가와이 미쓰루(河合滿)가 입사했다. 그의 최종 학력은 중학교 졸업이다. 그러나 그는 밑바닥에서 시작해 최고의 자리까지 올라갔다. 현장에서 온갖 고초를 겪으며 반장, 조장, 공장, 관리직을 거쳐 부공장장이 됐고, 기술계 임원인 기감(技監)을 거쳐 2015년에 전무 임원, 2017년에 부사장이 됐다.

그는 1948년에 도요타 고로모 공장에서 조금 떨어진 곳에서 태어났다. 아버지는 그가 초등학교 4학년 때 세상을 떠났고, 이후 어머니가 일하면서 그와 여동생을 키웠다.

가와이가 도요타에 들어간 것은 공부가 싫어서였다. 마쓰다이라 중학교 3학년 때 그는 어머니에게 말했다.

"저는 고등학교에 가고 싶지 않아요. 공부가 정말 싫다고요. 게다가 동생도 있잖아요? 어차피 저와 동생을 모두 학교에 보내는 건 우리 집 사정상 무리예요. 그러니 저는 고등학교 대신 도요타의 양성소에 가겠어요."

"그게 무슨 소리야? 엄마가 뭣 때문에 일한다고 생각하는 거니? 미쓰루, 제발 부탁이니 고등학교만은 졸업하도록 해."

어머니는 아들의 생각을 바꾸고자 울면서 애원했다. 그러나 그는 고집을 꺾지 않았다.

"어머니, 도요타는 좋은 회사예요. 게다가 공장도 가깝고, 돌아가신 아버지께서 일하신 적도 있어요. 제가 성적은 별로 좋지 않지만, 그래도 같은 지역 출신이니 어쩌면 받아줄지도 몰라요."

어머니는 한사코 반대했지만, 가와이는 다음 날 아침에 담임 선생님에게 자신의 생각을 이야기했다.

"도요타의 양성소에 들어가겠습니다."

담임은 "진심이냐?"라고 말했다. "그만둬. 너 같은 바보가 갈 수 있는 곳이 아니라고. 하지만 세상에 절대라는 건 없으니, 죽도록 공부할 각오가 돼 있다면 나도 도와주지."

이 말에 발끈한 가와이는 태어나서 처음으로 잠시나마 진지하게 공부했고, 그 덕분에 시험에 합격할 수 있었다.

양성소에서는 급여가 나온다. 1964년 당시 기록에 따르면 1학년은 8,500엔, 2학년은 1만 500엔, 3학년은 1만 2,500엔을 받았다. 당시 대졸 초임이 2만 엔 전후였으니, 결코 적은 금액이 아니다.

"배속된 곳은 본사 공장(전 고로모 공장)의 단조부였어. 뭐, 그 무렵에는 아직 마을 공장 수준을 겨우 벗어난 정도의 규모였지만. 일단 고로모정 자체가 시골이었어. 공장은 도요타 정도밖에 없었고, 나머지는 논과 뽕밭이었지. 도로도 좁은 길 하나밖에 없었는데, 대낮에도 너구리나 여우가 어슬렁거릴 정도였어.

단조란 새빨갛게 달궈진 재료(철)를 해머로 두들겨 모양을 만드는 일이야. 엔진의 리어샤프트, 커넥팅로드라든가 튼튼해야 하는 부품을 만들지. 지금은 자동해머로 두들기지만 그때는 주로 수작업이었어. 해머로 쾅쾅 두들겨 모양을 만들어나갔지. 소리는 시끄럽지, 연기는 자욱하지, 처음엔 어쩌다 이런 데 배속됐나 싶더라니까.

양성소 시절에는 도요타 공장에서 엔진을 분해했다가 조립하는 작업도 했는데, 그건 재미있었어. 내 손으로 분해한 엔진을 재조립하면 다시 한 번 윙윙 소리를 내며 작동하기 시작하거든. 뭔가를 만들어냈다는 기쁨이 있었지. 하지만 단조에서는 그런 기쁨을 느낄 수 없었어. 처음에는 말이야."

단조 공장에는 철을 가열하는 가마가 있다. 여름에는 머리가 어지러울 만큼 더웠다. 대형 선풍기가 돌아갔지만 더위를 식히기에는 어림도 없었다. 오히려 뜨거운 바람을 내뿜었다.

그렇다고 해서 겨울에 쾌적한가 하면 그것도 아니었다. 갓 만든 단조 부품은 고열을 내기 때문에 공장 밖으로 가져가 식혀야 한다. 그래서 공장 문은 항상 열린 채였으며, 그곳으로 세찬 겨울바람이 들어왔다. 그런 까닭에 겨울이 되면 손을 입김으로 녹이며 일해야 했다. 난방 도구는 화로뿐이었는데, 그것도 일주일에 목탄 한 가마만 쓸 수 있었다. 목탄을 절약하며 몸을 녹이는 것이 그들의 일상이었다. 메이지시대 이야기가 아니다. 한창 고도성장 중인 쇼와시대 이야기이다.

가와이가 단조 공장에 배속된 것은 비틀즈가 일본을 찾아와 무도관에서 라이브 공연을 한 해이다. 그럼에도 도요타 본사 공장 단조부 사내들은 더위에 울고 추위에 떨면서 커넥팅로드를 만들었다.

이듬해 여름, 가와이는 현장 선배에게 "뭔가 궁리를 짜내야 하지 않을까요?"라고 말을 걸었다. 그가 '궁리'라는 말을 쓴 이유는 도요타 생산방식과 함께 권장됐던 '창의적 궁리 제안 제도'가 머릿속에 있었기 때문이다. 이는 전원 참가형 개선 제안 제도로, 1951년에 시작된 이래 지금까지 5,400만 건이 제안됐고 대부분이 채용됐다. 선배들은 신입이 들어오면 "뭔가 제안해봐"라고 가르친다. 또한 제안이 채용되면 상금을 받는다. 큰돈은 아니지만 사안에 따라서는 몇명이 술집에 갈 수 있을 정도는 된다.

다시 본론으로 돌아가자. 가와이는 자기 나름대로 궁리한 아이디어를 직장 선배들에게 말했다.

"선풍기 위에서 물을 똑똑 떨어뜨리면 어떨까요?"

선풍기 위에 호스를 늘어뜨리고 때때로 수도꼭지를 살짝 열어놓는다는 아이디어였다. 궁리라고 말하기도 힘든 단순한 발상이었지만, 실제로 해보니 물이 안개처럼 퍼져 시원해졌다. 즉 가와이가 만든 것은 원시적인 미스트 발생기였다.

단조 현장의 특수성

그 무렵, 도요타는 한창 자동차의 대중화를 진행하고 있었다. 기존의 본사 공장과 모토마치 공장에 이어 1965년에는 엔진을 만드는 가미고 공장, 1966년에는 코롤라를 만드는 다카오카 공장이 완성됐다. 1968년에는 미요시 공장, 1970년에는 쓰쓰미 공장을 완성했으며, 이후에도 묘치 공장(1973년), 시모야마 공장(1975년), 기누우라 공장(1978년), 다하라 공장(1979년) 등 거의 2년 단위로 공장을 증설했다.

도요타가 라이벌로 불리던 닛산을 제칠 수 있었던 이유는 각 차

종이 잘 팔렸기 때문이라기보다 이 무렵의 공장 증설 덕분일 것이다. 생산능력이 올라가 잘 팔리는 자동차를 잘 팔리는 시기에 대량으로 만들어 시장에 내보낼 수 있었던 것이다.

1966년, 당시 상무였던 오노 다이이치는 여전히 도요타 생산방식을 추진하고 사내에 정착시키는 일을 하고 있었다. 2차 세계대전이 끝난 직후 기계공장에서 기계 두 대 담당으로 시작된 도요타 생산방식은 대략적으로 다음과 같이 진행됐다. 그리고 모든 공장에서 도요타 생산방식이 정착된 것은 1970년대 이후이다.

① 후방 공정이 전방 공정으로 부품을 가지러 감(1948년)

② 엔진 조립 라인에 안돈 채용(1950년)

③ 표준작업 설정(1953년)

④ 간판방식 도입(기계공장, 1953년)

⑤ 조립 공장과 차체 공장의 동기화 완성, 모든 공장에서 도요타 생산방식 도입 착수(1960년)

⑥ 회사 전체가 간판방식을 전면적으로 채용(1962년), 프레스 준비 교체 시간 단축(1962년)

1966년경에는 도요타 생산방식의 주된 수법들이 이미 개발돼 있었으며, 그것을 각 공장에 도입하는 단계에 있었다. 오노는 비전을 이야기하고, 보좌 역인 스즈무라 기쿠오가 지시를 내린다. 그 밑에 있었던 조 후지오, 이케부치 고스케, 요시카와 준이치, 우치카와 스스무 같은 사람들이 현장에 가서 지도한다.

그러나 가와이 미쓰루가 있는 단조 부문에는 아직 도요타 생산방식이 침투하지 못한 상태였다. 단조는 한 가지 형태의 부품을 철이 달궈졌을 때 두들겨서 만드는 작업이다. 한 가지 금형을 사용해 단시간에 최대한 많은 부품을 만들어내는 것이 상식이었다. 소로트 생산을 지향하는 도요타 생산방식을 도입하기 어려운 직장 환경이었다.

가와이는 당시 단조 현장의 모습을 이렇게 회상했다.

"단조 현장은 라인이 아니야. 서너 명이 한 조가 돼 일하지. 간단히 말하면 철로 된 둥근 막대 모양 소재를 부품으로 만드는 거야.

각 조에는 '봉심棒芯'이라는 리더가 있어. 그 사람이 지시를 내리지. '가마 담당'은 피자 화덕 같은 가마 앞에서 철 봉을 가열해. 가마 담당이 섭씨 1,260도까지 가열된 철 봉을 꺼내면 봉심과 '성형 담당'이 페달식 스탬프해머로 모양을 잡아 부품으로 만드는 거야. 그리고 마지막으로 '거스러미 담당'이 부품을 트리밍하지. 요컨대 삐져나온 철 거스러미를 떼어내는 거야.

정말 지독하게 덥지. 가마 담당은 중유와 공기를 섞은 연료로 가열하고 있는 시뻘건 가마 앞에서 일하거든. 다만 가끔씩 담당을 교체해. 안 그러면 더워서 일할 수가 없으니까.

그래도 우리는 작업복에 보안경을 썼지만, 2차 세계대전이 끝난 직후에 찍은 사진을 보면, 훈도시 차림에 앞치마만 두른 가마 담당이 나막신을 신고 불똥을 뒤집어쓰면서 일했더군. 단조 부문은 자동차 공장에서도 가장 가혹한 직장이야. 괜히 다른 직장의 작업원보다 시간당 12~13엔을 더 준 게 아니라니까."

시뻘겋게 달궈진 쇳덩이를 해머로 네다섯 번 두들기면 조직이 단단해져 강인해진다. 단조 현장의 사내들은 매일 같은 일을 했다. 만약 달궈진 쇳덩이를 발에 떨어뜨리기라도 했다가는 큰 부상을 당했다.

"옛날 사람들은 굉장히 손이 빨랐어. 가마에서 봉재棒材를 꺼내는 것도 빨랐고, 성형도 순식간에 했지. 요즘 사람은 아무리 노력한들 그렇게 빠르게는 움직이지 못해."

현재는 거의 자동화됐지만, 가와이의 말에 따르면 숙련공의 움직임은 자동기계보다도 훨씬 매끄럽고 낭비가 없다고 한다. 그러면서 가와이는 "독특한 재능이 필요한 직장이었지"라고 말했다.

"시험 성형이라는 것을 해. 달궈진 철을 아래쪽 금형에 올려놓고 위쪽 금형을 덮어서 모양을 만들지. 처음에는 아무래도 0.3밀리미터 정도는 어긋나기 때문에 불량품이 나오는데, 그런 다음 금형의 위치를 조정해서 정확하게 맞추는 것이 기술이고 재능이야. 대개는 두세 번 시험 성형을 해봐야 금형을 정확하게 맞출 수 있어. 그런데 숙련된 장인 중에는 한 번에 정확하게 맞추는 사람이 있었지."

이와 같이 단조 현장은 조립 현장과 작업 환경이 다르다. 가혹한 직장인 만큼 그곳에서 일하는 사람은 자부심이 컸다. 도요타 생산 방식을 도입한다고 해서 쉽게 "그러시오"라고 말할 사람들이 아니었다고도 할 수 있다. 그런 만큼 도입에 시간이 걸렸다.

일단 표준작업을 설정하기가 어려웠다. 숙련된 장인은 자동기계보다 빠르게 작업할 수 있다. 한편 신입은 시간이 걸린다. 평균 시간을 설정하면 숙련된 장인은 "나보고 그렇게 느릿느릿 일하라는 거요?"라며 화낸다. 현장 사람들의 이야기를 듣고 의견을 반영하지 않고서는 단조 현장에 도요타 생산방식을 도입할 수 없었던 것이다.

재고를 없앤다는 것의 의미

가와이가 입사하고 3~4년이 지났을 무렵이다. 가와이는 리어 샤프트를 만드는 현장의 봉심이 돼 있었다. 완성된 것을 50개씩 팰릿에 담고, 팰릿 두 개가 가득 차면 다음 공정에서 가지러 오게 돼 있었다.

어느 날, 가와이가 작업하고 있는데 체격이 건장하고 얼굴이 빨간 사내가 찾아왔다. 입에는 담배를 물고 있고, 작업복 허리춤에는 걸레를 차고 있었다. 그 사내가 가와이 옆으로 와서 팰릿 두 개가 놓여 있는 것을 발견하더니 꽂혀 있던 간판을 뽑았다.

"어이, 젊은 친구." 사내가 웃으면서 가와이에게 말했다.

"네?"

"자네, 이 간판 두 개를 공장 밖에 있는 화단으로 가져가서 파묻고 오게."

가와이는 사내가 무슨 말을 하는지 이해할 수 없었다. 그러나 꿍

장히 화났다는 것만은 느낄 수 있었다.

"죄송합니다만, 간판은 소중한 것이기 때문에 그럴 수 없습니다."

그 사내, 스즈무라 기쿠오는 큰 소리로 "뭐라고?"라고 말하더니 "반장 불러와!"라고 소리쳤다. 주위 사람들이 깜짝 놀라 아무 말도 못 한 채 손을 멈추고 스즈무라와 가와이를 바라봤다. 반장이 황급히 달려오자 스즈무라는 맹렬한 기세로 질책하기 시작했다.

"자네는 젊은 친구들을 어떻게 교육하는 거야! 바보 같으니라고. 왜 팰릿을 두 대나 쌓아두고 있지? 그럴 거면 뭐 하러 간판을 붙이는 건데?"

반장은 식은땀을 흘리면서 "그게 말입니다……"라고 반론하려 했지만 스즈무라는 들은 척도 하지 않았다. "바보 자식. 제대로 하라고!"라며 호통만 칠 뿐이었다. 옆에서 망연히 서 있던 가와이는 점차 화가 치밀었다.

'이 양반, 대체 뭐야? 갑자기 나타나서는 소리만 지르고. 최악이네. 게다가 잘못은 내가 했는데 왜 반장님이 이렇게 혼나야 하는데?'

그러나 그 생각을 입 밖에 낼 수는 없었다. 스즈무라가 돌아가자 반장이 모두를 불러 모았다.

"이제부터 리어샤프트는 팰릿 하나에 가득 차면 다음 공정에서 가지러 오게 한다. 두 개씩 채우지 마."

나이가 많은 작업원이 불만을 터뜨렸다. "반장, 그러면 운반이 번잡해진단 말입니다. 우리 부서의 규칙은 팰릿 두 개이지 않습니까?"

"아니, 지금 이 순간부터 규칙이 바뀌었어. 스즈무라 씨가 일단은 팰릿 하나로 바꾸라고 했으니 따르도록 해. 그리고 팰릿에 채우는 수량도 50개가 아니라 30개로 줄이라고 한다."

"그런 억지가 어디 있어?"

다들 한마디씩 했지만 이미 결정된 것을 바꿀 수는 없었다. 현장의 루틴이 즉시 변경돼 소로트 운송이 됐다. 그러나 가와이는 왠지 마음에 들지 않았다. 왜 부품 로트를 줄였는지 그 의미를 알 수 없었다.

다음 날, 조가 현장을 보러 왔다. 조는 나이 차이도 많이 나지 않으며 스즈무라처럼 무서운 사람도 아니다. 그래서 가와이는 조에게 물어보기로 했다.

"조 씨."

"왜 그래?"

"어제 스즈무라 씨에게 크게 혼났습니다. 저희 현장 규칙은 팰릿 두 개가 가득 차면 다음 공정에서 가지러 오게 하는 것이었는데, 왜 정해진 대로 했는데도 혼난 겁니까?"

조가 싱긋 웃었다. '혈기 왕성한 친구'라고 느낀 모양이었다.

"가와이, 지금부터 내가 하는 이야기를 잘 듣도록 해."

조가 그 자리에서 실물을 손에 들고 설명하기 시작했다.

"네가 여기에 팰릿 두 개를 쌓아놓으면 그건 중간재고가 돼. 부품을 쌓아놓는 것은 돈을 쌓아놓는 것과 같아. 그러니까 완성됐으면 즉시 가지러 오게 해야 하는 거야. 후방 공정은 고객이야. 네가 만든 부품을 곁에 쌓아두지 말고 즉시 고객에게 전달해야 해. 스즈무라 씨는 그런 이야기를 하고 싶었던 거야."

　도요타 생산방식에 있는 '후공정 인수'는 후방 공정 작업원이 전방 공정으로 부품을 가지러 가는 것이다. 보통은 전방 공정이 후방 공정으로 부품을 보낸다. 물리적으로 생각하면 부품이 이동하는 것은 매한가지이다. 그러나 조가 가와이에게 가르친 것은 '후방 공정은 고객', 즉 '부품을 묵혀두지 말고 즉시 돈으로 바꾼다는 의식을 가져라'이다. 후공정 인수는 부품을 저스트 인 타임으로 이동시키는 것만이 목적이 아니라, 고객을 생각하며 제품을 만들라는 의식 개혁이기도 했다.

　가와이는 이때 비로소 도요타 생산방식을 이해했다. 재고를 갖지 않는 것의 중요성, 이를 위해서는 소로트로 조금씩 운반해야 한다는 것, 오노는 흐름이 원활한 생산 현장을 만들려 한다는 것을 깨달았다.

338

　같은 단조 부문에서 가와이의 선배였던 오다기리 가쓰미小田桐勝巳는 "사람들은 오노 씨 일파를 두려워했다"라고 말했다.

　"가장 무서웠던 순간은 (훗날 오노가 발족하는) 생산조사실 사람이 현장에 왔을 때였네. 지적한 사항을 다음 날 확인하러 왔기 때문에 밤을 새워서라도 해결해야 했지. 오노 씨를 필두로 생산조사실이 주도하는 회의는 그중에서도 특히 공포의 대상이었어. 그 회의에 참석한 부장은 문제가 있는 부분을 철저히 지적당했지. '오늘은 어디 어디의 부장이 당했다더라'라는 소문이 순식간에 공장 전체에 퍼졌네."

역시 가와이의 현장 선배에 해당하는 이시카와 요시유키石川義之도 "생산조사실 사람들에게는 두 손 두 발 다 들었다"라고 회상했다.

"생산조사실 사람들은 정말 무서웠네. 오노 씨, 스즈무라 씨, 조 씨……. 오노 씨는 와서 말하고, 스즈무라 씨는 화내고, 조 씨는 달래는 식이었지. 스즈무라 씨는 정말 화를 잘냈어. 기계에서 기름이 새면 원인을 발견할 때까지 양동이를 들고 1시간 이상 서 있게 할 때도 있었네."

문제가 있는 장소, 낭비가 있는 부분을 스즈무라가 발견하고 폭격을 시작한다. 질타하는 상대는 작업원이 아니라 반장이나 조장 같은 상사였다. 그것도 철저하게 화내고 호통쳤다. 그런 다음 조 같은 젊은 직원이 현장에 와서 친절하게 설명하고, 가이젠 제안을 모은다. 무서운 형사와 상냥한 형사가 범인을 자백시키는 수법으로, 스즈무라가 화내는 역할, 젊은 직원이 저자세로 현장을 가이젠하는 역할이었다. 어쨌든 주역은 현장 사람들이다. 어디까지나 직접 작업하는 사람들이 궁리해 답을 내도록 이끄는 것이 옳은 절차였다.

당시 가와이 같은 현장 사원들은 도요타 생산방식을 공부하기는 했지만 논리 정연하게 이해했던 것은 아니다. 그러나 현장에 있었으므로 낭비를 없애는 것, 제안하는 것, 공정 속에서 완성도를 높여나가는 것, 원활하게 흐르는 라인을 만드는 것을 점차 이해해나갔다.

"그때 반장에게 이야기를 듣고 '그렇구나!' 하고 무릎을 탁 쳤지.

낭비가 있으면 돈이 안 된다는 말이었어.

'가와이, 우리는 현금으로 재료를 사고 있어. 그 재료가 부품이 되고, 부품이 자동차가 되고, 그 자동차를 고객이 사줘야 비로소 돈이 돌아오지. 그런데 재료를 잔뜩 쌓아두거나 필요 없는 것을 만들면 낭비가 돼. 돈이 자고 있는 것과 마찬가지라고.'"

오노는 이런 사고방식을 자신의 책에서 다음과 같이 표현했다.

> 우리가 하는 일은 고객에게 주문을 받은 순간부터 그 대금을 회수하는 시점까지의 타임라인을 보는 것뿐이다. 그리고 그 타임라인을 한없이 단축하는 것이다.

준비 교체 시간을 단축하기 위한 노력

"마지막까지 저항이 있었던 부문은 프레스와 단조였다."

오노가 이렇게 털어놨듯 프레스와 단조 현장에서는 물류의 낭비를 줄여도 부품 제작 시간을 줄일 수 없었다. 또한 두 현장 모두 고집 센 장인이 많았다. 기계화가 진행되지 않고서는 표준작업 설정이 침투할 수 없었다.

이에 오노는 준비 교체 시간의 단축으로 눈을 돌렸다. 프레스와 단조는 모두 강도가 있는 철제 금형을 사용해 강판 또는 봉재를 압박, 타각해 부품으로 만든다. 그리고 단조 부품인 기어를 예로 들면, 크라운의 기어와 코롤라의 기어는 서로 모양이 다르기 때문에 만들 때 금형을 교체해야 한다. 그런데 전쟁이 끝난 지 얼마 되지 않았을 무렵에는 금형을 교체하는 데만 2시간 가까이 걸렸다. 그래서 오노는 교체 시간을 단축하라고 현장에 명령했다.

그러나 현장 관리직과 공장은 일제히 무리라고 했다.

"무리입니다. 숙련공인 저희가 한다고 해서 나온 게 지금 시간입니다. 이 이상 단축하기는 힘듭니다."

오노는 "그런가?"라고 대꾸한 뒤 그래도 해보라고 말했다.

"안 된다고만 하지 말고 일단 시도라도 해봐. 파고들면 해결의 실마리가 나오게 돼 있어."

모두들 "무리라니까……"라고 투덜댔지만, 오노는 가이젠이 구체화될 때까지 매일 단조 공장을 찾아와 뭔가 아이디어가 없냐고 물어봤다. 오노가 오지 못할 때는 보좌 역인 스즈무라가 왔고, 스즈무라도 바쁠 때는 그 밑의 젊은 멤버가 상황을 보러 왔다. 이쯤 되자 현장은 뭔가 제안할 수밖에 없는 상황이 됐고, 시간을 단축하기 위한 방법을 암중모색했다.

가와이는 "단조 부문에서 가장 효과를 컸던 가이젠은 준비 교체 시간을 줄인 것"이라고 말했다.

"준비 교체는 쉽게 말하면 금형을 바꾸는 거야. 단조는 섭씨 1,260도로 달궈진 철을 위아래에서 찍어 눌러 부품을 만드는데, 계속 만들다 보면 금형이 느슨해져서 수정해줘야 하지. 또 수정한 다음에는 시험 성형을 할 시간도 필요해. 단순히 금형을 교환하면 끝이 아니라 준비 작업에도 시간이 걸리는 거야. 우리는 2년에 걸쳐서 그 시간을 1시간 반에서 9분으로 줄였어.

먼저 금형을 수정하는 시간을 단축했지. 그다음에는 시험 성형 시간을 줄이기 위해 한 번에 제대로 된 부품이 나오게 할 방법을 궁리했어. 그러고 나서 외준비 교체(기계를 멈추지 않고도 할 수 있는 준비 작업-옮긴이)에 걸리는 시간을 줄였지. F1 레이스를 본 적 있지? 레이싱머신이 피트인하면 정비사들이 일제히 달려들어서 타이어를 떼어내고 새로운 것으로 교체한 다음 코스로 돌려보내잖아? 외준비 교체도 요령은 같아. 교체할 금형을 전부 미리 준비해놓고 떼어낸 순간 교체하는 거야.

마지막은 매뉴얼 재검토였어. 당시 단조 현장에서 사용하던 해머 등 공작기계는 전부 미국에서 사 온 것이었어. 포드가 사용하던 것과 같은 공작기계를 수입했지. 당시로서는 세계 최신예 기계였지만, 문제는 같은 모양을 대량으로 만들기 위한 기계라는 점이었어. 포드 시스템에 맞춘 것이라 소량생산을 지향하는 도요타 생산방식에는 맞지 않았지. 그래서 매뉴얼을 자세히 읽어보고 매일 순서를 바꿔가면서 시험 성형을 해봤어. 그렇게 해서 시간을 줄였지.

그런데 이렇게 우리가 현장에서 가이젠한 것을 생산조사실 사람에게 보여주면 '가와이 군, 이건 아직 가이젠이라고 할 수 없어. 가이젠의 전 단계쯤 되겠군'이라는 말이 돌아오는 거야. 몇 번을 가이젠해도 '아직 가이젠의 전 단계야'라는 말만 들었지. 그러기를 반복하는 사이에 1시간 반을 9분으로 줄였지만, 생산조사실이나 우리

관리직은 '아직 멀었어. 가이젠 전 단계야'라고……."

단조 현장의 가이젠에서 알 수 있듯 도요타 생산방식에서 낭비를 줄이는 것은 노동강화가 아니다. '손을 빠르게 움직이는' 것이 아니라 기계 사용법을 변경함으로써 작업 시간을 줄인다. 또한 흔히 나오는 '장인의 작업을 없앴다'는 말도 사실이 아니다. 이를테면 가마 담당은 가열된 봉재만 보고도 온도를 맞힐 수 있어서, 감각으로 온도를 확인하고 재빨리 가마에서 꺼내 성형 담당에게 건넨다. 이와 같은 '한눈에 철의 온도를 맞히는' 장인의 기술은 도요타 생산방식을 도입해도 그대로 온존된다. 도요타 생산방식이 도입된 뒤로 장인의 작업이 줄어들고 단순 작업만 남았다는 것은 현장을 제대로 보지 않고 하는 주장이다. 지금도 도요타 현장에서는 두려울 정도로 기술력이 대단한 수많은 장인이 일하고 있다.

"관능 시험이라는 게 있어. 우리가 조립한 엔진을 돌려보는 시험이지. 그런데 한번은 조립한 엔진 소리를 듣고 뭔가 이상하고 말하는 담당이 있었어. 엔진 어딘가에 흠집이 나 있는 것 같다는 거야.

그럴 리가 있겠냐고 생각하면서도 혹시나 해서 전부 다시 분해한 다음 파이버스코프(내시경)를 넣어서 실린더 내부를 살펴봤는데, 세상에 0.1밀리미터도 안 되는 상처 하나가 딱 보이는 거야. 파이버스코프로 봐야 겨우 찾아낼 수 있을 정도의 흠집이었지만 그 친구는 냉혹하게 '이건 불량입니다'라더군. 소리가 다르니 불량이라는 거야. 아주 냉혹한 친구이지. 그만큼 우리 현장이 정밀하게 일한다는 이야기를 하고 싶었는데, 어쨌든 자동차란 놈은 참 재미있어.

내가 아는 친구 하나가 한번은 최고의 엔진을 만들고 싶다면서 극상의 부품만 가지고 조립한 적이 있어. 정밀한 부품만 모아서 엔진을 조립했는데, 막상 돌려보니 이게 영 아닌 거야. 소리도 안 좋고 말이지. 그러니까 최고의 부품만 썼다고 해서 좋은 자동차가 만들어지는 것은 아니야. 부품도 적재적소가 있는 거지."

이런 이야기를 할 수 있는 장인이 없다면 아무리 IT가 발달한들 도요타는 좋은 자동차를 만들 수 없다.

지금까지 도요타 생산방식을 해설하는 책에서 강조돼온 것은 조립 공정에서 낭비를 줄이는 것이었다. 그래서 사람들은 도요타 생산방식을 조립 공정이 있는 생산 현장에만 해당되는 것으로 생각한다. 그러나 단조 현장의 가이젠을 알면 이 방식이 벨트컨베이어가 없는 현장에서도 충분히 통용된다는 것을 알 수 있다. 오노가 이 방식을 도입하기 전까지만 해도 단조와 프레스 현장의 상식은 '하나의 금형으로 최대한 많이 만들어내는 것이 효율적이며 비용 절감으로 이어진다'였다. 그런데 오노는 먼저 기존의 상식을 의심했다. 그리고 라인 작업과 마찬가지로 소로트 생산에 몰두하게 했다. 낭비를 줄이기 위해 준비 교체 시간을 단축시켰다. 요컨대 기존 작업을 중지시키고 정반대 일을 시켜본 것이다. 게다가 오노는 최고 경영자가 아니다. 기계공장은 잘 알지만, 프레스나 단조는 전문가가 아니었다. 그럼에도 현장의 사고방식을 바꿨다. 부품 만드는 시간을 단축했으니 망정이지, 만약 성과를 올리지 못했다면 임원

자리에서 물러나야 했을 것이다.

도요타 생산방식의 본질은 간판을 사용하는 것도, 안돈을 정비하는 것도 아니다. 프레스와 단조 현장에서 오노가 그랬듯이 상식을 의심하고 새로운 방법을 궁리하는 것이다. 지금 하고 있는 것을 부정하고 새로운 궁리를 도입하는 것이다.

"고약한 표현일지도 모르지만, 우등생보다 뺀질이가 더 좋은 아이디어를 내는 법이야." 가와이는 이렇게 말했다. "현장에 있으면 '이건 좀 번거로운데, 편하게 할 방법이 없으려나?'라는 생각이 들 때가 종종 있지. 작업할 때 뒤돌아보는 동작을 계속하다 보면 뒤돌아보지 않아도 되도록 만들고 싶어지기 마련이야. 그럴 수 있다면 작업 시간이 단축되겠지. 편해지고 싶어 하는 뺀질이가 더 좋은 계획을 만들어내는 거야."

도요타 생산방식을 현장에서 진화시켜나간 것은 성실한 우등생 유형이 아니라 요령을 잘 부리고 임기응변이 뛰어난 사람이었다. 또한 단조처럼 장인의 작업이 필요한 현장에서는 낭비를 배제하기 위한 궁리보다 오히려 가라쿠리를 사용한 작업이나 반송에 대한 궁리가 작업 시간 단축, 비용 절감으로 이어졌다. 예를 들어 전동 반송기를 도입하는 대신 슈트를 사용해 중력만으로 부품을 보내는 것은 가라쿠리의 기술을 이용해 궁리해낸 것이다. 애초에 전동 반송기를 사용하지 않으면 전기 계통의 고장은 일어나지 않는다. 단조 현장뿐 아니라 도요타의 현장에는 이렇게 가라쿠리를 사용한 설비가 많다. 그리고 가라쿠리는 도요다 사키치가 중요시했던 것이다. 사람들은 사키치가 도요타의 공장에 심은 것이 자동화라고 말하지만, 나는 가라쿠리를 사용하는 정신이라고 생각한다. 그만큼 도요타 현장에는 자연 동력을 사용해 반송하는 가라쿠리가 많다.

지금까지 가라쿠리는 돈을 쓰기 싫어하는 공장에서나 사용하는 구두쇠 장치로 여겨졌다. 최신식 전동 반송기를 사용하는 것이 공장 현장의 진화라고 생각됐다. 그러나 환경을 중시하는 시대에 통용되는 것은 전기가 필요한 기계가 아니라 자연 동력을 사용하는 가라쿠리이다. 사키치는 자동화라는 사고방식뿐만 아니라 가라쿠리라는 기술도 남겼다.

누계 1,000만 대를 향해

1960~1970년대, 오노 등이 현장에서 고투하는 동안 자동차의 대중화는 도요타를 비롯한 일본 자동차 회사들을 살찌웠다. 1960년에 15만 5,000대였던 도요타자동차의 일본 국내 생산 대수는 1970년이 되자 160만 대로 증가했다. 일본 자동차 회사 전체의 생산 대수도 1960년에는 48만 대에 불과했지만 1970년에는 529만 대를 기록했다. 그 사이 1967년에는 일본이 독일을 제치고 미국에 이어 세계 2위의 자동차 생산 국가가 됐다. 어떤 회사든 자동차를 만들기만 하면 누군가는 사주는 시대였다.

자동차의 대중화가 진행된 이유는 고도성장으로 국민 개개인의

도요타 생산방식의 본질은

간판을 사용하는 것도,

안돈을 정비하는 것도 아니다.

프레스와 단조 현장에서 오노가 그랬듯이

상식을 의심하고 새로운 방법을 궁리하는 것이다.

지금 하고 있는 것을 부정하고

새로운 궁리를 도입하는 것이다.

주머니 사정이 여유로워진 덕분이기도 하지만, 도로포장이 진행된 것도 빼놓을 수 없다. 오래전부터 돌을 깔아 만든 도로가 있었던 유럽과 달리 일본의 길은 흙을 다져서 만들었다. 비가 내리면 진흙탕이 된다. 패전 후 일본에서 미국의 고급 승용차가 아닌 지프가 활약한 이유는 차체가 낮고 중량이 있는 미국의 승용차는 진흙탕을 만나면 금방 움직이지 못하게 돼버렸기 때문이다.

그러던 것이 1970년에는 전국의 일반 도로 가운데 약 15퍼센트가 포장되기에 이른다. '뭐야, 고작 그 정도야?'라고 생각할지 모르지만, 국도 중 78.6퍼센트가 포장을 마친 셈이다. 주요 도로가 포장된 덕분에 일본은 자동차를 타고 어디라도 갈 수 있는 나라가 됐고, 악천후에도 자동차를 운전할 수 있게 됐다. 도로 정비의 진행이 자동차 보급을 부채질한 것이다.

자동차가 날개 돋친 듯이 팔리는 시대였으므로 현장은 증산에 증산을 거듭했다. 오노는 '사람을 늘리지 않고도 생산을 늘릴 수 있다'고 생각했지만, 매년 판매량이 20~30퍼센트씩 증가하면 공장을 증설하지 않고서는 자동차를 원하는 고객의 요망을 충족시킬 수 없었다. 게다가 코롤라뿐 아니라 그 뒤를 이어서 스프린터Sprinter, 코로나 마크 IICorona Mark II, 카리나Carina 등이 히트했다.

자가용 보유량이 증가한 것은 일본인의 생활이 윤택해지고 도로 인프라가 정비된 덕분이기도 하지만, 또 한 가지 이유는 도요타에 있었다. 코롤라 전용 공장만 두 개를 만든 것이다. 코롤라가 발매된 1967년, 사장이 된 도요다 에이지는 이렇게 말했다.

"코롤라가 자동차 대중화의 물결을 탔다는 시각도 있지만, 나는 코롤라로 자동차의 대중화를 일으키려 했으며 실제로 일으켰다고 생각한다. 도요타는 코롤라를 위해 엔진(가미고 공장)과 조립(다카오카 공장) 공장을 건설했다. 일이 잘 풀렸으니까 지금 한가한 소리를 할 수 있는 것이지, 만약 자동차의 대중화가 일어나지 않았다면 지금쯤 도요타는 과잉설비로 골머리를 앓았을 것이다."

공장 두 곳의 성공을 지켜본 동업 타사도 공장 증설에 나섰다. 인플레이션이 진행되고 있었지만 경쟁이 치열해진 탓에 어떤 회사도 자동차 가격을 올릴 수 없었다. 급여는 계속 오르는데 자동차 가격은 오르지 않고, 게다가 성능은 해가 갈수록 좋아진다. 그래서 소비자들은 모델체인지를 할 때마다 차를 바꿨다. 일본의 자동차 대중화는 이런 메커니즘으로 진행됐다.

자동차가 잘 팔리면 공장을 증설하고 일할 사람을 모집해야 한다. 매년 신입 사원이 들어올 때까지 기다릴 수가 없어서 1960~1970년대의 자동차 회사는 임시공, 기간공을 모집했다. 도요타도 예외가 아니었다.

"당시 폐광이 속출해서, 탄광에서 일하던 사람들이 일자리를 찾아 도요다로 왔시."

가와이의 회상처럼 탄광 노동자와 돈을 벌려고 농촌에서 온 사람 등이 속속 도요타 공장에 모여들었다. 가와이처럼 근처에 집이 있어서 출퇴근하는 사람도 있었지만, 독신자는 기숙사에서 살고 공장 식당에서 식사를 해결했다.

근무 형태는 주로 주야 2교대였다. 주간 근무조는 오전 8시에 출근해 오후 4시까지 일했고, 야간 근무조는 오후 10시에 출근해 이튿날 아침 6시까지 일했다. 각 작업원의 근무시간대는 때때로 바뀌었다. 그리고 두 근무조의 틈새는 3교대 인원이 메웠다. 지금 생각해보면 주간 근무조에서 야간 근무조로 바뀐 날은 괴로웠을 것이다. 그러나 고도성장기였던 당시는 어느 공장이든 거의 이런 식으로 돌아갔기 때문에 일하는 사람들은 딱히 자신만 고생한다고 생각하지 않았다.

가와이가 자동차 회사에 들어와서 '무엇보다 고맙고 좋았던 점'은 자가용을 싸게 살 수 있다는 것이었다.

"당시 젊은 친구들은 다들 자기 차를 갖고 싶어 했어. 나는 입사한 해, 18세란 나이에 중고 코로나를 샀는데, 정말 하늘을 날 것같이 기뻤지. 분명히 30만 엔인가 줬을 거야. 나뿐이 아니야. 우리 조(반보다 한 단계 높은 직역 단위)의 30명 모두가 기뻐해줬지. 특히 조장이 정말 기뻐했어."

가와이가 자가용을 산 해는 1966년인데, 그보다 6년 전에 입사한 이케부치는 "당시 회사 직원이 1만 명이나 됐지만 부장 이하 중에 자동차가 있는 사람은 네 명뿐이었다"라고 말했다. 이를 보면 고작 몇 년 사이에 자동차가 얼마나 많이 보급됐는지 알 수 있다.

그런데 조장은 왜 그렇게 기뻐했을까? 자동차를 산 사람은 조장이 아니라 가와이인데 말이다.

"내가 차를 사기 전까지 우리 조원 30명 가운데 자동차가 있는 사람이 두 명뿐이었거든. 그래서 조장은 가와이가 차를 샀으니 송년회를 하러 갈 때 편해지겠다고 생각한 거야. 당시는 가마고리에서 송년회를 했어. 가마고리에서 경정競艇을 하고 근처 온천에서 숙박했지. 나는 먼저 가마고리 경정장까지 팀원을 태워준 다음 다시 공장으로 돌아와서 이번에는 경정을 안 하는 팀원을 온천으로 데려갔어. 다른 두 대도 마찬가지였고. 두 대밖에 없었을 때는 몇 번을 왕복해야 했는데, 내가 차를 사서 세 대가 되니까 경정장에 한 번 갔다가 돌아와서 온천에 가면 끝났지. 자동차가 있으면 이렇게 편하고 즐거움이 커진다는 걸 실감한 시대였어."

한편 이케부치의 경우는 자동차를 사기 전까지 '그린클럽'이라는 사내 모임에 가입했다. 그곳에서는 수십 명이 돈을 갹출해 중고차 몇 대를 샀는데, 그 차를 1년에 몇 번 정도 쓸 수 있었다. 그래서 차를 쓸 수 있게 된 날에는 모두 휴가를 신청했다. 그러면 상사는 "오, 이번에는 자네가 당첨된 건가? 축하하네"라며 흔쾌히 승인해줬고 휴가를 얻은 직원은 가족과 함께 드라이브했다. 차를 탈 수 있는 날은 당당하게 휴가를 신청해도 됐던 것이다.

일하는 사람의 여유를 만드는 식사와 기숙사

도요타 현장에서 일하던 사람에게 가장 큰 기쁨은 일해서 돈을 버는 것이었지만, 공장 생활에서 그에 못지않게 중요한 것이 식사였다. 공장이 있는 데는 시가지가 아니다. 황무지나 숲을 개척해 만들기 때문에 주위에 상점이나 음식점이 없다. 먹을 곳이 없으므로 도요타의 생협(도요타생활협동조합)이 제공하는 공장 식사가 무엇보다 큰 즐거움이었다.

공장이 증설되면서 생협이 운영하는 식당 수도 늘어났다. 1962년부터 4년 동안 식당 18개를 운영했고, 1만 729명(1961년)이었던 조합원은 10년 사이에 5만 5,647명이 됐다. 생협 또한 한 명이라도 더 많은 현장 사람에게 식사를 제공하고자 분투했던 것이다.

1960년대의 공장 식당은 보리밥과 반찬이 나오는 정식 한 종류밖에 없었다. 당시부터 생협에 있었던 반주 미키오萬壽幹雄는 "보리밥입니다. 오토라이머라는 통에 보리쌀을 넣고 수증기로 쪘는데, 맛은 밥솥보다 떨어졌습니다"라고 말했다. 다만 연어, 고등어, 청어 같은 생선구이는 지금보다 훨씬 맛있었다. 그때는 숯불에 구웠기 때문이다. 먹을 때는 식어 있었지만, 그래도 숯불에 잘 구운 생선이다. 가스레인지나 그릴에 구운 것보다 맛있었을 것이다.

1970년대에 들어서자 정식 가짓수가 늘어나고 면류 등 일품요리가 등장했다. 밥은 보리밥에서 밥솥에 찐 흰쌀밥이 됐다. 양도 많았다. 밥그릇으로 두 그릇하고도 반(300그램)이 1인분이었으므로 현장 사람들은 상당히 잘 먹었다고 할 수 있다. 게다가 원하면 얼마든지 더 먹을 수 있었다.

반찬도 생선에서 돈가스, 돼지고기 생강 볶음 같은 육류로 바뀌어갔다. 지금과 다른 점은 식탁에 '도요타'라고 적힌 커다란 재떨이가 있었다는 것이다. 식후 흡연은 당연한 것이었다. 반주는 "돈가스가 가장 인기였습니다. 돈가스가 나온 날에는 다 먹은 다음 다시 줄을 서서 또 한 번 먹는 사람이 한둘이 아니었죠"라고 회상했다.

도요타의 식당에서 이야기를 들은 뒤, 1970년 당시부터 운영돼온 기숙사를 견학했다. 방이 두 평 남짓에 현관이 한 평이 조금 못되는 정도로, 다 합하면 세 평쯤 됐다. 당시는 다다미가 깔려 있었지만 현재는 마룻바닥이다. 방에 화장실이나 목욕탕, 가스 조리기 같은 것은 없다. 현재의 기숙사 사용료는 8,900엔(고졸 신입 사원은 6,100엔)이며, 수도세, 광열비는 별도이다. 인근 민간 주택의 임대료와 비교하면 8분의 1 정도일 것이다. 당시도 기숙사 이용료가 저렴했기 때문에 돈을 벌고자 고향을 떠나온 사람들은 좋아했다고 한다. 민간 주택에서 사는 편이 마음은 더 편했겠지만, 임대료도 싸지 않을뿐더러 그렇게 많지도 않았다. 기숙사 입주 연한은 일단 30세까지로 정해져 있었지만 더 오래 사는 사람도 있었다. "지금은 있을 수 없는 일이지만, 과거에는 기간제 사원에서 정사원이 된 직원이 정년 즈음까지 산 사례도 있습니다. 하나부터 열까지 절약해서 모은 돈으로 집을 한 채 지었다더군요." 당시를 잘 아는 담당자가 쓴웃음을 지으며 가르쳐줬다.

기숙사 목욕탕은 대욕탕이며, 화장실은 외부에 있다. 오래 살기에는 불편하지만 고등학교를 나와서 몇 년 정도 살기에는 나쁘지 않다.

도요타 생산방식을 이야기하다가 갑자기 공장 내 식당과 기숙사 생활을 언급한 이유는, 일하는 사람들에게 여유가 없으면 도요타 생산방식을 침투, 정착시킬 수 없기 때문이다. 사람은 의식주가 충족돼야 비로소 머리를 쓰기 시작한다. 배가 고파서는 싸움도 할 수 없다는 격언이 있듯이, 라인에서 일하는 사람에게 여유가 없으면 가이젠을 궁리하거나 아이디어를 제안하지 못한다. '작업원이 편하게 일할 수 있도록 정비한다.' 식당이나 주거 등 환경 정비도 넓은 의미에서 도요타 생산방식을 정착시키기 위한 조건이다. 제대로 먹이지도 않고 일을 시키면서 "가이젠하시오"라고 말한들 사람들은 움직이지 않는다.

견학을 마친 뒤, 정문에서 기숙사생 몇 명과 마주쳤다. 모두 신입으로 18세였는데, 하나같이 아디다스 또는 나이키 추리닝에 같은 브랜드의 조깅화를 신고 있었다. "어디 가는 건가?"라고 물으니 "조깅"이라고 대답해서 나도 그들도 웃음을 터뜨렸다.

중년인 내 눈에 18세는 고등학생이다. 사춘기가 슬슬 끝나고 어른이 되기 전이라고나 할까?

도요타뿐 아니라 어떤 제조 회사든 현장에서 일하는 주역은 젊은 사람들이다. 10대 후반에서 20대의 젊은이가 라인에서 일한다. 물론 지금은 라인 작업을 하는 사람이 고령화됐지만, 고도성장기에는 대부분이 10~20대 혹은 임시로 고용된 사람들이었을 것이다. 요컨대 도요타 생산방식을 이해시켜야 할 상대는 고등학교를 갓 나온 사회인이었다. 따라서 누구나 금방 이해할 수 있어야 했다. 당시는 교육 연수에 1개월이나 시간을 들일 수 없었기 때문에 난해한 생산방식이어서는 현장을 움직일 수 없었다. 즉 본래의 도요타 생산방식은 간단한 이론이었다. 학자나 전문가가 논하는 치밀한 생산방식이 아니었다.

현장에서 반복적으로 가르친 것은 저스트 인 타임이라는 본질이다. 이를 위해 "낭비를 없애기 위해 궁리해라"라고 반복한다. 이 두 가지를 제대로 이해하도록 차근차근 가르치고, 열정을 담아서 진지하게 꾸짖지 않으면 통하지 않았다. 오노 다이이치 등이 지도한 상대는 이제 막 사회로 진출한 젊은이였던 것이다.

적은 국내에만 있지 않다

1968년, 일본 GNP가 미국에 이어 세계 2위가 됐다. 자동차 생산 대수도 미국에 이어 2위였다. 패전국임을 자각하고 있었던 일본의 경제력이 전쟁에서 승리한 소련, 영국, 프랑스보다 커졌다. 그러자 그때까지 정부의 비호를 받았던 자동차업계도 외국과의 경쟁을 피할 수 없게 됐다. 자동차 생산 대수가 세계 2위인 나라가 외국 자동차에 높은 관세를 부과하거나 비관세 장벽을 치는 것은 용납되지 않기 때문이다.

그보다 앞선 1962년에는 외국 자동차의 수입 쿼터가 확대됐고,

1965년에는 완성 차의 수입이 전면 자유화됐다. 1970년에는 일본에 진출하는 외국 자본이 합작회사를 신설할 경우, 지분 비율을 50퍼센트까지 인정됐다. 그리고 1973년에는 50퍼센트 규제도 사라지고, 자본의 완전 자유화가 결정됐다. 1976년에는 외국산 승용차의 관세가 10퍼센트에서 6.4퍼센트까지 내려갔으며, 1978년에는 마침내 승용차 관세가 제로가 됐다. GM, 포드, 폭스바겐, 메르세데스 같은 외국 회사의 자동차와 도요타의 자동차가 같은 환경에서 싸우게 된 것이다. 과거에 도요다 기이치로나 이시다 다이조가 가장 두려워했던 '빅3가 일본에 상륙하는' 날이 현실이 됐다.

일본 자동차업계는 자본자유화에 대비해 움직이기 시작했다. 첫째는 도요타가 추진한 것과 같은 공장 증설을 통한 생산력 증강이었다. 이때 도요타는 '마른 행주를 쥐어짜서' 모은 돈으로 공장을 늘렸다. 한편 닛산과 이스즈 등은 구미의 금융기관에서 돈을 빌려 설비투자를 했다.

다음 대책은 합병, 제휴로 경쟁력을 높이는 것이었다. 1966년에는 닛산과 프린스자동차가 합병했다. 현재 닛산의 자동차로 알려진 스카이라인은 원래 브리지스톤ブリヂストン 산하의 프린스자동차가 만들어낸 걸작이다. 도요타는 같은 해에 히노자동차日野自動車, 이듬해에는 다이하쓰공업과 업무 제휴를 체결했다.

이스즈, 후지중공업, 미쓰비시자동차는 도요타, 닛산의 2강에 대항해 제휴를 논의했지만 결렬됐다. 이스즈, 미쓰비시 같은 중견 자동차 제조사는 단독으로는 미래가 불투명했기 때문에 외국자본과

제휴하기로 결정한다. 1971년에 이스즈는 GM, 미쓰비시자동차는 크라이슬러와 제휴를 맺었다. 그리고 마쓰다는 1979년에 포드와 제휴했다.

자동차업계가 외국 자동차와의 경쟁에 직면한 1967년, 나는 10살 초등학생으로 도쿄 세타가야구에 살았다. 직업군인이었던 아버지는 전쟁이 끝난 뒤 후지중공업에서 래빗Rabbit 스쿠터와 스바루 360의 개발 담당자로 일했다. 그러다 42세에 병으로 세상을 떠났고, 어머니가 그 대신 입사해 월급 촉탁 사원으로 근무하고 있었다. 그때 같은 반 40명 가운데 어머니가 일하는 아이는 세 명뿐이었고, 우리 집을 제외하면 두 어머니는 생명보험 판매원이었다. 당시 남편을 잃은 여성이 할 수 있는 일은 생명보험 판매원 정도밖에 없었던 것이다.

우리 집은 결코 가난하지 않았지만, 그렇다고 여유가 있는 것도 아니었다. 어머니의 급여와 아버지의 은급(사관이었던 사람이 퇴직 또는 사망한 뒤에 본인 혹은 가족에게 지급되는 돈 – 옮긴이)을 합치면 한 가정을 꾸려나갈 수 있을 정도의 수입이 됐기 때문이다.

도쿄올림픽이 개최되고, 신칸센이 달리기 시작하고, 고속도로가 성비된 것은 일상 속에서 느낄 수 있었지만, 세타가야에 고층 빌딩이 있었던 것도 아니기 때문에 도시화의 중심에 있었다고는 말할 수 없다.

그런 내가 당시를 회상해보려 한다. 그 시대의 기억을 부르는 키워드는 고층 빌딩이나 자동차의 대중화 같은 고도성장과 관련된 것이 아니다. 내가 지금도 잊지 못하는 것은 패전의 기운이 곳곳에 남아 있었다는 사실이다. 전쟁에서 돌아온 사람이 사회의 중추적 위치에 있었고, 근처 공원에는 방공호가 남아 있었다. 텔레비전 애니메이션이나 만화 잡지에서는 전투기나 전함이 나오는 이야기를 얼마든지 볼 수 있었다.

일상적으로 보던 초등학교 선생님 중에서 연장자들은 자신이 싱가포르나 중국 대륙으로 전쟁하러 갔다 왔다고 이야기했다. 상점가의 가게나 어머니가 일했던 후지중공업에도 전쟁을 아는 사람이 적지 않았다. 그들이 우리 아이들에게 하는 이야기는 전쟁에 관한 것이 아니었다. '전시에 비하면 지금은 행복한 것'이라는 평소 생활 태도에 대한 훈계였다. 물자가 없다고 불평해서는 안 된다고 훈계하고, 옷도 신발도 문구도 소중히 쓰라고 가르쳤다. 외식은 사치이며, 음식을 배달시키는 것은 주부의 태만으로 간주했다. 부자라고 해서 산해진미를 먹지도 못했고, 양복도 몇 벌씩 가지고 있어 매일 갈아입는 사람이 없었다. 돈을 가지고 있어도 다른 사람이 그 사실을 알 수 있는 형태로 쓰지 않았다.

그런 시대였다. 자동차의 대중화가 진행되고는 있었지만, 자가용은 사치품의 범주에 들어갔다. 내가 초등학생이었을 때 우리 반에서 집에 자가용이 있는 아이는 몇 명 정도였다. 그것도 절반은 청과물점이나 정육점 등에서 쓰기 위한 영업용 차였다. 세타가야의 중류 가정이 사는 지역이었지만 1960년대의 자가용 보유율은, 40명이 있었던 한 학급에서 고작해야 몇 대뿐이었던 것이다.

　다만 자가용을 보유한 가정의 수는 내가 중학교, 고등학교에 진학하면서 눈에 띄게 늘어났다. 고등학교를 졸업하는 1975년에는 절반 이상의 가정이 자가용을 보유했다. 참고로 같은 해의 세대당 보급 대수는 0.475대였다. 두 집 중 한 집은 자동차를 갖고 있었던 셈이다. 대학생이 됐더니 아르바이트를 해서 값싼 중고차를 사는 친구가 생겼다. 그런 중고차는 80만 엔 정도 했는데, 아르바이트를 여러 탕 뛰고 부모에게 조금 손을 벌리면 살 수 없는 금액도 아니었다. 내 경우는 대학교 1학년 때 돌아가신 아버지의 친구에게 중고차를 받았다. 그분은 "나는 안 타니 네게 주마"라며 돈 한 푼 받지 않으셨다.

　내가 느끼기에는 대학생이 아르바이트를 해서 자동차를 살 수 있게 된 1970년대 후반이 자동차의 대중화가 진행된 시기가 아닐까 싶다.

도쿄에서의 도요타

　그렇다면 그 무렵 도쿄에서 도요타라는 회사는 어떤 존재였을까? 글로벌 기업이라는 이미지는 없었다. 일본의 정상급 회사이기는 했지만, 도쿄에서 도요타의 존재는 닛산에 비해 덜 돋보였다.

　코롤라나 도요타 2000GT(1967년 발매)는 알았다. 그러나 닛산에 비하면 고급스럽지 못한 회사라는 이미지가 있었다. 수도권에서는 '기술의 닛산'이 톱 브랜드였고 도요타, 이스즈, 마쓰다, 미쓰비시자동차, 후지중공업이 그 뒤를 쫓는 느낌이었다. 도쿄 사람들에게 도요타는 나고야에 있는 기업으로 친근감이 없었다. '다른 동네의 회사'였다.

내가 하고 싶은 말은 도요타가 당시에도 아직 외국 자동차 회사를 두려워했다는 것이다. 1970년대에는 도요타뿐 아니라 어떤 회사의 자동차든 만드는 족족 팔려나갔다. 자본자유화로 외국산 자동차가 일본 시장에 들어왔음에도 팔리는 것은 일본 자동차였다. 소비자들은 일본 자동차를 지지했다. 그러나 일본 자동차 회사들은 그런 상황에서도 외국 자동차 회사에 대해 위기감을 품었다. '외국산 자동차에는 상대가 되지 못해'라는 잠재의식이 좀처럼 불식되지 않았다. 이것은 일본 사회에 아직 패전의 기억이 남아 있었던 것과 일맥상통한다. 일본에는 '물량이 풍부한 미국을 이길 수 있을 리가 없다'는 상식이 거품경제가 시작되는 1980년대 말까지 분명히 남아 있었다.

그리고 과거에는 나 또한 미국에는 상대가 되지 않는다는 '상식'을 갖고 있었다. 초등학교 5학년이었던 1968년의 어느 날이었다. 어머니가 어두운 표정으로 돌아오셨다. 평소처럼 곧바로 부엌으로 가서 저녁밥을 짓지 않고 방바닥에 털썩 주저앉으셨다. 여동생과 나는 심상치 않은 분위기에 침을 꿀꺽 삼켰다.

"회사가 없어질지도 모르겠구나." 어머니가 낮은 목소리로 말씀하셨다. "미국의 GM이 일본에 진출한대. 그렇게 되면 이길 수가 없으니 후지중공업은 이스즈와 합병해야 하는데, 이스즈가 더 크기 때문에 후지중공업 사원들은 회사에 남지 못할 거야."

어머니가 내 눈을 바라보셨다. "열심히 공부해라."

어머니가 눈물을 흘리셨다. "돌아가신 아버지와도 약속했으니, 엄마가 막일을 해서라도 대학에는 꼭 보내줄게."

GM이 오면 우리 가정은 비참해질 것이라고 생각하니 온몸이 떨렸다.

도요타 경영진이나 오노가 느꼈던 위기감은 그들만의 유난스러운 생각이 아니었다. 그 시절 일본인은 미국을 죽었다 깨어나도 이길 수 없을 만큼 강하고 거대한 존재라고 생각했다. 오노가 도요타 생산방식을 필사적으로 전개한 것은 단순히 일에 대한 사명감이 강했기 때문이 아니다. 미국이 일본 시장에 상륙하면 도요타는 망할 것이라고 진심으로 생각했기 때문이다. 그래서 자신의 몸을 버릴 각오로 맞부딪치는 수밖에 없다고 생각했으리라. 마귀라고 불려도 쉽게 물러설 수 없었다. 어떻게 해서든 도요타 생산방식이 뿌리내리도록 해야 했다.

'지더라도 할 수 있는 건 다 해봐야지. 그래도 안 된다면 죽는 수밖에 없고.'

오노는 비장했다. 지금의 도요타 사원들은 이해하기 힘든 감정일지 모르지만, 당시의 사원들은 자신들이 미력하다고 생각했기에 자본자유화가 실행된 뒤에도 더더욱 자신을 채찍질했다.

작은 회사의 무기, 도요타 생산방식

이야기를 조금 과거로 되돌리자. 1966년, 도요타는 중견 자동차 회사인 히노자동차와 제휴하기로 결정했다. 당시 히노는 프랑스 르노 공단의 기술을 바탕으로 콘테사Contessa라는 소형 승용차를 만들고 있었는데, 한 시대 전의 설계였던 탓도 있어서 판매가 부진했다. 그렇다고 콘테사의 생산을 중지할 수도 없었던 것이, 후계 차종이 준비돼 있지 않았다. 또한 준비하고 싶어도 자금이 부족해 신차를 개발할 여유가 없었다. 이런 어려움에서 벗어나기 위해 히노는 도요타와 손을 잡았다. 콘테사를 포기하고, 그 라인에서 도요타의 소형 트럭을 위탁 생산하기로 결정한 것이다.

제휴를 맺기도 했고, 도요타의 자동차를 만들게 된 이상 공장 라인에 도요타 생산방식을 전면적으로 도입하자. 히노 경영진은 그렇게 결정하고 하무라 공장에 오노를 초빙했다. 경영진은 도요타가 '도요타 생산방식'이라는 이름의 새로운 방식을 도입해 성과를 올리고 있으며, 그 방식을 전도하는 사람이 오노임을 소문으로 들어 알고 있었다.

하무라 공장 책임자인 후카자와 도시오深澤俊勇는 나고야고등공업학교 출신으로 오노의 후배였다. 후카자와는 직접 오노를 마중 나와 "선배님이 말씀하시는 대로 하겠습니다"라며 도요타 생산방식을 배우겠다고 약속했다. 오노 또한 후배를 위해 현장에 들어가 곁에서 지도했다.

히노 경영진은 그것만으로는 부족하다고 느꼈는지 1,200명이나 되는 사원을 도요타시에 파견해 도요타 생산방식을 배우게 했다. 경영진과 사원 모두 도요타 생산방식의 도입이야말로 회사를 재건하기 위한 기사회생의 방책이라고 생각하고, 조금이라도 빨리 이 방식을 마스터하고자 필사적으로 노력했다.

제휴 10년, 사장 아라카와 마사시荒川政司는 그 성과를 다음과 같이 이야기했다.

> 우리는 귀중한 노하우를 얻었고, 히노의 체질이 급속히 개선됐다. 공장 생산성은 곱절로 향상됐고, 재공품은 3분의 1로 감소했다.
>
> (중략)
>
> 제휴 직후 17퍼센트에 불과했던 히노의 트럭 시장 점유율이 해가 지날수록 증가해, 1973년에는 정상의 자리를 차지하기에 이르렀다.

공장의 생산성이 향상되고 비용 절감에 성공한 덕분에 히노의 트럭은 가격 대비 성능이 뛰어난 상품이 됐고, 소비자는 히노의 트럭을 사게 됐다.

도요타 생산방식을 도입해서 얻을 수 있는 이점은 히노자동차의 예에서 알 수 있듯 비용 절감이다. 도요타 생산방식을 도입해 원가를 낮추면 다른 회사 제품보다 싸게 팔 수 있다. 대기업이라면 부품 등을 외부에 대량 발주해 비용을 낮추는 방법도 있다. 반면에 작은 회사는 그럴 수 없다. 그러나 낭비를 줄이고 생산 흐름을 원활하게 만들면, 작은 회사도 제조원가를 낮추는 것이 불가능한 일은 아니다. 히노자동차가 그 좋은 예이다. 도요타 생산방식은 작은 회사가 큰 회사와 싸우기 위한 무기라 해도 과언이 아니다. 히노 경영자들은 도요타와 제휴함으로써 무기를 얻은 것이다.

또한 히노자동차는 원가를 낮춰서 아낀 돈을 이익으로 돌리지 않고 소비자에게 환원했다. 그렇게 해서 가격 대비 성능이 우수한 자동차를 만들기만 하면 소비자는 그 차를 사준다. 히노자동차는 원가를 낮춰서 당장의 이익을 확보하는 것보다 좋은 자동차를 싸게 파는 것이 회사에 더 이익임을 배웠다.

오노는 히노자동차 이외의 협력 기업에도 가이젠을 지도하기 위해 부임한 적이 있는데, 언제나 지도가 원활했던 것은 아니다. 히노는 사장과 공장장이 오노에게 심취해 있었던 것도 있어서 도입이 원활했다.

이후 오노는 '도요타 생산방식을 협력 기업에도 확산시켜야 한다'고 결심한다. 도요타의 공장뿐 아니라 외부까지 생산의 흐름을 만든다면 원가를 더욱 낮출 수 있기 때문이었다.

25년 만에 탄생한 '생산조사실'

1970년, 오노는 생산조사실이라는 부문을 만들고 자신이 최고 책임자를 맡았다. 같은 해 7월에 전무가 되는 오노를 비롯해 상

도요타 생산방식은 작은 회사가 큰 회사와 싸우기 위한 무기라 해도 과언이 아니다. 히노 경영자들은 도요타와 제휴함으로써 무기를 얻은 것이다.

무는 이나가와 도루稲川達, 주사는 오노의 수제자인 스즈무라 기쿠오였고, 조 후지오는 계장이었으며, 훗날 다이하쓰의 사장이 되는 미노우라 데루유키箕浦輝幸는 입사 4년 차 과원이었다. 조와 동기인 이케부치 고스케는 발족 당시부터 생산조사실에 배속됐던 것이 아니라 본사 공장에서 엔지니어로 일하다가 훗날 생산조사실 주사가 됐다.

'생조'라고 불리는 이 부문의 목적은 도요타 생산방식을 사내외에 전개하는 것이다. 소속 과원이 현장에 파견돼 현장 사람들과 함께 문제를 해결하는데, 파견 기간이 상당히 길었다. 매번 파견됐던 것은 아니지만 때로는 3년씩 파견되기도 했다. 오노의 역할은 각 멤버에게 일을 주고 "스스로 해결하도록. 성과를 낼 때까지는 돌아올 생각 말고"라며 내팽개치는 것이었다. 스즈무라도 "그건 네 일이니까 네가 알아서 해"라며 못을 박았다. 다만 두 사람 모두 이따금 파견지까지 찾아가 조나 미노우라를 지원해줬다.

생산조사실의 탄생은 그동안 오노 일파가 해온 노력을 인정받은 증거라고 할 수 있다. 오노 일파로서도 일하기가 수월해졌다. 다만 그렇다고 해도 오노가 개혁을 시작하고 생산조사실이 탄생하기까지는 무려 25년이라는 세월이 필요했다.

규제와 파동,
그리고 도요타의 성장

도요타의 역사는 위기의 연속이었다.
그러나 그때마다 위기 이전보다 강한 근육을 키워서 성장했다.
위기가 도요타의 현장을 단련시켰다고도 할 수 있다.
좀 더 말하면 도요타를 성장시키고 싶다면
도요타를 찬미하기보다 큰 위기를 주는 편이 낫다.

미국 수출과 배기가스 규제

1966년, 도요타는 미국 시장을 공략하기 위해 RT43-L형이라고 명명한 코로나를 내놨다. 소니 창업자인 모리타 아키오가 "미국은 자동변속기 자동차가 아니면 안 돼"라고 조언한 지 10년, 기술진이 그 조언에 맞는 자동차를 개발한 것이다.

이 코로나는 수출용 차로서 최초로 자동변속기를 탑재했으며, 배기량은 1,900시시였다. 미국 고속도로를 장시간 고속 주행해도 엔진이 힘겨워하지 않았고, 차체도 흔들리지 않았다. 혹평을 받았던 크라운과는 성능도 크게 달랐던 까닭에 미국 소비자들은 '작고 우수한 세컨드 카'라고 호평했다. 가격은 한 대에 1,860달러로 2,000달러 이상인 미국 자동차와 1,600달러 전후인 유럽 자동차의 딱 중간이었다.

RT43-L형 코로나의 평가가 좋았던 덕분에 도요타는 수출이 점차 증가했다. 1964년에 미국 시장에서 팔린 도요타 자동차는 약 4,000대였는데, 1966년에는 2만 6,000대가 됐다. 또한 1968년부터는 코로나에 이어 코롤라도 수출하기 시작했다. 1969년에는 이 두 차종과 랜드크루저Land Cruiser 등을 합해 15만 5,000대를 팔아 미국 시장에서 두 번째로 수입을 많이 하는 승용차 회사가 됐다(1위는 폭스바겐). 1971년에는 40만 4,000대, 1972년에는 누계 100만 대를 달성했으며, 1975년에는 마침내 폭스바겐을 제치고 미국 시장에서 최고의 수입 승용차 회사가 됐다.

어디까지나 수입 승용차의 범주로 미국 자동차까지 이겼다고는 말할 수 없지만, 그래도 도요타 자동차들은 일본 자동차의 품질이 나쁘지 않음을 증명했다. 또한 여기서 중요한 점은 독일, 이탈리아, 프랑스 자동차와 달리 일본 자동차는 미국에 수출할 때 핸들, 브레이크, 액셀러레이터 등의 위치를 바꿔야 했다는 것이다. 우측 핸들에서 좌측 핸들로 바꾸면 각종 부품 위치도 변경해야 한다. 물론 생산공정도 달라진다. 오노 등은 좌측 핸들인 수출 차량을 생산하기 위해 처음부터 다시 가이젠해야 했다.

수출이 늘어나면서 도요타는 내수용 회사에서 탈피해야 하는 상황이 됐다. 일본을 넘어 세계를 대상으로 생각해야 했고, 그에 맞춰 직원을 고용했다. 이렇게 해서 세계정세에 민감해진 도요타의 귀에 들어온 것이 대기오염과 배기가스 문제였다.

1970년, 미국에서 대기청정법(머스키법Muskie Act)이 생겼다. 머스키란 이 법안을 제출한 상원 의원의 이름이며, 법안 내용은 자동차 배기가스 규제였다. 구체적으로는 HC(탄화수소)와 CO(일산화탄소)의 경우 1975년의 규제 수치를 1970년의 10분의 1, NOx(질소산화물)의 경우 1976년의 규제 수치를 1971년의 10분의 1로 줄이도록 의무화했다. 그때까지 자동차 회사들이 배기가스 절감에 적극적이었다고는 말할 수 없다. 시민의 목소리가 머스키 의원을 움직여 규제 법을 만들게 한 것이다.

1960년대, 미국은 계속해서 경제가 확대되고 있었다. '황금의 10년'

이라 불린 1950년대 정도는 아니지만, 그래도 번영이 이어졌다. 그러나 한편으로 베트남전쟁의 장기화가 시민들의 기분을 바꿔놨다. 부유층과 중산층은 막대한 국비 지출과 미국 국민의 희생에 분노의 목소리를 높였다. 대학생과 자유주의자는 베트남전쟁 반대와 베트남 국민과의 연대를 표명했다. 또한 당시 대학생과 자유주의자는 배기가스 규제를 포함한 환경문제도 주목해, 머스키법을 추진하는 핵심적 존재가 됐다. 그들은 자연에너지를 높이 평가했으며, 자연 회귀와 서브컬처를 주제로 한《지구 백과Whole Earth Catalog》(1968년)를 지지했다. 이 카탈로그는 150만 부가 팔린 베스트셀러가 됐는데, 애플 창업자 스티브 잡스도 이 책의 열렬한 독자였다. 그의 좌우명 "Stay Hungry. Stay Foolish"는 이 카탈로그 뒤표지에 있는 문구이다.

　　미국에서 시작된 움직임은 곧 일본에도 파급된다. 배기가스 규제도 마찬가지여서, 1971년에는 환경청이 발족했고 이듬해인 1972년에는 배기가스 규제 기준이 결정됐다. 도요다 에이지는 배기가스 규제 기준을 충족시키기 위한 노력을 다음과 같이 회상했다.

　　배기가스 규제는 조금씩 강화돼가는 구조였다. 높이뛰기와 마찬가지로 처음에는 바가 낮지만 서서히 높아지는 식이다. 이를테면 최대 난관으로 여겨진 승용차의 질소산화물 배출량은 주행거리 1킬로미터당 2.18그램에서 시작해 최종적으로는 0.25그램이 됐다. 첫 규제 기준을 충족시키기는 비교적 쉽지만, 제조사로서는 처음부터 0.25그램이라는 높은 규제 기준을 염두에 두고 개발해야 한다. (계

다가) 배기가스 규제를 통과하더라도 정작 중요한 성능이 떨어져서는 아무 의미가 없다. (중략)

자동차인 이상, 최소한 기존 성능을 유지하면서 규제 기준을 충족시켜야 의미가 있다. (중략)

그러나 환경청이 독단적으로 규제 기준을 만들고 자동차업계에 강요한 것이었기에 처음에 개발된 배기가스 대책 자동차는 성능이 나쁘고 속도도 나지 않으며 휘발유를 대량으로 소비하는 차가 돼버렸다.

여기서도 알 수 있듯이 탄화수소, 일산화탄소, 질소산화물 중에서는 질소산화물을 제거 혹은 절감하는 것이 가장 어려웠다. 질소산화물은 인간이 대량으로 흡입하면 세포 손상을 일으키는 물질로, 기관지염과 폐수종의 원인이라고도 한다. '그런 위험한 물질이라면 처음부터 규제했어야 하는 거 아니야?'라고 생각하겠지만, 사실 규제가 시작된 것은 머스키법이 생긴 뒤였다.

자동차 회사들은 지혜를 짜냈다. 현재는 연소 방식을 개선하는 저NOx 연소법과 배기가스 속에서 질소산화물을 제거하는 배연탈질법이 개발됐으며, 이 두 가지가 주류를 이루고 있다. 다만 배기가스 관련 기술을 개발하는 데는 시간이 걸렸다. 특히 일본의 환경 규제는 세계에서 가장 엄격한 수준이었던 만큼 만족시키려면 연구 시간과 개발진의 노력이 불가피했다. 또한 양산하기 위한 기술이므로, 오노 이하 생산조사실 멤버들도 참여해야 했다. 배기가스를 제거하는 부품의 탑재가 결정되면 이번에는 생산공정을 생각해야 했다. 오노는 "도요타 생산방식에 완성은 없다"라고 입버릇처럼 말했는데, 현장에서 일하는 조나 이케부치로서는 새로운 가치가 부가될 때마다 할 일이 늘어나는 셈이었다.

배기가스 규제는 자동차 개발 방향을 바꿔놨다. 그때까지 신차 개발은 한마디로 진화였다. 속도 상승, 탑재량 증가, 유행 디자인 채용, 승차감 추구……. 전부 자동차를 전보다 더 나은 것으로 바꿔나가는 작업이었다. 그런데 배기가스를 규제하는 것은 자동차 성능을 높이는 작업이 아니다. 게다가 배기가스 규제는 자동차 밖으로 빠져나가는 배기를 깨끗하게 만들어 대기를 맑게 만드는 것이 목적이다. 자동차공학의 권위자나 기술자만으로는 그 목적을 완수하기 위한 접근법을 찾아내기 어렵기 때문에 지구환경에 해박한 사람도 팀에 포함시켜야 했다. 배기가스 규제는 자동차 개발이라는 업무의 영역을 확대시켰다고 할 수 있다.

그리고 이후에 일어난 유류파동은 휘발유를 대량으로 소비하는 자동차의 가치를 떨어뜨렸다. 배기가스 규제와 유류파동으로 시작된 자원 소비를 줄이려는 흐름은 자동차 산업이 나아가는 방향을 바꿨고, 최종적으로는 휘발유 엔진 자동차에서 전기 자동차로 흘러가게 했다.

4차 중동전쟁과 유류파동

1973년 10월, 이집트의 사다트 대통령은 이스라엘에 기습 공격을 감행했다. 전번의 전쟁(3차 중동전쟁)에서 이스라엘에게 빼앗겼던 땅을 되찾기 위한 전쟁으로, '4차 중동전쟁'이라 불린다. 결과적으로는 기습 공격을 당하기는 했지만 빠르게 전열을 가다듬은 이스라엘이 우세한 상황에서 전쟁이 종료됐다. 그러나 열세로 끝나기는 했어도, 아랍 국가들의 발언권은 전쟁 후 점점 커져갔다. 석유라는 자원이 효과적인 무기임을 깨달았기 때문이다.

제4차 중동전쟁이 시작됐을 당시, OPEC(석유수출국기구)에 가입해 있었던 아랍 산유국들은 석유 전략이라 부르는 석유 수출 금지 조치와 가격 인상을 발표했다. 이스라엘을 지원하는 국가에는 수출 금지를 선언하고, 그 밖의 소비국에 대해서는 공시 가격을 두 배로 인상한 것이다. 전략적으로 시작된 유가 인상은 단순히 두 배로 끝나지 않았다. 1973년에 1배럴당 2.59달러였던 것이 이듬해에는 11.65달러가 됐다. 실제로는 약 네 배가 된 것이다. 일본의 휘발유 소매가도 1리터당 66.2엔(1973년)에서 이듬해에는 97.6엔, 그다음 해에는 112.4엔이 됐다. 석유 자급률이 높은 미국은 그다지 영향을 받지 않았지만, 중동 석유에 의존했던 일본이나 유럽의 경제는 큰 타격을 받았다.

유가가 오르면 여러 제품의 가격이 인상된다. 일본에서는 "앞으로 구할 수 없게 된다"라고 소문이 퍼진 세제와 화장지가 순식간에 가게에서 사라졌다. "석유를 절약하자"라는 구호와 함께 번화가의 네온사인이 꺼지고, 텔레비전 방송 시간도 단축됐으며, 소비 심리가 얼어붙었다. 자동차는 팔리지 않게 됐고, 그중에서도 연비가 좋지 않은 차는 소비자에게 철저히 외면당했다.

판매 증가세 둔화와 함께 유가 상승은 일본 자동차 산업에 커다란 영향을 끼쳤다. 원유 가격이 오르면 휘발유뿐 아니라 철, 유리, 플라스틱, 고무 제품도 비싸져 제조 단가가 올라간다. 그 결과 각 자동차 회사는 재고를 끌어안게 됐다. 그때까지 자동차가 날개 돋친 듯이 팔렸기 때문에 인원을 늘리고 설비를 확장했던 자동차 회사들은 감산과 잉여 인원을 제어하기 위해 악전고투해야 했다. 액셀러레이터를 최대한으로 밟고 있었는데, 급브레이크를 밟아야 하는 상황이 된 것이다.

다만 그런 상황에서도 도요타만은 적절히 대처할 수 있었다. 미국 수출이 호조여서 매출이 떨어지지 않은 것도 있지만, 무엇보다 도요타 생산방식이 효과를 발휘해 현장이 감산에 기민하게 대응할 수 있었던 덕분이다. 그리고 감산 후 얼마 되지 않아 수요가 회복되면서 다시 증산해야 하는 상황이 됐을 때도 인원을 늘리지 않고 증산할 수 있었다. 도요타 생산방식의 가장 큰 특징은 상황 변화에 유연하게 대응할 수 있다는 점인데, 그것이 유류파동이라는 위기에서 효과를 발휘한 것이다.

에이지는 당시를 다음과 같이 설명했다.

도요타가 감산을 시작했을 무렵(1974년 1월), 대증산을 외쳤던 회사도 있다. 감산에 관해서는 도요타가 제일 빠르지 않았을까?

3월에는 재고조정이 거의 끝났고, 4월부터 다시 증산에 들어갔다. 남들보다 빠르게 감산했던 것도 있어서 우리가 걱정했던 만큼 사태가 악화되지는 않았기 때문이다.

증산의 기수는 코롤라였다. 국내 판매는 1973년에 정점을 찍고 1974년부터 감소했지만, 코롤라만은 잘 팔렸다. 한편으로 수출에도 힘을 쏟아, 1974~1975년에 걸쳐 점점 증가했다.

석유 자급률이 높은 미국은 유가가 오르지 않았지만 그래도 심리적으로는 절약하는 쪽으로 돌아서면서 연비가 좋은 차에 인기가 집중됐는데, 그 필두가 일본산 자동차였으며 그중에서도 코롤라였다.

그렇다면 도요타 생산방식은 유류파동의 위기에서 어떻게 효과를 발휘했을까? 도요타는 유류파동 당시 증산과 감산에 재빠르게 대응할 수 있었다. 감산할 때는 오노가 라인을 변경하기도 하고, 작업원을 다른 라인으로 보내기도 했다. 도요타 작업원은 다능공이므로 본래 일하던 곳이 아닌 이웃 포지션의 작업도 할 수 있다. 다른 포지션을 맡겨도 유연하게 대응할 수 있었다.

그래도 라인에서 잉여가 된 인원에게는 "그 자리에서 다른 사람들이 일하는 모습을 견학하도록 해"라고 지시했다. 작업원에게 아무 일도 시키지 않고 다른 사람이 일하는 모습을 지켜보라는 전대미문의 업무 명령을 내린 것이다. 그러나 그런 대응책 덕분에 도요타는 일시 귀휴 같은 수단을 쓰지 않고도 감산에 대응할 수 있었다.

다시 증산으로 돌아섰을 때는 다른 지구에 있는 공장에서 인력을 지원받았다. 아울러 처음부터 중간재고가 없었기 때문에 갑자기 증산했다고 해서 공장 내부에 부품 더미가 생기는 일도 없었다.

다른 회사와 완전히 달랐던 점은 잉여 인원에 대한 대처였을 것이다.

오노는 말했다. "일이 없을 때는 가만히 있는 게 최고야."

일이 없으면 아무것도 하지 마라, 그 자리에 서서 다른 작업자가 일하는 모습을 조용히 바라보라고 현장에 지시한 것이다.

다만 이 지시를 들은 임원 중에는 "오노 씨, 그건 좀 아니죠"라고 불평한 사람도 있었다. 생각해보면 그것도 정론이라고 할 수 있다. 아무 일도 하지 않고 그저 서 있기만 하는 사람에게 급여를 줘야 하기 때문이다. 이때 중역실에서는 오노와 다른 임원들 사이에 이런 대화가 오갔다.

"오노 씨, 할 일이 없으면 하다못해 공터 잡초라도 뽑게 하든지 유리창이라도 닦게 하는 게 낫지 않습니까?"

"아닙니다. 그래서는 안 됩니다."

"어째서요? 할 일이 없지 않습니까?"

"본인이 잡초를 뽑거나 유리창을 닦고 싶다면 그래도 됩니다. 하지만 회사가 명령하면 그건 일이 됩니다. 별도로 임금을 지급해야 하고, 제대로 된 청소 용구도 사야 합니다."

"그렇다면 오노 씨는 어떻게 하고 싶습니까?"

"저는 가만히 있게 하는 편이 낫다고 생각합니다."

"그게 무슨 말도 안 되는……."

오노는 "그러니까 이런 겁니다"라며 차근차근 설명하기 시작했다. "요즘 우리 임원들은 유류파동 대응책을 마련하기 위해 회의를 거듭하고 있습니다. 아직 인원의 20퍼센트가 잉여인 것 같으니 종업 시간을 앞당기고 교육하자, 혹은 운동을 시키자는 의견이 있었습니다. 저는 반대했죠. 또한 얼마 전에는 공터에 감자를 심자고 말한 사람도 있었습니다."

"으음, 그랬던가요."

"하지만 저는 전부 반대입니다. 교육이라니, 뭘 가르칠 겁니까? 회사 그만두는 법을 가르친다면 괜찮겠군요. 그거라면 얼마든지 하십시오. 하지만 그럴 수는 없습니다.

그렇다고 야구를 시키려면 배트와 글러브 같은 것들을 사야 합니다. 배트와 글러브를 산 돈은 코롤라 원가에 포함되겠죠. 그러면 코롤라 가격을 인상해야 합니다.

그런 것들을 해서는 안 됩니다. 감자를 심는 것은 괜찮습니다. 하지만 그 또한 노동입니다. 임금을 지급해야 합니다."

"오노 씨는 지금 억지를 부리고 있습니다."

"무슨 말씀입니까? 20퍼센트 감산이 결정되면 지금 인원에서 20퍼센트를 빼서 20퍼센트를 적게 만든다. 언제라도 그럴 수 있는 체제를 갖춰왔습니다. 게다가 언젠가 다시 증산하게 될 것이므로 감자를 심거나 야구를 할 시간은 없습니다.

일이 빨리 끝나면 아무것도 하지 않고 방해가 되지 않도록 동료의 작업을 유심히 지켜보면 됩니다. 유심히 지켜보다 보면 작업에 낭비가 있음을 깨닫고, 그러면 다음 날 자신이 작업할 때 그 낭비를 없앨 수 있습니다. 이것이 가장 돈이 들지 않는 방법입니다."

오노가 전쟁이 끝난 직후에 시작한 가이젠은 도요타가 유류파동 때 감산과 증산에 적절히 대응하면서 세상에 알려졌다. 동업자 중 일부는 그 전부터 '도요타가 간판을 사용해 뭔가 이상한 것을 시작했다'라고는 인식하고 있었다. 그런데 유류파동을 극복하자 경제지가 이에 주목하면서 도요타의 간판방식을 다루게 된 것이다.

자동차 역사에서 배기가스 규제와 유류파동에 대한 대응은 커다란 분기점이 됐다. 일본과 유럽 자동차 회사들은 처음에 큰 타격을 받았지만, 궁리를 거듭함으로써 극복하는 데 성공했다. 에이지는 "느닷없이 바다에 내동댕이쳐지는 바람에 싫어도 수영하는 법을 익혀야 했다"라고 말했지만, 일본과 유럽 자동차 회사들은 악전고투 속에서도 배기가스를 줄여나갔고, 나아가 자동차의 에너지 절약 성능을 높여나갔다. 한편 동구권 국가의 자동차 회사들은 이 두 가지 문제에 대응하지 못했다. 동구권 국가의 경우는 유류파동 이후에도 값싼 석유를 손에 넣을 수 있었다. 산유국인 소련이 원유와 천연가스를 여전히 싼값으로 동맹국에 공급했던 것이다. 소련은 서방국가가 허둥지둥하는 모습을 보고 계획경제의 우위성을 과시하고 싶었으리라.

그런데 유가가 상승하는 사이 서방국가 기업들은 대응책을 마련하고 체질을 개선했다. 자동차뿐 아니라 모든 분야에서 에너지 절약 기술을 추구하고, 기술혁신을 진행했다. 에이지가 말했듯 거친 바다에 내동댕이쳐져 허우적대는 사이에 수영 솜씨가 좋아졌다고 할 수 있다. 한편 동구권 국가 기업들은 원유를 싼값에 얼마든지 사용할 수 있었기 때문에 연비가 나쁜 자동차를 개선하려는 노력을 게을리했으며, 에너지 절약 기술을 확립할 생각도 하지 않았다. 그러는 가운데 시간이 흘렀고, 정신을 차려보니 어느덧 기술이 심각한 수준까지 벌어져 있었다. 그런 까닭에 동독의 자동차, 체코의 자동차 등은 현재 거의 남아 있지 않다.

미국 자동차 회사도 체질 개선에는 소극적이었다. 미국은 산유국이기에 석유 자급률이 높았다. 일본이나 유럽보다 값싼 석유를 이용할 수 있었다. 연비를 향상시키기 위해 피땀을 흘렸던 일본 자동차 회사와는 애초에 동기부여가 달랐다. 다만 미국의 경우는 환경 보호론자들이 목소리를 높였기 때문에 자동차 회사가 연비 개선, 배기가스 규제에 나설 수밖에 없었다.

배기가스 규제와 유류파동은 자동차의 가치를 크게 바꿔놨다. 속도, 디자인, 기능성 같은 매력만으로는 자동차의 가치를 측정할 수 없게 됐다. 석유 연료 사용을 줄이는 것, 나아가 지구환경을 보호하는 것이 자동차라는 기계의 가치에 추가됐다. 자동차 회사 경영자를 평가할 때 사회 공헌에 대한 의식이 전보다 더욱 중요시되는 시대가 된 것이다. 최신예 로봇이나 공작기계를 갖춘 공장이 근대적

일이 빨리 끝나면 아무것도 하지 않고

방해가 되지 않도록 동료의 작업을

유심히 지켜보면 됩니다.

유심히 지켜보다 보면

작업에 낭비가 있음을 깨닫고,

그러면 다음 날 자신이 작업할 때

그 낭비를 없앨 수 있습니다.

이것이 가장 돈이 들지 않는 방법입니다.

인 것이 아니다. 화석연료를 기반으로 한 전력을 사용하지 않는, 작고 구식인 공작기계를 효율적으로 이용하는 공장이 미래의 모습이라고도 할 수 있다.

2차 세계대전이 막 끝났을 무렵부터 오노는 "고성능 대형 기계를 도입하는 것은 위험"하다고 주장했다. 그것이 현장의 노동력 절약으로 이어지지 않는다고 생각했기 때문이다. 그런데 지금 생각해보면 그의 발언은 앞으로도 계속될 에너지 절약 시대에 부합한다. 앞으로의 생산 현장은 에너지를 줄이는 방향으로 나아갈 수밖에 없다. 유류파동 당시 오노의 생각이 각광을 받은 이유는 도요타의 이익이 감소하지 않았던 것과 단순한 대량생산과는 상반되는 도요타 생산방식의 사상이 시대에 부합했기 때문이다.

이렇게 해서 도요타는 두 가지 위기를 극복했다. 도요타의 역사는 위기의 연속이었다. 자동차를 개발하기 위한 창업자의 고충, 전시의 통제경제에 대한 대처, 도산 위기, 노동쟁의 등 벼랑 끝 상황이 계속됐다. 그러나 그때마다 위기 이전보다 강한 근육을 키워서 성장했다. 배기가스, 유류파동 이후에도 역시 도요타는 성장했다. 위기가 도요타의 현장을 단련시켰다고도 할 수 있다. 좀 더 말하면 도요타를 성장시키고 싶다면 도요타를 찬미하기보다 큰 위기를 주는 편이 낫다.

제12장

THIS IS TOYOTA

오해와
평가

도요타 생산방식은
그 정도의 애정과 열정이 있는 사람만 지도할 수 있으며,
이는 어떤 의미에서 도요타 생산방식의 약점인지도 모른다.
즉 가르치는 사람에 따라 달성도가 달라진다.
좀 더 말하면 현장의 가이젠 수준은 가르치는 사람의 인품과 능력에 좌우된다.

국회 심의와 비난

　도요타 생산방식은 유류파동을 계기로 주목받았다.

　도요타의 자료를 포함해 많은 곳에 이렇게 기술돼 있는데, 사실 1973년 유류파동 직후만 해도 이 방식을 주목한 곳은 자동차업계와 경제 관련 대중매체 정도였다. 물론 그 후 일반 직장인들도 간판방식이라는 이름을 알게 되지만, 그것은 결코 긍정적인 보도를 통해서가 아니었다. '간판방식은 도급업체를 괴롭히는 도구'라는 보도를 통해 그 명칭이 널리 알려진 것이다. 간판방식이라는 그 내용을 알기 어려운 명칭 때문에 실태를 제대로 추측하지 못하고 오해한 사람들의 평가가 시중에 나돌았다고도 할 수 있다.

　'간판방식(도요타 생산방식)은 재고를 갖지 않는다. 낭비를 없앤다.'
　오해한 사람들도 여기까지는 알았다. 문제는 그 후의 전개였다. 사람들은 예를 들면 이런 식으로 도요타 생산방식을 오해했다.
　"간판방식은 사용하기에 따라서는 양날의 검이 될 수 있다. 자동차를 조립하는 회사가 도급업체에 부품을 저스트 인 타임으로 가져오라고 발주한다. 도급업체는 언제 어떤 주문이 들어올지 모른다는 불안감에서 항상 다양한 부품의 재고를 보유한다. 즉 간판방식은 도급업체에 재고 보유를 떠넘기는 시스템이다."
　"간판방식은 도급업체에 소로트로 발주한다. 그래서 도급업체는 수시로 트럭에 부품을 싣고 도요타 공장으로 간다. 그러다 보니 공장 앞에 트럭 행렬이 생긴다. 도요타는 공공 도로를 자기네 공장 부지로 착각하고 있다."

대형 신문사 기자와 저널리스트조차 '도요타의 간판방식은 운용하기에 따라 도급업체를 괴롭히는 도구가 될 수 있다'고 생각했다.

오노로서는 '사람들이 도요타 생산방식을 완전히 잘못 이해하고 있어'라는 생각밖에 들지 않았다. 실제로는 도요타가 운용 방법을 철저히 가르쳐서 협력사도 저스트 인 타임으로 부품을 생산하고, 부품 운반도 각 회사가 따로따로 하는 것이 아니며, 물류 시스템도 도요타 담당자가 협력사와 함께 계획을 세운다. 운송 트럭이 공장 문 앞에 줄지어 서 있는 일도 없다. 오노가 그런 낭비를 용납할 리가 없다.

그러나 도요타 생산방식을 오해하는 사람은 늘어만 갔다. 오노는 '만나고 싶다'는 연락을 수없이 받았고, 상대에 따라서는 오해를 풀기 위해 직접 설명하러 가야 했다.

이토요카도イトーヨーカドー 창업자인 이토 마사토시伊藤雅俊의 연락도 받았다.

"오노 씨에게 도요타 생산방식에 대한 자세한 이야기를 직접 듣고 싶습니다."

오노는 직접 도요타시 본사로 찾아온 이토를 만났다. 이토는 이렇게 말을 꺼냈다.

"오노 씨께서 말씀하시는 것처럼 재고를 제로로 만들면 슈퍼마켓에서는 품절 상품이 나옵니다. 그러면 고객을 다른 가게에 빼앗기고 맙니다."

"아니, 그렇지 않습니다. 이토 씨, 저는 재고를 제로로 만들라고 말하지 않습니다. 필요 최소한의 재고는 보유해도 됩니다. 다만 그 재고의 수를 늘리거나 줄여서는 안 된다는 것입니다. 재고의 증감은 플러스마이너스 제로를 유지합니다. 이것이 중요합니다."

오노는 얼굴을 맞대고 이렇게 차근차근 설명했다. 그러나 이토는 재고에 관해서는 이해하고 수긍했지만, 표정을 보니 모든 것을 이해하지는 못한 듯했다.

이토가 돌아간 뒤, 오노는 소파에 몸을 파묻었다.

'정치가나 평론가가 이해 못 하는 건 어쩔 수 없어. 하지만 이토 씨 같은 우수한 경영자까지 오해하는 건 곤란한데⋯⋯. 내가 제대로 설명을 못 하는 걸까?'

그 후에도 오노의 귀에는 도요타에 협력을 구하지 않고 무작정 재고 제로만 목표로 삼았다가 실패한 회사의 이야기가 계속 들어왔다. '재고를 없애면 이익이 난다'고 생각해 재고와 창고를 없앤 것은 좋았지만 공장 내에 재고가 숨겨지고 제품 품질이 저하된 회사, '표준작업을 도입한다'며 작업원 작업을 초시계로 재고는 '작업 시간을 줄이시오'라고 상요한 회사, '간판을 도입하면 이익이 난다'며 협력사에 억지로 간판 비슷한 전표를 보낸 회사⋯⋯. 이런 일이 일어나면서 도요타 생산방식을 오해한 사례들만 잔뜩 주목을 받았고, 급기야 국회에서 문제시되기에 이르렀다. 민간 기업이 법을 어긴 것도 아닌데 일하는 방식에 대한 문제로 추궁을 받은 보기 드문 사례일 것이다.

1977년 10월 7일 중의원 본회의. 아이치 1구 선출 의원인 다나카 미치코田中美智子의 질문 순서가 됐다. 질문에 답하는 총리는 후쿠다 다케오福田赳夫였다. 다나카 미치코는 복지, 여성 문제 전문가이며 일본공산당 당원이었다. 선거에는 무소속으로 출마했지만 당선된 뒤에는 일본공산당·혁신공당 소속이 됐다.

다나카 의원이 후쿠다 총리에게 질문했다. "도요타자동차는 2,100억 엔이라는 공전의 경상이익을 냈습니다. 그 막대한 이익을 위해 대체 얼마나 많은 도급업자가 눈물을 흘렸을까요?"

이렇게 말을 시작한 다나카 의원은 언론이 보도한 도요타의 '가혹한 요구'들을 나열한 뒤 이렇게 덧붙였다.

"이 도요타 방식이 지금 산업계에 확산되고 있어서 광범위한 도급업자가 희생될 위기에 놓였습니다. 우월적인 지위를 이용한 이와 같은 악질적인 방식에 어떻게 대처할 생각이십니까?"

후쿠다 총리는 "이 문제에 대해서는 현재 공정거래위원회에서 회사를 상대로 지도를 실시하려 하고 있습니다. 정부로서도 모기업이 도급 사업자의 이익을 훼손하는 형태로 경영을 강화시켜나가지 않도록 지도하고자 합니다"라고 답변했다.

문답은 이런 식이었다. 양쪽 모두 도요타 생산방식을 전혀 공부하지 않고 도요타가 어떤 나쁜 짓을 했다는 전제에서 간단한 의견을 주고받았다.

또한 다나카 의원은 공산당원임에도 '도급업자'라는 말을 사용하는 데 아무런 저항감이 없었던 모양이다. 도요타뿐 아니라 제조 회사 사람들은 협력사 사람에게 "너희는 도급업자야"라는 식으로 표현하지 않는다. 제조 회사 사람들은 협력사 없이는 자신들도 있을 수 없음을 잘 안다. 그래서 생각 없이 내뱉은 말 한마디에 협력사가 의욕을 잃는 일이 없도록 신경 쓴다. 사람은 업신여김이나 모욕을 당하면 그것을 결코 잊지 못한다. 매일같이 '도급' 소리를 듣는다면 '언젠가는 이 회사와 관계를 끊자'고 생각하게 된다. 그러나 정치가, 언론, 현장을 모르는 사람은 대기업에 제품을 납품하는 회사를 '도급업자, 하도급업자'라고 부른다. 실제 현장에서 그런 식으로 부르는 사람은 거의 없음에도…….

국회 심의 후 공정거래위원회는 도요타에게 "도급업자에게 가혹한 요구를 하지 마시오"라고 지도했다. 다만 애초에 가혹한 요구가 없었기 때문에 도요타로서는 뭐라고 답변해야 할지 알 수 없었다. 그러나 오노는 이 이상 오해가 퍼지지 않도록 수를 써야겠다고 결심했다.

국회 심의에서 언급된 이듬해인 1978년, 도요타의 자동차 생산 대수가 연간 293만 대를 눈앞에 두게 됐다. 1960년에 15만 5,000대에도 미치지 못했던 국내 생산량은 1970년에 160만 대를 돌파해 10배 이상이 됐고, 1980년에는 339만 대를 돌파했다. 이 20년은 도요타가 질주한 시대였다. 신차를 개발하고, 모델체인지를 하고, 공장을 세웠다. 그러나 얼마 안 있어 기존 공장만으로는 수요를 따라

잡지 못하게 돼 다시 새 토지를 물색하고 공장을 건설했다. 그 사이 수많은 사람을 채용하고 교육했다. 공장에 라인이 생기면 오노 이하 생산조사실 사람들이 가서 낭비를 없애고 생산을 정상 궤도에 올려놨다. 부품 담당자는 협력사를 찾아내 계약을 맺고, 생산조사실에서 협력사로 사람을 파견해 도요타 생산방식을 이식했다. 오노 일파로서는 매일같이 동분서주하며 정신없이 일한 20년이었다.

도요타 생산방식은 생산성을 향상시키는 시스템으로 확고해져 갔지만, 세상과 언론은 그렇게 받아들이지 않았다.

"미카와에 있는 폐쇄적인 회사가 '간판'이라는 것을 사용해 뭔가 알 수 없는 방식으로 돈을 벌고 있다."

이것이 일반적인 인식이었을 것이다.

경영자의 판단

그러나 언론에도 도요타 생산방식의 본질을 알고 싶어 하는 편집자가 있었다. 피터 드러커의 저서 《단절의 시대The Age of Discontinuity》 등을 히트시킨 다이아몬드사 후지시마 히데키藤島秀記이다. 훗날 상무가 되는 그는 드러커 등 미국식 매니지먼트에 대항하는 체계적인 일본식 매니지먼트 책을 만들고 싶어 했다. 그래서 유류파동을 계기로 유명해진 도요타의 매니지먼트를 조사하다가 오노 다이이치라는 이름을 알게 됐다.

그다음은 일사천리로 진행됐다. 후지시마는 집필자를 정하고 오노와 교섭했다. 홍보부를 거치지 않고 직접 연락했는데, 제안을 받은 오노는 의외로 긍정적이었다. 예전 같았으면 책을 내고 싶다는 제안을 그 자리에서 거절했을 것이다. 도요타 생산방식은 미국 자동차 회사가 일본에 진출했을 때를 위한 비밀 병기였기에, 오노로서는 그 전모를 밝히고 싶지 않았다. 그러나 후지시마가 연락했을 무렵에는 세상에 도요타 생산방식에 대한 오해가 퍼지고 있었고, 오노도 그 오해를 불식할 방법을 찾고 있었다.

책을 출판하겠다고 회사에 이야기했을 때 한 간부는 "전가의 보물을 공개해 적을 도울 생각이오?"라고 반발했다. 그러나 사장 에이지는 출판을 허락했다. 에이지 또한 '도요타 생산방식에 대한 오해를 풀어야 한다'고 생각했기 때문이다. 오노는 도요타자동차 부사장의 직함으로 《도요타 생산방식》을 출판했다.

"말이나 문자로는 표현할 수 없는 인간 독자적인 창조의 지혜를 글로 써보고자 합니다. 물건을 만드는 방법이나 생산 현장의 시행착오를 통해 매일 진화하고 있기에 글로 남기기는 불가능하지만, 기본이 되는 원칙이 뭔지는 어떻게든 전하고 싶습니다."

오노는 후지시마에게 이렇게 말하고 구상을 정리해 구술했다. 다만 실제로 후지시마와 연락을 주고받고 자료나 표현을 궁리한 사람은 생산조사실에 있었던 조 후지오였다. 반년 이상의 시간을 들여 완성한 책은 도요타 관계자보다도 일반 직장인에게 먼저 받아들여졌다. 이 책은 지금도 팔리고 있으며, 114쇄, 누계 47만 부를 기록 중이다. 전문 서적으로는 공전의 베스트셀러이다.

책을 출판할 당시 다이아몬드사 사장, 전무와 오노가 만나 이야기를 나눌 기회가 있었다. 오노뿐 아니라 수제자인 스즈무라도 합석했는데, 이때 다이아몬드사 사장이 "출판사는 반품 때문에 이익을 내기가 굉장히 힘듭니다"라고 푸념했다.

그러자 스즈무라가 말했다. "귀사는 도요타 생산방식에 관한 본격적인 해설서를 낸 회사입니다. 이 기회에 다이아몬드사도 간판방식을 도입해보면 어떻겠습니까? 그러면 반품이 사라질 겁니다. 그럴 의향이 있으시다면 제가 가서 돕겠습니다."

다이아몬드사 사장과 전무는 쓴웃음을 지을 뿐 아무런 대답도 하지 못했다. 그러자 스즈무라가 분위기를 살피고는 말을 이었다.

"하긴, 생각해보면 저희 영감의 책은 재고가 남을 리 없으니 간판방식도 필요 없을지 모르겠네요."

이 말에 모두가 폭소를 터뜨렸다고 전해지는데, 사실 다이아몬드사 사람들은 진심으로 웃을 수 없었을 것이다. 반품에 따른 재고 증가로 재무 사정이 악화되는 출판사는 얼마든지 있다. 반품이라는 단어조차 듣기 싫어하는 출판사 사장도 있을 것이다. 만약 도요타 생산방식을 도입해 '팔리는 만큼만 책을 찍어내는' 것이 가능하다면 당장이라도 도요타 생산조사실로 달려가 고개를 조아리고 싶은 것이 모든 출판사의 본심이 아닐까?

《도요타 생산방식》의 히트는 오노 다이이치라는 인물을 세상에 알렸다. 그러나 본인은 그것이 달갑지 않았다.

"나는 세상의 오해를 바로잡고 싶었을 뿐이야. 그런데 신기하단 말이지. 책이 팔린 뒤에도 비판은 전혀 줄어들지 않았으니 말이야."

또한 쓴웃음을 지으며 이런 말을 한 적도 있다.

"출판사에서는 처음에 책 제목을 《도요타 생산 혁명》으로 짓자고 집요하게 말했지.

'오노 씨, 제목을 '생산방식'으로 지으면 전문 서적이 돼서 구석 책장에 꽂히게 됩니다. 하지만 '생산 혁명'으로 지으면 평대에 쌓여서 날개 돋친 듯이 팔릴 겁니다'라는 거야. 하지만 거절했지."

오노에게는 어디까지나 도요타 생산방식이었던 것이다. 또한 "발안자는 (도요타의 창업자인 도요다) 기이치로 씨"라고도 강조했다. 그는 자신을 위해 책을 쓴 것이 아니다. 세상에 진실을 전하고 싶었던 것이다.

그 후에도 도요타 생산방식을 오해, 곡해하고 질문한 저널리스트에게는 다음과 같이 대답했다.

"외부 협력 업자에게 횡포를 부리는 일은 절대 없습니다. 관청(공정거래위원회)에서 도요타는 악덕 회사이다, 주문한 분량은 반드시 인수해야 한다는 지도가 있었습니다. 우리 협력사가 그 밑의 회사에게 횡포를 부리고 있다더군요.

그래서 해당 회사 사상을 불러 '관청에서 이것저것 조사해 와서는 (도요타는) 나쁜 회사라고 하던데 어떻게 생각하시오?'라고 물었습니다. 그랬더니 이런 대답이 돌아오더군요.

'도요타를 위해서라면 망해도 괜찮다는 회사는 세상에 하나도

없습니다. 우리는 무슨 일이 있어도 확실히 이익을 낼 수 있도록 궁리하고 있습니다.'

   관청에서 뭐라고 하지 않아도 다들 자신의 몸을 지키고 있습니다. 조금씩 물건을 만드는 습관을 들인 곳은 강하죠. 그런 습관을 들이지 않은 기업은 위험하고요."

   《도요타 생산방식》이 출판된 이듬해인 1979년, 2차 유류파동이 일어났다. OPEC 가맹국 중 산유량 2위를 자랑하는 이란에서 혁명이 일어난 것이다. 팔레비왕조가 쓰러지고 시아파 장로 호메이니가 지도자가 됐다. 이란혁명으로 유가가 급상승했고, 유럽과 일본 등 석유 수입국의 경제는 또다시 정체됐다. 두 차례에 걸친 유류파동으로 각 자동차 회사는 최고 속도, 마력, 배기량, 4분의 1마일 가속 같은 지표보다 연비라는 항목에 주목했다. 좋은 차를 평가할 때 속도, 디자인, 승차감 이외에 좋은 연비도 빼놓지 않게 됐다.

   그리고 같은 해 7월, 도쿄-나고야 고속도로의 니혼자카 터널에서 대형 화재가 발생했다. 일곱 명이 사망하고 차량 173대가 소실된 이 사고로 도쿄-나고야 고속도로가 일주일 동안 통행이 중지됐는데, 이때 처음으로 서플라이체인(공급망) 단절에 따른 생산 정지가 화제가 됐다. 간토의 협력사 65사의 부품이 도요타의 조립 공장에 도착하는 시간이 늦어진 탓에 이틀 동안 조업이 정지된 것이다. 이때 어떤 임원이 "오노의 말대로 했더니 생산이 정지됐군"이라고 비아냥거렸는데, 이에 오노는 "정지된 게 아닙니다. 우리 판단으로 라인을 정지시킨 거죠"라고 대답했다. 부품이 오지 않은 것도 있지만, 그보다는 모든 차종을 만전의 태세로 생산할 수 있는지 확인하기 위해 스스로 판단하고 라인을 멈춘 것이다.

그 후 협력 공장의 사고나 한신·아와지 대지진, 동일본 대지진 같은 재해가 발생했을 때도 생산 정지가 있었다. 그러나 라인이 '정지된' 적은 없다. 모두 정지시킨 것이었다. 어떤 협력 공장이 대체 부품을 만들 수 있는지, 또 물류 경로를 변경한다면 어떤 고속도로를 이용해야 하는지 등을 판단하려면 시간이 걸린다. 무작정 라인을 가동시키기보다, 불량품이 나올 위험성이 있다면 일단 라인을 정지시킨다. 이것은 작업원이 안돈의 끈을 당겨 라인을 멈추는 것과 같다.

외부에서 지켜봐야 할 것은 사고가 일어났을 때 도요타가 라인을 멈추느냐 멈추지 않느냐이다. 큰 재해가 일어났는데 도요타가 조업을 계속한다면 경영자의 판단을 의심해봐야 한다. 니혼자카 터널 사건이 발생했을 때 오노는 같은 생각에서 라인을 정지시켰다. '생산 정지'라고 언론이 떠들어대도 그는 쓴웃음만 지었을 뿐이다.

하야시 난파치, 배속되다

생산조사실은 발족 이래 사내와 관련 회사는 물론이고 그곳에 물품을 납입하는 작은 협력사에도 도요타 생산방식을 이식시켜나갔다. 협력사에는 수많은 담당원이 파견됐는데, 그중 먼저 하야시 난파치(林南八)의 사례를 살펴보자.

18세 가와이가 단조 부문에 배속된 1966년, 훗날 생산조사실 주사와 기감, 이사가 되는 하야시 난파치(현재는 고문)가 입사했다. 같은 해에 입사했지만 무사시공업대학(현재의 도쿄도시대학)을 나온 하야시의 나이는 당시 22세, 도요타기능자양성소에서 입사한 가와이보다 네 살이 많았다.

하야시가 배속된 곳은 모토마치 공장 기계부 기술원실이었다. 생산조사실이 생기기 전에 '오노 학교'로 불리던 곳이다. 현장에서 곤란해하는 점을 해결해 생산성을 향상시키는 것이 그들의 역할이었다. 갓 입사한 하야시는 말단의 허드렛일을 담당했다. 입사한 뒤로 그는 '오노 씨가 얼마나 무서운 사람인가'에 관한 일화를 수없이 들었다. 선배들은 행여 누가 들을까 작은 목소리로 오노와 스즈무라에게 혼난 경험을 이야기해줬다. 그런 이야기를 들을 때마다 하야시는 '나는 운이 좋구나'라고 안심했다.

'오노라는 사람은 본사 공장에 있고 스즈무라라는 사람은 가미고의 엔진 공장에 있어. 나는 다행히 모토마치 공장에 배속됐고. 그 두 사람을 만날 일은 없겠지.'

모토마치 공장에 배속된 날 밤 기술원실 선배들이 하야시를 위해 환영회를 열어줬는데, 그곳에서도 주된 이야깃거리는 오노와 스즈무라에 대한 것이었다. 하야시는 이야기를 들으면서 젓가락으로 칭기즈칸(양고기를 사용한 일본 요리—옮긴이)의 양고기를 붙잡고 있었다. 4형제 집안에서 자란 탓에 고기를 보자 반사적으로 자신의 몫을 확보하려 한 것이다. 그 모습을 본 계장이 젓가락을 가리키며 말을 걸었다.

"하야시, 아무도 안 뺏어 먹으니 그러지 않아도 돼. 오늘은 너를 위한 환영회이니 실컷 먹으라고."

이 얼마나 좋은 사람이란 말인가? 이 얼마나 화목한 직장이란 말인가? 이런 것을 보면 오노나 스즈무라라는 사람도 생각보다 무서운 사람은 아닐지도……. 하야시는 '좋은 부서에 배속됐구나'라는 생각에 조금 행복해졌다.

그런데 다음 날 아침, 전날 밤에 "먹고 싶은 만큼 실컷 먹게"라고 말해줬던 그 상냥한 계장이 막 출근한 하야시를 보자마자 버럭 소리를 질렀다. 책상에 앉아 있었는데 "이 멍청아, 지금 뭐 하는 거야!"라며 호통친 것이다.

"그게, 일하려고……."

계장이 차갑게 내뱉었다. "하야시, 우리 일은 현장 가이젠이야. 그러니 빨리 현장으로 가. 어디 벌써부터 책상에 앉으려고 해?"

그 말에 쭈뼛쭈뼛 일어나며 "계장님, 어느 현장으로 가야 합니까?"라고 물어보자 또다시 "이 바보 자식, 그건 네가 스스로 찾아내라고!"라는 호통이 돌아왔다. 하야시는 어쩔 수 없이 모토마치 공장을 돌아다니다 마음씨 좋아 보이는 작업원을 발견하면 "저기, 뭔가 곤란한 점은 없으십니까?"라고 물었다. 그러나 바쁜 현장 사람들은 하나같이 하야시를 무시했다. "꼬마야, 방해된다. 저리 가!"라고 대답이라도 해주는 사람은 그래도 양반이었고, 개중에는 마치 개를 쫓아내듯 "쉿쉿!" 하며 손을 휘젓는 사람조차 있었다.

"그래도 계속 현장을 찾아가다 보면 뭔가 상담을 구하는 사람이 나옵니다. 저희 업무는 바로 그때부터 시작되죠. 다른 사람에게 기대선 안 됩니다. 자신의 눈으로 확인하고, 자신의 머리로 생각해야 합니다.

오노 씨에게는 같은 장소에서 8시간 가까이 서서 관찰하라는 명령을 받은 적도 있습니다. 지금으로 치면 위계적 폭력으로 문제가 됐겠죠. 하지만 다른 점이 있다면, 부하 직원에게 그저 명령만 하는 것이 아니라 지시하는 동시에 상사도 함께 생각하기 시작한다는 것입니다.

도요타 생산방식의 지도는 현장을 관찰하는 것에서부터 시작됩니다. 답을 찾아내기 위해 먼저 끈기 있게 관찰합니다. 그래야 비로소 머릿속에 가이젠 아이디어가 떠오르죠. 하지만 아무리 좋은 아이디어라도 현장 사람들이 이해해주지 않으면 실천할 수 없는데, 아무도 도와주지 않으니 제가 현장에 녹아들어서 제 편을 만드는 수밖에 없습니다. 젊었을 때 오노 씨 밑에서 현장을 움직이는 기술을 배웠기 때문에 협력 공장에 가서도 어떻게든 성과를 낼 수 있었습니다. 누구에게도 의지하지 않고 혼자 힘으로 해결하도록 지도받은 덕분에 어떤 곳에 홀로 내동댕이쳐져도 현장을 움직일 수 있는 능력이 생겼다고 생각합니다."

하야시는 훗날 만들어진 생산조사실에는 배속되지 않았다. 그러나 연락은 계속 주고받았으며, 오노와 스즈무라의 지도를 받은 조와 이케부치가 직접 생각할 과제를 계속 내줬다.

사내에서 가이젠 수업을 쌓은 하야시는 입사 8년 차에 드디어 협력 공장으로 파견을 나가게 됐다. 가이젠 지도는 하루아침에 끝나지 않는다. 1~2주면 끝나는 것도 아니다. 적어도 월 단위, 혹은 연 단위일 때도 있다. "갔다 와"라는 말을 들으면 집으로 돌아가 준비한다. 갈아입을 옷과 파자마 등을 챙겨 회사 차로 떠난다. 파견지에 도착해서도 숙박하는 곳은 호텔이 아니다. 그런 좋은 시설에서 숙박하는 일은 있을 수 없다. 오노나 스즈무라도 마찬가지였다. 협력 공장의 독신자 기숙사나 연수소에 살면서 현장으로 출퇴근했다. 가족과도 만날 수 없었다. 하야시의 경우는 적어도 반년, 길면 1년 반 동안 도요타로 돌아오지 못했다. 가끔 보고하러 오기도 했지만, 지도를 위해 파견된 이상 근무처는 어디까지나 협력 공장이었다. 그러나 현장에 가도 부하 직원은 없다. 바로 지도에 들어가기는 어렵기 때문에 먼저 현장의 우두머리나 작업원과 친해져야 했다.

하야시나 생산조사실 멤버들이 하는 일은 배속된 다음 날부터 하야시 본인이 한 것들이다. 즉 현장을 돌아다니며 문제점을 찾는다. 현장 사람에게 이야기를 듣는다. 그리고 가이젠해나간다. 가이젠 지도란 '교사'가 되는 것이 아니다. 무시당하고 질책받은 뒤에 비로소 시작된다. 혼자 내동댕이쳐져서 고독을 느낀 뒤부터 시작된다. 오노와 스즈무라는 그렇게 젊은 세대를 키웠다.

도요타 현장에서 무시당하는 데 익숙해진 하야시는 협력 공장으로 파견을 나가서도 동요하지 않았다. 무시당해도 굴하지 않고 계속 말을 걸었고, 미움을 받아도 현장의 라인 옆에서 이것저것 물어봤다. 그러면 결국은 우두머리도 두 손 들고 하야시의 질문에 대답하게 된다. 사건을 조사하는 형사나 집요한 영업 사원 같은 근성이 없다면 현장 지도는 불가능하다.

그리고 겨우 현장에 녹아들었다 싶으면 다음 시련이 찾아온다.

"노동조합과의 싸움입니다." 하야시는 말했다. "베어링을 만드는 회사인 고요정공光洋精エ(현재의 제이텍트ジェイテクト)에 간 적이 있습니다. 당시 고요정공은 적자가 누적돼 있었는데, 베어링 산업이 무너져서는 안 된다는 생각에서 도요타가 출자해 산하에 뒀죠. 적자가 계속된다고는 해도 대기업이라서 스즈무라 씨의 진두지휘 아래 저를 비롯한 오노 학교 멤버들이 오사카 고쿠부 공장(가시와라시) 연수소에 살면서 가이젠 활동을 개시했습니다."

현장에서 뭘 해야 할지는 금방 알 수 있었다. 고요정공은 대로트 생산을 계속한 결과, 재고가 늘어난 것이었다. 따라서 소로트로 생산하는 체제를 만들면 됐다. 다만 "이렇게 해주시오"라고 말한다고 해서 다음 날부터 그 말대로 해줄 리는 없었다. 고요정공뿐 아니라 오랫동안 대로트로 생산해온 회사에서는 경영자와 현장 모두 대로트 생산이 더 생산성이 높으며, 원가도 저렴한 방식이라고 믿는다. 실제로 포드 시스템을 공부해온 생산 현장 사람들은 당시의 도요타 생산방식을 '도요타만의 특수한 방식'이라고 생각했다. 아무리

스즈무라가 외치고 하야시가 고개를 숙여도 마음속으로는 '이런 개자식들'이라고 생각하며 좀처럼 따라주지 않았다. 그래서 도요타 생산방식을 이식하는 데 시간이 걸릴 수밖에 없었다.

또한 상대의 마음을 바꾸려면 어떻게 해서든 단기간에 성과를 내야 한다. 도요타 사내라면 시간이 걸리더라도 차근차근 설명해 이해시킬 수 있다. 그러나 결국 남의 회사인 협력사를 설득하려면 일단 일정 수준의 성과를 보여주는 수밖에 없다. 그래서 스즈무라와 하야시는 전국의 고요정공 영업소가 임차해 사용하던 창고에서 재고를 모아 일단 공장으로 가져왔다. 그리고 이렇게 돌아온 재고를 매일 조금씩 배송할 수 있도록 물류 시스템을 만들고 나서 다시 내보냈다. 고요정공 사원들로서는 왜 기껏 전국에 보내놨던 부품을 공장으로 가져오더니 다시 보내는지 알 수 없었다. "낭비를 없애시오"라고 말하는 도요타 사원들이 엄청난 낭비를 하는 것처럼 보였다.

그런데 순식간에 그 효과가 나타났다. 창고 임대료가 지출되지 않아 경비가 절약된 것이다. 그에 비하면 처음에 재고를 다시 공장으로 가져오기 위한 운반비는 사소한 것이었다. 그리고 이어서 소로트 생산, 소로트 배송 체제를 갖추자 물류 효율이 높아졌다. 결국 반년이 걸리기는 했지만 가이젠의 전망이 섰다.

하야시는 '이제 드디어 집에 갈 수 있겠구나'라고 생각했다. 그런데 스즈무라가 하야시를 부르더니 이렇게 말했다.

"그러고 보니 너, 도쿄 출신이었지? 마침 잘됐군. 여기는 이제 됐으니 내일부터는 하무라에 있는 도쿄 공장을 담당하도록 해."

오사카 생활을 마치고 겨우 나고야 집으로 돌아갈 수 있겠다 싶었는데, 이번에는 나고야를 지나쳐 도쿄 교외에 있는 하무라 공장으로 가이젠 지도를 하러 가게 된 것이다. 그것도 혼자 가야 했다.

고요정공 하무라 공장 간부는 "도요타에서 오신 가이젠 지도자"라며 하야시를 환대했다. 그런데 하야시가 현장에 간 순간, 상황이 급변했다. 하야시는 피부가 희고 도회적으로 생겼다. 스마트한 것이 젊게 보였다. 그렇다 보니 현장 사람들에게는 애송이가 거만한 얼굴로 행차한 것처럼 보였고 "도요타가 우리를 우습게 생각하는구나"라며 분개한 듯했다.

하야시가 공장에 발을 들여놓는 순간, 여기저기서 비웃는 목소리가 들렸다.

"어이 형씨, 뭐 하러 오셨수?"

"너, 자동차만 만져봤지? 그런 놈이 우리한테 베어링을 가르쳐주겠다고?"

그러나 하야시는 낯빛 하나 변하지 않고 태연함을 유지했다. 이 정도의 비아냥거림은 도요타 현장에서도 들어봤을뿐더러 여기서 화낸다면 가이젠을 진행할 수 없다. 사람은 죽을 각오로 결심하면 아무것도 두렵지 않다. 하야시는 생글생글 웃는 얼굴로 "안녕하세요"라고 인사하고 자기소개를 한 뒤, 현장을 돌아다니며 현장 사람들이 자신을 상대해줄 때까지 "뭔가 곤란한 점은 없습니까?"라고 물어봤다. 혹은 현장 옆에 서서 조용히 라인을 지켜봤다.

이렇게 되니 현장 사람들은 점점 마음이 불편해졌다. 매일 아침부터 찾아와 자신들을 말없이 지켜보니 당연했다. 그래서 점차 대화를 나누기 시작했고, 결국은 서로 흉금을 털어놓게 됐다. 여기까지 왔으면 첫 단추는 성공적으로 끼운 셈이다. 현장 사람들이 자신을 상대하고 말을 걸게 하는 것이 가이젠 지도의 첫걸음이기 때문이다.

이렇게 해서 가이젠이 시작됐지만, 노동조합의 반발은 예상보다 더 격렬했다.

"고요정공에는 노동조합이 두 개 있었는데, 2노동조합 멤버들이 오후 5시가 되면 잔업을 하는 사람들을 꾀어서 돌아가버렸습니다. 정말 난감했죠.

그리고 밤에 숙소에 있으면 조합 사람들이 찾아와 '경영자의 개, 물러가라!'라고 외쳤는데, 정말 난감했습니다. 이건 처음 겪어보는 일이었거든요. 화가 났습니다. 저는 매일 고요정공을 위해 죽어라 일하고 있는데…….

그렇게 일촉즉발의 긴장 관계가 계속되던 어느 날, 저는 창문을 열고 '대체 뭐 하는 거야! 나도 도요타로 돌아가면 조합원이라고! 다들 회사가 재건되기를 바라니까 여기 와서 이러고 있는 거야. 망하기를 바랐다면 사흘 정도 있다가 돌아갔겠지. 정말 그렇게 할까?'라고 소리쳤습니다.

사실 그래서는 안 됐습니다. 생글생글 웃으면서 고맙다고 말해야 했죠. 하지만 그건 무리입니다. 협력사에 가이젠을 지도하러 가면 다들 이런 봉변을 당합니다. 이 이야기를 했더니 조 선배는 '경영자의 개는 그래도 양반이야. 나는 '도요타 제국주의의 첨병을 타도하라!'는 말도 들어봤다니까'라며 웃더군요."

협력사에 지도하러 갔을 때 가장 힘든 점은 노동조합과의 관계였던 것이다.

1년 반이 지났다. 하야시는 생글생글 작전으로 동료를 늘려나갔고, 노동조합과도 어느 정도 대화가 가능한 관계가 됐다. 나고야에서 오사카, 그리고 하무라에 홀로 파견 나와 고요정공을 위해 최선을 다했다. 어느덧 주위 사람들이 하야시를 의지하게 됐다.

하무라 공장에서 도요타로 돌아가는 날이었다. 2노동조합 멤버들이 쭈뼛쭈뼛 인사하러 왔다.

"하야시 씨, 그동안 고마웠습니다."

하야시가 처음으로 고맙다는 말을 들은 순간이었다.

"이거……."

리더가 하야시에게 작은 상자를 건넨다. 열어보니 손목시계가 들어 있었다. 하야시로서는 생각지도 못한 상황이었다. "도요타로 돌아가!"라고 외치며 격하게 대립했던 멤버들이 하야시와 악수한 손을 좀처럼 놓지 못했다. 얼굴을 보니 눈물이 고여 있어서 하야시도 뭉클해졌다.

그들이 말했다. "하야시 씨, 우리 조합에서 표하는 작은 마음입니다."

하야시는 현장에 있을 때 손목시계를 차지 않았다. 종업 시간을 신경 쓰고 싶지 않았기 때문이다.

"그래서 조합 사람들은 제가 손목시계가 없다고 생각했던 것 같습니다." 당시를 회상하며 하야시가 말했다. "포기하지 않고 최선을 다하길 정말 잘했다 싶었습니다. 결국 마음이 통한 거죠."

현장에서 신뢰를 쌓기까지

도요타 생산방식을 협력 공장에 확산시킬 때는 생산조사실 사람이 중심적인 역할을 했다. 하야시는 그 전문가 중 한 명이었는데, 하야시보다 조금 젊은 세대 중 수많은 협력 공장으로 파견을 나갔던 인물이 현재의 부사장인 도모야마 시게키友山茂樹이다.

도모야마는 도요타가 자동차공업과 자동차판매를 합병하기 전해인 1981년에 입사했다. 군마대학 기계공학과를 나온 그는 생산기술부에 배속됐는데, 처음에 한 일은 조립 부문의 생산 지시 시스템을 만들고 그것을 코롤라 전용 공장인 다카오카 공장에 도입하는 것이었다. 입사하자마자 도요타 생산방식에 관한 연수를 받은 그는 나름 도요타 생산방식을 이해하고 있다고 자부했다.

도모야마가 다카오카 공장에 도입한 것은 자동차 사양을 반송기에 설치된 기억장치에 전파로 입력하고, 그것을 각 공정에서 자동으로 읽어 들여 작업원에게 조립 지시를 하는 동시에 작업이 완전하게 됐는지 대조하는 '실수방지장치'라는 장치였다. 예를 들어 볼트를 네 개 조여야 하는 작업에서 세 개만 조인 채 벨트컨베이어가 작업 종료의 정위치까지 왔다면 벨트컨베이어를 멈춘 뒤 안돈을 점등시켜 경고한다. 네 개를 전부 조이면 안돈이 꺼지고 벨트컨베이어가 다시 움직이기 시작한다. 요컨대 이상이 발견되면 라인을 멈추고 이상을 알리는 자동화의 발상에 입각한 장치였다. 도모야마는 이 실수방지장치를 조립 라인의 모든 공정에 도입했다. 그런데 그 뒤로 여기저기서 안돈이 켜지며 라인이 제대로 돌아가지 않게 됐다. 도모야마가 도입한 실수방지장치가 일제히 볼트의 조임 미비를 감지하고 벨트컨베이어를 멈춘 것이다.

이때 하야시 난파치는 다카오카 공장 조립 라인에서 관리직으로 일하고 있었다. 당시 그는 가이젠 전문가로 유명했으며, 본인이 오노나 스즈무라에게 단련받았듯 젊은 가이젠 담당자들을 단련시켰기 때문에 그들 사이에서 '무서운 사람'으로 통했다.

그런 하야시가 찾아와 고함쳤다. "도대체 어떤 놈이야, 이딴 걸 도입한 멍청이가?"

아직 하야시의 무서움을 겪어본 적 없는 도모야마가 손을 들고 "접니다"라고 말한 뒤 설명하기 시작했다.

"부장님, 이건 말입니다. 도요타 생산방식에 있는 정위치 정지를 위한 아이디어로……."

말을 꺼낸 순간 더 큰 호통이 날아왔다.

"멍청한 놈! 아무것도 모르는 주제에 쓸데없는 짓 하지 말라고! 내 말 똑똑히 새겨듣도록 해. 정위치는 한 군데가 아니야. 작업원의 공정에 따라 작업 시작 위치와 종료 위치가 다르다고. 그런 걸 네가 전부 똑같은 위치에서 조임 미비를 감지하도록 만드는 바람에 이상 상황도 아닌데 벨트컨베이어가 멈추고 있단 말이야! 거기까지 생각하고 정위치 정지 시스템을 만들어야 하는 거야. 너는 현장을 전혀 몰라."

도모야마도 물러서지 않았다. "아니, 부장님, 그러니까 이건……."

"됐어. 잠자코 지켜보기나 해."

하야시는 도모야마를 무시하고 도모야마가 도입한 대량의 실수 방지장치를 직접 수정했다.

그런 일이 있었기 때문에 도모야마는 자신이 하야시에게 찍혔다고만 생각했다. 그런데 어떻게 된 일인지, 이듬해에 생산기술부에서 생산조사실로 이동이 결정됐다. 그리고 얼마 후 하야시가 주사로 돌아왔다. 스즈무라가 퇴직한 후 도요타 생산방식을 총괄하는 자리로, 그 자리에 있는 사람은 하나같이 '마귀'로 불리게 됐다.

도모야마는 "그때는 정말 끔찍했습니다"라며 한숨을 쉬었다.

"하야시 씨도 무서웠지만, 그 밑에 있는 사람들은 더 무서웠죠. 얼마나 무서웠는지 이름을 말하고 싶어도 입이 떨어지지 않네요. 생산조사실에서 그런 사람들에게 둘러싸여 일했습니다."

하루는 하야시가 도모야마에게 협력 공장에 도요타 생산방식을 도입하기 위한 동반 출장을 명령했다. 두 사람은 기후현에 있는 협력 공장에 갔는데, 첫날에는 협력 공장의 제조과장이 안내해줬다.

하야시는 현장에서 깨달은 점을 그 자리에서 지적해나갔다. 그런데 도모야마가 메모하려 하자 "메모 같은 거 해도 아무 의미 없어"라며 나무랐다.

하야시의 말로는 오노도 스즈무라도 현장에서 메모하지 않았다고 한다. 머릿속에 영상으로 기억하고, 가이젠 후의 현장과 대조해 또 다른 개선점을 지적해나간다. 하야시의 말에는 메모한 것으로 만족한 나머지 열심히 궁리하기를 게을리하지 말라는 교훈이 담겨 있었다.

첫날 일과가 끝난 뒤 하야시가 도모야마에게 지시했다.

"도모야마, 내일은 혼자 가도록 해. 이 공장 라인에는 AB제어를 도입해야 하니까, 그걸 설명해주면 돼. 알겠지?"

하야시는 "부탁하네"라는 한마디를 남기고 본사로 돌아갔다.

AB제어란 도요타 생산방식을 실천할 때 벨트컨베이어나 긴 자동 라인에서의 생산을 제어하는 시스템이다. 먼저 공정에 A지점과 B지점을 결정하고, 두 지점에서 제품의 유무에 따라 라인을 움직일지 말지를 판단한다. 라인을 움직여 제품을 이동시켜도 되는 것은 A지점(전방 공정)에 제품이 있고 B지점(후방 공정)에 제품이 없는 경우만이다.

A지점에 제품이 없는데 이동시키면 라인이 빌 때까지 이상을 알 수 없을 뿐 아니라 빈 라인을 채울 때까지 후방 공정은 멈추고 만다. 한편 그 자리에서 멈추면 A지점에 제품이 없는 원인을 발견할 수 있고, 대책을 세우면 다시 원활하게 생산할 수 있다. 요컨대 이상을 빠르게 발견하기 위한 시스템이라고 해도 과언이 아니다.

이튿날 아침, 협력 공장에 도착하니 안내를 맡은 사람이 "도모야마 씨, 이쪽으로 오십시오"라며 이끌었다. 도착한 곳은 대회의실이었다. 협력 기업 사장 이하 간부와 현장 담당이 60명 가까이 모여 있었다.

"지금부터 도요타자동차 생산조사실에서 와주신 도모야마 지도원께서 생산 지도에 관한 강의를 해주시겠습니다. 그러면 도모야마 지도원, 잘 부탁드립니다."

도모야마는 마이크를 건네받았지만, 극도로 긴장하기도 했고 현장을 하루밖에 둘러보지 못한 탓에 횡설수설할 수밖에 없었다. 그래도 사장 이하 간부들은 회의 도중에 크게 고개를 끄덕이기도 했고, 도모야마의 이야기가 끝나자 박수를 쳤다.

도모야마는 내심 당혹스러웠다.

'난파치 씨, 이건 정말 너무한 거 아니야? 이런 걸 해야 했으면 말씀해주셨어야지.'

자기혐오로 얼굴이 새하얘져서 앉아 있는데 누가 "이제 다음으로 넘어가겠습니다"라고 속삭였다. 그리고 사회가 말했다.

"그러면 이제 현장에 가서 구체적인 지도를 받겠습니다."

후들거리는 다리로 겨우 일어선 도모야마는 공장의 라인 앞에서 다시 1시간 동안 설명해야 했다. 그 또한 '쥐구멍에라도 들어가고 싶은' 수준의 내용이었다.

도요타 생산방식을 이해하는 것과 그것을 타인에게 설명하는 것은 다른 이야기이다. 생산조사실에 있는 사람은 본인이 '이해'해야 할 뿐 아니라 '이해하기 쉽게 지도'하는 능력도 갖춰야 한다. 이를 위해서는 먼저 스스로 해보고, 다음에는 시범을 보이며, 마지막으로 시켜보는 과정이 필요하다. 하야시는 도모야마가 아직 그 수준에 이르지 못했음을 잘 알았다. 그래서 혼자 남기고 온 것이다. 이 또한 오노 이래의 전통적인 교육 방식으로, '바다에 떨어뜨려서 헤엄치는 요령을 스스로 터득하게 하는' 방법이었다. 요컨대 지도법은 직접 몸으로 배워야 하는 것이다.

도모야마는 지금도 "그날을 떠올리면 얼굴이 새빨개집니다"라고 말했다.

"현장에서 설명하고 있으니, 사장 등 간부들은 고개를 끄덕였지만 현장 사람들은 '이 친구 뭐야? 아무것도 모르잖아?'라는 표정이었습니다. 한심하다는 듯 혀를 차는 작업원도 있었죠. 생각해보면 진짜 업무는 그때부터가 시작이었습니다."

다음 날부터 도모야마는 혼자 공장에 가서 AB제어를 도입하기 위한 분석을 시작했다. '서 있기'라고 부르는 라인 분석 작업으로, 라인 옆에 서서 오로지 작업을 주시하며 문제점을 찾아내고 개선책을 궁리한다.

'도요타에서 이상한 녀석이 온 것 같다'는 소문은 금방 퍼졌다. 그러나 시작한 지 사흘 동안은 누구 한 명 말을 걸어주지 않았다. 점심시간에도 혼자서 공장 식당에 가서 조용히 식사했다. 오후에 서 있기를 하고 있는데 작업원이 도모야마의 눈앞으로 빈 부품 상자를 던졌다. '빨리 돌아가라'는 무언의 표시였다.

그래도 도모야마는 돌아가지 않고 일주일 동안 라인을 지켜봤다. 그리고 공장 담당자에게 "AB제어를 직접 시험해보게 해주십시오"라고 요청했다. 그렇게 해서 다른 작업원과 함께 한 사이클만 라인에 선 그는 직접 시범을 보였다. 다른 작업원도 일을 멈추고 보러 왔다. 정신없이 지도에 몰두하고 있는데 기계유가 와이셔츠에 튀어서 팔 부분이 새카매졌다. 속으로는 '이거 어떡하지? 바꿔 입을 옷도 없는데······'라는 생각에 초조해졌지만 태연하게 일을 계속했다. 그러자 빈 상자를 눈앞에 던졌던 작업원이 걸레를 내밀며 이것으로 닦으라는 눈신호를 보냈다. 도모야마와 현장 작업원의 마음이 통하는 순간이었다.

도요타 생산방식의 지도는 위에서 내려다보는 시선으로 강의하는 것이 아니다. 사람과 사람 사이에 신뢰감을 쌓아야 한다. 서로를 인정하고 한마음이 되지 않으면 성공할 수 없다. 아무리 일거리를 주는 상대라 해도 갑자기 찾아와서는 오만한 태도로 "이렇게 하시오", "저렇게 하시오"라고 말한다면 현장 사람들은 움직이지 않는다. 하야시는 도모야마를 홀로 남겨두고 떠나, 실제로 지도할 때 어떻게 해야 하는지를 말없이 가르친 것이다.

결국 도모야마는 4개월 동안 그 공장에 머물면서 가이젠을 실천했다.

"생산조사실에 5년 있었는데, 그야말로 인고의 기간이었습니다. 제가 협력 공장에서 일하는 동안 하야시 씨나 그 밑의 무서운 과장이 가끔씩 진척 상황을 확인하러 옵니다. 그리고 진척이 없는 부분을 발견하면 '도모야마! 이 멍청한 자식!' 하고 큰 소리로 화내며 쓰고 있던 모자를 집어던집니다. 그러면서 결국 머리를 때리죠. 물론 지금은 있을 수 없는 일입니다만……

저한테는 무섭게 화내지만 협력 공장 사람들에게는 절대 화내지 않습니다. 협력 공장 사람들은 제가 혼나는 모습을 보면서 안절부절못하죠. 그리고 하야시 씨가 돌아가면 '도모야마 씨, 괜찮으신가요?'라고 걱정스러운 표정으로 물어봅니다. 요컨대 혼난 덕분에 일하기가 쉬워집니다.

그 무렵에 직장 선배였던 도요다 아키오豊田章男 사장의 경우도 도요다 가문 사람이라고 특별히 대우해주는 일은 절대 없었습니다. 저처럼 홀로 남겨놓고, 제게 그러듯 혼냈죠. 하지만 그런 교육이 있었기에 제 몫을 해낼 수 있게 됐습니다. 홀로 가서 스스로 궁리해야 했던 덕분이죠.

생산조사실 시절에는 숙소에서 매일 한밤중까지 협력 공장 라인에서 찍은 비디오를 분석하고, 자기 전에는 반드시 취업 잡지를 읽었습니다. '얼른 이 회사에서 벗어나자. 안 그러면 제명에 못 죽을 거야'라는 생각뿐이었죠. 다만 협력 공장에 시스템을 도입해 생산성이 향상되면 현장 사람들이 굉장히 기뻐했는데, 그들이 환하게 웃는 모습을 보면 저도 말로 표현할 수 없을 만큼 행복해졌습니다. 그런 경험을 반복하는 사이에 어느덧 일이 재미있어져서 취업 잡지를 그만 사게 됐죠."

도모야마의 말처럼 도요타 생산방식을 전수해 성과를 내는 것이 생산조사실 사람들의 기쁨이었다. 그런다고 급여가 오르는 것도 아니고, 누가 칭찬해주지도 않는다. 이 또한 오노 이래의 전통으로, "다녀왔습니다"라고 보고하면 상사는 "다음에 갈 곳은 여기야"라고 알려줄 뿐이다. 그런 까닭에 생산조사실 사람들의 동기부여는 (물론 목적은 원가절감이었지만) 상대가 기뻐하는 얼굴을 보고 싶다는 마음뿐이었다. 단순하다면 단순하지만, 그 단순한 기쁨이 그들을 움직이는 원동력이었다.

와이셔츠가 지저분해지는 것도 아랑곳하지 않고 함께 땀을 흘리며 지도하기에 현장 사람들이 '이 친구 말대로 해보자'라고 생각하게 된다. 현장 작업원들은 현장의 냄새, 현장의 분위기를 풍기는 지도원이 아니면 말을 듣지 않는다.

도모야마는 "전부 현장에서 배웠습니다"라고 말했다.

"난파치 씨도, 무서운 과장도 절대 가르쳐주지 않습니다. '도모야마, 네 머리로 생각해'라고만 말했죠. 그런데 생산조사실에 와서 3년이 지났을 무렵, 왜 그러는지 그 의미를 이해하게 됐습니다. 동작 개선을 한다고 가정해보겠습니다. 작업원의 동작에서 문제점을 찾아내야 하는데, 처음에는 아무리 뚫어지게 지켜봐도 어떤 동작이 낭비인지 알 수가 없습니다. 하지만 계속 지켜보면 동작의 낭비가 세 가지 요소로 이루어져 있음을 알 수 있습니다.

첫째는 일할 때 동작의 '크기'이고, 둘째는 '작업 대기'라고 해서 손을 멈추고 있을 때, 셋째는 '작업 이탈'이라고 해서 다음 동작으로 넘어갈 때의 시간 지연입니다. 이 세 가지죠. 딱 보면 알 수 있게 되기까지 3년 정도가 걸렸는데, 이 세 가지를 구분할 수 있게 되면 일이 편해집니다. 하지만 이건 누가 가르쳐준다고 해서 알 수 있는 것이 아닙니다. 스스로 생각하고 고생해야 익힐 수 있죠.

또 현장에 가봐야 실감할 수 있는 것이 많습니다. 흔한 오해입니다만, 도요타 생산방식이 필요로 하는 것은 다능공입니다. 만능공이 아닙니다. 이 둘은 분명히 다릅니다. 다능공은 이웃한 공정의 작업을 할 수 있는 사람이고, 만능공은 모든 공정의 작업을 할 수 있어야 하죠. 그런 만능공을 요구하지는 않습니다.

이런 것은 이론으로 배워도 이해하기 어렵습니다. 실제로 체험해봐야 합니다. 다만 미국에서 지도할 때는 이론적으로 설명할 필요가 있었습니다. 그쪽은 유니언이 있기 때문에 이웃한 공정의 작업을 시키려면 이론으로 무장하고 왜 이렇게 하면 좋은지, 작업원에게 어떤 이익이 있는지를 먼저 프레젠테이션해서 이해시켜야 했습니다. 그걸 반복하는 사이에 저 자신도 더 잘 이해하게 됐죠."

도요타 생산방식에는 여러 가지 세세한 이론이 존재하는데, 종종 혼란을 유발하는 것이 '타임'이 붙은 용어들이다. 리드타임이란 부품이 입고돼 완성 차가 되기까지의 시간이다. 리드타임이 짧을수록 대금을 금방 회수할 수 있다. 벤처기업과 중소기업의 경우, 제품의 리드타임을 줄이는 것은 사활이 걸린 문제이다.

사이클타임과 택트타임이라는 용어도 나온다. 사이클타임은 요소작업의 기준 시간을 합한 것이고, 택트타임은 한 대를 몇 분에 만들지 결정한 것인데, 문제는 사이클타임이 택트타임보다 짧을 때이다. 그러면 작업 대기가 발생하고 만다. 내버려두면 만들지 않아도 될 분량까지 만들어 재고가 생긴다. 현장의 체질이 약해져버린다. 도요타 생산방식은 이런 상황을 매우 싫어하며, 지도원은 이를 확인해야 한다.

반대로 사이클타임이 택트타임보다 길면 안돈에 불이 들어와 라인이 멈추는 사태가 발생한다. 라인이 빈번히 멈추면 필요한 만큼 제품을 만들지 못해 잔업을 해야 하지만, 도요타 생산방식에서는 그래도 작업 대기가 발생하는 것보다는 이따금 안돈에 불이 들어오는 편이 낫다고 판단한다. 요컨대 아무 일 없이 라인이 정지하지 않고 흘러간다면 가이젠하지 않은 것이다. 라인 제어란 정지하지 않고 흐르는 상태를 만드는 것이 아니라 때때로 안돈에 불이 들어와서 관리직이 라인으로 다가가 '그 원인'을 거듭 가이젠해야 하는 라인으로 만드는 것이다.

가이젠 결과, 잔업이 필요 없어졌다면 그다음에는 10명이 담당하던 라인을 9명이 담당하게 한다. 그러면 다시 라인이 때때로 멈춰 서서 잔업을 하게 되므로 또다시 가이젠한다. 이를 반복하는 것이다.

도요타 생산방식이 지향하는 것은 무엇보다도 생산성 향상이다. 생산성에는 세 가지가 있다. 설비 생산성, 재료 생산성, 노동 생산성이다. 이 가운데 설비와 재료는 좋은 물건을 사서 높일 수 있다.

어떤 회사든 금방 생산성을 향상시킬 수 있다. 그런데 노동 생산성은 하루아침에 흉내 낼 수 없다.

기이치로는 저스트 인 타임이라는 말로 노동 생산성을 향상시키라고 지시했다. "도요타 생산방식의 목적은 생산성 향상"이라는 말도 자주 했다. 그러나 진정한 의미는 노동 생산성을 높이는 시스템이다.

착수하는 용기

생산조사실 시절, 어느 소규모 협력사에 가이젠하러 갔을 때의 일은 도모야마의 기억 속에 지금도 선명하게 남아 있다.

협력사 중 티어1로 불리는 곳은 덴소나 아이신정기ｱｲｼﾝ精機 같은 거대 협력사로, 도요타에 부품을 납입한다. 한편 티어2 이하에는 덴소 등 티어1 기업에 제품을 납입하는 회사나 특수한 물품만 만드는 소규모 회사가 다수 있다. 생산조사실이 도요타 생산방식을 협력사에 도입할 경우, 티어1뿐 아니라 상류까지 거슬러 올라가 가이젠하지 않으면 전체적인 부품 납입의 리드타임을 단축할 수 없다. 요컨대 변동에 강한 체질이 됐다고 말할 수 없다. 그래서 나이 지긋한 아버님, 어머님만 일하는 작은 공장에도 무상으로 지도하러 갔다.

그가 간 곳은 인스트루먼트패널 성형품을 만드는 회사였다. 직원

생산성에는 세 가지가 있다.
설비 생산성, 재료 생산성, 노동 생산성이다.
이 가운데 설비와 재료는
좋은 물건을 사서 높일 수 있다.
어떤 회사든 금방 생산성을 향상시킬 수 있다.
그런데 노동 생산성은
하루아침에 흉내 낼 수 없다.

은 노부부 두 명뿐이었으며, 회사원 아들이 가끔 도우러 오는 정도였다. 첫날, 공장을 찾아가 문을 여니 아버님과 어머님이 우울한 표정으로 서 있었다. 부부는 '도요타에서 지도원이 온다'는 말에 행여나 질책을 받는 것이 아닌지 지레 겁먹은 것이었다.

내부를 살펴보니 플라스틱 부품 성형기가 한가운데 있고 재공품과 완성품이 몇 곳에 나뉘어 놓여 있었다. 처음에는 제대로 정리가 돼 있었겠지만, 주문 변경이 있을 때마다 이미 완성된 부품을 이곳저곳으로 밀어놓다 보니 그야말로 발 디딜 틈도 없었다. '재고를 없앤다', '소로트로 생산한다'는 원칙을 머리로는 이해하고 있지만 거래처의 주문 변경에 휘둘린 나머지 눈앞의 일을 처리하는 데 급급한 상황이었다.

이 세상 소규모 공장들은 어디든 거의 이런 식이 아닐까?

도모야마는 시끄럽게 잔소리하거나 "이렇게 하십시오"라고 지시하지 않았다. 잠자코 4S에 착수했다.

"정리, 정돈, 청결, 청소. 생산성이 향상되지 않는 공장을 보면 정리돼 있지 않은 탓에 물건이 어디에 있는지 알 수가 없습니다. 그래서 먼저 함께 생산품의 형틀을 나란히 늘어놓고 표시하면서 정리했습니다. 그런 다음 바닥에 페인트로 색을 칠해서 보행로를 만들었죠. 두 명밖에 없는 공장이지만, 사람은 보행로를 만들어놓으면 반드시 그곳을 걷게 됩니다. 참 신기하죠.

묵묵히 일하는 가운데 어느 순간부터 이야기를 나누게 됐습니다. 어머님께서 '차라도 드시겠어요?'라고 물어보시더군요. 점심도 같이 먹게 됐습니다. 열심히 청소한 결과 신뢰를 받게 된 거죠. 저희 일은 바로 그때부터 시작됩니다. 신뢰 관계가 구축됐음을 안 순간, 하루 만에 확 바꿔버립니다.”

그가 한 일은 다음과 같은 순서였다.

① 리드타임을 단축한다

아버님과 어머님이 항상 일에 쫓겨 허우적거렸던 이유는 거래처가 주문을 계속 조금씩 변경했기 때문이다. 두 사람이 열심히 일하고 있는데 갑자기 전화해 ‘수량을 늘리고 싶습니다’ 혹은 ‘줄이고 싶습니다’라며 주문을 바꾼다. 납품 직전 주문 변경에 직면하는 것은 중소기업의 숙명이다. 이런 변경이 계속 반복돼왔기 때문에 아버님과 어머님은 주문 수량이 10개면 항상 12~15개 부품을 준비해놓고 있었다. 당연히 준비해놓는 원료의 양이 늘어났고 불필요한 수고도 들어갔다.

그래서 도모야마는 “리드타임을 줄입시다”라고 두 사람에게 말했다. 거래처가 납품 일주일 전에도 주문을 변경한다면 납품 일주일 전까지는 부품을 만들지 않는다. 주문이 확정된 뒤에 만들기 시작해도 납기를 지킬 수 있는 수준까지 리드타임을 단축하자는 것이다. 그리고 동시에 거래처 담당자와 긴밀하게 연락한다. 담당자에게 실제로는 언제까지 몇 개가 필요한지를 수시로 확인해 수주의 정확도를 높임으로써 작업의 낭비를 줄인다.

② 재고를 줄인다

리드타임을 단축해 불필요한 재고를 줄인다. 2주 이상의 리드타임으로 만들던 것을 닷새 이하로 줄이기 위해 준비 시간이나 머신 사이클타임을 단축하고 소로트로 만들 수 있는 체제를 갖춘다.

③ 팰릿 하나하나에 간판을 붙인다

간판을 붙이고, 간판이 떼어진 분량만큼만 생산하는 후後보충 생산을 한다. 대량 주문품은 하루 로트 생산으로 매일 생산량을 조정하고, 소량 주문품도 닷새 로트 생산으로 매주 생산량을 조정한다.

④ 패턴 생산 도입

패턴 생산이란 A를 여기까지 만들었으면 B를 만들고, 그런 다음 C를 만든다는 패턴을 결정하는 것이다. 수지 성형기 한 대로 성형 온도가 다른 여러 종류의 제품을 생산할 경우, 성형 온도가 점점 높아지는 순서대로 만들면 효율이 좋다. 따라서 떼어진 간판을 그 순서대로 나열해 생산하는 패턴 생산을 실시한다.

420

요컨대 오노가 초기의 도요타 공장에서 실시한 가이젠의 정수를 작은 공장에 적용한 것이다. 정리 정돈만 해도 작업이 편해져 결과가 나올 수밖에 없다. 그러면 아버님도 어머님도 의욕이 생겨서 "좀 더 가르쳐주십시오"라고 말하게 된다.

그 후 도모야마는 벼농사에도 도요타 생산방식을 도입했다. 나도 보러 간 적이 있는데, 아이치현에 있는 나베하치농산^{鍋八農産}이라는 농업 법인의 사장 야기 기하루^{八木輝治}는 이렇게 말했다.

"제가 하는 일이 농업이다 보니, 조상님들께서 하신 방식을 그대로 지켜왔습니다. 그런데 도모야마 씨의 가르침을 통해 한 가지를 깨달았습니다.

'옛날부터 내려온 방법이 반드시 가장 좋은 것은 아니다.'

생각하면서 일하면 일이 편해지고 쉴 수 있는 날이 늘어납니다."

신기하게도 야기가 한 말은 오노가 남긴 말과 완전히 같았다.

"기존 방법이 가장 좋다는 사고방식을 버려라."

도모야마는 도요타 생산방식을 지도하기에 앞서 청소를 돕고 응원을 했다. 작은 기업에 도요타 생산방식을 이식할 경우, 정리 정돈이나 아버님 어머님의 고민을 들어주는 것이 오히려 논리보다 더 중요했다.

작은 기업에 간 지도원은 대체로 다음과 같은 반발에 부딪힌다.

"대기업인 도요타는 가능하겠지만 우리 회사는 무리입니다."

"도요타 사원들은 우수하니까 할 수 있겠지만 우리는 못 합니다."

모두가 이렇게 호소한다. 이때 "왜 못 한다는 거요?"라고 화내는 지도원은 실격이다. '우리는 무리'라고 말하는 사람에게는 웃으면서 "아닙니다. 절대 그렇지 않습니다"라고 말해준다. 그리고 그들의 처지에 공감한다. 아픔을 함께 나눈다.

"저도 마찬가지였습니다. 저 역시 같은 벽에 수없이 부딪혔죠. 도저히 못 하겠으니 도요타를 그만둬야겠다는 생각으로 머릿속이 가득한 적도 있습니다."

이렇게 말하면 상대도 귀를 기울인다.

도모야마는 새삼 느꼈다.

"도요타 생산방식을 도입하는 일은 항상 벽에 부딪힙니다. 이런 젠장 하고 생각하면서 벽을 우회하려 하지만 다시 벽에 부딪힙니다. 결국 벽 앞에서 우왕좌왕하며 고뇌하죠.

그래도 벽을 넘을 수가 없습니다. 그렇게까지 고민하고 또 고민한 뒤 상사를 찾아가 의논했더니 큰 힌트를 줍니다. 그 힌트를 바탕으로 다시 한 번 시도해봤더니 이번에는 벽을 넘을 수 있었습니다. 하지만 이것은 상사의 힌트가 좋아서가 아닙니다. 고민을 거듭함으로써 자신의 개선 능력이 향상된 덕분이죠. 요컨대 고민하는 것이 중요합니다. 도요타 생산방식에 필요한 것은 책에서 배우는 지식도 아니고, 특출한 능력도 아닙니다. '고민하는 힘=고민력'입니다. 고민함으로써 마음의 근육이 단련되고, 그러다 보면 어느 날 갑자기 그때까지 불가능하다고 생각했던 일을 할 수 있게 됩니다."

도모야마는 가이젠만 생각한 나머지 집에 있는 냉장고 속 식품에도 간판을 붙인 사내이다. 우유나 버터를 사면 간판을 붙이고, 다 먹은 다음 다시 산다. 그러면서 회전이 빠른 신선 식품에는 붙이지 않았다고 태연스럽게 말하는 사내이다. 그의 머릿속은 가이젠 생각으로 가득했던 것이다.

오노, 수제자인 스즈무라, 이 둘에게 교육을 받은 조와 이케부치,

그다음 세대인 하야시, 도모야마, 니노유……. 도요타 생산방식을 전도한 사람들에게는 일에 엄격한 무서운 사람이라는 이미지가 있다. 그러나 오노와 스즈무라를 제외하고 내가 만난 사람은 모두 온화하고 겸손했다. 말수도 적었다. 밝은 성격이라기보다 오히려 내성적이었다. 그리고 모두가 절대 '직공', '노동자', '도급'이라는 말을 쓰지 않았다. 한번은 내가 이케부치를 취재하다가 '도급'이라는 말을 쓰자, 그가 얼굴을 붉히며 화냈다.

"그런 말을 쓰는 건 언론뿐입니다. 저희는 절대 그렇게 말하지 않습니다. 도급이라는 말을 듣거나 읽는 사람들의 처지가 돼서 생각해보십시오."

도요타 생산방식을 전도하는 사람들은 모두가 상대의 처지가 돼서 생각하는 체질이 돼 있었다. '이 사람이 하는 말이라면 들어보자. 적어도 손해는 아닐 거야.' 상대가 진심으로 이렇게 생각하지 않는 한 도요타 생산방식은 전해지지 않는다. 지도원의 인간성이 결과를 만든다. 결과를 내지 못하는 지도원이 있다면 문제는 상대가 아니라 그에게 있다.

하야시는 이렇게 말했다. "함께 지내고 함께 궁리하면서 한마음이 되지 않으면 할 수 없는 일입니다. 중요한 순간에 '오지 않고', 상황이 안 좋으면 '도망치지만', 돈은 '잔뜩' 받는, 그런 컨설턴트는 절대 못 합니다."

도요타 생산방식은 그 정도의 애정과 열정이 있는 사람만 지도할 수 있으며, 이는 어떤 의미에서 도요타 생산방식의 약점인지도

모른다. 즉 가르치는 사람에 따라 달성도가 달라진다. 좀 더 말하면 현장의 가이젠 수준은 가르치는 사람의 인품과 능력에 좌우된다. 현 시점에서는 아마도 하야시와 도모야마 콤비가 가장 지도력이 있지 않을까? 도모야마는 "난파치 씨 밑에서 일했다가는 죽을 겁니다"라며 손사래를 치겠지만…….

어쨌든 소규모 협력 기업에도 도요타 생산방식이 뿌리내렸다고 가정하자. 그러면 가르친 쪽도, 배운 쪽도 진정한 자신감을 얻는다. 진정한 자신감은 근거 없는 자기 과신이 아니다. '불가능할지도 몰라'라고 생각한 일에 대해서도 '잠깐, 언젠가는 할 수 있지 않을까?'라고 믿으며 착수하는 용기이다. 도요타 생산방식을 가르치거나 배움으로써 쌍방이 얻는 가장 큰 재산은 바로 진정한 용기이다.

하야시와 도모야마뿐 아니라 생산조사실 사람들은 지금도 도요타 생산방식을 전도하기 위해 전 세계를 돌아다니고 있다. 다만 협력사가 아닌 곳을 도울 때만은 무상이 아니라 형식적인 보수를 받는다. 안 그러면 이익공여가 돼버리기 때문이다.

미국에
진출하다

메이지유신 이래 세계에 진출한 일본의 제품은 많다.
그러나 생산 시스템이 미국에 진출하고,
그 후 세계 표준이 된 것은 도요타 생산방식이 유일하다.
그 전에도 없었고 이후에도 없다.

공판 합병이 가져온 변화

2차 세계대전 이후 시작된 도요타 생산방식의 체계화와 사내의 각 공장, 협력 공장에서의 실천은 1980년이 되자 대략적인 전망이 섰다. 그러나 가이젠에 끝이란 없다. 새로운 차종이 개발될 때마다 모든 공장에서 같은 방식의 가이젠을 진행하는 것은 도요타의 체질이 돼 현장에 정착됐다.

1982년, 도요타 사업 재건을 위해 분리됐던 두 회사가 32년 만에 다시 하나로 합쳤다. 자동차공업과 자동차판매가 대등 합병해(공판 합병) 신생 도요타자동차가 된 것이다. 그리고 기이치로의 장남 쇼치이로가 신생 도요타자동차의 초대 사장으로 취임했다.

이때 직전까지 자동차판매 회장을 맡고 있었던 장로 가토 세이시加藤誠之는 "회사의 분할은 마치 사랑하는 연인이 강제로 헤어진 것과 같은 아픔이었다"라고 술회했다. 동업 타사들은 모두 제조와 판매가 동일 조직이었는데 도요타만 분리돼 있었던 것은 부자연스러웠다.

공판 합병은 커다란 변화였다. 합병을 위해 방대한 사무 작업과 에너지를 소비했지만, 합병을 마치고 보니 두 조직이 어우러져 상승효과를 낼 수 있었고, 중복되는 부문은 인원을 줄일 수 있었다. 그 전까지는 역시 별개의 회사였기에, 사이가 나쁜 것까지는 아니어도 형제 싸움 같은 다툼이 있었다. 그러나 생판 남끼리 합병하는 것보다는 마찰이 적었다. 무엇보다 합병이 가져온 좋은 점은 대폭

적인 세대교체가 이루어진 것이리라.

세대교체와 함께 오노 다이이치는 일흔의 나이로 상담역에서 물러나 퇴직했다. 같은 해에 제자 조 후지오는 45세로 생산관리부 차장이었고, 조와 동기인 이케부치 고스케는 다하라 공장 공무부 차장이었다. 하야시 난파치는 39세로 모토마치 공장 기계부 부과장, 가와이 미쓰루는 34세로 본사 공장 단조부 반장이었다. 24세였던 도모야마 시게키는 제3 생산기술부 기술원실 소속의 평사원이었다.

오노는 도요타 본사 상담역뿐 아니라 같은 해에 도요다합성 회장, 이후 도요다방직(현재의 도요타방직) 회장에서도 물러났으며, 그 후에는 도요타 생산방식을 공부하는 이업종 협회 'NPS 연구회'의 최고 고문 등을 역임했다.

그가 제자들에게 항상 했던 말이 있다.

"관리직은 부하 직원이 열심히 생각하도록 만드는 사람이어야 해. 부하 직원에게 일하는 보람을 주고, 인간성을 존중해야 해."

오노의 행동 대장이었던 스즈무라 기쿠오는 이미 퇴직한 상태였다. 그도 실천 위원장으로 NPS 연구회에 참가해 수많은 회사의 생산성을 향상하기 위해 힘을 쏟았다. 스즈무라는 도요타에 있었을 때와 마찬가지로 걸핏하면 호통치면서도 역시 도요타에 있었을 때와 마찬가지로 생각하게 하는 지도를 이어나갔다.

오노가 퇴직한 뒤 도요타 생산방식을 확산시키기 위한 실천 부대가 된 곳이 생산조사부(전신은 생산조사실)로, 주사인 요시카와 준이치가 중심이 돼 다음 세대로 계승해나갔다. 현재 생산조사부는 도요타의 공장뿐 아니라 협력 공장과 다른 회사, 농업 법인까지 지도 대상으로 삼고 있으며, 나아가 해외 공장, 해외 협력 공장으로도 범위를 넓히고 있다. 이렇게 해서 기이치로가 제창한 저스트 인 타임의 실천이 세계로 확산돼갔다.

그러나 자세히 검증해보면 오노의 가장 큰 목적은 일을 통해 차세대 리더를 육성하는 데 있었다. 현장을 아는 리더가 없으면 도요타 생산방식의 본질을 전할 수 없기 때문이다. 도요타 생산방식을 확산시키기 위해서는 현장에 가서 현장 작업원의 기분을 이해해야 한다. 아버님, 어머님이 일하는 가내수공업 수준의 작은 기업의 처지를 알아야 한다. 현장과 작은 기업들의 협력이 있기에 도요타가 존재할 수 있음을 명심하는 사람이 아니면 도요타 생산방식을 잘못 운용할 우려가 있다.

오노는 현장에 감사하고, 작업원을 사랑하며, 현장으로 뛰어들어 함께 궁리하는 리더를 키우고 싶어 했다.

무역마찰과 자율 규제

합병 후의 도요타가 1980년대에 한 일은 미국 본토에서의 현지 생산이었다. 그것도 단순히 공장을 세운 것이 아니다. 핵심은 현지에 도요타 생산방식을 도입하는 것이었다. 이는 도요타 최고경영자의 비원이기도 했다. 포드식 대량생산방식(포디즘)의 아성인 미국 본토에 도요타 생산방식을 도입할 수 있을까? 미국 작업원들이 이 방식을 받아들일까? 만약 그들이 "노"라고 말한다면 도요타의 현지 공장은 말라죽어버릴 것이다. 건물은 있어도 자동차 생산은 불가능하다. 당시는 오노가 회사를 떠난 직후이기도 해서, 다음 세대 사람들은 해외에서의 전망을 진지하게 걱정했다. 도요타 생산방식은 일본에서만 이루어져왔기 때문이다.

왜 미국에 공장을 만들어야 했을까? 이를 이해하려면 시간을 조금 과거로 돌릴 필요가 있다. 1979년, 2차 유류파동으로 유가가 상승하자 산유국이 아닌 일본의 자동차 회사들은 고생 끝에 비싼 휘발유를 절약하는 기술을 확립했다. 한편 미국은 산유국이었던 까닭에 유가가 일본만큼 오르지 않았다. 따라서 그 전과 다를 바 없이 휘발유를 소비하는 자동차를 만들어도 괜찮았을 것 같지만, 실제로는 그렇지 않았다.

미국에서도 시대 분위기에 민감한 젊은 소비자들은 배기량이 크고 휘발유를 대량으로 소비하는 '휘발유 먹는 하마Gas-guzzler'를 유행에 뒤떨어졌다고 인식했으며, 또한 환경에 해를 끼친다고 반발했다. 그리고 미국 자동차보다 작고 저렴하며 휘발유 소비량이 적은 일본 자동차를 선호했다.

물론 미국 자동차 회사들이라고 해서 세상의 흐름을 모르지는 않았기에 빅3도 에너지 절약 자동차 개발에 착수했다. 그러나 대형 자동차에서 소형 자동차로 방향을 전환하는 것은 그리 간단한 일이 아니었다. 빅3의 노하우는 대형 자동차 제조에 집중돼 있었고, 대형 자동차를 작게 만든다고 해서 소형 자동차가 되는 것이 아니었다. 근본부터 설계를 바꿔야 했으며, 설비도 처음부터 새로 만들어야 했다. 게다가 어찌어찌 소형 자동차를 만들었다 해도 이익은 대형 자동차보다 적다. 고생에 비해 얻을 수 있는 이익이 적은 것이 소형 자동차로의 전환이었다.

문제는 그것만이 아니었다. 미국의 정·재계와 자동차 산업에 지대한 영향력을 끼치는 석유 자본은 이전과 마찬가지로 휘발유를 많이 소비해주는 대형 자동차를 만들기를 원했다. 이런 사정도 있어서 방향은 정해졌지만 빅3가 콤팩트카를 완성하기까지는 많은 시간이 걸렸다.

그러나 시대는 빅3를 기다려주지 않았다. 1979년, 크라이슬러는 적자 11억 달러를 계상했다. 미국 정부는 크라이슬러 구제법을 제정하고 융자 보증을 섰다. 이듬해에는 GM이 창업 이래 최초로 7억 달러의 적자를 냈고, 포드도 15억 달러의 적자를 기록했다. 빅3는 직원 해고와 레이오프(일시해고)를 단행할 수밖에 없었다. 미국을 대표하는 자동차 산업이 일제히 적자로 돌아섰을 뿐 아니라 노동자를 해고하게 된 것이다.

미국 여론은 들끓었다. "일본 자동차가 미국의 산업을 파멸시킬 것이다. 일본 자동차 수입을 금지하라"라는 주장부터 "패전국인 일본의 자동차가 승전국인 미국의 도로를 당당하게 달려도 되는가?" 같은 반일적인 의견까지 나왔다. 1982년에는 디트로이트에서 일본인으로 오해를 받은 중국계 기술자가 백인 세 명에게 야구 배트로 얻어맞아 사망하는 참혹한 사건마저 일어났다.

다만 냉정한 의견이 없었던 것은 아니다. 미국 산업계에는 소수이지만 "일본을 배우자"라고 말하는 사람도 있었다.

미국에서 일본 자동차 산업이 악당이 되고 있는 가운데, 조 후지오는 컨설팅 회사인 아서 앤더슨Arthur Andersen으로부터 "도요타 생산방식에 관해 강연해주시오"라는 요청을 받았다. 강연회장은 디트로이트에 있는 포드 본사 강당이었다. '아무리 그래도 미국을 너무 자극하는 게 아닐까?'라는 생각도 했지만, 이미 승낙한 상태였기 때문에 조는 기이치로와 오노 등에게 전수받은 도요타 생산방식에 관해 열심히 이야기했다.

다음 날, 지방신문에는 "과거의 학생이 선생이 되다"라는 헤드라인과 함께 강연 내용이 실렸다. 조는 헤드라인을 본 순간 '이거 큰일 났군. 일이 커지겠어'라는 생각에 당황했지만, 읽어보니 비난하는 기사가 아니었다. 2차 세계대전 이후 도요타는 생산성 향상에 힘을 쏟았으며, 그것이 비약적인 성장으로 이어졌다는 객관적인 보도였다. 미국인 중에도 진지하게 일본의 성장을 분석하려는 자동차 관계자가 있었던 것이다.

다만 미국에서 가장 강력한 노동조합인 전미자동차노동조합UAW, United Automobile Workers은 잠자코 있지 않았다. 회장 더글러스 프레이저Douglas Fraser는 대미 수출의 자율 규제를 주장했다. 그리고 고용 확보를 위해 "일본 자동차 회사는 즉시 미국에 공장을 지을 것"

432

이라는 반쯤 협박조의 성명을 발표했다. 빅3의 레이오프로 UAW 조합원 30만 명이 실업자가 된 상태였기 때문에 프레이저로서는 일본 자동차 회사에 강경한 자세를 취할 수밖에 없었다.

당시 도요타는 전체 생산 대수(299만 6,000대. 1979년)의 5분의 1을 미국에 수출했다. 그렇다 보니 대미 수출을 억제하는 정도로는 부족했다. 또한 일본의 동업 타사를 보면 1980년 1월에는 혼다기연공업이 오하이오주에 승용차 공장을 건설한다고 발표했고, 4월에는 닛산이 테네시주에 트럭 공장을 건설하기로 결정했다. 도요타도 뭔가 행동을 보이는 수밖에 없었다.

1981년 1월, 미국에 레이건 정권이 들어섰다. 그리고 봄에는 통상대표부 대표인 윌리엄 브록William Brock이 일본을 찾아왔다. 그는 정식으로 일본제 자동차의 '자율 규제'를 요청했다.

UAW도 그렇고 통상 대표도 그렇고, 미국 측은 왜 직설적으로 "일본 자동차 수입을 금지한다"라고 단언하지 못했을까? 여기에는 사정이 있었다. 미국 자동차는 일본 자동차나 폭스바겐에는 상대가 되지 않았지만, 유럽 시장에서는 수출도 꽤 많이 하며 분전하고 있었다. 만약 미국 정부가 '수입 규제'를 실시하면 다음에는 미국 자동차가 유럽 시장에서 수입 규제를 당하게 된다. 그래서 레이건 정부는 일본 정부에 "그쪽에서 말을 꺼낸 형식으로 자율 규제를 해주시오"라고 고압적으로 요청한 것이다.

미국 정부가 고압적으로 말하면 일본 정부로서는 투덜대면서도 받아들일 수밖에 없다. 그래서 1981년부터 3년 동안 대미 수출을

168만 대 이하로 자율 규제한다고 발표했다. 참고로 이때 자율 규제한 품목은 자동차만이 아니다. 철강, 중전기, 가전제품도 대미 자율 규제 품목이 됐다.

다만 생각해보면 미국이 일본에 자율 규제를 압박한 업계는 결국 되살아나지 못했다. 자동차, 철강, 가전…… 아무리 정부가 도와줘도 시장에서 싸워서 승리하지 못하는 업계는 언젠가 쇠락하고 마는 것이다. 트럼프 대통령에게도 누가 이 사례를 알리는 편이 좋지 않을까?

어쨌든 미국의 재촉으로 동업 타사가 진출을 표명하고 자율 규제가 결정됐음에도 도요타는 좀처럼 움직이려 하지 않았다. 미국 진출은 기이치로가 창업 이래 꿈꿔온 일이다. 벤처 정신이 있는 도요타로서는 도전할 가치가 있다. 그러나 승산이 없으면 시작하지 않는 것 또한 도요타의 방식이다. 이런 상반된 생각 속에서 진출 자체는 결정해놓고서도 언제 진출할지를 계속 망설였을 것이다.

한편 미국 측은 진출을 강요하면서도 일본 자동차 회사들이 어지간해서는 미국에 오지 않을 것이라고 분석했다. 1980년 6월, 하원 무역소위원회가 미일 무역마찰에 관한 보고서를 발표했는데, 여기에는 일본의 대형 자동차 회사가 미국에 진출하고 싶지 않아 할 이유가 몇 가지 적혀 있었다.

① 미국인 노동자의 임금이 높다.

② 임금은 높지만 노동력의 질은 낮다.

③ 파업이 많다.

④ 제조사와 부품업자의 연계가 희박하다.

⑤ 환율이 불안정하다.

⑥ 초기 투자에 거액이 들어가 이익을 낼 수 있다는 보장이 없다.

⑦ 빅3가 본격적으로 소형 자동차 시장에 뛰어들면 공급과잉이 된다.

　　무역소위원회는 자국 노동자에 대해 '질이 낮다'고 노골적으로 단정했다. 미국 의회조차 일본 자동차 회사의 미국 진출은 이익 될 것이 없다고 분석했다. 그럼에도 일본 자동차 회사들은 진출할 수밖에 없었던 것이다.

　　결국 도요타는 미국 정부와 UAW의 압력을 버티지 못하고 진출하게 된다. 다만 혼다나 닛산과 달리 단독이 아니라 GM과 함께 공장을 짓는다는 선택을 했다. 미국에서 자동차를 생산하는 것에 관해 도요타의 최고경영자는 현지의 판매회사(TMS, 미국 주재)에 다음과 같은 편지를 보냈다.

　　이유야 어쨌든 현재 자유무역에 문제가 발생했다. 미국 시장을 자유경쟁 원리가 작동하는 시장으로 유지시키기 위해서는 미국 자동차 회사의 정상적인 활동이 필요하다. GM의 제안은 자유무역을 지키기 위해 양사가 공동으로 길을 모색하는 것이다.

오노의 가장 큰 목적은

일을 통해 차세대 리더를 육성하는 데 있었다.

현장을 아는 리더가 없으면

도요타 생산방식의 본질을 전할 수 없기 때문이다.

도요타 생산방식을 확산시키기 위해서는

현장에 가서 현장 작업원의 기분을 이해해야 한다.

도요타의 북아메리카 진출 1호는 GM이 폐쇄하려고 했던 캘리포니아의 프리몬트 공장을 사용해 GM의 자동차(쉐보레 노바Nova)를 만드는 것으로 결정됐다. 미국 공장에서 미국 노동자가 미국 자동차를 만든다. 그러나 생산방식은 도요타 생산방식이다.

다만 도요타가 도요타 생산방식을 채용해야 한다고 소리 높여 주장한 것은 아니다. 자동차 평론가와 전문가조차 도요타가 미국에 공장을 지은 진짜 의미를 논평하지 않았다. 그러나 이 결단이야말로 기이치로의 꿈을 실현하는 것이었다. 일본에서 시작한 모노즈쿠리 혁명이 세계에 데뷔한 것이 바로 이때이기 때문이다.

메이지유신 이래 세계에 진출한 일본의 제품은 많다. 그러나 생산 시스템이 미국에 진출하고, 그 후 세계 표준이 된 것은 도요타 생산방식이 유일하다. 그 전에도 없었고 이후에도 없다. 높게 평가돼도 좋은 쾌거인데, 신기하게도 누구 하나 대단하게 생각하지 않는 것이 현실이다. 도요타의 경우는 겸손한 것이 아니라 "어? 우리가 그렇게 대단한 일을 한 거야?"라고 신기해하는 것처럼 보이기조차 한다.

1982년 양사 교섭이 시작돼 1984년 4월에 정식으로 발표됐다. 양사의 최고경영자가 참석한 기자회견은 디트로이트가 아닌 나고야에서 열렸다. GM 측이 도요타에 제안했다는 느낌이 강한 합작이었기 때문일 것이다.

합작회사 이름은 '뉴 유나이티드 모터스 매뉴팩처링NUMMI'으로 결정됐다. 여기에는 사연이 있는데, GM 회장인 로저 스미스Roger

Smith가 "유나이티드 모터스라는 명칭만은 꼭 붙이고 싶다"라고 말했기 때문이다. 유나이티드 모터스는 1917년에 GM이 인수한 부품회사로, 훗날 GM 중흥의 시조가 되는 앨프리드 슬론Alfred Sloan이 사장으로 있었다. 그는 2차 세계대전 이후 경영 부진에 빠졌던 GM을 재건했을 뿐 아니라 재임 중 포드를 누르고 GM을 미국 최고의 회사로 만든 근성 넘치는 사내였다. 스미스는 과거의 영광을 재현하기를 바라며 도요타와의 합작회사에 이 비장의 이름을 붙였을 것이다.

제14장

현지 생산

도요타는 미국뿐 아니라
유럽, 아시아, 러시아, 아프리카 같은 곳에도 공장을 세우고,
도요타 생산방식을 이식하고 있다.
포드가 도입한 대량생산방식이 글로벌 스탠더드인 것과 마찬가지로,
도요타 생산방식도 누구나 활용 가능한 방식이다.

도요타 DNA의 확산

생산조사실이 생기고 나서 사내의 생산 현장과 협력 공장에 도요타 생산방식이 침투해갔다. 미국 진출이 결정됐을 무렵에는 이미 생산 현장뿐 아니라 사내의 여러 부문에서도 도요타 생산방식의 발상을 활용한 낭비 추방 운동이 진행되고 있었다. 사무 합리화에도 도요타 생산방식의 발상이 활용됐고, 점심식사 시간에 사원식당에 생기는 행렬의 제어 등에 대해서도 효율화를 지향하는 자세가 자연스럽게 생겨났다. "도요타 생산방식은 도요타의 DNA"라는 말이 나올 만큼 자연스럽게 낭비를 줄이고 업무를 제어하게 된 것은 기이치로의 철학이 시간이 흐르면서 정착됐다는 증거라고 볼 수 있으리라.

1984년에 도요타는 GM과의 합작회사인 NUMMI를 설립하고 도요타 생산방식을 북아메리카의 공장에서 활용하게 됐는데, 사실은 그 전 단계에서 이미 DNA의 힘이 발휘되고 있었다. 물류, 즉 미국에 수출할 자동차를 운반하는 단계에서 생산성 향상이 진행됐던 것이다. 미국에 수출하려면 자동차를 배에 싣고 태평양을 건너야 한다. 이를 위해 처음에는 자동차를 한 대, 한 대 크레인으로 매달아 일반 화물선에 실었다. 그런데 이 방식으로는 시간이 너무 오래 걸렸다. 그래서 물류관리부가 중심이 돼 차량 운송의 가이젠에 착수했다.

먼저 착수한 가이젠은 일반 화물선이 아니라 자동차 전용선을 조달하는 것이었다. 전용선이라면 크레인을 사용하지 않고 자주식 Roll-on으로 자동차를 반입할 수 있다. 다만 전용선 조달은 돈만 쓰면 해결되는 문제가 아니었다. 당시 일본 선박은 과잉 상태여서 '이 이상 만들어서는 안 된다'는 총량 규제가 있었다. 만들고 싶어도 만들수 없는 환경이었다. 도요타는 운송을 담당한 닛폰유센日本郵船, 가와사키키센川崎汽船과 협의해, 낡은 화물선을 폐선시키고 대신 새로 전용선을 발주하기로 했다.

이렇게 해서 배의 조달 문제가 해결됐고, 다음은 적재 방법의 가이젠이었다. 먼저 전용선에 싣는 대수를 다양한 패턴으로 계산해봤다. 그러자 '코로나로 환산해 한 척에 5,000대를 싣는 것'이 가장 효율적임을 알게 됐다. 그 이상을 싣는다고 해서 도착지의 자동차 보관 공간이 넓어지지는 않는다. 완성 차의 재고가 불어날 뿐이다. 이렇게 해서 적재 대수 표준화도 끝났다.

세 번째는 현장 작업 요강의 가이젠이었다. 전용선에 롤온으로 자동차를 반입할 경우, 운전자는 코롤라나 코로나를 운전해서 배 안에 나란히 세운다. 속도는 일정하며, 자동차와 자동차 사이의 간격이 최소가 되도록 세운다. 처음에는 자동차를 세운 운전자가 배에서 항구 선적장까지 걸어갔는데, 시간이 너무 오래 걸렸다. 그래서 선적을 마친 운전자를 왜건에 태우고 선적장으로 돌아갔다. 운전자를 라인의 부품으로 간주하고 흐름을 만든 것이다.

아울러 반입할 때 자동차 방향을 반대로 했다. 기존처럼 앞머리부터 주차하면 미국에 도착했을 때 현지 운전자가 후진해야 한다.

그런데 현지 운전자는 숙련도가 낮아 후진하다가 차에 흠집을 내는 일이 적지 않았다. 하선할 때 흠집이 나면 보험료가 비싸진다. 그래서 일본 측 운전자가 배에 실을 때 후진으로 진입해 정확한 위치에 정차시키도록 했다. 그러면 현지 운전자는 전진으로 나올 수 있으므로 차에 흠집이 나는 일도 없어진다.

그런데 이렇게 글로 적으면 간단해 보여도 5,000대를 전부 후진으로 그것도 정확한 위치에 세우는 것은 어지간한 운전 기술로는 불가능하다. 일본 운전자들은 훈련을 거듭한 결과, 쉽게 할 수 있게 된 것이다. 아직도 이 기술은 일본 항만에서 활약하는 운전자만 가능하다고 한다.

GM과 합작회사를 만들 때, 공장 설비는 기본적으로 프리몬트 공장의 기존 설비를 사용했지만 프레스 공장만은 새로 만들었다. 그 전까지 GM은 무려 4,000킬로미터나 떨어진 디트로이트의 별도 회사에서 만든 프레스 부품을 열차로 운송하고 있었다. 4,000킬로미터라고 하면 홋카이도 최북단에서 홍콩까지의 거리이다. 이 운송 체제를 수정하지 않으면 리드타임(공정에 착수해서 완성하기까지의 시간)이 한없이 길어져버린다. 즉 도요타 생산방식의 정신과는 도저히 양립할 수 없는 시스템이었다.

게다가 프레스 부품이 후공정의 보데 라인으로 갔을 때 품질에 문제가 발견됐다고 가정하자. 그러면 이를 시정한 부품을 조달하기 위해 다시 4,000킬로미터를 운송해야 한다. 그래서 즉시 재검토에 들어가 프레스 공장을 만들기로 했다.

　프레스 공장을 신설하는 데 돈이 들어가기는 했지만, 이 결정이 없었다면 NUMMI는 성립하지 못했을 것이다. 프레스 공장 덕분에 도요타 생산방식에 대한 미국인 노동자의 이해가 깊어졌기 때문이다. 그들은 신설된 프레스 공장에서 프레스 금형 교환(준비)을 보고 도요타 생산방식의 위력에 놀랐다. 단조 장인 가와이 미쓰루가 말했듯 주조와 단조, 프레스 공정에서는 금형 교환을 빨리 하는 것이 생산성 향상으로 이어진다. 당시 미국 자동차 회사와 UAW는 프레스 금형의 표준 교환 시간을 2시간으로 설정했다. 한편 도요타는 오노의 지휘 아래 10분 이하로 만들었다. 이것을 '한 자릿수 준비'라고 부른다. 철저하게 작업을 관찰하고 공정을 재검토한 뒤 형틀 교환 시간을 단축할 수 있도록 기계 사용법을 바꾸거나 '외준비'라고 하는 준비 작업을 정비함으로써 이루어낸 가이젠이었다.

　합작이 결정된 뒤, GM 간부들이 프레스 공정의 한 자릿수 준비를 견학하러 다카오카 공장에 온 적이 있다. 간부들은 저마다 손목시계를 확인하며 '정말 10분 이내에 할 수 있을까?'라고 흥미진진하게 지켜보다가, 현장 작업원이 너무나 간단하게 한 자릿수 준비를 달성하자 박수갈채를 보냈다. 심지어 휘파람을 부는 사람까지 있었다. 당시 자동차 생산 현장에서 프레스 금형 교환을 10분 이내에 하는 것은 일종의 마술이자 상식을 뒤엎는 일이었다.

　NUMMI에 만든 프레스 공장의 기계는 다카오카 공장에서 사용하는 것과 같았다. 현장의 팀 리더와 작업원들은 처음에 "10분은 절대 무리"라고 말했지만, 일본으로 가서 다카오카 공장 작업을 보고는 입을 다물고 말았다. 그리고 결국 그들은 미국으로 돌아가 NUMMI에서도 한 자릿수 준비를 달성한다.

소로트 생산, 후공정 인수, 간판 도입 등도 도요타 생산방식의 특징이지만, 미국인이 제일 먼저 이해한 것은 프레스 공정의 한 자릿수 준비였다.

이케부치의 현장주의

NUMMI에 부사장으로 부임해 공장장 역할을 맡은 사람은 오노의 직계 제자인 이케부치 고스케였다. 이케부치는 '현장에서 직접 보여주면서 도요타 생산방식을 가르치자'고 생각했다. 앞에서 이야기했듯 미국인 간부와 팀 리더(일본의 공장), 작업원을 일본으로 불러 라인에 투입해 교육한 것이다.

이케부치는 회상했다.

"수십 명을 데리고 왔습니다. 작업원만 데려온 것이 아닙니다. 인사부장도, UAW 위원장도 실제로 다카오카 공장 라인에 투입해 작업을 시켰죠.

만약 미국 기업이 간부를 일하게 했다면 그것만으로도 큰 문제가 될 겁니다. 하지만 그들은 싫어하지 않았습니다. 그만큼 간절했겠죠."

NUMMI에 만든 프레스 공장의 기계는
다카오카 공장에서 사용하는 것과 같았다.
현장의 팀 리더와 작업원들은 처음에
"10분은 절대 무리"라고 말했지만,
일본으로 가서 다카오카 공장 작업을 보고는
입을 다물고 말았다. 그리고 결국 그들은
미국으로 돌아가 NUMMI에서도
한 자릿수 준비를 달성한다.

미국인 팀 리더와 작업원들은 포드식 대량생산방식과 도요타 생산방식이 어떻게 다른지를 체험하고, 귀국 후 이를 캘리포니아의 생산 현장에 전했다. 그들은 자신의 눈으로 본 것을 믿는다. 실제로 해보고 생산성이 오른다면 굳이 포드 방식에 집착하지 않는다.

'도요타 생산방식은 경험시키는 게 최선이다.'

일본 연수를 추진한 이케부치가 오히려 허탈해질 만큼 현장은 자연스럽게 도요타 생산방식을 받아들였다.

그때 이케부치는 이렇게 중얼거렸다고 한다.

"처음에 일본에서 도요타 사내와 협력 기업으로 도요타 생산방식을 전도하러 다녔을 때가 훨씬 힘들었어."

그런 경험이 있었기에 이케부치는 미국인 간부에게 현장을 직접
보는 것의 중요성을 강조했다.

"오노 씨는 공장에 가면 항상 '여기 서서 보고 있어'라고 장소를 지시해주셨습니다. 처음에는 아무리 봐도 알 수가 없지만, 반복되는 동작을 지켜보다 보면 왜 불량품이 나오는지, 왜 기계가 망가지는지 알게 됩니다. 현지 현물로 그 순간을 보지 않으면 가이젠은 불가능합니다. 그래서 저는 미국인 관리직에게도 일단 현장을 보라고 말했습니다."

미국 진출을 총괄한 당시 도요타 부사장 구스노기 가네요시楠兼敬는 "이케부치 공장장은 GM 출신 매니저에게 현장을 유심히 지켜볼 것, 특히 각 공정이 연결되는 부분을 주목하도록 지시했습니다"라고 말했다.

한번은 이런 일이 있었다. 이케부치는 GM 출신 매니저가 공장 사무실에서 담당 라인으로 갈 때 카트를 타는 것을 봤다. 그래서는 다른 라인이나 연결 부분을 제대로 확인하고 있다고 말할 수 없었다. 그래서 "앞으로는 카트를 타고 이동하는 것을 금지한다"라고 통지했고, 이후 각 매니저들은 걸으면서 다른 라인까지도 확인하게 됐다.

하야시 난파치도 이케부치가 NUMMI에서 도요타 생산방식을 전수하던 모습을 기억하고 있었다. 그 무렵 하야시는 생산조사부에서 왕년의 '마귀 주사' 스즈무라의 후계자가 돼 젊은 가이젠 담당자들을 훈련시키고 있었다. 그러나 사실은 외로웠다. 존경하는 오노와 스즈무라는 이미 퇴직했고, 선배인 조와 이케부치는 미국으로 출장 혹은 부임해 자리에 없었다. 주위에 의논 상대가 없어져 불안감도 싹텄다.

448

그런 참에 구스노기로부터 NUMMI 현장에 가서 문제점이 있는지 검토하고 오라는 명령을 받았다. 영어를 못 하기 때문에 걱정은 됐지만, 오랜만에 이케부치를 만날 수 있다는 생각에 기분이 좋았다. NUMMI에 도착한 하야시는 즉시 이케부치를 찾았다. 이케부치는 웃으면서 미국인 리더와 대화를 나누고 있었다. 하야시는 자신의 눈을 믿을 수가 없었다.

"이케부치 씨의 별명은 순간급탕기였습니다. 항상 '너, 도대체 일할 생각이 있기는 한 거야?'라고 질책하는 무서운 사람으로 유명했죠. 그런 이케부치 씨가 NUMMI에서는 싱글싱글 웃으면서 미국인을 설득하고 있는 겁니다. 사람이 달라졌다고 말했더니 이렇게 말씀하시더군요.

'난파치, 미국인은 본인이 이해하고 수긍하지 않으면 움직이지 않아. 그러니까 너도 화내면 안 돼. 무작정 해보라고만 해서는 통하지 않으니 현장을 보여줘야 해.'

이케부치 씨는 말이죠, 일본에 있었을 때는 '일단 해봐!'라고 화내는 사람이었습니다. 그러니까 미국에서의 경험이 도요타 생산방식의 전도 방식을 바꿨다고도 할 수 있죠."

NUMMI는 협업이기는 해도, 도요타가 처음으로 미국에서 본격적으로 생산을 실시한 공장이다. 첫 번째 자동차가 완성된 것은 1984년 12월 10일이다. 담황색 쉐보레 노바가 라인에서 모습을 드러냈다. 본래는 화려한 블루메탈릭 컬러의 노바가 1호가 될 예정이었는데, 도장 공정에서 문제가 발생하는 바람에 담황색이 돼버렸다. 어쨌든 가장 중요한 점은 대량생산방식, 세세하게 구분된 라인 작업에 익숙했던 미국 노동자들이 그때까지 본 적도 들은 적도 없던 자동차 생산방식에 수긍하고 라인 작업에 참가했다는 것이다. 생산은 순조롭게 진행됐고, 그 후 쉐보레 노바뿐 아니라 코롤라 쿠페도 NUMMI의 생산 품목에 추가됐다.

또한 NUMMI에서는 노동조합과도 원활하게 협력할 수 있었다. 도요타는 UAW와 노동협약을 체결할 때 파업과 직장 폐쇄를 금지하는 조항을 담는 데 성공했다. 급진 노동조합인 UAW가 금지 조항을 승낙한 것은 실제 작업을 통해 도요타 생산방식이 노동강화가 아니며, 도요타는 어지간해서는 레이오프나 해고를 하지 않음을 인정했기 때문일 것이다.

그때까지 해외와 일본 전문가 중에는 "도요타 생산방식은 일본 특유의 문화가 반영된 방식이기 때문에 쉽게 흉내 낼 수 없다"라는 의견을 내놓는 사람도 있었다. 그러나 도요타는 미국뿐 아니라 유럽, 아시아, 러시아, 아프리카 같은 곳에도 공장을 세우고, 도요타 생산방식을 이식하고 있다. 포드가 도입한 대량생산방식이 글로벌 스탠더드인 것과 마찬가지로, 도요타 생산방식도 누구나 활용 가능한 방식이다.

이를 증명한 것이 NUMMI이며, 다음에 소개할 켄터키 TMMK의 사례이다.

잃어버린 20년과
도요타의 약진

도요타 생산방식이 세계 각국의 생산 현장에서
채용되는 것은 일본이 보급하고 있어서뿐만이 아니다.
도요타 생산방식이 미국에서도 제대로 기능했기 때문이다.
외국에서의 성공 사례가 있기에 자동차업계뿐 아니라
다른 산업에서도 도입을 결정하는 것이다.

켄터키 1986

NUMMI 개소식 두 달 뒤인 1985년 6월, 다테시나의 게스트하우스에서 도요타의 모든 임원이 참석한 가운데 사흘 일정으로 연수회가 열렸다. 연수회가 끝나고, 사장 도요다 쇼이치로가 구스노기를 비롯해 북아메리카 사업에 관여하는 임원 10명에게 "자네들은 남아주게"라고 전했다. 그들과 회의하기 위해서였다. 그 회의 주제는 도요타 단독으로 미국에 공장을 건설한다는 계획이었다.

관련 임원들 사이에서는 이미 구상이 어느 정도 구체화돼 있었던 까닭에 회의 자체는 1시간 정도밖에 걸리지 않았다. 그러나 발표된 내용은 세부 사항까지 검토를 마친 것이었다.

453

· 미국과 캐나다에 100퍼센트 출자의 제조 회사를 만든다.
· 미국에서는 2,000시시급을 연간 20만 대, 캐나다에서는 1,600시시급을 5만 대 생산한다.

미국에서는 캠리, 캐나다에서는 코롤라를 염두에 두고 있었다.

그리고 '생산 개시는 1988년 초'로 결정됐다.

NUMMI는 GM과의 합작회사로 기존 공장과 설비를 사용했으며, 차종도 처음에는 도요타의 자동차가 아니라 GM의 쉐보레 노바였다. 그에 비하면 단독 진출은 공장 용지 선정부터 시작해 건물을 짓고 직원도 모집해야 한다. NUMMI 때보다 할 일이 많았다. 그러나 만약 성공한다면 도요타가 장래에 해외 각지에 공장을 신설할 때 프로토타입이 될 수 있었다. 그리고 무엇보다 도요타 생산방식의 진짜 해외 데뷔 무대였다. NUMMI에 도입한 도요타 생산방식이 선진적인 연구자들로부터 주목을 받기는 했지만, 당시 미국의 업계 관계자들은 이를 혁신적이라고 생각하지 않았다. "도요타 생산방식? 그게 뭔데?" 정도의 인식이었다. 다행히 NUMMI의 미국인 노동자들은 새로운 방식에 익숙해졌다. 그러나 어차피 GM 공장을 손본 것이었기 때문에 도요타 생산방식을 전면적으로 채용했다고도 말하기 어려웠다.

'과연 도요타 생산방식이 미국 땅에서도 통용될까?'

미국 진출을 결정한 에이지, 쇼이치로, 그리고 현장을 맡은 구스노기, 조의 머리에서는 이 생각이 떠나지 않았다.

조의 이야기에는 당시 그들의 심정이 드러나 있다.

"켄터키에 가기 전, 일본의 신문기자가 미국에 도요타 생산방식을 도입할 수 있을지, 미국 사람들이 받아들여줄지 물었습니다. 저는 이렇게 대답하는 수밖에 없었습니다.

'다른 생산방식은 모르기 때문에 도요타와 같은 방식을 이식하는 수밖에 없습니다.'"

분명히 그 말대로였다. 도요타에서는 누구도 포드식의 대량생산 방식을 경험하지 않았다. 자신들이 해온 방식, 자신들이 믿는 방식으로 승부를 보는 수밖에 없었다. 다만 결의는 비장했지만, 감상적이지는 않았다. 오노에게 단련된 덕분에 합리적인 정신으로 현실을 생각하는 사람이 돼 있었다.

　도요타 생산방식을 사용하기는 하지만, 목적은 미국인들에게 도요타 생산방식을 인정받는 것이 아니다. 목적은 어디까지나 현지 공장을 세우고 미국 시장에서 도요타의 자동차를 파는 것이다. 미국인 노동자들이 기분 좋게 일할 수 있도록 만드는 것이다. 그들은 이 두 가지 목적을 위해 도요타 생산방식을 사용하는 것임을 알았으며, 그 이상으로 도요타 생산방식을 치켜세울 생각도 없었다.

　만약 구스노기와 조가 드라마 속 인물이었다면 머리 끈을 질끈 묶고 기이치로의 위패를 든 채 미국행 비행기에 탔을지도 모른다. 그러나 그들은 현실주의자였다. 미국 시장에서 소비자들의 지지를 받는 것이야말로 기이치로의 뜻이라고 생각했다. 프로젝트를 총괄하는 구스노기에게 쓸데없는 감상은 없었다.

구스노기의 도전

　도호쿠대학을 나온 구스노기가 도요타에 입사한 것은 패전 이듬해였다. 입사 동기는 기술 계열만 24명으로, 결코 적은 수가 아니었다. 가난한 벤처기업으로서는 큰마음을 먹고 채용한 인원이었다. 입사 후 구스노기가 기이치로의 얼굴을 본 것은 몇 번뿐이며, 대화를 나눈 것은 딱 한 번뿐이었다. 그래도 구스노기는 기이치로에게 매료됐다. '우리를 이끌고 나가줄 사람'이라고 느꼈다.

그 후 도요타는 경영 위기에 빠진다. 급여가 늦게 지급되거나 아예 지급되지 않았기 때문에 구스노기는 휴일이 되면 근방의 황무지를 개간하는 일용직 일을 해서 생활비를 마련했다. 그런데 격렬한 노동쟁의로 기이치로가 사장 자리에서 물러나는 사건이 일어난다. 구스노기에게는 '믿을 수 없을 만큼 큰 충격'이었다. 손이 닿지 않을 만큼 높은 곳에 있는 사람이었지만, 구스노기는 기이치로에게서 메이지시대 사람의 기개를 봤던 것이다.

노동쟁의 직후 한국전쟁 발발에 따른 특수로 회사가 되살아났다. 급여가 들어오게 된 덕분에 일용직 일을 하지 않아도 됐다.

1960년, 아직 회사에 여유가 있었던 것은 아니지만 도요타는 장래가 촉망되는 구스노기를 미국과 서독으로 파견했다. 미국에 도착한 구스노기는 비록 GM 견학은 거부당했지만 포드의 공장은 볼 수 있었다. 견학 후 미국인 관리직과 대화를 나누다 "도요타의 생산량은 몇 대인가?"라는 질문을 받았다. 그때는 도요타가 월간 생산 대수 1만 대를 달성한 뒤였기 때문에 구스노기는 당당하게 "텐 사우전드"라고 대답했다. 그러자 미국인 관리직은 '그렇군. 제법인데?'라는 듯한 표정으로 "하루에 말이지?"라고 물었다. 그래서 구스노기가 "아니, 한 달인데"라고 대답하자 미국인 관리직은 미심쩍다는 표정을 지었다. 당시 빅3가 합쳐서 연간 800만 대를 만들고 있었다. 따라서 그 관리직으로서는 연간 12만 대밖에 만들지 못하는 도요타라는 회사가 과연 자동차 회사인지 의심스러웠을 것이다.

포드를 견학한 구스노기는 서독으로 날아가 폭스바겐 공장을 견학했다. 폭스바겐 담당자는 구스노기에게 "언제 어디서든 원하는 만큼 사진을 찍어도 좋소"라고 말했다. 호의라기보다 도요타라는 회사를 전혀 경쟁 상대로 생각하지 않은 것이다.

2차 세계대전 중 독일은 공장 설비를 깊은 숲에 숨겼기 때문에 공습에 따른 피해가 적었다. 그래서 전쟁이 끝난 뒤 금방 공장 설비를 설치하고 본격적으로 생산을 시작할 수 있었다. 일본의 전후 고도성장이 기적이라고 불리지만, 전후 재건은 서독이 훨씬 빨랐다.

미국으로 가기 전, 구스노기는 1960년 당시 미국도 서독도 전혀 경쟁 상대로 생각하지 않았던 도요타가 '미국에 공장을 짓는' 것에 대해 생각에 잠겼다. 1960년 당시만 해도, 자동차 선진국 사람들 생각에 일본 회사가 자동차를 만드는 것은 어리석기 짝이 없는 시도였다. 철의 질은 떨어지고, 유리의 품질도 엉망이고, 고무도 형편없다. 공작기계는 전부 수입품이다. 일본 자동차는 2류였다. 그러나 그런 상황에서 다들 열심히 노력해왔다. 코롤라를 내놨고, 코로나의 품질을 높여나갔다. 구스노기의 세대는 일본 자동차가 얼마나 형편없었는지를 몸으로 기억했다.

'정말로 진출해서 이길 수 있을까?' 품질을 높여왔다는 자부심은 있었지만, NUMMI에서 어느 정도 성공을 거뒀기에 자신감도 있었지만, 그래도 불안감이 떠나지 않았다.

도요타 창업 이래 최대 규모의 공장

1985년, 미국 공장입지가 몇몇 후보지 중에서 켄터키주 조지 타운으로 결정됐다. 캐나다 공장은 온타리오주 케임브리지로 결정 됐다.

당시 켄터키주 주지사는 마샤 레인 콜린스Martha Layne Collins였다. 그는 다른 주지사보다 공장 유치에 열성적이어서, 공장을 켄터키로 가져오기 위해 직접 진두에 섰다.

콜린스는 당시를 이렇게 회상했다.

"저는 도요타의 공장이 다른 주에 건설되도록 내버려둘 수가 없 었습니다. 고용을 늘려야 했기 때문에 절대 다른 주에 빼앗기고 싶 지 않았죠.

그때 네브래스카, 노스캐롤라이나 등 29개 주가 도요타의 공장 을 유치하기 위해 나섰습니다. 하지만 절대 다른 주에 질 수 없었습 니다. 자동차 공장은 대규모 고용을 창출합니다. 승자는 반드시 켄 터키여야 했죠.

저는 아이치현의 도요타 본사까지 찾아갔고, 쇼이치로 사장과 가 족을 만나 설득했습니다. 일본에서 도요타 시찰단이 왔을 때는 불 꽃놀이를 하고, 일본인들도 잘 아는 포스터 작곡의 〈켄터키 옛 집My Old Kentucky Home〉을 아이들과 함께 불렀습니다. 그런 노력이 쌓여 도 요타가 켄터키를 선택한 것입니다.

도요타는 켄터키의 환대, 장래성, 양질의 노동력을 높게 평가했을 것입니다.

켄터키 사람들은 열심히 일합니다. 자부심이 높죠. 도요타의 자동차가 고장 나지 않는 것은 켄터키 노동자들의 교육 수준이 매우 높기 때문입니다."

1986년 1월, 켄터키 현지법인으로 도요타모터스 매뉴팩처링 USA(TMM, 현재의 TMMK)가 발족했다. 켄터키 공장 부지는 도요타 창업 이래 최대 규모였다. 부지 넓이가 일본 최대 규모인 다하라 공장(403만 제곱미터)보다 훨씬 넓은 530만 제곱미터였고, 고용 직원 수는 약 3,000명에 이르렀다. 인구 2만 명인 조지타운으로서는 지역 최대 회사였다. 콜린스가 '도요타를 유치한 사람은 바로 나'라고 강조하는 것은 주지사로서 큰 공적이었기 때문이다.

459

3,000명이라는 현지 직원 고용은 2차 세계대전 이후 일본 기업이 해외에 건설한 현지 공장 중에서도 공전의 규모였다. 미국에 이 정도 고용을 창출한 회사는 도요타와 마쓰시타전기松下電器 정도로, 일본 기업으로서는 대단한 시도였다.

켄터키에서 시작된 미국의 단독 공장은 현재 10곳이 됐고, 사무 계열 사업소까지 합치면 도요타의 직접 고용은 약 3만 5,000명이다. 판매점이나 공급업자 등 간접 고용도 포함하면 약 24만 4,000명이며, 관련된 경제활동에서 발생하는 고용까지 더하면 무려 47만여 명에 이른다. 이 숫자는 미국에 있는 외국 자본 자동차 회사로는 으뜸이다.

미국에 진출하면서 구스노기가 공장 부지 선정, 인프라 정비, 건물 건설과 병행해 착수한 것이 미국인 간부 채용과 교육이다. 이를 위해 일본에서 조(전체 총괄 부사장)를 비롯해 60명을 주재원으로 불렀다. 이때 구스노기는 일본인 사원들이 사는 장소에 주의를 기울였다. 해외에 주재하는 일본인은 대체로 같은 지구에 모여 산다. 일본인끼리 뭉치고, 현지에 녹아들지 않는다. 기껏 해외에 부임했는데 현지 언어도 제대로 익히지 못하고 귀국하는 주재원조차 있다. 구스노기는 그런 일이 없도록 '일본인 사원은 모여 살지 말고 흩어져서 살 것. 이웃은 반드시 미국인 가족일 것'을 철저히 지시했다.

이 방침은 내가 켄터키를 방문한 30년 뒤에도 남아 있어서, 현지 사람들은 "도요타는 일본 회사가 아니라 켄터키의 회사이다"라고 말할 때 반드시 이것을 예로 들었다. 반대로 말하면 다른 일본 기업 주재원들은 어디를 가든 모여 산다는 뜻이리라.

460

내일의 생산성을 오늘보다 높이기 위해

구스노기가 채용한 미국인 간부 20여 명의 전 직장은 GM, 포드, 폭스바겐 등으로, 자동차 회사와 관련 없는 사람은 한 명뿐이었다. 구스노기는 채용한 간부들에게 도요타의 모노즈쿠리를 이해시키고, 나아가 이케부치가 NUMMI에서 한 것처럼 일본으로 불러 교육과 연수를 시작했다.

켄터키 공장 부지는 도요타 창업 이래
최대 규모였다. 부지 넓이가 일본 최대 규모인
다하라 공장(403만 제곱미터)보다 훨씬 넓은
530만 제곱미터였고, 고용 직원 수는
약 3,000명에 이르렀다.

일본 연수 때 한 사내가 손을 들고 질문했다. "도요타의 모노즈쿠리는 도요타 생산방식이 아닌 겁니까?"

구스노기는 알기 쉽게 차근차근 설명했다. "도요타의 모노즈쿠리와 도요타 생산방식은 같지 않습니다. 모노즈쿠리의 기본은 고객제일주의입니다.

먼저 고객이 기뻐할 성능, 품질, 가격의 제품을 개발합니다. 다음에는 최신 생산기술과 적극적인 투자로 강력한 생산 설비, 생산 시스템을 만듭니다. 그리고 마지막으로 도요타 생산방식으로 현장을 돌립니다."

질문한 미국인에게 '고객제일주의'의 정신은 매우 이해하기 쉬운 것이었다. 마케팅을 중요시하는 미국인 간부에게는 '고객을 바라보며 물건을 만든다'는 설명이 이해를 돕기에 적합했다.

그러나 도요타 생산방식 자체에 대해서는 오해하는 사람이 대부분이었다.

이런 질문도 있었다. "도요타 생산방식이란 생산 현장에서 '간판'을 사용하는 것이 아닙니까?"

연수를 받고 있던 미국인 간부는 자동차업계 사람이므로 도요타에 지원하면서 도요타 생산방식을 영어로 설명한 책을 읽었을 것이다. 다만 도요타 생산방식을 제대로 이해한 사람이 쓴 책은 아니었던 듯하다.

구스노기는 대답했다. "도요타 생산방식은 간판을 의미하지 않습니다. 간판은 어디까지나 도구일 뿐입니다. 도요타 생산방식이란 필요한 때 필요한 만큼만 만드는 것으로, 팔린 수만큼 만드는 것을 지향합니다. 생산 흐름을 되도록 세세하게 만들지만, 끊어져서는 안 되기 때문에 긴밀한 팀워크가 없이는 성립하지 않습니다.

그리고 간판은 생산 신호에 불과합니다. 작업원이 생산의 흐름을 만들기 위한 신호죠."

구스노기는 오해하지 않도록 정성껏 설명했다.

"간판의 정신을 알았으면 합니다. 자동차를 100대 만든다고 합시다. 한 대에 한 개 필요한 부품이 있습니다. 이 부품이 한 상자에 10개씩 들어 있다면 배달 상자(운반용 상자)는 10개가 필요하겠죠. 상자 하나에 간판 한 장을 붙입니다. 그러므로 10장이 필요합니다. 다만 처음에는 간판 10장이 필요하지만, 현장에 힘이 붙으면 9장으로 돌아가도록 해서 회전 속도를 높입니다.

계속 10장인 채라면 단순한 주문 전표일 뿐입니다. 간판과 주문 전표는 의미가 다릅니다. 오늘의 생산성을 어제보다 높이기 위한 수단으로 사용하는 것이 간판입니다."

구스노기 등은 이처럼 간부들에게 거듭 설명했지만, 말만 들어서는 다들 이해가 잘 되지 않는 눈치였다. 자동차업계 사람이라도 강의를 듣기만 해서는 도요타 생산방식을 이해하지 못하는 것이다. 그런데 일본의 마더 공장(메이커가 국외에 공장을 설립해 사업을 확대해나갈 때 이를 지원하는 높은 기술력, 개발력, 매니지먼트력, 투자 판단력 등을 갖춘 공장—옮긴이)인 쓰쓰미 공장 라인에 투입했더니 다들 금방 이해했다.

창설 당시부터 켄터키 공장에서 일해온 폴 브리지도 이때 연수를 받았는데, 그 또한 "현장을 보기 전까지는 이해하지 못했다"라고 말했다.

"우리에게 생산 시스템의 상식은 포디즘이었습니다. 도요타 생산 방식에 관해 이야기를 듣는 것만으로는 어디가 혁명적인지 알 수 없었죠. 그런데 현장에 있어 보니 진짜 혁명이라는 생각이 들었습니다."

켄터키 1987

1987년, 켄터키 공장 공사가 계속되는 가운데 일반 작업원 모집이 시작됐다. 3,000명을 모집한다고 공고했는데 지원자는 무려 10만 명에 달했다. 켄터키뿐 아니라 인근 주에서 지원한 사람도 있었고, 직업이 없는 사람뿐 아니라 다른 회사에서 이직하려는 사람도 있었다. 채용된 사람 중에는 패스트푸드점 점장, 교원, 영업 사원, 농장이나 목장에서 일하던 사람도 있고, 심지어 관을 짜는 일을 하던 사람도 있다. 일본이라면 학교 선생님이 자동차 공장 라인으로 이직하는 것을 조금 생각하기 어렵지만, 그 사람은 "내 손으로 물건을 만드는 인생을 살고 싶다"라며 지원했다.

GM과의 합작으로 설립한 NUMMI의 경우, 작업원의 90퍼센트가 UAW 소속이었다. 기본적인 제조 작업은 모두가 숙지하고 있었다. 한편 켄터키 공장의 경우는 UAW에 속한 사람이 소수였다. 급진 노

464

동조합인 UAW에 속한 작업원이 적으니 언뜻 좋은 것 같지만, 한편으로는 자동차를 만들어본 경험이 있는 사람이 적다는 뜻이기도 하다.

NUMMI와는 달리 작업원에게 '자동차란 무엇인가', '엔진은 어떤 일을 하는가'부터 가르쳐야 했다. 게다가 공장에서 전혀 일해본 적이 없는 초보자도 있었다. 공장이라는 환경을 경험시키기 위해, 구스노기는 330명을 일본으로 보내 4주 동안 쓰쓰미 공장에서 연수를 시키기로 했다. 아직 공장 건물이 완성되지 않아 현장 연수를 실시할 수 없었기 때문이다.

330명의 여행비와 일본 체재비만으로도 큰 지출이었으며, 일반 작업원을 교육하기 위해 비행기에 태워서 외국으로 출장 보내는 것도 전례가 없는 일이었다. 그렇다고 그들이 일본에 가는 것을 기뻐했는가 하면 그렇지도 않다. 켄터키에서 나고 자란 그들에게 20시간이 넘게 비행기를 타고 나고야로 가는 것은 정신적으로 부담이 큰 일로, 망설이는 사람도 적지 않았다. 또 미국에서는 남편이 한 달이나 집을 비우면 그것만으로도 충분한 이혼 사유가 된다. 따라서 아내들의 이해를 얻을 필요도 있었다.

조지타운에서 자동차로 30분 정도 거리에 있는 렉싱턴 국제공항에서는 여행에 대한 불안감, 가족과 이별하는 슬픔에 울음을 터뜨리는 사람이 속출했다. 도요타의 첫 해외 공장 건설은 이렇게 수많은 노력과 돈이 들어간 프로젝트였다.

쓰쓰미 공장에 온 작업원들은 먼저 이론을 배운 뒤 라인에서 작업 실습을 했다. 그러나 초보자 집단이다 보니 힘을 조절하는 요령을 몰라 보데를 움푹 들어가게 만들거나 흠집을 내는 실수가 다발했다. 의욕은 있지만 헛발질을 거듭하는 것이 초보자의 특징이다.

이런저런 실수를 저지르기는 했지만, 켄터키에서 온 작업원들은 무사히 4주 동안의 연수를 마쳤다. 그러나 그들의 반응을 안 구스노기와 조는 한 가지 불안을 느꼈다. 작업원들이 도요타 생산방식의 개요를 이해하기는 했지만, 좀처럼 '안돈의 끈을 당기려 하지 않았던' 것이다.

"문제가 있으면 끈을 당겨서 라인을 멈추시오."

이렇게 귀에 못이 박히도록 지시했지만 누구 한 명 안돈의 끈을 당기려 하지 않았다. 아무리 강한 어조로 지시해도 땅바닥만 바라볼 뿐이었다. 그들은 표준시간 설정, 간판 사용법, 중간재고를 보유하지 않는 것 등은 금방 이해하고 "OK"라고 말했다. 표준작업을 정하기 위해 관리직이 뒤에 서서 초시계로 측정하든 말든 전혀 신경 쓰지 않았다. 미국 공장에서는 익숙한 풍경이므로 아무도 그런 것에 스트레스를 느끼지 않았다.

그러나 안돈의 끈은 당기지 않았다. 구스노기와 조도 어느 정도 예상은 하고 있었다. 은퇴한 오노가 조에게 "과연 그들이 끈을 당길까?"라고 말한 적이 있었기 때문이다.

조는 켄터키에 부임하기 전에 오노를 찾아가 이렇게 물었다.

"미국에 도요타 생산방식을 뿌리내리게 할 때 가장 주의해야 할 점이 뭘까요?”

오노는 조의 얼굴을 똑바로 바라보며 말했다.

“미국인들이 과연 안돈의 끈을 당겨줄 것이냐, 그게 제일 문제이지.”

구스노기나 실습을 담당한 쓰쓰미 공장 사람들이 반복해서 가르쳤지만, 라인에 투입된 그들은 좀처럼 안돈의 끈을 당기려 하지 않았다. 그저 이렇게 물었다.

“정말 우리가 끈을 당겨도 되는 겁니까? 이건 관리직의 권한 아닙니까?”

이 문제는 NUMMI를 설립했을 때도 역시 걸림돌이 됐었다. NUMMI에서 일하는 작업원의 90퍼센트가 GM에서 근무하다 합작 공장으로 온 사람들이었다. 그들은 GM 시절에 라인을 멈출 권한은 매니저에게 있다고 교육받았기 때문에 자신의 판단으로 라인을 멈췄다가는 해고당할 것이라 믿었다. 실제로 GM 시절에는 농땡이를 치려고 라인을 멈춘 작업원이 즉시 해고된 사례도 있었다.

‘제멋대로 라인을 멈췄다가는 해고당해도 어쩔 수 없다.’

이것은 미국 자동차 공장에서 일종의 상식과도 같았다.

연수를 마치고 공장 건물이 완공되자 작업원들은 신설된 공장에서 일하기 시작했다. 공장이 가동된 뒤에도 그들은 여전히 안돈의 끈을 당기지 않았다. 만약 문제가 생겼는데도 끈을 당기지 않고 계속 라인을 가동하면 불량품이 후방 공정으로 가버린다. 구스노기

등은 현장에 진을 치고 "문제가 있으면 끈을 당기시오"라고 거듭 교육했지만, 작업원들은 좀처럼 실행하지 않았다.

결국 불량품이 나왔을 때 수 시간 혹은 수십 시간 동안 라인을 멈추고 철저히 원인을 규명하는 경험을 시키는 수밖에 없었다. 걱정이 된 미국인 매니저가 "빨리 가동합시다"라고 말해도 완전히 문제를 고치기 전까지는 절대 가동하지 않았다. 질책은 하지 않고, 그저 라인을 멈추는 것이 어떤 것인지 보여줬다.

'불량품을 내지 않기 위해서는 하루 종일 자동차를 만들지 않아도 된다. 그것이 도요타 생산방식이다.'

말로 표현하는 것이 아니라 행동으로 이런 각오를 느끼게 하는 수밖에 없었다. 그러지 않으면 자동화의 진짜 의미를 전할 수 없다. 구스노기 등은 라인을 멈추고 철저히 원인을 규명하기로 했다.

468

작업원들의 의식이 바뀐 것은 라인을 15시간 동안 멈춘 뒤였다. 자동차 회사 공장에서 사고가 난 것도 아닌데 그런 긴 시간 동안 라인을 멈추는 일은 없다. 공장에서 아무 작업도 하지 않고 묵묵히 청소하거나 정리 정돈을 한다. 미국인 작업원들은 안절부절못했지만, 라인은 움직이지 않았다.

조립 공장 매니저였던 데이비드 콕스David Cox는 당시를 회상하며 "빨리 돌리고 싶었습니다"라고 말했다.

"라인이 멈춘 동안, 모두가 자연스럽게 생각하기 시작했습니다. 왜 라인이 멈춘 걸까? 뭘 위해 멈추는 걸까? 그러고는 '여기는 다른 공장과 다르구나'라고 실감했죠. 다만 그렇게 긴 시간 동안 라인이 멈춰 있으니 정말 정신적으로 힘들더군요."

15시간의 라인 스톱은 한 번뿐이었지만, 이후에도 무슨 일이 있으면 라인을 세웠다. 그러자 작업원들도 점차 안돈의 끈을 당기게 됐는데, 그러면 조가 안돈을 당긴 작업원에게 달려가서 어깨를 두드리며 "생큐"라고 말하고 빙긋 웃었다.

결국은 반복이었다. 불량품을 내지 않기 위해서는 그 자리에서 원인을 규명한다. 이것을 몇 번이고 반복했다. 생산을 정상 궤도에 올리기까지 반복하고 또 반복하며 '생각하도록' 지도했다.

안돈의 끈을 당기도록 하는 것과 병행해 모든 직원을 대상으로 사내 교육을 실시했다. 현장 작업원뿐 아니라 사무직, 보조적인 업무를 하는 사람까지도 회삿돈으로 연수를 실시했다. 작업에 들어가기 전의 안전 강습부터 시작해, 근무시간에 교육을 실시한 것이다.

직원들은 조에게 이런 감상을 털어놨다.

"저는 도요타에서 일하기 전까지 제조사 세 곳에서 일했는데, 교육을 받으려면 돈을 내야 했습니다. 회사가 돈을 내준 것은 처음입니다."

현장 사람들이 '이익'이라고 느끼지 않으면 해보자는 마음이 들지 않는다. "하시오"라고 위에서 강요하기만 해서는 새로운 방법을 전할 수 없다.

시간이 지나서 자동화 정신이 정착되자 자신이 궁리한 '아이디어'를 제안하는 작업원이 늘어났다. 매일 현장을 보러 오는 조에게 직접 아이디어를 제안하는 작업원도 있었다.

"미스터 조."

"무슨 일이오?"

"우리 집 차고에서 이런 기계를 만들어봤는데, 어떻게 생각하시오?"

나사를 쉽게 다룰 수 있도록 해주는 기계였다.

"지금까지 이런 건 본 적이 없는데. 흥미롭군."

이렇게 감상을 전하면 그 작업원은 "그럴 줄 알았소. 이걸 공장에서 써보면 어떻겠소?"라고 말한다. 실제로는 쓸 만한 것도 있고 별로 도움이 되지 않는 것도 있었지만, 아이디어를 제안하는 횟수는 일본인보다 오히려 많았다. 조는 '역시 미국은 DIY의 나라구나'라고 감탄했다.

"켄터키 공장을 만들기 전, '굳이 미국에 공장을 지을 필요는 없지 않소?'라고 말한 사람이 있었습니다. 바로 현지 딜러였죠.

'미국에서 팔리는 캠리는 일본 쓰쓰미 공장에서 만든 거요. 만약 켄터키에서 만든 캠리가 품질이 떨어진다면 고객은 틀림없이 일본에서 만든 캠리를 달라고 할 거요.'

딜러의 불안감을 불식하기 위해서라도 우리는 불량품이 나오면 무조건 라인을 멈춰라, 절대 불량품을 다음 공정으로 보내지 말라고 계속 말했고 실행에 옮겼습니다."

이렇게 말하는 윌 제임스^{Wil James}는 현장에서 시작해 켄터키 공장 공장장이 된 사내이다. "나는 오노 씨, 조 씨처럼 항상 현장에 있다"

가 입버릇인 그는 사무실에 있는 시간보다 공장에 있는 시간이 더 많다.

그는 말했다. "일본제 캠리는 고장이 적기 때문에 인기가 많았습니다. 빅3 자동차보다 튼튼했죠. 다만 켄터키 공장 캠리는 다들 불안해했습니다. 그런데 막상 뚜껑을 열어보니 일본제와 동등하거나 그 이상의 자동차가 나왔습니다. 작업원에게 가장 큰 기쁨은 자신이 만든 자동차가 좋은 자동차라고 평가를 받는 것입니다."

이렇게 해서 켄터키 공장은 본격적으로 가동을 시작했다. 1988년에는 1만 8,556대, 1989년에는 15만 1,491대로 생산 대수를 늘려나갔다. 첫해에 생산 대수가 적었던 이유는 생산보다 교육에 중점을 뒀기 때문이다. 새로운 생산방식을 정확하게 알리는 교육에는 막대한 수고와 비용이 들어간다. 도요타 생산방식은 간단한 연수만으로는 기능하지 않는다. 끊임없는 교육과 현장에서의 실천 없이는 생각한 성과를 올리지 못한다. 도요타처럼 처음부터 현장 교육을 비용에 포함시키는 회사라면 몰라도, 현장 교육을 중시하지 않는 회사가 도요타 생산방식을 도입하려 한다면 교육비가 부담스러워 주저하게 되지 않을까?

문제는 또 있다. 도요타 생산방식은 가르치는 사람의 자질에 따라 결과가 달라진다는 점이다. 지도원에게 무엇보다도 필요한 것은 관찰력이다. 현장을 보고 문제를 감지한다. 작업원과 대화해 곤란한 점이 있는지 듣는다. 현장과 작업원에게서 얻은 정보를 분석해 해결책을 생각해낸다. 단 이때 패턴화된 공식은 없다. 해결책은 현장의 수만큼 있다. 다른 현장의 답을 해결의 힌트로 삼을 수는 있지만, 그대로 적용하려 하면 안 된다. 끊임없이 새로운 정보를 입력하는 소화 능력도 필요할 것이다. IT화 등도 적절히 도입하면서 항상 궁리를 거듭한다.

무엇보다 중요한 점은 끌어낸 해결책을 '그대로 가르치지 않는' 것이다. 전수하는 것이 아니라 현장 사람들이 깨닫도록 답을 끌어낸다. 지도하는 사람이 낸 답과 같지 않더라도 현장 사람이 더 편하다고 생각한다면 그쪽이 옳은 답이다. 오노의 사범 대리였던 스즈무라는 퇴직 후 도요타 생산방식을 응용한 조직의 지도 책임자가 됐는데, 지도할 때도 절대 답을 가르쳐주지 않았다. 팔짱을 낀 채 조용히 바라보며 "어떤가?"라고 묻는다. "끊임없이 개량해라. 불가능하다고 말하지 말고 일단 해봐라." 이 말뿐이었다. 쉽게 답을 가르쳐주면 몸에 배지 않는다. 이 사실을 알아야 좋은 지도원이다.

또한 생각건대 유연성이 없는 사람도 지도원으로 부적합하지 않을까? 단조 장인 가와이의 말처럼 '아이디어를 내는 건 뺀질이'다. 작업하기 힘든 부분을 찾아내 쉽게 할 수 있는 방법을 궁리하거나 매뉴얼을 자세히 읽고 본질만 뽑아내는 자세는 비효율적으로 움직이고 싶지 않다는 욕구에서 탄생한다. 그런 사람이 현장의 가이젠에 의욕을 불태운다. 지도원은 '편하고 싶다'는 생각에서 탄생한 가이젠 제안을 받아들이고 "잘했어"라고 칭찬해주는 도량이 필요하다. 기존 방법, 책에 적힌 방식을 그대로 전하려는 사람은 도요타 생산방식 지도원이 될 수 없으며, 설령 됐더라도 실천적 지도에는 적합하지 않을 것이다. 각 현장에 맞춰 유연하게 지도할 수 없다면 작업원은 수긍하지 않는다.

실제로 오노는 매우 유연한 인물이었다. 구스노기가 그와 관련된 일화를 이야기해줬다.

"1차 유류파동 때 일입니다. 당시는 전력과 연료 같은 에너지, 그리고 재료를 얼마나 입수하냐가 자동차 생산량을 좌우했죠. 특히 도장 공장을 돌릴 연료가 부족했습니다.

그러자 당시 부사장이었던 오노 씨가 이렇게 지시했습니다.

'구스노기, 보데 공장의 최종 장소에 보데를 최대한 모아놓도록 해. 그리고 연료를 태우기 시작하면 단숨에 도장해서 만들 수 있을 만큼 만드는 거야. 만약 보데를 모아놓을 장소가 부족하면 보데 공장의 최종 라인 쪽 벽을 부숴도 돼.'

'중간재고를 보유하지 마라'를 철저히 실천해온 오노 씨가 부족한 연료를 효과적으로 활용하기 위해 보데 재고를 쌓아 올리라고 지시한 겁니다.

이게 바로 오노 씨가 대단한 점입니다. 평소에는 원리 원칙에서 한발도 물러서지 않고 '재고 제로'라고 불릴 만큼 간결한 생산 라인을 철저히 추구하지만, 실제로 운영할 때는 매우 유연했죠. 세상에는 오노 씨의 이런 측면이 거의 알려져 있지 않지만요."

조, 이케부치, 하야시, 도모야마, 니노유……, 그리고 현장에 있었던 가와이. 오노의 문하에서 도요타 생산방식을 이해하고 다른 사

무엇보다 중요한 점은 끌어낸 해결책을
'그대로 가르치지 않는' 것이다.
전수하는 것이 아니라 현장 사람들이 깨닫도록
답을 끌어낸다. 지도하는 사람이 낸 답과
같지 않더라도 현장 사람이 더 편하다고 생각한다면
그쪽이 옳은 답이다.

람들에게 능숙하게 전해온 사람들과 이야기를 나눠보면 모두 유머러스하고 유연하며 때때로 뻔뻔한 측면이 있다. 교과서 내용이 절대적이라며 타인에게 강요하는 사람은 기존 방법을 의심하지 않기 때문에 현장 가이젠이 진척되지 않는다. 그리고 현장 사람들에게 스트레스를 준다.

북아메리카 사업의 의미

캘리포니아주 프리몬트에 설립한 도요타와 GM의 합작회사 NUMMI, 도요타가 단독으로 설립한 TMM(현재의 TMMK)의 켄터키 공장, 캐나다에 설립한 TMMC의 온타리오 공장. 이 셋이 도요타의 초기 북아메리카 사업이다. 1984년부터 시작해 세 공장이 본격적으로 가동된 1990년까지가 프로젝트의 시동 기간이라고 할 수 있다. 이후 도요타는 북아메리카에 12개 거점 공장을 건설했다. 미국에 있는 10개 공장의 데이터를 보면 1990년에 1만 3,000명, 2015년에 3만 5,000명을 고용했다. 그리고 1960년부터 누계 220억 달러(2조 4,000억 엔) 이상을 투자했다.

도요타의 북아메리카 진출은 2차 세계대전 이후 일본 기업이 해외에서 실시한 프로젝트 중 최대 규모이며, 게다가 혁명적인 시도였다. 당시 북아메리카 진출과 공장 건설에 관한 소식은 언론으로도 보도됐다. 그러나 도요타 직원을 포함해 그 진짜 의미를 파악한 사람은 소수에 불과했다. 단순히 북아메리카에 공장을 건설한 것이 아니라 일본발 모노즈쿠리 시스템인 도요타 생산방식을 미국에 가져가 정착시켰다는 사실과 그 의미를 올바르게 보도한 언론이 적었던 탓이리라.

그 무렵은 일본이 버블로 향하는 시기였다. 돈 관련 기사가 지면 대부분을 장식했고, 일본발 모노즈쿠리 혁명이 화제가 되는 일은 적었다. 사람들의 관심은 돈과 관련된 뉴스에 몰려 있었다.

되돌아보면 버블의 조류는 1985년 플라자합의Plaza Accord가 발표됐을 때 싹텄다. 플라자합의란 미국 경제를 재건하기 위해 일본을 포함한 선진 5개국이 협조해 달러 안정책을 묵인한다는 것이었다. 그 결과 달러에 대한 엔화의 환율이 1달러당 235엔에서 150엔으로 급등했다.

당시 도요타가 켄터키와 온타리오에 투자한 금액은 2,160억 엔이다. 엔화 강세가 됐기 때문에 투자하기에는 좋은 시기였다. 그럼에도 큰돈이었는데, 당시 언론은 해외에 공장을 짓는 회사보다 토지를 사거나 재테크로 돈을 굴리는 회사를 집중 조명했다. 미래를 내다보고 모노즈쿠리를 위해 한 투자보다 당장의 이익을 노리는 투자를 찬양했던 것이다. 플라자합의를 기점으로 재테크의 시대가 시작됐다.

일본 기업이 소유한 토지 가격이 상승했다. 이것이 주가에 반영돼 미실현이익이 발생했다. 기업은 이 미실현이익으로 토지를 사들이거나 금융 상품에 투자했다. 재테크야말로 정의라는 풍조였다. 1987년에는 닛케이 평균주가가 2만 엔을 돌파하고 NTT 주식이 상장되며 주식 열풍이 불었다. 켄터키 공장에서 첫 번째 캠리가 완성된 1988년에는 노무라증권이 경상이익 5,000억 엔으로 일본 최고의 회사가 됐다. 닛케이 평균주가가 3만 엔을 돌파한 것은 그해 말이었다.

1989년에는 버블이 정점을 찍는다. 소니는 콜롬비아영화사를 사들였고, 미쓰비시지쇼三菱地所(대형 부동산 회사─옮긴이)는 록펠러센터를 자사 건물로 만들었다. 뉴스는 "도쿄 23구의 지가가 미국 전체의 지가보다 비싸다"라고 보도했다. 도요타의 켄터키 공장에서 미국인 작업원들이 도요타 생산방식과 정면으로 마주하면서 땀 흘려 자동차를 만들고 있다는 소식은 뉴스의 범주에도 들지 않았다.

도요타가 불합리하고 골치 아픈 사건에 휘말린 것도 이 시기였다. 도요타용 부품을 공급하는 고이토제작소小糸製作所의 주식이 기업 사냥꾼 분 피컨스T. Boone Pickens의 손에 넘어가면서 "비싼 값에 매입하시오"라는 압력이 들어온 것이다. 피컨스를 뒤에서 조종한 것은 버블 시대에 AIDS라고 불렸던 네 회사 중 하나인 아자부자동차麻布自動車였다. 아자부자동차가 갖고 있는 고이토제작소 주식을 증권시장에서 팔지 않고, 고이토제작소의 필두 주주였던 도요타를 압박해 비싸게 팔려고 획책했던 것이다. '언론에 뉴스를 흘려 크게 화제가 되면 도요타도 주식을 매입할 수밖에 없겠지. 아자부자동차의 이름으로 진행하기보다는 미국인을 이용하는 편이 더 큰 화제가 될 거야.' 아자부자동차 사장이었던 와타나베 기타로渡辺喜太郎는 그렇게 생각했다. 분 피컨스는 "아자부자동차로부터 주식을 샀다"라고 주장했지만, 조사해보니 그런 사실은 없었다. 그럼에도 언론은 도요타 대 피컨스의 구도로 이 일을 크게 보도했다.

회장이었던 도요다 에이지는 주식 매입을 단호히 거절했다. 정치가의 압력도 있었지만, 시장 밖에서 주식을 떠맡는 옳지 않은 결말에 대해 일관되게 "노"를 외친 것이다(이와 관련된 사정은 나가노 겐지永野健二가 쓴《버블 : 일본 방황의 원점バブル 日本迷走の原点》에 자세히 나와 있다). 결국 버블이 꺼져 주가가 하락하면서 피컨스는 퇴장했고 아자부자동차는 손해를 봤다.

훗날 에이지는 피컨스 사건을 떠올리며 이렇게 말했다.

"버블 시대에는 말이야, 멍청한 놈이나 물건을 만든다는 생각이 만연했지. 결국 고이토 사건도 그렇지만, 버블 시대는 역시 이상한 시대였어."

478

도요타의 북아메리카 진출은 이상한 시대에 이루어진 올곧은 투자였다. 켄터키 사람들은 지금도 도요타 진출을 환영하며, 훗날 도요다 아키오가 리콜 사건으로 공격받을 때도 그를 감쌌다. 보통 일본 사람들보다 미국인들이 오히려 도요타 생산방식을 더 높게 평가하며 포드 방식의 대체재가 될 수 있음을 체감했다고 할 수 있다.

도요타 생산방식이 세계 각국의 생산 현장에서 채용되는 것은 일본이 보급하고 있어서뿐만이 아니다. 도요타 생산방식이 미국에서도 제대로 기능했기 때문이다. 외국에서의 성공 사례가 있기에 자동차업계뿐 아니라 다른 산업에서도 도입을 결정하는 것이다.

북아메리카에 도요타 생산방식을 도입한 사람 중 한 명인 이케 부치는 "우리는 미국의 작업원을 신뢰했다"라고 말했다.

"당시 빅3의 수천 명 규모 공장에는 관리직 엔지니어가 200명은 있었습니다. 다들 초시계를 들고 작업원을 감시하며 작업 시간을 측정했죠. 그렇게 해서 표준시간을 정하고 노동조합에 설명한 다음 부터 일이 시작됐습니다. 엔지니어는 노동조합에 설명하기 위해 공장에 있는 존재나 다름없었죠.

이 이야기를 오노 씨에게 했더니 '표준작업이나 작업 순서 같은 건 작업원이 스스로 정하면 되는 거야'라고 하더군요.

사람은 자유가 주어지면 일하고 싶어 합니다. 도요타 생산방식은 강제하는 것이 아니라 자유를 주는 시스템입니다. 그래서 생산성이 향상되는 거죠.

우리는 라인 배치를 거의 매주 바꿨습니다. 그렇게 해서 흐름을 만들었죠. 하지만 빅3는 그러지 않습니다. 일단 라인을 만들면 그것으로 끝입니다. 도요타 생산방식의 특징 중 하나이기도 하지만, 이런 것까지 언급하는 언론은 적습니다. 모노즈쿠리에 관여하는 사람들은 그 의미를 이해하지만, 많은 일반인은 그때부터 지금까지 도요타 생산방식을 계속 오해하고 있습니다."

오노 다이이치, 세상을 떠나다

켄터키 공장이 본격적으로 생산에 돌입한 1990년 5월 중순, 현지에서 현장을 총괄하던 조가 일시 귀국했다. 처리해야 할 일도 있었지만, 도요타기념병원에 입원한 오노를 병문안하기 위해서였다. 병상이 500개가 넘는 이 병원의 모체는 2차 세계대전 이전에 고로모 공장이 개설됐을 때 세워진 진료소이다.

건강이 나빠진 오노는 이때가 세 번째 입원이었으며, 조가 병문안을 갔을 때는 아내가 병실에서 간호하고 있었다. 조를 알아본 오노가 몸을 일으키려 했다.

"괜찮습니다. 그냥 누워 계세요." 침대 곁으로 다가간 조가 오노에게 말했다. "켄터키는 그럭저럭 원활해졌습니다. 건강해지시면 꼭 한번 보러 오십시오."

"그런가? 알겠네."

오노는 조금 웃으면서 다시 조를 향해 몸을 일으키려 했다.

같은 달 28일, 오노는 퇴원하지 못하고 병실에서 세상을 떠났다. 78년의 생애였다. 50년의 회사원 생활 중 11년은 도요다방직에서 근무했고, 나머지는 도요타자동차에서 생산성 향상에 힘을 쏟았다. 그가 평생에 걸쳐 "도요타 생산방식을 만든 사람은 기이치로 씨"라고 말한 것은 창업 사장에 대한 배려가 아니었다. 자신이 한 일은 어디까지나 기이치로의 지시에 따라 저스트 인 타임이라는 콘셉트를 구체화한 것임을 이해했기 때문이다. 표현에 엄격한 오노는 "도요타 생산방식을 발명한 사람"이라고 불리는 것을 가장 싫어했다.

오노가 남긴 것을 다시금 생각해보면 그것은 인재였다. 스즈무라를 비롯해 도요타 생산방식을 전도해온 사원들이 오노의 유산이다. 게다가 그 인재들은 지금도 활약하고 있다. 상무 임원인 니노유는 "출신 대학 동창회에서 선배인 오노 씨를 만난 적이 있습니다"라고 말했다.

"저는 아직 신참이었기 때문에 무서워서 다가가지도 못했지만, 오노 씨를 본 것만으로도 힘이 됐습니다."

그 후 니노유는 생산조사부에 들어갔고, 주사를 거쳐 모토마치 공장장이 됐다. 모토마치 공장은 오노가 공장장을 맡았던 현장으로, 니노유는 매일 아침 출근하면 오노의 초상화에 고개를 숙인다.

오노는 도요타 생산방식에 대해 "완성은 없다"라고 줄곧 말했다. 또한 자신이 한 말을 금과옥조로 삼지 말라고도 강조했다. 그는 교주가 되고 싶어 하지 않았다. 자신이 지도한 부하 직원들이 자립하기를 바랐다.

오노가 아직 도요타에 근무할 때, 한국생산성본부 부산지역본부에서 도요타 생산방식에 관해 강의한 적이 있다.

그는 그 자리에서 "가장 중요한 점은 모든 것에 의문을 품는 것"이라고 말했다. "저녁놀은 왜 붉을까? 민들레꽃은 왜 노랄까? 왜냐는 의문을 품는 것은 공부로 이어집니다. 이른바 생각하는 사람이 양성되죠."

요구하는 것은 이른바 지식이 아니다. 곤란함에 괴로워하며 생각하고 또 생각한 끝에 나오는 지혜이다. 그것이 가이젠으로 이어진다. 도요타에서는 지금도 '지혜와 개선'이라는 말로 계승되고 있다.

켄터키 공장에 있었던 폴 브리지는 도요타 생산방식을 "생각하는 팀 멤버에게는 훌륭한 생산방식"이라고 단언했다. 이루어질 수는 없지만, 만약 오노가 폴의 말을 들었다면 "내게는 최고로 기쁜 말이군"이라고 감상을 말했을 것이다.

버블 붕괴

오노가 세상을 떠난 1990년은 버블이 붕괴된 해이기도 하다.
전년도에 사상 최고가를 기록한 닛케이 평균주가가 이해부터 급락하기 시작했고, 하락세는 멈추지 않았다. 다만 지가는 바로 떨어지지 않았다. 1991년에 지가가 급락하기 전까지는 불경기로 느껴지지 않았다. 1992년부터 상황이 달라졌다. 3월에 3대 도시권(도쿄를 중심으로 한 수도권, 오사카를 중심으로 한 긴키권, 나고야를 중심으로 한 주쿄권—옮긴이)의 공시지가가 11.6퍼센트 하락했고, 연말에 주가는 1만 6,924엔이 됐다. 1989년의 3만 8,915엔에서 절반 이하가 된 것이다. 지가도 주가도 단숨에 하락했다. 일본 경제가 이상해진 것은 이해 초부터라고 할 수 있다.

1995년에는 한신·아와지 대지진과 도쿄 지하철 사린 테러 사건이 일어났다. 1997년에는 소비세가 3퍼센트에서 5퍼센트로 인상됐다. 서민들은 물건을 사기보다 불안한 미래에 대비해 절약하기 시작했다. 자동차뿐 아니라 모든 물건이 팔리지 않게 됐다. 디플레이션 시대에 들어선 것이다. 팔리는 차라고는 실용적인 경자동차와 환경을 생각하는 하이브리드 자동차뿐이었다.

버블 붕괴 후의 상황은 지금까지 이어지고 있으며, 도요타도 소비 부진에 발목을 잡혀 있다. 일본 시장에서는 고전까지는 아니지만 성장하고 있다고도 할 수 없다. 다만 북아메리카에 공장을 지은 뒤 유럽, 아시아, 중국, 남아메리카, 아프리카 등 전 세계에 공장을 뒀기에 생산 대수는 늘어나고 있다. 게다가 숫자를 보면 호조를 띠며 이익에 공헌하고 있는 곳은 북아메리카 시장이다. 북아메리카 진출을 결단하고 미국인 작업원을 다수 고용한 것이 얼마나 도요타에 힘이 됐는지 모른다. 켄터키 공장을 만든 것은 도요타에 측정할 수 없을 정도의 이익을 가져다줬다.

버블이 붕괴된 뒤 일본 상황에 변화가 있었다면 그것은 도요타가 일본 최고의 회사가 된 것이다. 매출과 이익도 그렇지만, 회장 도요다 쇼이치로가 8대 경단련(일본경제단체연합회) 회장에 취임한 것이 그 승거이다(1994년). '이제 직기 사업으로는 먹고살 수 없다'고 판단한 기이치로가 사내 벤처를 통해 자동차 사업에 뛰어든 지 60년, 그의 아들이 재계 총본산의 수장 자리에 앉았다. "직기 회사의 도련님이 취미 생활을 시작했다"라는 비아냥거림을 듣던 사업을 계속하는 사이에 도요타는 재계의 수장을 배출한 회사가 된 것이다.

다만 당사자인 쇼이치로에게는 그런 감상이 전무했던 것으로 보인다. 그는 2차 세계대전이 끝난 뒤 아버지의 지시로 어묵 공장에서 일하기도 하고, 주택 일도 경험했다. 힘든 시기를 경험했기에 남들이 부러워하는 지위에 올랐다고 해서 우쭐대거나 하지 않았다.

쇼이치로가 경단련 회장이 된 바로 그 무렵, 도요타 생산방식의 전개가 새로운 국면에 접어들었다. 그 전까지는 생산 현장과 물류에 도요타 생산방식을 적용해왔는데, 한 사내가 '판매에도 응용할 수 있지 않을까?'라고 생각한 것이다.

그리고 그 사내는 자신의 생각을 실천하기 시작했다.

제16장

현장에서
답을 찾다

만약 사무 업무에 도요타 생산방식을
적용하려는 사람이 있다면 최초의 결과에 만족해서는 안 된다.
매일 자신이 일하는 방식을 점검하고
어제보다 오늘, 오늘보다 내일을 생각해야 한다.
가이젠을 계속해나가는 것은 평범한 사람에게 결코 간단한 일이 아니다.

트럭에 올라탄 사나이

1991년, 도요타의 북아메리카 진출이 정상 궤도에 오르기 시작했을 무렵 〈아사히신문〉에 '효율 경영의 폐해'라는 제목의 기사가 실렸다.

> 정해진 시간에 필요한 물품을 필요한 수량만 업자에게 납입시키는 이 방식은 도요타자동차가 생각해낸 이래 다른 자동차 제조사와 유통업계에 확산됐다. (중략)
> 그러나 이 방식은 교통 체증, 교통사고, 대기오염 등을 유발한다. 정해진 시간 배송이나 소량 다빈도 배송의 보급이 교통량을 증가시키기 때문이다. 부품을 만드는 도급 회사가 모기업이 지시하는 납품일이나 납품 시간에 휘둘려 휴일을 잡지 못하는 문제도 있다. (중략)
> 현재 효율 경영의 극치로 통하는 '저스트 인 타임 방식'이 사회에 비효율을 초래하는 것은 참으로 아이러니하다.
>
> (3월 7일자 석간 '효율 경영의 폐해'=창·논설 위원실에서)

읽어보면 현장을 제대로 조사하지 않고 쓴 기사임을 알 수 있다. 정해진 시간 배송, 소량 다빈도 배송이 곧 교통사고 증가로 이어지지는 않는다. 또한 당시에도 물류의 가이젠이 진행 중이어서 각 협력사가 자사 부품을 공통의 배송 차에 신도록 돼 있었다. 즉 각 회사가 따로따로 배송하는 낭비는 도요타 생산방식에는 해당되지 않는 이야기였다.

다만 도요타에 부품을 납입하는 협력사를 전부 합치면 수만 곳에 이른다. 저스트 인 타임으로 부품을 보내기 위해 도요타 공장 근처까지 와서 대기하는 차가 없었던 것은 아니며, 그런 자동차가 체증을 유발한 적도 있다. 효율적인 물류가 수만 개나 되는 회사에 전부 채용됐는가 하면, 그렇게까지 철저하게는 할 수 없었다.

기사의 반향은 컸다.

"도요타는 도로를 자신들의 것이라고 착각하고 있다."

"도요타가 또다시 도급업체에 무리한 요구를 했다."

이런 클레임이 들어왔고, 여론도 기사를 정확한 사실로 믿었다. 여기에 재검토의 목소리가 높아지고 있는 '간판방식'이라는 후속 기사가 나오면서 도요타의 처지는 점점 악화됐다. 자사에 대한 홍보, 선전에 능숙하지 않았던 탓도 있어서 '도요타는 악'이란 낙인이 찍혔다.

그런 가운데 한 사내가 움직이기 시작했다.

그 계기는 다카오카 공장에 갔을 때였다. 그는 부품을 공장에 운반하는 트럭의 출입이 불규칙해진 것이 마음에 걸렸다. 일반적인 회사라면 납품하는 거래처에 물어보거나 설문 조사 등으로 상황을 파악하려 했겠지만, 도요타에서는 '현지 현물'이 기본이다. 그는 '현장에 가서 직접 물어보자'라고 생각했다.

그 사내, 도요다 아키오는 생산조사부에서 함께 현장을 돌아다니던 후배 도모야마 시게키에게 말을 걸었다.

"어이, 나랑 같이 어디 좀 가자."

아키오는 집에서 타고 온 소아라ソアラ에 도모야마를 태우고 공장 밖으로 나갔다. 그리고 "저기 있군"이라고 중얼거리는가 싶더니 소아라를 가속시켜 11톤 트럭 뒤에 바짝 붙었다. 트럭 짐칸에는 '가리야통운'이라고 적혀 있었다.

'이 사람, 대체 뭘 하는 거지?'

도모야마가 의아해하는 가운데 아키오는 트럭의 뒤를 쫓았다. 아무리 생각해도 수상했다. 국도로 나왔을 때 신호등에 빨간불이 들어와 트럭이 멈췄다. 아키오는 핸드브레이크를 당겼다.

"그럼 뒤를 부탁해."

"네? 뭘 부탁한단 말입니까?"

깜짝 놀란 도모야마의 눈이 휘둥그레졌다, 아키오가 운전석에서 내렸다.

"잠시 트럭 기사한테 이야기를 들어볼 거야. 그러니까 이 차를 몰고 트럭 뒤를 따라와줘."

아키오는 이렇게 말하고 도로를 달려 트럭 조수석 쪽으로 가더니 차 문이 부서지는 것이 아닐까 걱정될 만큼 세게 두드렸다.

'저 사람, 저러다 큰일 나는 거 아닐까……'

도모야마는 걱정됐지만, 아키오는 차 문을 열고 그대로 조수석에 올라타버렸다. 도모야마는 황급히 트럭을 쫓았다. 대학 시절, 군마현의 '도로 레이서'로 유명했던 사내였기에 운전에는 자신이 있었다. 도로에서는 트럭 뒤에 바짝 붙어서 떨어지지 않았다. 이윽고 트럭이 화물을 실은 채 모토마치 공장으로 들어갔다. 도모야마도 뒤를 쫓았지만 구내는 넓을 뿐 아니라 길이 복잡하게 얽혀 있었다. 게다가 트럭과 운반차, 승용차로 혼잡했던 탓에 트럭을 놓치고 말았다.

다시 아키오를 발견한 곳은 매점이었다. 아키오는 "여기야"라고 웃는 얼굴로 말하며 손을 흔들었다. 그리고 "자, 이거"라며 도모야마에게 커피 우유를 건넸다.

"너 말고 기사 양반한테도 하나 줬어." 아키오는 이렇게 말한 뒤 말을 이었다. "역시, 현장 사람한테 이야기를 들어봐야 해."

도모야마는 당시를 떠올리며 이야기했다.

"부품 배송 경로와 시간, 짐이 어느 정도 있는지 꼬치꼬치 캐물은 것도 모자라 휴일은 제대로 얻고 있는지까지 확인했다더군요.

도요타의 현지현물주의란 바로 이런 겁니다. 회의에서 보고를 받고 결정하는 것이 아니라 실제로 부품을 배송하는 사람에게 물어보는 거죠."

당시 트럭 기사와의 대화에서도 엿볼 수 있듯이, 아키오는 도요타 생산방식을 더 폭넓은 분야에 적용할 수 있으리라 생각했던 듯하다.

이듬해인 1992년, 아키오는 생산조사부에서 국내 영업 부문으로 이동해 코롤라 판매점을 직할하는 지구 담당원이 됐다. 처음에는 호쿠리쿠 3현(도야마현, 이시카와현, 후쿠이현)과 나가노현을 담당했

490

고, 그다음은 기후현, 시즈오카현, 미에현을 맡았다. 여기에서도 그는 '이상한 점'을 깨달았다. 신차 물류에 관해서였다. 갓 만든 자동차가 공장을 나간 뒤의 배송 시간이 너무 길다고 느꼈다.

'도요타의 자동차는 공장 내에서는 저스트 인 타임이 되고 있어. 하지만 공장 밖으로 나간 뒤에는 어떤지 알 수가 없군. 아무래도 다시 한 번 현장에서 조사해봐야겠어.'

지구 담당자로서 판매점을 돌다 보니 야적장에 있는 자동차의 재고 기간이 마음에 걸렸다. 그래서 조사해보니 공장을 나온 뒤의 신차가 판매점에서 장기간 머물고 있었다.

아키오는 생각했다. '우리는 리드타임을 단축하면서 자동차를 만들고 있어. 그런데 판매 단계에서 소요되는 시간이 이렇게 긴 줄은 몰랐네. 주문을 받아 차를 납품하기까지 30일 이상이 걸린다니……. 아무리 고객이 잠자코 기다려준다고 해도 이래서는…….'

당시 어떤 자동차 회사든 도요타와 비슷한 시간이 걸렸다. 대금 회수는 납품한 뒤로 시간이 더 걸린다. 납품, 대금 회수까지의 시간을 좀 더 단축하려면 어떻게 해야 할까? 도요타와 판매점(카 딜러) 사이에도 여러 논의가 있었지만, 판매점이 담당하는 업무 영역에 관해서는 효과적인 대책을 세울 수가 없었다. 설령 판매점 야적장에 자동차가 넘쳐난들 "빨리 파시오", "고객에게 가져가시오"라고 지시할 수도 없었다.

그러나 아키오는 '이대로 내버려둘 수는 없어'라고 생각했다. 그의 의문은 점점 커져갔다.

'판매점 경영자는 자동차가 몇 대 팔렸는진 알아. 그런데 자동차를 팔기 위해 비용이 얼마나 들었는지도 확실히 파악하고 있을까?'

'판매점 옆에 있는 판금 공장에는 수리를 기다리는 자동차가 넘쳐나. 도요타 생산방식으로 치면 재고 더미야. 저걸 어떻게든 해야 하지 않을까?'

생각할수록 이상한 점이 속속 머릿속에 떠올랐다. 그중에서도 가장 이상한 점은 '사용자의 시선으로 바라보지 않는 것'이었다.

'고객은 주문했으면 빨리 차를 받아서 타고 싶어 해. 또 자동차 검사를 받을 때도 일주일 가까이 자동차를 타지 못하는 것은 참지 못하지.

이런 것에 대해 도요타가 아무 조치를 취하지 않아도 되는 걸까? 판매점에 맡겨두기만 해도 될까? 이것을 고객제일주의라고 말할 수 있을까?'

아키오는 일개 지구 담당자에 불과했지만, 먼저 기후현 판매점에 가서 물류 가이젠을 실시하기로 했다. 이때 도움이 된 것이 바로 '도요다'라는 성이었다. 일개 회사원이 와서 "가이젠하고 싶습니다"라고 말했다면 판매점 사람도 콧방귀를 뀌었겠지만, 그 회사원이 도요다 가문 사람이라면 사정이 달라진다. 즉 '창업자 가문 사람이니 성심성의껏 상대하자'라는 배려가 작용했다고 할 수 있다. 게다가 아키오는 어드바이저로 하야시 난파치를 불렀다. 도요타 생산방식의 지도에 관해서는 업계에서도 유명인이 된 하야시가 등장한 것도 영향을 끼쳐서 기후 판매점의 물류 가이젠은 원활히 진행됐다.

그 후 아키오는 다른 판매점에도 가이젠을 실시해나갔다. 그러나 대상이 그가 담당하는 지구의 판매점으로 한정된 까닭에 전체적으로 큰 성과를 낼 수는 없었다.

창업자의 후계자에게는 숙명적으로 유약하다는 이미지가 따라붙는다. 그러나 아키오는 생산조사부에서 단련을 받았다. 그곳에서 익힌 지혜와 경험을 바탕으로 판매 부문의 가이젠에 뛰어들었다. 그만이 할 수 있었던 일이며, 도요타에 공헌한 일이기도 하다. 세상에 퍼진 '도련님'이라는 이미지와는 다른 종류의 일을 했지만, 세상은 그런 것을 전혀 알지 못한다.

493   도요타가 본격적으로 판매와 물류 가이젠을 시작한 것은 1996년이다. 국내 기획부에 마련된 업무개선지원실에 도요다 아키오 이외에 멤버 60명이 모였다. 그들은 전국의 판매점을 찾아가 물류와 정비 작업을 조사하고, 가이젠을 실시하게 된다. 당시 도모야마는 생산조사부에서 중견 지도원으로 실적을 남기고 있었는데 "너도 와"라는 아키오의 말에 업무개선지원실로 이동했다.

그리고 이듬해인 1997년, 아키오가 업무개선지원실 실장이 된다. 같은 해에 시동이 걸린 '가주Gazoo' 프로젝트는 중고차 물류 가이젠에서 탄생한 영상 검색 시스템 'UVISUsed car Visual Information System'를 기반으로 화면을 조작해 신차 정보 검색과 자동차 검사 견적, 입고 예약 등이 가능한 서비스로 성장하지만, 이것은 조금 미래의 이야기이다.

1998년, 당시 과제인 판매점 가이젠을 진행하는 과정에서 아키오와 도모야마는 나고야 판매점인 나고야 도요펫의 가이젠을 시작한다. 나고야 도요펫은 전국에 280개 있는 도요타 계열 딜러(판매점) 중 하나로, 도요펫 52사 중 두 번째로 판매 대수가 많았다. 다만 판매 대수가 가장 많은 도쿄 도요펫이 도요타의 100퍼센트 자회사임을 생각하면 독립된 기업으로는 최고였다.

이곳의 최고경영자는 오구리 가즈오小栗一郎였다. 그는 대학 졸업 후 도요타에 입사해 5년 동안 근무한 뒤 1990년에 할아버지가 시작한 나고야 도요펫으로 돌아갔다. 1998년에 도요타에서 업무개선지원실 실장인 아키오와 계장인 도모야마가 찾아왔을 때 이 둘을 상대한 사람도 그였다.

훗날 오구리는 당시를 회상하며 왜 그 시기에 판매점 가이젠이 성과를 올릴 수 있었는지 이야기한 적이 있다.

"제가 도요타를 퇴직한 1990년에만 해도 버블이 붕괴되기는 했지만 자동차는 아직 잘 팔리고 있었습니다. 판매점으로서는 판매할 자동차가 부족할 정도였죠. 그러다 1991년부터 판매가 줄어들기 시작했는데, 이듬해에 저는 미국으로 유학을 갔습니다. 그리고 1993년에 돌아와서 보니 나고야 도요펫의 야적장에 자동차가 넘쳐나더군요. '이거 큰일 났군. 어떻게 해야 하지?'라고 생각하는데, 당시의 도요다 실장이 가이젠을 시작했다는 소식을 들었습니다. 그래서 '이건 함께해야 해'라고 생각했습니다. 실제로 가이젠에 착수한 것은 좀 더 시간이 흐른 뒤였습니다만……."

도요타는 일본에서 판매 1위를 자랑하는 회사였다. 필연적으로 다른 회사보다 공장에서 많은 차가 나왔다. 날개 돋친 듯이 팔리는 동안에는 아무 문제도 되지 않았지만, 일단 판매 추이가 둔화되자 야적장에 머무는 자동차가 늘어나는 속도가 다른 회사에 비할 바가 아니었다.

자동차가 야외에 방치되다 보니 비가 내리면 물방울이 차체에 달라붙는다. 그리고 이것이 렌즈 효과를 일으켜 햇빛이 도장을 변색시키기도 한다. 변색이 심해지면 다시 도장해야 한다. 또한 공장에서 야적장까지 배송하는 동안에도 리스크가 있다. 타이어에 밟힌 작은 돌멩이가 튀어서 자동차 운반차에 실린 자동차에 맞을 때도 있다. 공장에서 나온 차가 바로 불량품이 돼버리는 것이다.

리스크를 줄이려면 만든 차를 1초라도 빨리 고객에게 전달해야 한다. 시간이 줄어들수록 고객도 기뻐하고, 파는 쪽도 이익이다. 다만 그 전까지 '판매 리드타임'을 줄이자고 제안한 사람이 아무도 없었다. 할 수 없었다고도 볼 수 있다. 그런 생각을 한 사람이 없었던 것은 아니다. 오노 다이이치도 한때 시도하려 했다고 한다. 그러나 그가 있었던 시대에는 도요타자동차공업과 도요타자동차판매가 별개 회사였던 까닭에 내정간섭이 될 수 있어 실현하지 못했다.

그렇다면 왜 도요다 아키오만이 제안하고 실행할 수 있었을까? 창업자 가문의 일원이었기 때문일까? 오구리는 이렇게 추측했다.

"창업자의 손자인 것도 물론 있었습니다. 하지만 그보다 컸던 것은 도요다 사장이 1984년에 입사했다는 점입니다. 공판 합병을 한 뒤에 입사한 것이죠. 그는 자동차공업도 자동차판매도 없는 신생 도요타자동차에 입사한 사람입니다. 그리고 신생 도요타자동차에 입사한 사람 중 최초로 과장이 된 것이 도요다 씨의 세대였습니다. 그게 컸죠.

판매점 개혁을 시작한 시기는 공판 합병으로부터 10년 이상 후입니다. 신생 도요타자동차로서 문제를 해결하고자 하는 기운도 생겨났을 겁니다. 그리고 판매 가이젠을 할 때 어드바이저로 하야시 난파치 씨를 부른 것도 좋았습니다. 잔소리꾼인 하야시 씨가 온 덕분에 모두가 해보자는 마음이 됐죠."

판매에 도요타 생산방식을 도입하는 것은 도요타 역사에서도 가장 어렵고 민감한 도전이었다. 어떤 회사나 생산 부문과 판매 부문이 대립하기 마련으로, 도요타라고 예외가 아니었다. 자동차공업도 자동차판매도 현재 상태로는 안 된다고 생각해서 때때로 토의했지만, 열띤 토론 속에서도 효과적인 방법을 찾아내는 데는 실패했다. 그래서인지 도요타 역사에는 판매 가이젠에 관한 기록이 단 한 줄밖에 없다.

496

1994년에 3차량부가 생산조사부의 협력을 얻어 도요타 생산방식을 판매점 업무 개선으로 연결하는 활동을 시작했다.

협력 공장이나 해외 공장에 도요타 생산방식을 퍼뜨릴 때도 저항과 장해물은 있었지만, 그래도 생산 현장끼리의 공감대가 있었다. 반면에 생산과 판매는 애초에 분야가 다르다. 생산은 판매의 지시를 성가셔하고, 판매는 자동차가 팔리지 않으면 "팔리지 않는 상품을 억지로 떠맡기고 있다"라며 불만을 터뜨린다. 어떤 회사에서든 좀처럼 일치단결하는 관계가 아니다. 이를테면 물과 기름 같은 관계이기에 일방적으로 "판매에 도요타 생산방식을 적용한다"라고 말한들 판매점이 "고맙습니다. 그거 좋은 생각이네요"라고 해주지는 않았던 것이다. 그 정도가 아니라 판매 현장에 생산 쪽 사람이 출입하는 것에 불쾌감을 나타내는 이도 적지 않았다.

이 일에 관여했던 도모야마는 훗날 판매에 도요타 생산방식을 도입한 경험에 관해 강연한 적이 있는데, 그때 제일 앞에 앉아서 강연을 듣던 이케부치 고스케가 이런 말을 했다.

"어이, 정말 잘했어. 그건 오노 씨도 못 한 일이야. 우리도 생각은 했지만 절대 할 수 없었던 일을 해낸 거라고."

판매에도 가이젠을

공판 합병 이전부터 도요타자동차공업과 자동차판매는 모두 '고객을 위해'를 표방하고 있었다. 건설적인 논의가 오가기도 했다. 그러나 생산과 판매는 각자의 이론을 갖고 있다. 일반적으로 생산하는 쪽은 같은 모양의 상품을 많이 만들면 부품과 작업의 가짓수가 적어서 생산성이 오른다. 한편 판매하는 쪽이 원하는 것은 잘 팔리는 상품이다. 생산하는 쪽에서 같은 모양, 같은 색 상품만 보내도 곤란하다.

도요타라면 고객은 같은 코롤라라도 다른 사람과 다른 코롤라를 타고 싶어 한다. 자신이 입은 것과 같은 색 유니클로 후리스를 입은 사람과 마주치면 순간적으로 기분이 나빠지듯, 자동차 오너도 쇼핑센터 주차장에서 같은 차종, 같은 색의 차 옆에는 주차하고 싶어 하지 않는다.

과거에 자동차판매를 만들었던 가미야 쇼타로는 "첫째는 사용자, 둘째는 딜러, 셋째는 제조사"라고 거듭 훈계했다. 그러나 버블 붕괴 후 현장을 돌아다니던 도요다 아키오는 도요타가 가미야의 말을 지키지 않는 것 같다고 생각한 경험이 있다. 나고야 도요펫에서 본격적으로 판매 가이젠에 착수하기 이전, 기후현에서였다. 기후현으로 출장을 가서 판매점 야적장을 보니 녹색 코롤라II만 잔뜩 있었다. 당시 도요타에서는 코롤라II의 캠페인 컬러를 녹색으로 정하고 판촉 활동을 펼치고 있었다. 새로운 자동차를 원하는 잠재고객에게는 녹색 코롤라II를 추천했고, 그 결과 녹색 코롤라II의 주문이 늘어났다. 그래서 공장 라인에서는 녹색 코롤라II가 끊임없이 나왔으며, 판매점에 녹색 코롤라II가 넘쳐나는 것도 이상한 일은 아니었다.

그러나 아키오의 머릿속에 떠오른 의문은 사라지지 않았다. '정

말 고객이 갖고 싶어 하는 자동차를 공급하고 있는 것일까?'

이후 다시 기후현으로 출장을 가게 됐을 때, 아키오는 나고야역 매점에서 도시락을 사기로 했다. 먹고 싶었던 것은 치킨 소보로 도시락이었다. 그런데 인기가 많은지 이미 다 팔려서 없었고, 매점에는 모둠 도시락만 남아 있었다. 어쩔 수 없이 그것을 집었을 때, 아키오는 순간적으로 '아하, 바로 이런 것이구나!'라고 이해했다.

이후 그는 치킨 소보로 도시락의 충격을 즐겨 이야기하게 됐다.

"나는 치킨 소보로 도시락이 먹고 싶었지만, 팔지 않았기 때문에 모둠 도시락에 만족해야 했지. 하지만 도시락 가게의 상사는 그렇게 생각하지 않을 거야. 매점의 판매 숫자를 보고 '오, 나고야에서는 모둠 도시락이 잘 팔리는군. 모둠 도시락을 좋아하는 사람이 많은 게 틀림없어'라고 생각하겠지.

물론 사실은 정반대야. 고객은, 그러니까 나는 치킨 소보로 도시락이 먹고 싶었어. 하지만 숫자만 봐서는 그걸 절대 알 수가 없지.

내 말 잘 들어. 난 치킨 소보로 도시락을 먹지 못해서 화난 게 아니야. 고객이 원하는 제품을 만드는 게 제조사의 책임이라는 말을 하고 싶을 뿐이라고."

먹고 싶은 음식을 먹지 못한 원한은 무섭다. 치킨 소보로 도시락을 먹지 못한 아키오는 판매 가이젠에 더욱 의욕을 불태웠다.

나고야 도요펫의 가이젠이 본격적으로 시작된 시기는 1998년이다. 책임자는 아키오, 실제 현장에서 지도한 사람은 도모야마였다.

그리고 앞에서 말했듯 도모야마의 파트너로 가이젠을 받는 쪽 책임자는 유학을 마치고 돌아온 오구리였다.

그때 일에 대해 오구리는 머뭇거리면서 설명을 시작했다.

"도요타 본사와 딜러의 관계는 말이죠. 으음……, 아! 그러니까 그런 겁니다. 도쿠가와 막번 체제를 생각하시면 돼요."

내가 무슨 의미인지 잘 이해가 안 된다고 말하자 그는 "아니, 그러니까 이런 식입니다"라고 말했다.

"도쿄 도요펫과 도쿄 코롤라 같은 딜러는 직영점입니다. 직속 무사죠. 나머지는 대대로 도쿠가와를 섬겨온 지방 다이묘라고 생각하시면 됩니다. 다이묘는 기본적으로 자치를 허락받습니다. 다만 다이묘가 지켜야 하는 불문율이 있고, 전국 판매점 대표 회의라는 참근교대도 있습니다. 아들이 연수생으로 도쿄에서 살기도 하죠. 사실은 아내도 도쿄로 부르고 싶지만 그러지는 않습니다.

도쿠가와막부와 다이묘 관계이므로 막부도 다이묘의 경영 방침에는 참견하지 않습니다. 판매 가이젠도 꼭 해야 하는 건 아닙니다. 그래서 해보자는 다이묘와 상황을 좀 더 지켜보자는 다이묘로 나뉜 겁니다. 모든 판매점이 가이젠에 착수한 건 아니란 말이죠."

오구라의 회사인 나고야 도요펫은 가이젠에 참여했다. 그러나 '공장의 생산방식이 판매에 도움이 될 리 없어'라고 생각한 딜러는 가이젠에 참여하지 않았다.

오구라는 말했다. "저희 경우는 시작이 좋아서 사원들이 의욕을 냈습니다. 그도 그럴 것이 15억 엔을 절약했으니까요."

500

어떻게 절약할 수 있었을까?

"가이젠에 들어가기 전만 해도 회사 야적장에는 항상 자동차가 수십 대씩 있었습니다. 차를 입출고하기도 불편해 야적장을 어떻게든 해야겠다고 생각하던 차에 판매점 재고를 관리하는 도요타 차량물류부에서 '15억 엔을 들여 타워 주차장을 지으면 어떨까요?'라고 제안했죠. '뭐? 15억 엔이나 든다고?'라는 생각에 정신이 아득해졌습니다. 그런데 도모야마 씨가 그런 건 필요 없다더군요. 도요타 생산방식의 발상을 도입하면 평면 공간으로 충분하다고요."

도모야마와 오구리는 야적장으로 갔다. 나란히 세워진 자동차 행렬 옆에 입출고용 통행로가 있었다. 도모야마가 통행로 배치를 보고 낭비를 지적했다. 또한 들어오는 차와 나가는 차를 효율적으로 관리하는 시스템을 만들었다. 주차하는 장소를 매일 기록해 관리하면 공간을 절약할 수 있기 때문이다.

이 발상은 생산 현장을 정리하고 통행로를 만드는 것, 라인의 배치를 정비하는 것과 같았다. 또한 자동차 입출고 관리는 라인에서 부품의 흐름을 가이젠하는 발상을 그대로 따라 한 것이었다. 도요타 생산방식을 그대로 적용하면 됐던 것이다. 결과적으로 영업 사원들은 야적장 가이젠에 수긍할 수밖에 없었다.

"덕분에 주차장을 만들지 않아도 됐기 때문에 다른 가이젠에 대해서도 사원들이 크게 반발하지 않았다고 생각합니다."

오구리는 이렇게 말했지만 도모야마의 기억은 달랐다.

"야적장 정비 이외에는 전부 맹렬한 반발에 부딪혔습니다."

도모야마와 오구리가 다음으로 한 일은 납품 전 점검·정비와 자동차 검사 시간을 단축하는 것이었다. 납품 전 정비란 고객에게 자동차를 전달하기 전에 차체를 점검해서 지저분하면 세차를 하고 옵션을 부착하는 등의 작업을 의미한다.

판매점 정비 담당이 자동차 앞에서 일을 시작하려 하자 도모야마가 "잠깐"이라고 말하더니 초시계를 꺼냈다. 그리고 정비 담당의 뒤에 섰다. 정비 담당은 곤혹스러운 표정을 지으며 일을 시작하지 못했다. 그러자 담당 상사가 달려오더니 "이상한 거 꺼내서 사람 당황시키지 마시오"라고 불평했다.

도모야마는 태연하게 대답했다. "이건 도요타 생산방식에서 표준작업을 책정할 때 필요한 작업입니다. 신경 쓰지 말고 시작하십시오."

그러나 상사도 물러서지 않았다. "아니 그러니까 초시계 같은 걸 꺼내면 일하기가 거북하단 말이오. 그쪽은 신경 안 쓰여도 우리는 신경 쓰인다니까? 시간을 재는 건 좋은데, 그렇게 가까이에서 재지는 마시오. 고객에게 가져갈 소중한 차인데 신경이 쓰여서 정비가 소홀해지면 큰일 아니오?"

초시계를 든 사람은 어느 직장에서나 미움을 받는다. 도모야마의 귀에는 "거 참 더럽게 거들먹대네"라든가 "머리에 피도 안 마른 놈이 건방지구먼"이라는 목소리가 들렸다. 그러나 생산조사부에 있었던 도모야마에게 그런 반응은 익숙했기에 화가 치밀거나 하지는 않았다. 받아넘기는 것도 능숙해서, "잘 부탁합니다"라며 웃는 얼굴로 작업을 지켜볼 뿐이었다.

도모야마는 표준작업을 측정하며 작업의 낭비를 찾아내고, 자동차 정비에 필요한 기계나 부품을 놓는 위치를 어떻게 바꿔야 할지 파악했다. 그리고 며칠에 걸쳐 낭비를 수정하자 그것만으로도 정비와 자동차 검사에 걸리는 시간이 극적으로 줄어들었다. 그 전까지 하루에서 이틀이 걸리던 자동차 검사를 반나절도 되지 않아서 끝낼 수 있었다. 현재는 더욱 진화해서, 고객이 커피를 마시는 사이에 자동차 검사를 끝낸다.

다만 해결에 시간을 요하는 판매 특유의 문제도 있었다. 이를테면 신차를 납품하는 일시가 갑작스럽게 변경되기도 한다. 공장이라면 차를 내보내는 날을 생산하는 쪽이 정할 수 있다. 그런데 판매의 경우는 고객이 전화를 걸어서 "내일 받고 싶다고 했는데, 장을 보러 가야 하니 모레로 연기해주시오"라든가 "대길일 오전에 차를 받고 싶습니다"라고 요청하는 바람에 일시가 바뀔 때가 있다. 그러면 다시 정비하거나 야적장에서의 주차 위치를 바꿔야 한다.

당시 그들은 이러한 상황에 어떻게 대처했을까?

오구리는 설명했다. "뭐니 뭐니 해도 팔 때 일시를 분명히 확인하는 것이 중요합니다. 이 사람은 길일을 따지는 유형이구나 싶으면 확인합니다. 그리고 확인했으면 납차 전전날에 공장에서 차가 도착하도록 조치해놓습니다. 그 무렵에는 야적장도 정비가 돼 있었기 때문에 주차 장소를 바꾸거나 자동차를 빼기가 쉬워졌죠.

저희 회사는 현재 67개 점포에서 연간 4만 대의 도요타 자동차를 판매하고 있습니다. 그중 나흘 이상 야적장에 체류하는 차는 200대 정도입니다. 그 밖에는 전부 사흘 이내에 납품합니다. 판매의 도요타 생산방식을 도입한 덕분이죠. 그 전에는 일주일 이상 체류하는 차가 수십 대나 있었으니까요."

오구리의 이야기에 대해 도모야마는 자신감이 느껴지는 목소리로 "판매점에서 머무는 기간을 단축하는 것은 그리 어렵지 않았습니다"라고 말했다.

"정비, 자동차 검사, 물류는 판매점 업무이기는 해도 생산 현장과 같은 종류의 일입니다. 작업의 낭비를 찾아내는 것도 어렵지 않았습니다. 그보다 힘들었던 것은 고객을 직접 상대하는 영업 현장의 가이젠이었죠."

영업 사원의 가이젠

다음 차례는 판매의 최전선인 영업 현장의 가이젠이었다.

이를 위해서는 먼저 영업 사원 한 명이 어떤 일을 몇 분 동안 하는지 작업을 분석해야 했다. 도모야마는 초시계를 들고 하루 종일 영업 사원을 따라다녔다. 영업 사원 뒤에 찰싹 붙어서 시간을 재며 "야적장 정비 20분", "업무 일지 기록 30분. 영업을 위해 외출할 준비 5분"이라고 중얼거렸다.

"도모야마 씨, 지금부터 고객을 만나러 가야 하니 사무실에서 기다려주시오."

판매점 영업 사원은 '빨리 꺼져'라는 분위기를 강하게 풍기며 이렇게 말했다. 그러나 도모야마는 태연하게 "방해가 되지 않도록 할 테니 걱정 마십시오"라며 먼저 차 문을 열고 조수석에 앉아서 기다렸다.

자동차 안에서도 도모야마는 초시계를 놓지 않았다. 영업 사원이 고객과 세일즈 토크를 할 때만은 초시계를 숨겼지만, 그래도 몰래 시간을 측정했다. 그리고 면담 후에 "접객 시간 2분" 등과 같이 기록했다. 영업 사원 몇 명을 따라다니면서 시간을 쟀는데, 하나같이 "당신이 있으면 차를 팔 수가 없으니 제발 그만둬주시오"라고 말하며 화냈다. 그러나 시간 분석을 하지 않으면 영업 가이젠은 불가능하다. 도모야마는 당시를 되돌아보며 "다들 화를 많이 냈죠"라고 말했다.

"실제로 영업 사원이 일하는 모습을 지켜보니 고객을 상대하는 시간은 의외로 짧았습니다. 아마도 어떤 직종이든 마찬가지일 겁니다. 본인에게는 길게 느껴질지 모르지만, 사실 세일즈 토크 같은 것은 순식간에 끝납니다.

여기에는 원인이 있는데, 첫 번째 이유는 사무 업무나 자동차의 사징(查定)에 들이는 시간이 길어 접객 시간이 물리적으로 짧아질 수밖에 없기 때문이었습니다. 그래서 저희는 고객을 상대하는 시간을 최대한 늘릴 수 있도록 도왔습니다. 접객 이외 업무에서 낭비를 없애 여유 있게 고객을 상대할 수 있도록 하는 것이 목적이었죠. 그것이 지금은 더욱 발전해, 계약 성공률을 높이고 잠재 고객 개척에 시간을 들일 수 있을 정도가 됐습니다.

두 번째 이유는 세일즈 토크 자체에 내용이 없기 때문이었습니다. 사전에 준비하지 않으면 이야기가 이어지지 못합니다.

영업 사원은 초시계를 싫어했지만, 시간을 측정하고 있으면 다들 열심히 하게 됩니다. '평소처럼 해주십시오'라고 말해도 일주일분의 신규 고객 개척을 나흘 만에 끝내버리죠."

오구리도 "판매 사원에게 여유가 생기자 결과가 달라졌습니다"라며 도모야마의 말을 거들었다.

"그때 판매 가이젠을 실시하면서 세일즈 토크 방법을 지도하거나 영업 기술을 가르치지는 않았습니다. 하지만 점포와 야적장을 정리 정돈하고 사무실 업무나 미팅 시간을 줄이자 여유를 갖고 영업에 임할 수 있게 됐습니다. 사전에 이야깃거리를 생각해놓을 수도 있게 됐죠.

해야 할 일을 하고 있으면 자연스럽게 얼굴에 웃음이 생깁니다. 저희 회사는 오랫동안 종합 표창을 받고 있습니다. 이익, CS(고객만족도) 등을 포함한 모든 점에서 좋은 성적을 낸 딜러가 받는 표창입니다. 이것은 도요타 생산방식을 도입한 덕분이기도 하죠. 도요타 생산방식을 도입한 뒤로 저희는 더욱 나아졌습니다.

그리고 개인적으로 가장 좋았다고 생각하는 변화는 야근이 줄어든 것입니다. 정시에 일이 끝나면 가족과 함께 저녁을 먹을 수 있습니다. 혹은 동료와 꼬치구이를 먹으러 갈 수도 있기 때문에 커뮤니

506

케이션이 좋아지죠.

　저는 도요타 생산방식이 생산뿐 아니라 판매든 사무든 어떤 직종에나 도입 가능한 방식이라고 생각합니다. 기존 업무에서 낭비를 없애주기 때문입니다. 다만 사람은 좀처럼 자신의 낭비를 찾아내지 못합니다. 도모야마 씨처럼 엄격하게 점검해주는 사람이 없으면 가이젠은 불가능합니다.”

　오구리의 말을 이어받은 도모야마가 포인트를 설명했다.

　“도요타 생산방식 중에 ‘사람인변이 붙은 자동화自働化’라는 것이 있습니다. 불량품을 없애는 시스템인데, 이것은 이상異常을 외부에 드러낸다는 의미입니다. 사람은 누구나 자신의 느린 업무 속도나 작업 속 낭비를 외부에 드러내고 싶어 하지 않습니다. 어떻게 해서든 감추려 하죠. 그런데 그것을 의도적으로 외부에 드러냅니다. 그러니 당연히 저항이 있을 수밖에 없죠.

　그리고 저스트 인 타임으로 일한다는 것은 실이 팽팽하게 당겨진 상태를 뜻합니다. 긴장한 상태에서 이상을 찾아내 문제에 대처합니다. 도요타 생산방식에서는 문제가 드러나는 것을 당연시합니다.

　이렇게 해서 두 가지 원칙으로 문제를 드러내고 그것을 고치려하는 기업 풍토를 만듭니다. 저희는 좋지 않은 부분을 숨기는 것이 아니라 외부에 드러내고 있습니다. 그런 기업은 건전하죠.”

　나는 도요타 생산방식이 전지전능하다고는 생각하지 않는다. 뒤에서 말하겠지만, 이 방식을 다양한 현장에 적용하려면 넘어야만

저는 도요타 생산방식이 생산뿐 아니라
판매든 사무든 어떤 직종에나 도입 가능한
방식이라고 생각합니다. 기존 업무에서
낭비를 없애주기 때문입니다.
다만 사람은 좀처럼 자신의 낭비를
찾아내지 못합니다. 도모야마 씨처럼
엄격하게 점검해주는 사람이 없으면
가이젠은 불가능합니다.

하는 허들이 있기 때문이다. 그러나 판매 가이젠을 위해 실시했던 것을 분석해 다른 부문에 활용할 수는 있다. 영업 부문뿐 아니라 개발, 기획, 광고 선전, 재무, 나아가서는 공무원이나 프리랜서도 자신의 업무를 작게 나누고 낭비를 배제할 수 있다.

도요타 생산방식은 의식 개혁이기도 하다.

'기존 방식을 재검토한다.'

'자신의 작업 속 낭비를 타인에게 지적받는다.'

'경비 정산, 책상 위 정리 정돈, 사무 연락 등 본래 업무 이외의 것을 정리, IT화 해서 창의적인 업무에 충당할 시간을 늘린다.'

'낭비를 줄여 정시에 일을 마친다. 가족과 보내는 시간을 늘린다.'

······.

도요타 생산방식을 공부하지 않았더라도 시간을 효율적으로 쓰는 사람이라면 자연스럽게 하고 있는 것들이다. 시간을 효율적으로 사용할 방법을 궁리하면 업무 생산성은 높아진다.

그러나 도요타 생산방식의 목적은 일시적인 업무 개선이 아니다. '긴장한 라인'을 구축함으로써 생산성 향상을 끊임없이, 지속적으로 추구한다. 만약 사무 업무에 도요타 생산방식을 적용하려는 사람이 있다면 최초의 결과에 만족해서는 안 된다. 매일 자신이 일하는 방식을 점검하고 어제보다 오늘, 오늘보다 내일을 생각해야 한다. 가이젠을 계속해나가는 것은 평범한 사람에게 결코 간단한 일이 아니다.

생각하는 사람을 만들기 위해

여담이지만, 판매 가이젠을 시작했을 무렵부터 판매점 사람들은 도모야마를 '마귀'라고 불렀다. 도요타 생산방식을 지도하는 처지가 되면 누구나 마귀라고 불리게 된다. 그들에게 마귀라는 별명은 당연한 호칭이다.

다만 마귀에도 등급이 있다. 지금도 도모야마는 자신을 지도했던 하야시 난파치의 이름을 듣기만 해도 긴장된다고 한다. 반사적으로 '혼나는 건 아닐까?'라는 생각이 드는 모양이다. 그러나 그런 하야시도 마귀 중에서 상냥한 축에 속한다. 하야시는 젊은 시절에 이케부치에게 수도 없이 혼났다. 회사에서 복도를 걷다가 '순간급탕기 이케부치 씨'와 마주치지는 않을까 항상 노심초사했다. 그만큼 무서운 사람으로 느꼈다. 그런데 그런 이케부치도 "오노 씨가 방에 들어오면 발이 얼어붙고 무릎이 떨려왔다"라고 말했다. 오노가 방에 들어오기만 해도 얼굴이 새파랗게 질려서 졸도 직전까지 가는 동료조차 있었다고 한다.

만약 도모야마가 오노를 만난다면 어떤 느낌을 받을까? 얼마나 엄격하고 무서운 사람이라고 느낄까? 그러나 조, 이케부치, 하야시 등 실제로 오노와 함께 일했던 사람들은 오노를 '엄격하고 무섭지만 교육자이며 인생의 스승'이라며 존경했다. 세상에 나가면 사람은 존경하는 인물을 만난다. 훌륭한 사람, 자신을 지도해준 사람에게 존경심을 품는다. 그러나 인생의 스승이라고까지 부를 수 있는 사람을 만나기는 좀처럼 쉽지 않다.

오노에게 가르침을 받았던 이들은 이구동성으로 말했다.

"오노 씨가 저를 이끌어주셨습니다. 저를 지켜봐주셨습니다."

남을 가르친다는 것은 이런 것이 아닐까? 정보를 전하는 것도 아니고, 문제의 해답을 끌어내는 것도 아니다. 부하 직원에게 과제를 주면서 자신도 같은 과제를 푸는 것이다. 곁에서 지켜보고, 같이 고생한다. 부하 직원과 같은 처지가 되는 것이다.

오노는 부하 직원이 내놓은 답을 조용히 듣는다. 그리고 부하 직원이 자신과 같은 답을 내면 무섭게 화냈다. 그는 부하 직원이 자신과 같은 수준에 머무르는 것을 원치 않았다. 부하 직원이 더 나은 답을 찾아내기 전까지는 만족하지 않았다. "가르치는 사람은 나니까 내가 시키는 대로 해." 그는 단 한 번도 이런 말을 하지 않았다. 이것이 오노가 훌륭한 이유이며, 조, 이케부치, 하야시, 도모야마 또한 그의 훌륭함을 계승했다.

"나를 깜짝 놀라게 해봐."

오노는 부하 직원에게 이렇게 말했다. 자신을 깜짝 놀라게 하고, 자신을 뛰어넘으라는 것이었다. 오노는 부하 직원이 자신의 말대로 행동하면 "왜 시킨 대로 했지?"라고 물었고, 다른 것을 하면 "왜 시킨 대로 하지 않았지?"라고 물었다. 항상 생각할 것을 요구했고, 결코 칭찬하지 않았다. 오노는 "칭찬이라는 행위는 상대를 바보로 만든다"라고 말했다. 나는 당연히 할 수 있는 일이지만 너치고는 잘했다고 생각하기 때문에 칭찬한다는 것이다. 그렇다면 자신이 할 수 없는 일을 했을 때는 어떻게 했을까? "그때는 칭찬하기보다 깜짝 놀란다." 오노의 "나를 깜짝 놀라게 해봐"에는 이런 생각이 담겨 있었다.

도모야마는 다시 한 번 가르쳐줬다.

"상대에게 답을 가르쳐주지 않습니다. 답이 나오기를 기다립니다. 그것이 저희가 할 일입니다."

세계 최고의
자동차가 되기까지

도요타는 일본의 모노즈쿠리를 지탱하고 있다.
이익만 추구했다면 예전에 국내 생산을 축소했을 것이다.
그러지 않은 이유는 기이치로의 꿈이 있었기 때문이다.
'일본인이 만든 자동차로 사람들의 생활을 풍요롭게 만든다'라는…….

테러와 전쟁, 리먼 브러더스 사태 속에서

2000년대는 9·11 테러라는 동시 다발 테러로 시작됐다. 2003년
에는 이라크 전쟁으로 후세인 정권이 무너졌고, 미국은 아프가니스
탄의 탈레반 정권과 싸웠다. 그 결과 탈레반은 정권에서 멀어졌지
만, 지금도 아프가니스탄에서 활동하고 있다. 아프가니스탄의 정세
는 안정됐다고 말하기 어렵다.

이라크와 시리아에서는 IS가 등장했다. IS는 계속 테러를 일으켰
고, 이 때문에 중동을 탈출해 유럽으로 가는 난민이 줄을 잇는다.
중동과 유럽 모두 테러의 위험이 커져가고 있다.

2011년, 일본에서는 동일본 대지진이 일어났고, 후쿠시마에서
원자력발전소 사고가 발생했다.

세계는 그렇게 테러, 전쟁, 거대한 자연재해로 2000년대를 시작
했다.

도요타의 새로운 세기는 1997년 프리우스 발표로 시작됐다. 하
이브리드 자동차인 프리우스는 초기에는 가격이 비싼 탓도 있어서
좀처럼 보급되지 않았지만, 지금은 도요타의 간판 차종이 돼 세계
120개 국가와 지역에서 팔리고 있다. 환경을 의식한 자동차가 자동
차 회사의 플래그십이 된 것이다. 프리우스가 베스트셀러가 된 것
은 소비자가 자동차에 요구하는 가치가 달라졌다는 증거라 할 수
있다.

2008년. 리먼 브러더스 사태라고 부르는 금융 위기가 전 세계를 덮쳤다. 선진국에서는 자동차 판매가 뚝 끊겼다. 중국과 남아메리카 등도 금융 위기의 영향으로 소비 부진에 빠졌다. 그러나 자동차 판매 대수는 감소하지 않았다. 자동차가 팔리지 않게 된 것은 전 세계 시장이 아니라 자동차 선진국뿐이었다.

리먼 브러더스 사태의 여파로 도요타의 2009년 3월기 결산은 4,610억 엔 적자(경상손익)였다. 58년 만의 적자였다. 판매 대수가 지속적으로 상승하던 시대에 도요타는 해외에 잇달아 공장을 짓고 고성능의 대형 공작기계 등을 투입한 라인을 만들어 생산 성능을 높였다. 그러나 일단 판매 대수가 감소하자 설비가 중후한 공장이나 라인은 변화에 재빨리 대응해 팔리는 양에 맞는 제작 방식, 운용 방식으로 전환하지 못했다. 도요타 생산방식의 본가인 모토마치조차 기본에서 벗어나버렸던 것이다. 이래서는 이익을 확보할 수가 없다. 다만 이듬해에는 가이젠 지도를 철저히 하고 온 힘을 다해 원가절감을 진행한 결과 1,475억 엔의 흑자를 기록했다.

그러나 오노가 살아 있었다면 이렇게 질책했을 것이다.

"너희, 원가절감이 가능했다면 왜 좀 더 일찍부터 하지 않았지?"

틀림없이 오노의 호통에 부하 직원들은 벌벌 떨었을 것이다.

적자 결산의 해에 도요타는 GM의 세계 판매 대수가 감소한 덕분에 판매 대수에서 세계 최고의 자동차 회사가 됐다. 기이치로가 무無에서 자동차를 만들기 시작해, 마침내 자동차를 세계에서 가장 많이 만드는 회사가 된 것이다.

2차 세계대전 이전, 미쓰이와 미쓰비시 같은 대재벌은 자동차 제조에 뛰어들려 하지 않았다. 개중에는 "자동차 사업은 절대 안 한다"라고 명문화한 재벌도 있었다. 나고야의 시골에서 직기를 만들던 기이치로가 자동차를 만든다고 했을 때 그 누구도 상대해주지 않았다. 그런데 그 회사가 세계 최고가 된 것이다. 그러나 58년 만에 적자를 기록했기 때문에 기뻐할 수는 없었다. 뉴스를 들은 경영진은 씁쓸한 기분이었을 것이다.

대규모 리콜, 지진, 홍수를 이겨내다

리먼 브러더스 사태가 발생한 이듬해인 2009년은 자동차업계에 가혹한 해였다. 먼저 크라이슬러와 GM이 도산했다. 크라이슬러는 피아트 산하로 들어갔고, 도요타는 GM과 합작 설립했던 NUMMI에서 생산을 중지하기로 결정했다. '냉혹한 회사'라는 여론도 있었지만, 경영적으로 당연한 판단이었을 것이다. 지금은 전기자동차의 기수인 테슬라가 과거에 NUMMI였던 프리몬트 공장을 소유하고 있다.

그리고 같은 해에 도요타 경영진이 곤란에 직면한 문제는 미국에서 일어난 리콜 사태였다. 캘리포니아 샌디에이고에서 일어난 렉서스 사고를 계기로 미국 시민들은 도요타의 자동차에 불신을 품게 됐다. 이 사고는 카 딜러에게 대차^{代車}로 제공받았던 렉서스에서 발생했다. 플로어매트를 크기가 맞지 않은 다른 회사 제품으로 바꿔서 사용했는데, 그 플로어매트가 액셀러레이터에 걸려 전속력으로 가속되는 바람에 타고 있던 교통경찰관 가족 네 명이 사망했다. 이 비참한 사고에 시민 감정이 악화됐다. 여기에 도요타자동차의 전자제어장치가 오작동해 급가속 사건이 일어나는 등 문제가 커져 갔다.

그 결과, 미국 하원의 정부감독개혁위원회Committee on Oversight and Reform가 도요타 사장인 도요다 아키오를 불러 증언을 요구하기에 이르렀다. 정말 큰 문제가 된 것인데, 최종적으로는 전자제어장치의 결함을 증명하는 증거는 발견되지 않았다. 그리고 도요다 아키오가 보인 증언 태도가 '공정한 사람'이라는 인상을 주기도 해서 리콜 문제는 수습돼갔다.

2011년, 동일본 대지진이 일어났다. 이후 도요타의 공급망이 정상화되기까지 반년이라는 시간이 필요했다. 이때 하야시 난파치를 비롯한 도요타 생산방식 전문가들이 지진 피해를 입은 관련 회사와 협력사 등의 복구를 지원하기 위해 파견돼 생산을 재개하기 위한 현장 지도를 실시했다. 도요타 생산방식을 바탕으로 한 복구 작업에서도 하야시는 작업 순서를 정하는 것, 혼성팀의 팀워크를 확립하는 것에 힘을 쏟았다.

동일본 대지진으로 지연됐던 생산이 정상화됐다 싶었을 때 타이에서 대홍수가 발생했다. 이 때문에 현지 생산에 지장이 생겼고, 이 또한 공급망 분단으로 이어졌다. 그뿐만이 아니다. 침수됐던 공장을 다시 가동할 수 있게 됐나 싶었더니 이번에는 역사적인 엔화 강세라는 경제 상황에 직면했다. 이때도 원가절감과 생산성 향상으로 어떻게든 위기를 극복했다.

이렇게 보면 2009년 이후 도요타에게는 괴로운 시기가 이어졌다. 그러나 과연 도요타에게 괴롭지 않은 시기가 있었을까? 자동차의 대중화가 시작된 뒤로 자동차는 팔려나갔지만, 경영진은 살얼음 위를 걷는 심정으로 회사를 끌어왔다.

지금은 트럼프 대통령의 등장으로 미국에서의 고용을 늘린다는 성명을 발표할 수밖에 없게 됐다. 자동차 산업은 고용 인원이 많은, 국가를 대표하는 산업이다. 어느 나라에서나 정치적인 의도에 좌우된다. 도요타 경영진은 일본의 고용을 지키기 위해 미국에서 투자를 진행할 수밖에 없을 것이다. 현재 도요타는 일본에서 연간 300만 대를 제조하는 체제를 유지하고 있다. 동업 타사에 비하면 훨씬 많은 국내 제조 대수이다. 그리고 이 가운데 일본에서 판매하는 분량은 절반인 150만 대이다. 국내 제조를 크게 줄이고 해외 생산으로 돌린다면 미국 정부는 좋아하겠지만, 일본 경제에는 큰 영향을 끼치게 된다.

도요타의 연결 사원은 33만 명이다. 수만 개에 이르는 협력사까지 합친다면 일본에는 100만 명에 가까운 직원과 그들의 가족이 있다. 만약 일본에서의 제조가 반감되면 절반은 실업자가 되며, 그렇게 되면 일본 상황은 불황 정도로 끝나지 않을 것이다.

도요타는 일본의 모노즈쿠리를 지탱하고 있다. 도요타의 주주도 이를 묵묵히 지지하고 있다. 이익만 추구했다면 예전에 국내 생산을 축소했을 것이다. 그러지 않은 이유는 기이치로의 꿈이 있었기 때문이다. '일본인이 만든 자동차로 사람들의 생활을 풍요롭게 만든다'는…….

제18장

THIS IS TOYOTA

자동차의 미래는
어떻게 될 것인가

이제 10년 앞을 내다보기는 불가능하다.
예측에 시간과 수고를 들이기보다 리드타임을 단축하고
그때그때 변화에 적응하며 생산해야 한다.
이것이야말로 도요타 생산방식의 발상이 아닌가?

차를 사지 않는 사람들

    도요타뿐 아니라 선진국의 자동차 회사가 초조하게 여기는 문제가 있다. 생각하기에 따라서는 리먼 브러더스 사태보다 훨씬 큰 문제이다. 리먼 브러더스 사태는 일시적인 소비 부진이었지만, 이쪽은 꾸준히 진행될 문제이다.

    이 문제에 관해서는 다양한 분석이 이루어지고 있다. 정부 기관, 홍보 대행사, 자동차업계 단체……. 도요타에서도 섭외부가 분석 보고서를 냈다. 그 보고서의 제목은 '젊은이의 자동차 이탈에 관해'(2010년)이다.

    이 보고서를 보면 "자동차 이탈에는 몇 가지 요인이 있다"라며 다음과 같은 요인을 꼽았다.

① 운전면허를 가진 젊은이가 줄고 있다.

② 독신, 무자녀 부부 등 자동차를 필요로 하지 않는 가구가 늘고 있다.

③ 공공 교통기관이 충실한 도시부로 인구구성이 이동하고 있다. 즉 도시에 사람이 늘어나고 있다. 도시는 공공 교통기관이 충실하기 때문에 자동차가 없어도 된다.

④ 자동차를 이동 수단으로만 생각하는 사람이 늘고 있다. 신차에 대한 관심이 줄어들고 있다.

⑤ 버블 붕괴 이후 임금이 상승하지 않아 소비 의욕이 감소하고 있다. 자동차뿐 아니라 상품에 대한 소비 이탈이 일어나고 있다.

이런 분석 다음에는 젊은이의 '생생한 목소리'도 기재했다.

- 친구를 자동차에 태우면 책임감이 느껴져서 싫다.
- 사고 뉴스를 보면 운전이 두려워진다.
- 자동차를 사려면 대체 얼마를 모아야 할지 상상도 하기 어렵다.
- 교습소에서 성격 진단을 받았는데 부적격이라고 나와서 운전이 싫어졌다.

자동차를 타지 않게 된 것은 일본의 젊은이만이 아니다. 자동차 사회인 미국에서도 같은 경향이 나타나고 있다고 말하는 사람도 있다.

- 자동차를 운전하면 시간을 빼앗기고 만다. 운전하지 않으면 연간 426시간을 절약할 수 있다. 자동차를 운전하면 스마트폰을 만질 수 있는 시간이 줄어든다.
- 공공 교통기관뿐 아니라 우버Uber 등 라이드 셰어링Ride Sharing이 등장함에 따라 이동의 선택지가 늘어났다.

– 〈자동차 소유에 관한 젊은이의 의식 변화〉, 브랜던 K. 힐

온갖 수단을 동원해 찾아봤지만, 젊은 세대가 자동차를 사지 않게 된 이유에 대한 추측은 이런 보고서의 내용과 거의 다르지 않았다. 요약하면 미국과 일본 모두 자동차가 들이는 돈에 비해 그리 큰

즐거움을 주지 못한다는 의미일 것이다. 자동차보다 스마트폰으로 친구들과 커뮤니케이션을 하는 편이 즐겁게 시간을 보낼 수 있다는 말이다.

그러나 이런 이유를 주된 원인이라고 할 수 있을까? 젊은이들이 자동차에서 이탈하는 주된 원인이 이런 직접적인 의식의 변화뿐일까?

나비효과라는 말이 있다. 〈브라질에서 나비가 날갯짓을 하면 텍사스에서 토네이도가 발생할 수 있는가Does the Flap of a Butterfly's Wings in Brazil Set Off a Tornado in Texas〉라는 기상학자 에드워드 로런츠Edward Norton Lorenz의 논문에서 유래한 말로, 지금은 예측 곤란성을 비유할 때 많이 쓰인다. 즉 직접적인 인과관계는 없어도 세상의 작은 기운, 분위기가 미래를 바꾼다는 것이다.

과연 젊은이들이 자동차를 사지 않게 된 이유를 자신 있게 '이것'이라고 예측할 수 있는 사람이 있을까? 예측은 불가능하기 때문에 현재 여러 사람이 제시한 '이렇게 해서 젊은이들에게 자동차를 팔자'는 시도가 적절한지 판단할 수 있는 사람은 없다. 미래를 예측하거나 다른 회사 동향을 조사하거나 현재 젊은이가 사는 상품을 조사하는 등의 노력도 아예 안 하는 것보다는 낫다. 다만 그런다고 해도 잘 팔리는 자동차는 나오지 않는다. 할 수 있는 일은 하나뿐이다. 환경에 적응할 수 있는 체질이 되는 것이다.

다윈의 진화론은 요약하면 이런 의미이다. '현명한 자, 강한 자가 살아남는 것이 아니다. 변화에 대응해 적응한 자가 살아남는다.'

이제 10년 앞을 내다보기는 불가능하다. 예측에 시간과 수고를 들이기보다 리드타임을 단축하고 그때그때 변화에 적응하며 생산해야 한다. 이것이야말로 도요타 생산방식의 발상이 아닌가?

오늘보다 내일

자동차의 미래상을 파악하는 것이 불가능한 현재, 도요타 생산방식은 어떻게 전개돼야 할까? 도요타 생산방식의 근본적인 사고방식은 어렵지 않다. A4 용지 한 장만 있으면 설명이 가능하다. 안 그러면 고등학교를 나와서 현장에 갓 투입된 사람들이 이해할 수 없다. 도요타 생산방식에 관한 책이 어렵게 느껴졌다면, 그것은 전개 사례를 상세하게 적어서일 뿐 사상이나 본질이 어렵기 때문은 아니다. 도요타 생산방식의 목적은 원료가 공장에 도착한 뒤 제품이 되기까지의 리드타임을 줄이는 것이다. 이를 위해 작업의 낭비를 없앤다. 매일 생산성을 향상시켜나간다.

한 번만 향상시켜서는 안 된다. 어제보다 오늘, 오늘보다 내일, 꾸준히 향상시킨다. 이것이 도요타 생산방식의 지향점이다. 이렇게 적으면 매우 가혹한 생산방식처럼 생각되겠지만, 어떤 일이든 '생각하면서 일한다'는 것은 이런 것이다. 매일 아침 현장에 와서 생각한다.

'어제와 똑같이 해도 될까?'

이렇게 자신에게 묻는다. 자기 나름대로 낭비를 없앤다. 진화, 성장은 그런 태도가 아니면 이루어지지 않는다. 다만 "매일 자신에게 가혹해져라"라고 강요하면 사람은 의욕을 잃는다. 자신을 가혹한 환경에 두는 것은 누구도 원치 않기 때문이다. 그렇기 때문에 도요타 생산방식은 현장 작업원이 신체적으로 일하기 쉽도록 만드는 것을 추구한다. 의식 개혁이라는 측면에서는 가혹한 도전을 요구하지만, 몸을 사용하는 측면에서는 편해져야 한다. 설령 생산성이 오르더라도 작업원의 노동이 강화된다면 그것은 가이젠이 아니다.

왜 작업원이 일하기 쉽도록 가이젠을 실시하는 것일까? 그것은 생산성을 향상시키려면 일이 편하고 즐거워지는 것이 최고이기 때문이다. 사람은 컨디션이 좋고 기분도 좋으며 하고 있는 일 자체가 즐거울 때 생산성이 가장 많이 오르며, 그런 상태로 만드는 것이 본래의 가이젠이다.

오노 등은 이것을 추구해왔다. 벨트컨베이어 작업이라고 하면 찰리 채플린 영화 〈모던타임스〉의 한 장면이 자주 인용된다. 채플린이 연기한 작업원이 라인의 속도를 따라잡지 못해 작업이 엉망이 되는 장면이다. 나는 그런 일이 정말 있었을 것이라고 생각한다. 다만 그 무대는 포드식 대량생산방식을 채용한 공장이다. 그것도 같은 모양의 자동차가 날개 돋친 듯이 팔리던 시대일 것이다. 원료를 대량으로 갖춰놓고 작업을 세세하게 분담해 인해전술로 똑같은 제품을 만든다. 이런 현장에서는 라인의 속도를 높이면 생산이 증가한다.

그러나 도요타 생산방식의 경우는 무작정 벨트컨베이어 속도를 높이지 않는다. 팔리는 수만큼만 만들기 때문에 속도를 높이는 의미가 없다. 작업원이 일하기 쉬운 속도로 만들어서 의욕을 끌어낸다고도 할 수 있다.

그렇다면 작업원이 일하기 쉬워진다는 것은 어떤 것일까? 하야시 난파치에게 이런 이야기를 들은 적이 있다.

"BMW의 새 공장을 견학하러 갔는데, 보데가 뒤집힌 채 라인을 이동하고 있었습니다. '멋진데?'라는 생각이 들더군요."

차체에 와이어링하네스를 설치하는 작업이 있다. 작업원이 차체 안으로 들어가 위를 올려다보며 배선 작업을 해야 한다. 아무리 생각해도 기분 좋은 작업은 아니다.

"와이어링하네스를 설치하는 것도 위에서 누르기만 하니 편한 작업이 됐습니다. 우리도 그렇게 해야 합니다." 하야시는 말을 이었다. "하지만 BMW는 그렇게까지 진보적인 라인을 만들었음에도 작업원이 자신의 판단으로 라인을 멈추게 하지는 못합니다. 그래서 우리가 더 위라고 생각했습니다."

공장의 라인은 작업이 편해지는 방향으로 바뀌어가야 한다. 그리고 라인을 멈출지에 대한 판단을 각 작업원이 할 수 있어야 한다.

공감할 수 있는가

도요타 생산방식은 사내의 생산 현장부터 시작해 협력사, 해외 공장에 이식됐다. 판매점에도 적용되고 있다. 도요타 생산방식에 관심이 있는 다른 업종의 경영자가 자신의 조직에 도요타 생산방식의 정수를 도입한 사례도 적지 않다. 병원에도 그런 사례가 있다. 하야시 난파치가 현지를 살피러 갔는데, 그곳에서는 진찰 흐름을 라인에 빗대 개선하고 있었다. 진찰받을 때의 대기 시간을 줄이기 위해 체류를 없앤 것이다.

건강검진이 좋은 예일 것이다. 건강검진에서는 키와 몸무게 측정부터 시작해 다양한 검사를 실시하는데, 검사받는 사람이 반드시 체류하게 되는 것이 위의 바륨 조영 검사이다. 그런데 이 병원에서는 검사 준비를 개선하고 진찰의 흐름에서 바륨 조영 검사의 순서를 바꿈으로써 대기 시간을 극적으로 줄였다. 이와 같이 도요타 생산방식의 개념은 자동차의 조립 공정뿐 아니라 서비스업 현장에도 응용 가능하다.

그렇다면 앞에서도 썼지만, 도요타 생산방식은 만능일까? 그 답은 지도를 맡은 사람에 따라 다르다고밖에 할 말이 없다. 현장에 파고들어서 함께 생각하는 지도원이 상대 경영자와 현장을 참여시킨다면 가이젠이 가능하다. 그러나 도요타 생산방식을 제대로 이해하지 못한 사람이 지도할 경우, 현장은 끔찍해질 것이다.

나는 도요타 이외의 공장도 봤다. 도요타 생산방식을 도입했다고 주장했지만 실제로는 완전히 달랐다. 겉모습만 흉내 내고 있었다. 나도 모르게 "이런 점이 다른데요"라고 말하고 싶었지만 그냥 "그렇군요"라고만 말하고 돌아왔다.

가이젠을 성공시키려면 지도하는 사람이 필요한데, 누구나 해도 되는 것이 아니다. 도요타 생산조사부 사람이라고 해도 모두가 할 수 있는 것은 아니라고 생각한다. 지도원에게 필요한 자질이 세 가지 있다. 도요타 생산방식을 이해하고 있을 것. 도입하고자 하는 기업의 경영자와 현장 작업원에게 공감할 것. 그리고 위기감으로 가득할 것. 이 세 가지를 충족하는 사람만이 지도할 수 있다.

도요타 생산방식을 이해하는 것은 전제 조건이다. 그러나 도요타 생산방식에 관한 책을 쓴 컨설턴트라도 의외로 이해하지 못하고 있는 경우가 많다. 하야시는 "일방적으로 지도하기만 하는 컨설턴트는 무리"라고 공언했다. 나도 컨설턴트는 절대 불가능하다고는 말하지 않는다. 그러나 컨설턴트라는 직업과 도요타 생산방식의 지도는 양립되지 못하는 부분이 있다. 첫째는 공감일 것이다. 현장은 보지만 현장 작업원은 위에서 내려다보는 컨설턴트가 적지 않다. 지도할 대상으로 여긴다.

각본가 구라모토 소倉本聰가 "과거에는 서민들을 위에서 내려다봤다"라고 고백한 바 있는데, 이와 비슷한 감정을 품게 되는 것이 컨설턴트라는 직업이다. NHK 대하드라마에서 하차하고 홋카이도로 이주한 구라모토는 생계를 위해 가수 기타지마 사부로北島三郎의 수행원이 됐다. 그리고 그 일을 하면서 과거에 서민에게 우월 의식을 품었던 자신이 창피해졌다.

"사부로는 객석과 격의 없이 커뮤니케이션을 합니다. 나이나 성지도원에게 필요한 자질이 세 가지 있다.
도요타 생산방식을 이해하고 있을 것.
도입하고자 하는 기업의 경영자와
현장 작업원에게 공감할 것.
그리고 위기감으로 가득할 것.
이 세 가지를 충족하는 사람만이 지도할 수 있다.

별, 직업, 신분 같은 구별은 일체 없이 사람 대 사람으로 대등하게 대했죠. 그걸 보고 제 자신이 부끄러워졌습니다. '나는 지금까지 무슨 짓을 했나'라는 생각이 들었습니다. 그때까지 저는 무의식적으로 엘리트 의식을 품고 '위에서 내려다보는 시선'으로 일해왔습니다. 비평가나 업계 사람들의 눈만 의식하며 각본을 써왔습니다. 텔레비전 드라마는 대중의 것입니다. 그때부터 저는 '한없이 낮은 시선'으로 드라마를 쓰겠다고 결심했습니다."

일류 대학을 나온 컨설턴트는 누구나 구라모토와 마찬가지로 무의식적으로 엘리트 의식을 갖고 있다. 그런 의식이 있는 한 작업원들은 그들을 동료로 인정하지 않을 것이다.

다만 현장 작업원에게 너무 가까이 다가가 그들을 치켜세우는 것도 좋지 않다. 현장 작업원은 평범한 사람이다. 치켜세울 대상이 아니다. 평범한 사람이므로 술도 마시고 담배도 피운다. 파친코 게임장이나 경륜장, 경마장에도 간다. 카바레식 클럽이나 노래방에도 간다. 고가의 브랜드품도 갖고 있고, 해외여행도 간다. 필요한 것은 거리를 유지하며 공감하는 자세이다. 애정이나 우정을 느낄 필요는 없다.

다음은 위기감을 가질 수 있냐이다. 현재의 도요타 생산조사부 부원이라도 오노, 조, 이케부치 등이 느꼈던 위기감에 동조할 수 있으리라고는 생각되지 않는다. 패전이나 도산의 위기를 경험한 사람과 대기업이 된 뒤에 입시한 사람은 처지가 다르다. 그러나 도요타 생산방식을 지도하려고 한다면 오노가 느꼈던 '이대로 가면 우리 회사는 망할 것'이라는 절박한 감정을 적어도 이해는 할 필요가 있다. 안 그러면 작은 마을 공장에서 가이젠 지도를 할 수 없다. 마을 공장은 기술도 돈도 없다. 항상 도산 위기에 직면해 있다. 매일같이 지옥 위에서 외줄타기를 하고 있다.

작은 기업이 망하는 사례 중 가장 많은 것이 다른 회사의 보증인이 돼버렸을 때일 것이다. 보통 사람은 '보증 같은 건 애초에 거부했어야지'라고 생각할지 모르지만, 마을 공장은 어느 곳이나 자금이 넉넉하지 못하다. 큰 기계를 사려고 하면 경영자끼리 연대보증인이 돼서 금융기관에게 돈을 빌리는 수밖에 없다. 작은 배가 로프로 서로를 묶은 채 바다에 떠 있는 셈이다. 한 척이 뒤집히면 다른 배도 뒤집히고 만다. 그래서 작은 회사의 경영자는 위기감, 초조함 속에서 살고 있다.

오노가 자신이 점찍은 대졸 엘리트를 라인 옆에서 살게 하거나 작은 공장으로 파견을 보낸 데는 현장 사람들에게 공감하라, 마을 공장의 위기감을 공유하라는 의미도 있었을 것이다.

일을 즐겨라

도요타 생산방식에는 관여한 사람의 의식을 바꾸고 성장시키는 요소가 포함돼 있다. 그 실례가 하야시이고 도모야마이다. 이들은 이 방식을 배우면서 성장했다.

이들은 혼자서 협력 기업을 찾아간다. 처음에는 아무도 말을 걸어주지 않는다. 점심식사는 식당 한구석에서 조용히 먹는다. 숙소는 비즈니스호텔이 아니다. 공장 기숙사이다. 매일 라인 옆에 서서 그저 지켜본다. 밤에는 방에서 오로지 가이젠 방법을 궁리한다. 급여는 나고야에 있는 가족에게 가므로 술집에서 한잔할 수도 없다. 캔 맥주와 땅콩, 야식은 컵라면이다. 이런 생활이 적어도 반년은 계속된다. 3개월쯤 되면 협력사 사람들도 불쌍하다는 생각에 같이 밥을 먹자고 부르게 된다. 그러나 밥을 사주는 것은 아니므로 지갑을 확인해보고, 돈이 없으면 함께 갈 수 없다.

도요타 생산방식을 지도하는 사람의 생활이란 이런 것이다. 도요타 생산방식은 현장 작업원의 노동을 절대 강화하지 않지만, 지도원에게는 가혹함 그 자체이다. 24시간 연중무휴로 몰두해야 한다. 바보가 돼서 그 공장에 파고들지 않으면 아무도 협력해주지 않는다. 바보가 아니어서는 안 되며, 바보이기에 사람을 움직일 수 있다.

나는 과거에 이런 대화가 오가지 않았을까 상상하곤 한다. 어느 날, 협력 기업에서 돌아온 젊은 지도원이 상기된 표정으로 말한다.

"공장장님, 마을 공장 사람들에게 애정을 느꼈습니다."

오노가 꾸짖는다. "애정이라고? 집어치워. 그런 구질구질한 감정은 필요 없어. 쓸데없는 생각은 하지 마. 그보다 일을 즐기라고."

오노의 바람은 공장에 있는 모두가 즐겁게 일하고 벌어들인 돈으로 가족이 즐겁게 사는 것이 아니었을까?

도요타의 정신

팀 멤버의 의미

2017년 4월, 나는 다시 켄터키 공장을 찾았다. 관계자 몇 명을 만나고 공장 라인을 견학했다. 라인을 바라보면서 처음 견학했을 때는 벨트컨베이어, 슬랫컨베이어의 속도에만 신경 썼던 것을 떠올렸다. 10년 가까이 견학하다 보니 이제 기계에 시선을 두는 일은 없다. 작업원이 즐겁게 일하는지, 아니면 따분한 표정으로 일하는지를 살핀다.

공장의 2인자인 수전 엘킹턴Susan Elkington이라는 여성을 만났다. 원래는 다른 회사에서 일하다가 도요타로 이직한 사람이었다. 일본 생산관리부에서 일한 경험도 있다고 한다. 키가 크고 눈동자가 파란 미인이다. 일본어로 "안녕하세요. 수전입니다"라고 말하며 두 손으로 명함을 건넸다. 나는 "도요타 생산방식에는 어떤 약점이 있다고 생각하십니까?"라고 물었다. 수전은 당황하는 기색도 없이 "음, 이를테면 이런 것이 있겠네요"라며 대답했다.

"도요타 생산방식을 이해했다고 주장하는 사람은 많습니다. 미국 컨설팅 회사 중에도 '귀사에 도요타 생산방식을 도입해드립니다'라는 비즈니스를 하는 곳이 적지 않죠.

하지만 실제로 그들의 이야기를 들어보면 전혀 이해하지 못했거나 일부밖에 이해하지 못했다는 느낌을 받습니다. 그런 사람들에게 지도를 받으면 잘못된 생산방식이 돼버릴 것이며, 결과도 나오지 않을 겁니다."

나는 말했다. "하야시 난파치 씨와 같은 대답이네요."

그는 웃었다. "아, 하야시 씨는 건강하신가요? 매력적인 분이죠."

본사 생산관리부에 있었을 때 "철저히 단련받았다"라고 말했다. 그리고 이렇게 덧붙였다. "도요타 생산방식이란 표현으로 커버하는 영역이 너무 넓다는 것이 이해를 어렵게 만드는지도 모르겠네요."

도요타 생산방식은 생산 현장을 돌리는 지혜일 뿐만 아니라 일하는 사람의 의식 개혁을 촉구하는 것이기도 하다. 정신적인 자기 변혁도 가이젠의 대상이다.

수전과 이야기를 나누며 깨달은 점은 '팀 멤버'라는 단어가 자주 나온다는 것이었다. 팀 멤버란 현장 작업원을 뜻한다. 지금도 미국의 생산 현장에서 '워커'라는 표현이 사용되고 있기는 하다. 그러나 주류는 아니다. 현재는 '오퍼레이터' 혹은 '어소시에이트'라고 표현한다. 구인 광고를 봐도 '워커 모집'이라는 표현은 거의 사라졌고 오퍼레이터, 어소시에이트가 그 역할을 대신하게 됐다. 일본에서 '직공'이라는 표현 대신 '작업원'을 사용하는 것과 마찬가지이다.

그런데 미국의 도요타에서는 워커라고도, 오퍼레이터라고도, 어소시에이트라고도 하지 않는다. 1984년에 NUMMI가 설립됐을 때부터 작업원을 모두 '팀 멤버'라고 부르고 있다.

수전은 설명을 계속했다.

"서로를 팀 멤버라고 부르는 것이 도요타 생산방식의 이해를 돕는다고 생각합니다. 도요타에 들어와 일하는 것은 단순히 자동차를 만드는 것이 아닙니다. 도요타 패밀리의 팀 멤버로 고객, 그리고 함께 일하는 사람을 배려하는 마음을 갖게 되는 것이죠. 또 안돈을 멈추는 것도, 다시 라인을 움직이게 하는 것도 현장에 있는 팀 멤버의 판단입니다. 관리직은 조언할 뿐입니다. 다른 공장에서는 현장 오퍼레이터를 교체 가능한 부품으로 보지만, 도요타 생산방식에서는 팀 멤버가 그 정도의 기술을 지녔다고 생각하는 것입니다.

부품을 조립해 자동차라는 것을 만들어나간다는 물리적인 작업뿐 아니라 마음도 중시합니다. 팀 멤버라는 호칭에는 도요타의 가치관을 충분히 이해하는 사람이라는 의미가 담겨 있습니다."

요컨대 라인 옆에 서서 손을 움직이기만 하는 사람이 아니라 스스로 판단할 수 있는 사람이 팀 멤버라고 수전은 강조했다. 그리고 미국인에게는 신선한 감정인 동시에 회사에 안심감을 품도록 만든 다고도 말했다.

수전에 이어서 만난 베테랑 두 명, 크리스 라이트Chris Wright와 마이크 브리지Mike Bridge 또한 나를 똑바로 쳐다보며 "서로를 팀 멤버라고 부르는 것이 중요합니다. 이 말이 모두를 도요타 패밀리로 만들었죠"라고 강조했다. 두 사람 모두 거한으로, 크리스는 아프리카계, 마이크는 백인이었다. 양쪽 모두 30년 가까이 근무하고 있었다.

크리스는 웃으면서 "내가 들어왔을 때 미스터 조는 아직 젊었지"라고 말하고 그 시절에 관해 이야기하기 시작했다.

"켄터키 공장이 막 생겼을 무렵, 이 동네 사람들에게 도요타는 일본에서 온 회사였습니다. 반일적인 분위기도 있었죠. 그런데 도요타는 이곳에서 일하는 사람을 팀 멤버라고 부르며 소중히 여겼습니다. 현장 사람들의 의견에 귀를 기울였습니다. 그런 소식이 전해지면서 이곳에서는 점차 도요타를 미국 회사, 켄터키의 자부심으로 여기게 됐습니다." 그러고는 바닥을 바라보며 이렇게 덧붙였다. "그렇기 때문에 그런 분한 일이 있었을 때도 다들 하나가 돼서 싸울 수 있었던 겁니다."

내가 "어떤 일 말씀이십니까?"라고 물어보기도 전에 옆에 있던 마이크가 입을 열었다.

"청문회 이야기입니다. 크리스와 저는 워싱턴까지 갔죠. 미스터 도요다가 청문회에 출석했을 때였습니다."

크리스도 "그래. 나는 그날을 절대 잊지 못해"라며 고개를 끄덕였다.

마이크는 냉정한 표정으로 담담하게 설명했다.

"켄터키에서는 팀 멤버 네 명이 휴가를 내고 미스터 도요다를 응원하러 갔습니다. 다만 발언은 못 했습니다. 청문회가 열린 위원회실 제일 뒤 좌석에서 지켜볼 수밖에 없었죠. 그때 더 많은 팀 멤버가 가고 싶어 했지만, 다들 해야 할 일이 있다 보니……."

두 사람이 갔던 청문회란 2010년 2월 25일(일본 시각)에 열린, 도요타자동차 사장 도요다 아키오가 소환된 하원의 정부감독개혁위원회이다.

청문회

도요다 아키오가 청문회에 소환된 이유는 고속도로 순찰대 일가족 네 명이 사망한 사고와 리콜, 의도하지 않은 가속에 관해 증언하기 위해서였다. 훗날 미국 교통부는 "의도하지 않은 급가속을 유발하는 (전자 스로틀의) 결함 증거는 발견되지 않았다"라는 도로교통안전국NHTSA과 항공우주국NASA의 포괄적 조사 결과를 발표했다. 다만 이 시점에는 고속도로 사고 당시의 녹음 음성이 텔레비전 뉴스에 수없이 흘러나온 뒤라 도요타가 악당이 돼 있었다. 미국 공장에서 일하는 사람들과 도요타 딜러 사람들로서는 마음이 불편한 상황이었고, 판매에도 악영향이 나타나고 있었다.

당시 텔레비전 뉴스에서 빈번히 흘러나왔던 음성은 실제 피해자가 경찰과 통화한 내용이었는데, 매우 절박한 목소리였다.

"심각한 일이 일어났습니다."
"무슨 일입니까? 천천히 말해보십시오."
"액셀이 움직이지 않습니다. 고장입니다. 브레이크도 듣지 않아요……. 아아, 교차로야. 다들 꽉 붙잡고 기도해……."

세상을 떠난 사람의 목소리가 반복해서 뉴스에 나오자 도요타에 대한 시청자들의 감정이 악화됐다. 청문회가 긴급 개최된 요인 중 하나도 텔레비전 뉴스에서 흘러나온 음성이었다고 할 수 있다. 뉴스를 본 시민들이 분개해서 도요타 사장을 소환하라고 지역 의원들에게 탄원했던 것이다.

라이벌 회사들도 이 기회를 놓치지 않았다. GM과 현대는 "도요타자동차에서 갈아탑시다"라는 캠페인을 시작하는 등 대대적인 홍보를 펼쳤다. 그런 이유도 있어서 청문회 당시는 전년 동기에 비해 판매 대수가 감소한 상황이었다.

미국 의회 청문회는 증인 환문喚問 형식으로, 나란히 앉은 의원들이 추궁하듯이 질문해나간다. 불려 나온 사람이 한 이야기가 허위라면 위증죄가 적용된다. 일본 국회의 증인 환문과 같지만, 추궁의 강도는 미국 국회가 훨씬 강하다. 서부극의 나라답게 추궁하는 의원은 백마 탄 정의의 사도이며, 증인은 토벌당하는 악인으로 역할이 정해져 있다. 증인으로 출석하면 샌드백처럼 두들겨 맞는 것은 필연적이다. 그러나 도망칠 수는 없었다. 당시 사장이 된 지 8개월밖에 되지 않았던 도요다 아키오로서는 정신적인 압박이 심했을 것이다. 그러나 불평을 늘어놓을 수는 없었다. 회사와 일을 지키기 위해서는 자신이 방패가 돼야 했다.

출석을 결정하고 긴장해 있던 아키오에게 그나마 좋은 소식이 있다면 팀 멤버들이 응원을 온 것이었다. 켄터키 공장의 크리스와 마이크뿐 아니라 미국 전역의 공장에서 일하는 사람들, 그리고 판매점 오너들이 "우리도 청문회에 나가고 싶소"라고 나섰다. 그 전에도 기업 간부가 소환된 청문회는 있었지만, 직원 수백 명이 "우리도 함께 출석하겠소"라고 나선 것은 전대미문의 일이었다. 도요타에게는 큰 힘이 됐으리라.

크리스는 말했다. "회장의 제일 구석에서 미스터 도요다를 봤습니다. 제 기억에, 그때 두 가지 감정이 저를 지배했습니다. 첫째는 기쁨이었습니다. 워싱턴에 가면 '미국의 적인 도요타 일당'으로 취급당할 줄 알았는데, 하원 직원이 제게 이렇게 말하더군요. '나도 캠리를 탄다오. 아마도 당신들이 만든 것일 텐데, 그만한 차가 없더군.' 그것도 만나는 사람마다 다들 같은 말을 했습니다. 솔직히 말해 정말 기뻤습니다.

하지만 기쁘기만 한 것은 아니었습니다. 미스터 도요다에게 심한 질문이 계속되는 것에 대한 불만감도 있었죠."

청문회는 미국 시각으로 2월 24일 오후, 일본 시각으로는 25일 이른 아침에 시작됐다. 아키오는 그때부터 3시간 20분 동안 질문을 받고 답변했다.

먼저 그는 "저는 창업자의 손자입니다"라고 말했다. "도요타의 모든 자동차에 제 이름이 들어갑니다. 자동차가 손상되는 것은 제 몸에 상처가 나는 것과 같습니다. 도요타의 자동차가 안전하기를 바라고, 고객이 도요타의 자동차를 안심하고 사용해주시기를 바라는 마음이 그 누구보다 강합니다."

크리스와 함께 출석한 마이크는 이 말을 듣고 "그래, 맞아"라며 주먹을 불끈 쥐었다. "미스터 도요다의 말을 듣고 우리는 팀 멤버임을 새삼 느꼈습니다. 도요타라는 브랜드는 미스터 도요다만의 이름이 아닙니다. 저희의 이름이기도 하죠. 감정이 고양됐습니다."

542

그러나 의원들은 아키오의 말을 신경 쓰지 않았다. 그를 몰아붙였다. 포문을 연 의원은 뉴욕주에서 선출된 민주당의 타운스^{Edolphus Towns} 위원장이었다.

"BOS(브레이크 오버라이드 시스템)를 일부 차종에만 제공하는 이유는 무엇입니까?"

아키오는 "그런 적은 없습니다"라고 대답했다.

위원장은 이 답변에 수긍하지 않고 질문을 쏟아냈다.

다음에 질문한 사람은 공화당의 아이서^{Darrell Issa} 캘리포니아주 의원이었다.

"제동 안전 프로그램을 추가한다는 건 전자적인 트러블이 있을 지도 모른다는 의미입니까?"

공화당의 버튼Dan Burton 인디애나주 의원도 질문했다.

"저는 미스터 도요다에게 제 선거구에서 일어난 사건의 조사를 요청합니다. 그리고 일본제 액셀과 리콜된 미국제 액셀의 차이는 무엇인지 묻고 싶습니다."

민주당의 커밍스Elijah Cummings 메릴랜드주 의원은 더욱 강도 높은 발언을 했다.

"말로 사과할 수는 있겠습니다만, 2007년부터 2009년 사이에 수많은 사망 사고가 발생했습니다. 지금까지의 리콜만으로 모든 문제가 해결된 것은 아니라고 볼 수도 있지 않습니까?

당신은 이 불경기의 시대에 고객에게 이런 고통을 주고 있습니다. 게다가 리콜이 계속되고 있습니다. 이에 대해서는 어떻게 생각하십니까?"

연이은 공격을 받으면서도 아키오는 전자 스로틀 등 불량에 대해서는 명확하게 부정했다. 그때 그를 지탱한 것은 사장으로서의 자존심이 아니었다. 자사의 모노즈쿠리에 대한 자부심이었다. 창업 이래 도요타 생산방식을 통해 고객을 위한 제품을 만들어왔다는 마음에는 한 점의 부끄러움도 없었다.

크리스는 점점 듣기 괴로워졌지만, 질문하는 의원들의 얼굴을 잊지 않으려고 멀리서 한 명 한 명을 강렬한 시선으로 바라봤다.

그 후에도 의원들에게서 공격적인 질문이 계속됐다.

"미국 정부의 도로교통안전국이 일본까지 갔는데, 당신은 그 사실을 몰랐다고 말했습니다. 이 말이 사실입니까?"

민주당의 코놀리Gerry Connolly 버지니아주 의원의 질문에 아키오는 "몰랐습니다"라고 솔직하게 대답했다. 코놀리 의원은 그렇게 말할 줄 알았다는 표정이었지만, 아키오가 평온한 얼굴로 대답하는 것을 보고 크리스와 마이크는 안심했다.

청문회가 시작되고 1시간 정도가 지났을 무렵이었다. 어떤 의원의 질문에 회장의 분위기가 바뀌었다. 질문한 사람은 켄터키주 출신의 제프 데이비스Jeff Davis였다. 학자 같은 풍모의 이 백인 의원이 회장을 둘러보고 말했다.

"도요타가 그렇게 나쁜 짓만 해왔을까요?"

크리스 라이트와 마이크 브리지는 깜짝 놀라서 자신들도 모르게 서로를 바라봤다.

데이비스 의원이 말을 이었다. "도요타는 켄터키에 공장을 건설했습니다. 그리고 켄터키주 사람을 3,000명 이상 고용해줬습니다. 도요타는 적이 아닙니다. 미국에 공헌하는 미국의 기업입니다. 이 점을 잊어서는 안 됩니다."

데이비스 의원은 숫자를 나열하며 사실만을 담담하게 말했다. 그리고 마지막에 이렇게 덧붙였다.

"미스터 도요다는 스스로 책임을 지려 하고 있습니다. 그 자세를 평가해줄 수는 없을까요? 그리고 우리나라의 도로교통안전국도 아직 조사 중입니다. 불필요하게 도요타를 공격한들 의미는 없습니다."

이 말에 회장이 눈에 띄게 차분해졌다. 그 후에도 심한 질문은 있었지만, 아키오는 여유를 갖고 답변할 수 있게 됐다.

"사망, 부상당한 미국인 가족에 대한 보상은 어떻게 하실 겁니까? 장례비는?"(민주당의 멀로니Carolyn Maloney 뉴욕주 의원)

"어제 청문회에 증인으로 나왔던 피해자에 대한 도요타의 냉담한 대응은 대체 뭡니까? 2001년에도 클레임이 있었던 것이 확인됐습니다. 저희 가족도 도요타의 자동차를 탔지만, 지금까지의 답변에는 만족할 수가 없습니다. 노력한다는 말은 들었지만, 대체 어떻게 노력할 겁니까?"(공화당의 던컨Jimmy Duncan 테네시주 의원)

크리스와 마이크가 보니 아키오는 냉정을 찾아서 모호한 질문에는 곧바로 답변하지 않고 상대의 의도를 생각한 다음 말하고 있었다. 의원들의 질문이 매서웠지만, 아키오는 팀 멤버들이 곁에 있기도 해서 흥분하거나 위축된 모습을 보이는 일 없이 청문회를 마쳤다.

훗날 그는 이렇게 술회했다.

"카메라 수백 대가 나를 향하고 있었고, 눈을 깜빡이거나 고개를 숙일 때마다 플래시가 맹렬하게 터졌다. 나는 의원에게 답변한다기보다 판매점, 고객, 직원과 그 가족에게 말한다고 생각했다. 누구의 탓으로도 돌리지 않는다, 다른 사람의 탓으로 돌리지 않는다, 나 자신의 의견을 말하자고 생각했다. 전쟁에 지고 패주하는 상황에서 후위를 맡은 꼴이었지만, 생각해보면 영광스러운 일이라고 생각했다."

국회의사당을 나선 아키오는 워싱턴 시내 타운홀로 향했다. 그곳에는 크리스와 마이크, 미국 전역의 공장에서 온 팀 멤버들, 그리고 판매점 오너들 등 도요타 관계자 200명 정도가 모여 있었다.

아키오가 들어서자 사람들이 큰 박수로 맞이했다. 아키오는 사람들의 재촉으로 무대 중앙에 서서 손을 들어 환호에 답했다. 그리고 말을 꺼내려 했지만, 목소리가 나오지 않았다. 고개를 숙이고 눈물을 참으면서 중얼거리듯이 말하기 시작했다.

"팀 멤버 여러분, 판매점 여러분, 정말 고맙습니다.

여러분, 청문회에서 저는 혼자가 아니었습니다. 여러분이 곁에 있어줬습니다. 전 세계의 도요타 사원, 가족도 저와 함께였습니다. 그렇기에 조금도 괴롭지 않았습니다. 앞으로도 제가 여러분을 위해서 할 수 있는 일이 있다면 뭐든 하겠습니다. 부디 가르쳐주십시오. 제가 여러분을 위해 무엇을 하면 되는지……."

그 순간 크리스 라이트가 일어서 큰 소리로 아키오에게 외쳤다.

"사장, 당신은 이미 우리에게 해줄 만큼 해줬습니다. 더는 해주지 않아도 됩니다."

이렇게 외치는 크리스의 뺨이 눈물로 젖어 있었다.

"오늘 당신은 우리를 위해 애썼습니다. 어떤 질문에도 존엄을 잃지 않고 답변했습니다. 우리를 위해 애썼습니다. 우리는……."

크리스는 여기까지 말한 뒤 말을 잇지 못했다. 눈물이 넘쳐흘렀기 때문이다. 그리고 옆에 있던 마이크의 부축을 받으며 간신히 의자에 앉았다.

그들이 만들고 있는 것

　　나고야에서 자동직기를 만들던 도요다 기이치로가 자동차에 도전했던 이유는 탈것을 좋아해서가 아니었다.

　"사람들에게 도움이 되는 것을 만들고 싶다."

　이뿐이었다. 그의 아버지인 사키치도 직기가 사람들에게 도움이 될 것이라고 생각해 개량과 발명에 온 힘을 쏟았다. 두 사람 모두 사람들이 기뻐하는 모습을 보고 싶다는 마음에서 일을 시작한 것이다.

　　생각건대 기이치로는 자신이 뭘 만들고 있는지 잘 이해했다. 자동차가 단순한 탈것이 아니라 사람들에게 도움을 주는 존재이며, 사람들에게 뭔가를 제공하는 존재임을 제대로 이해하고 있었다.

　　그렇다면 그는 자동차에서 뭘 느꼈을까? 자동차란 무엇이냐고 물어보면 누구나 탈것이라고 대답할 것이다. 철, 고무, 유리로 이루어진 제품이라고 대답할 것이 틀림없다. 그러나 자동차는 단순한 탈것이 아니다. 그 증거로, 다른 탈것과는 전혀 다른 뭔가가 있다. 로켓, 비행기, 철도, 버스…… 이런 것들은 전부 타인이 정해놓은 경로를 따라 이동한다. 우리는 그것을 타는 것이 아니라 그것에 실려서 가는 것에 불과하다. 그러나 자동차는 자신이 좋아하는 곳으로 갈 수 있다. 길이 있으면 어디라도 갈 수 있다. 자유가 있다. 엄청난 자유가.

　　자동차 회사 사람들은 잊고 있지만, 그들이 만드는 탈것은 어디에라도 갈 수 있는 도구이다. 그들이 자부심을 느껴야 하는 것은 판매 대수도 아니고 탁월한 기술도 아니다. 유려한 디자인도 아니다. 하물며 엔진이라든가 모터 같은 파워트레인 종류도 아니다. 바로 자유이다. 자동차를 탄 사람에게 이동할 자유를 주고 있는 것이다.

기이치로가 창업 이래 만들어온 것은 자유였다. 자유야말로 사람들에게 도움을 준다고 믿었기 때문이다. 많은 사람에게 자유를 줄 수 있다니…….

자동차 제조는 정말 꿈같은 일이 아닌가?

후기

549   미국을 취재하면서 마지막으로 텍사스의 플레이노에 갔다. 도요
타의 새로운 북아메리카 본사가 있는 곳이다. 아직 건설 중이었기
때문에 사옥에 들어갈 수는 없었다. 그 대신 어떤 딜러를 찾아갔다.
11년 동안 도요타의 자동차를 6만 6,000대 판매한 북부 텍사스 최
대의 딜러였다. 사장의 이름은 팻 롭^{Pat Lobb}으로, 백발에 다부진 체
형의 소유자였다.

"넘버원 딜러라고 들었습니다"라고 칭찬하자 "그만두시오. 그건
역사일 뿐이니"라며 무서운 표정을 지었다. 고지식한 사람이라는
생각이 들었다.

"비즈니스에서 지금까지의 실적은 아무 상관이 없습니다. 중요한
것은 앞으로 얼마나 잘해나갈 수 있는가, 얼마나 현재 상황을 바꿀

수 있는가입니다. '지금까지는 좋았어.' 이것은 과거형으로 이야기하는 것입니다. 아무 의미도 없습니다.

저희 회사 매출은 대부분 신차와 중고차 판매에서 나오는데, 이것이 변하고 있습니다. 미국의 소매업계는 이제 물건만 팔아서는 살아남을 수 없습니다. 서비스 중심의 산업이 돼야 합니다. 아마존을 보면 이해가 될 겁니다. 자동차든 뭐든 아마존에서 살 수 있게 됐죠. 하지만 아직 자동차에는 수리라는 분야가 있습니다. 그러므로 우리는 최고의 서비스를 제공하는 업자가 돼야 합니다. 부품 판매, 수리 등 서비스에 따른 이익이 아직 전체의 절반 이하에 불과한데, 이것을 좀 더 끌어올려야 합니다. 이제 딜러는 자동차를 팔기만 하면 되는 업종이 아닙니다. 이 또한 과거형입니다만."

팻은 "과거형입니다만"이라고 말했을 때만은 크게 웃었다.

"저는 쉐보레 딜러에서 정비사로 일했습니다. 그러다 1969년에 도요타 딜러로 옮겼고, 정비사에서 영업으로 이동한 뒤 부품을 공부하고 덴버와 LA를 거쳤습니다. 도요타로 옮겼을 때 오노 (다이이치) 씨를 알게 됐죠. 도요타 생산방식을 공부하며 변화의 중요성을 배웠습니다. 유지로는 안 된다, 끊임없이 변화해야 한다는 걸 깨달았죠. 도요타 생산방식을 알게 된 덕분에 일에 대해서는 항상 다른 발상을 해야 한다고 명심하게 됐습니다.

아인슈타인은 말했습니다. '같은 행동을 반복하면서 다른 결과가 나오기를 기대하는 것은 광기'라고요. 아인슈타인과 오노 씨가 똑같은 말을 한 겁니다."

일본에서는 도요타 생산방식이라고 하면 재고를 없애고 몇 종류의 '간판'을 사용하는 생산방식이라고 생각한다. 그러나 그 본질은 팻이 말한 것이며, 이미 아인슈타인이 주장했던 것이다.

결과를 원한다면 먼저 자신이 바뀌어야 한다.

"저는 1980년대에 오노 씨와 만날 기회가 있었습니다. (오노 씨가) 미국에 와서 휴스턴에서 강연을 했거든요. 그때 저는 아직 일개 영업 사원이었습니다. 오노 씨가 무슨 이야기를 했는지는 기억나지 않지만, 강연회장이 사람들로 가득했던 것은 기억합니다. 악수는 하지 못했지만 가까이서 볼 수는 있었습니다. 조용한 분이어서 학자 같다고 생각했죠. 오노 씨를 만난 것이 제 삶을 바꿔놨습니다. 그때까지 저는 뜨거워지는 물에 몸을 담근 개구리였습니다. 물 온도가 높아지는데도 계속 몸을 담그고 있었죠. 하지만 도요타 생산방식을 공부하고 물속에서 뛰쳐나왔습니다. 그래서 살아남을 수 있었던 겁니다."

단편적이지만, 오노 다이이치에 관해서는 또 한 가지 일화가 있다. 오노가 세상을 떠난 뒤 추모회가 열렸는데, 추모회 간사 중에 현재 부사장인 젊은 시절의 도모야마 시게키가 있었다. 호텔 파티 회장에서 오노의 부하 직원이었던 사람들이 술을 마시며 담소를 나누는데, 도모야마가 어떤 영상을 틀었다. 오노가 현장을 지도했을 때의 기록 영상이었다. 오노는 현장에 있는 관리직이 잘못된 지도를 한 것에 격노했다. 현장에 있었던 '생산 지시 간판'을 전부 손으로 때려서 떨어뜨린 다음 떠났다. 고함친 것이 아니다. 간판을 두들겨서 분노를 나타냈을 뿐이다⋯⋯.

그때까지 담소를 나누던 간부들은 이 영상을 보고 새파랗게 질렸다. 누구 하나 말하지 않았고, 오노가 간판을 때리는 소리가 들린 순간 귀를 막고 웅크리는 사람도 있었다. 영상이 끝나자 간부들은 더는 그곳에 있을 수가 없었는지 황급히 돌아갔다. 오노 다이이치라는 사람은 그 정도로 무서운 이미지의 사내였다.

이 책을 쓰는 동안 일본과 미국의 공장을 70회 견학했다. 인터뷰도 현장에서 했다. 참으로 재미있었다. 항상 안내해주신 도요타의 현장 사람들, 홍보부 사람들에게 감사의 마음을 전한다.

2018년 1월   552

노지 츠네요시

553

아사이 다카시浅井隆史, 이지마 오사무飯島修, 이케부치 고스케池渕浩介, 이시이 와타루石井涉, 이시카와 요시유키石川義之, 이시자키 히로아키石崎寛明, 이와우치 유지岩内裕二, 윌 제임스Wil James, 우라노 다케토浦野岳人, 오타 히로시게太田普蕃, 오카야스 리에岡安理惠, 오구리 가즈오小栗一郎, 오다기리 가쓰미小田桐勝巳, 가가 유타加賀悠太, 가와이 미쓰루河合満, 가와카미 신야川上晋也, 가와부치 사부로川淵三郎, 기타이 가즈히로北井和弘, 기타 겐지喜多賢二, 기노시타 미키야木下幹彌, 구쓰키 야스히로朽木泰博, 구니마쓰 다카지國松孝次, 크리스 라이트Chris Wright, 다카 겐스케髙健介, 고가네이 가쓰히코小金井勝彦, 사이토 아키노리齋藤彰徳, 사카이 나오토酒井直人, 사토 겐시로佐藤賢志郎, 사토 요시로佐藤吉郎, 수전 엘킹턴Susan Elkington, 다치모토 시로田知本史朗, 타니아 살다나Tania Saldana, 츠이키 겐지築城健仁, 조 후지오張富士夫, 데이비드 콕스David Cox, 데니스 파커Dennis Parker, 데라모토 나오키寺本直樹, 도모야마 시게키友山茂樹, 도요다 아키오豊田章男, 도요타 켄터키 공장 도장의 여러분, 나리타 도시히데成田年秀, 니시무라 후미노리西村文則, 니노유 히로요시二之夕裕美, 하시모토 히로시橋本博, 팻 롭Pat Lobb, 하야시 난파치林南八, 반주 미키오萬壽幹雄, 히다카 스스무日高進, 필즈 클룸Philz Kulm, 후쿠기 가즈야福城和也, 후지이 히데키藤井秀樹, 후치가미 기요시渕上靖, 폴 브리지Paul Bridge, 호리노우치 다카시堀之内貴司, 마이크 브리지Mike Bridge, 마샤 레인 콜린스Martha Layne Collins, 마쓰바라 히데아키松原秀明, 미나미 다카오南隆雄, 모토요시 유리카本吉由里香, 모리키 히데아키森木英明, 야기 기하루八木輝治, 야나이 다다시柳井正, 야노 쇼타로矢野将太郎, 릭 헤스터버그Rick Hesterberg

554

참고문헌

555
- 《도요타 생산방식 - 탈규모의 경영을 지향하며 トヨタ生産方式―脱規模の経営をめざして》
오노 다이이치, 다이아몬드사 ダイヤモンド社

- 《도요타 그 실상 トヨタその実像》 아오키 사토시 青木慧, 조분사 汐文社

- 《경자동차 탄생의 기록 - 자동차 쇼와사 이야기 軽自動車誕生の記録―自動車昭和史物語》
고이소 가쓰나오 小磯勝直, 고분사 交文社

- 《자동차 지구 전쟁 - 제3차 자동차 혁명의 핵심과 전개 自動車地球戦争―第三次自動車革命の核心と展開》 요시다 노부요시 吉田信美, 겐도사 玄同社

- 《아노무기 고개 - 어느 제사 製絲 여공의 슬픈 인생사 あゝ野麦峠―ある製糸工女哀史》 야마모투 시게미 山本茂美, 아사히 문고 朝日文庫

- 《가격의 메이지·다이쇼·쇼와 풍속사 値段の明治大正昭和風俗史》, 〈주간 아사히〉 편저, 아사히문고

- 《20세기 전 기록 Chronik 1900-1986 20世紀全記録 Chronik 1900-1986》 고단사 講談社 편저, 고단사

- 《쇼와 2만 일의 전 기록 제19권昭和二万日の全記録 全19巻》 다하라 가쓰마사原田勝正, 고단샤

- 《나의 생각俺の考え》 혼다 소이치로本田宗一郎, 신초문고新潮文庫

- 《도요다방직 45년사豊田紡織45年史》 도요다방직 편저, 도요다방직

- 《혼다 소이치로 어록本田宗一郎語録》 혼다 소이치로 연구회 편저, 쇼가쿠칸문고小学館文庫

- 《경영에 끝은 없다経営に終わりはない》 후지사와 다케오藤沢武夫, 분슌문고文春文庫

- 《Next One 또 하나의 '제2의 창업'ネクスト・ワン もう一つの第二の創業》 미야자키 히데토시宮崎秀敏, 비매품

- 《커다란 꿈, 열정의 나날ー도요타 창업기 사진집大いなる夢, 情熱の日ートヨタ創業期写真集》 도요타자동차 편저, 도요타자동차

- 《결단ー나의 이력서決断ー私の履歴書》 도요다 에이지, 닛케이비즈니스인문고

- 《오노 다이이치의 현장 경영 신장판大野耐一の現場経営 新装版》 오노 다이이치, 일본능률협회매니지먼트센터

- 《도요타 시스템의 원점ー핵심 인물이 말하는 기원과 진화トヨタシステムの原点ー キーパーソンが語る起源と進化の感想》 시모카와 고이치下川浩一, 후지모토 다카히로藤本隆宏, 분신당文眞堂

- 《더 골ザ・ゴール》 엘리 M. 골드렛, 다이아몬드사

- 《생활의 수첩 보존판III 하나모리 야스지暮しの手帖 保存版III 花森安治》 생활의 수첩 편집부, 생활의수첩

- 《도전 비약ー도요타 북아메리카 진출 '현장'挑戦飛躍ートヨタ北米事業立ち上げの「現場」》 구스노기 가네요시, 주부게이자이신문사中部経済新聞社

- 《비주얼 NIPPON 쇼와시대ビジュアルNIPPON 昭和の時代》 이토 마사나오伊藤正直, 닛타 다로新田太郎 편저, 쇼가쿠칸

- 《오노 다이이치 공인工人들의 무사도ー도요타 시스템을 구축한 정신大野耐一 工人たちの武士道ートヨタ・システムを築いた精神》 와카야마 시게루若山滋, 니혼게이자이신문사

- 《도요타 힘의 원점ー오노 다이이치의 가이젠 정신 보존판トヨタ強さの原点 大野耐一の

556

改善魂 保存版》일간코교신문사日刊工業新聞社 편저, 일간코교신문사

- 《'월급 100엔'의 회사원 - 전쟁 전 일본의 '평화로운' 생활「月給百円」のサラリーマン - 戦前日本の「平和」な生活》이와세 아키라岩瀬彰, 고단샤현대신서

- 《전 도해 도요타 생산방식의 구조全図解トヨタ生産工場のしくみ》아오키 미키하루青木幹晴, 니혼지쓰교출판사日本実業出版社

- 《더 하우스 오브 도요타 - 자동차왕 도요다 일족의 150년ザ・ハウス・オブ・トヨタ 自動車王 豊田一族の150年》사토 마사아키佐藤正明, 분슌문고

- 《TOYOTA 비즈니스 혁명 - 사용자·딜러·제조사를 연결하는 궁극의 간판방식 TOYOTAビジネス革命 ユーザー・ディーラー・メーカーをつなぐ究極のかんばん方式》가미오 히사시神尾寿, 리스폰스 편집부, 소프트뱅크 크리에이티브

- 《신장 증보판 자동차 절망 공장新装増補版 自動車絶望工場》가마타 사토시鎌田慧, 고단사문고

- 《나의 일본 자동차 역사ぼくの日本自動車史》도쿠다이지 아리쓰네徳大寺有恒, 소시사草思社

- 《문명의 붕괴Collapse : How Societies Choose to Fail or Succeed》재레드 다이아몬드Jared Diamond, 소시사草思社

- 《기업가 활동으로 되돌아보는 일본의 자동차 산업사 - 일본 자동차 산업의 선구자에게서 배운다企業家活動でたどる日本の自動車産業史 - 日本自動車産業の先駆者に学ぶ》우다가와 마사루宇田川勝, 시노미야 마사치카四宮正親, 하쿠토서방白桃書房

- 《자동차 공장의 모든 것自動車工場のすべて》아오키 미키하루, 다이아몬드사

- 《도요타자동차 75년사トヨタ自動車75年史》75년사 편찬 위원회 편저, 도요타자동차

- 《엘리 골드렛 : 무엇이 회사의 목적을 방해하는가エリヤフ・ゴールドラット 何が、会社の目的を妨げるのか》라미 골드렛Rami Goldratt, 다이아몬드사

- 《현장주의의 경쟁 전략 - 다음 세대를 향한 일본 산업론現場主義の競争戦略-次代への日本産業論》후지모토 다카히로, 신초신서

- 《미주 일대 - 도리이 신지로전美酒一代 - 鳥井信治郎伝》스기모리 히사히데杉森久英, 신초문고

- 《지혜를 낼 수 있는 사람들－도요타 생산방식의 원점知恵を出せる人づくりートヨタ生産方式の原点》 요시카와 준이치, 주케이마이웨이신서
- 《도요타 생산방식의 원점トヨタ生産方式の原点》 오노 다이이치, 일본능률협회매니지먼트센터
- 《야나세 100년의 발자취ヤナセ100年の轍》 야나세 편저, 야나세
- 《용자는 말하지 않는다勇者は語らず》 시로야마 사부로城山三郎, 신초문고
- 《도요타 생산방식 대전－오노 다이이치의 사상·이론·사진으로 보는 실천 제2판トヨタ生産方式大全 － 大野耐一の思想·理論·写真で見る実践─第2版》 구마자와 미쓰마사熊澤光正, 대학교육출판大学教育出版
- 《세계사로서의 일본사世界史としての日本史》 한도 가즈토시半藤一利, 데구치 하루아키出口治明, 쇼가쿠칸신서
- 《B면 쇼와사 1926－1945B面昭和史 1926-1945》 한도 가즈토시, 헤이본샤平凡社
- 《경초 같은 사람 나카야마 소헤이勁草の人 中山素平》 다카스기 료高杉良, 분슌문고
- 《채소 키우기와 자동차 만들기－만남의 풍경野菜づくりとクルマづくり － 出逢いの風景》 전국농업협동조합연합회 편저, 전국농업협동조합연합회
- 《CD 오노 다이이치의 모노즈쿠리의 진수CD「大野耐一の モノづくりの真髄」》 오노 다이이치, 일본경영합리화협회
- 《쇼와 일본－1억 2,000만 명의 영상 제2권·제13권昭和ニッポン － 一億二千万人の映像》 고단샤, 고단샤 DVD BOOK
- 그 밖의 당시 신문·잡지 기사 등

558

※이 책은 〈닛케이 비즈니스日経ビジネス〉 2016년 4월 25일호～2017년 5월 29일호에 연재된 '도요타 생산방식을 만든 사내들'을 바탕으로 가필·수정한 것입니다.